U0816919

食品科学与工程系列教材

食品微生物学实验

主　编　樊明涛　赵春燕　朱丽霞
副主编　魏新元　焦凌霞　秦翠丽
　　　　朱传合　贺　江

科学出版社
北　京

内 容 简 介

本书以微生物学的基础知识为出发点，以微生物学和食品加工过程中所涉及的微生物为核心，汇编了研究和生产中经常涉及的实验技术，具有内容广泛、选材结合实际、方法先进的特点。本书主要包括6个方面的内容：第1篇，微生物学基础实验技术；第2篇，微生物生理生化实验技术；第3篇，发酵食品微生物学技术；第4篇，食品安全微生物学技术；第5篇，微生物育种与分子生物学技术；第6篇，食用与药用真菌实验技术。书后还附录了微生物学实验中常用培养基配方、常用试剂配方等，便于读者使用。

本书适于普通高等院校食品科学与工程、食品质量与安全、生物技术、生物工程、发酵工程、应用微生物学等专业的大专院校学生作为教材使用，也可供从事食品加工、食品发酵、酒类酿造、食品检测及相关管理人员在实际工作中作为参考。

图书在版编目（CIP）数据

食品微生物学实验/樊明涛，赵春燕，朱丽霞主编. —北京：科学出版社，2015.2（2024.1 重印）

食品科学与工程系列教材

ISBN 978-7-03-043317-6

Ⅰ. ①食… Ⅱ. ①樊… ②赵… ③朱… Ⅲ. ①食品微生物–微生物学–实验–高等学校–教材 Ⅳ. ①TS201.3-33

中国版本图书馆 CIP 数据核字（2015）第 026602 号

责任编辑：刘 琳 / 责任校对：彭 映

责任印制：罗 科 / 封面设计：墨创文化

科学出版社出版

北京东黄城根北街 16 号

邮政编码：100717

http://www.sciencep.com

成都锦瑞印刷有限责任公司 印刷

科学出版社发行 各地新华书店经销

*

2015 年 2 月第 一 版 开本：787×1092 1/16

2024 年 1 月第十次印刷 印张：17.25

字数：400 000

定价：34.00 元

（如有印装质量问题，我社负责调换）

《食品微生物学实验》编委名单

主　编　樊明涛（西北农林科技大学）

赵春燕（沈阳工学院/沈阳农业大学）

朱丽霞（塔里木大学）

副主编　魏新元（西北农林科技大学）　焦凌霞（河南科技学院）

秦翠丽（河南科技大学）　朱传合（山东农业大学）

贺　江（湖南文理学院）

编　者　（按姓氏拼音排序）

包秋华（内蒙古农业大学）　傅虹飞（西北农林科技大学）

郭东起（塔里木大学）　侯小歌（周口师范学院）

胡炜东（内蒙古农业大学）　李　彬（商洛学院）

李　霞（南阳理工学院）　刘变芳（西北农林科技大学）

罗勤贵（西北农林科技大学）　秦　义（西北农林科技大学）

任晓镤（塔里木大学）　王　雅（兰州理工大学）

王树林（青海大学）　王文华（塔里木大学）

王永刚（兰州理工大学）　杨　薇（安康学院）

杨保伟（西北农林科技大学）　张　强（西北农林科技大学）

张宝善（陕西师范大学）　张国强（西藏大学农牧学院）

张佳琪（四川大学）　赵旭博（西北农林科技大学）

前　言

食品微生物学是基础微生物学一个非常重要的分支，是高等院校食品科学与工程、食品质量与安全及相近专业的主要基础课之一，属于应用微生物学的范畴。食品微生物学也是实践性很强的课程，不仅要求学生掌握微生物学的完整理论体系，更要求学生掌握微生物学在食品科学中具体应用的实验操作技能，因此，各高等院校相关专业在开设这门课程时，不仅重视理论教学，还要安排大量的学时进行实验操作，以训练学生对微生物学具体应用的能力。尽管国内有关食品微生物学实验方面的教材已经较多，且各版本各有千秋，但内容取舍上存在较大差异，难以找到一本能统揽全国各层次院校的教材，加之经济的发展及日益增加的对外交流，各院校教学科研条件都有了很大改观，特别是一些分子生物学的技术手段已经应用到食品微生物学的领域。在此大背景下，国内 18 所院校长期从事食品微生物学教学和科研工作的老师，联合编写本书，在编写过程中，作者始终贯彻以下指导思想。

（1）内容力求新。各个实验内容力求吸收微生物学发展的最新成果和理念，去掉或纠正一些过时的说法，补充一些分子生物学方面的实验，特别是在现代仪器的介绍上，选用和选编应用普遍的高端仪器，让学生掌握这些仪器的原理及应用，便于随后的就业。

（2）理论与实践力求紧密结合。食品微生物学内容包括微生物的基础知识和应用两部分，既要体现微生物学的基础实验，又要训练学生对微生物学的应用能力。在本书的应用部分，既安排了有益微生物在食品工业中的应用，也安排了有害微生物的防控技术、食品腐败变质、食品安全、食品标准中对微生物检验的要求等方面的内容。

（3）内容取舍与编排力求突出重点。本书参编人员队伍强大，每个人只编写自己在微生物学教学、科研工作中比较熟悉的内容，内容编写经典、简洁、实用，去掉了在实际中不太常用的内容。

（4）每个实验目的要求明确。每个实验提出了明确的要求，后边附有思考题，便于学生复习、思考和自学，从而更深层次地掌握所学实验内容。

本书共分为 6 篇，涉及 90 多个实验，由 30 位老师参加编写（各位老师的编写内容直接附于实验后，在此不再赘述），最后主要由主编、副主编共同协商统稿、定稿。在本书编写过程中，得到了各有关院校教务部门、各学院及科学出版社的大力支持，编者特表示衷心感谢。有些经典实验引用了原作者的实验程序和原话，编者还邀请了西北农林科技大学生命科学学院食用菌专家杜双田教授审阅并修改了第 6 篇内容，特向这些作者学者致以谢意。

虽然参加编写的老师均为国内多年从事食品微生物学教学、科研的高校科技工作者，具有较丰富的经验，在编写过程中力求做到重点突出、言简意赅、科学系统、深入浅出、理论联系实际，有些内容就是老师科研的部分结果。但由于编者的学识和水平有限，加之微生物学技术的发展突飞猛进，书中难免存在不足之处，恳请读者在使用过程中及时发现，并不吝赐教，提出宝贵意见，以便今后在教学实践及再版时得以改正。

编　者

2015 年 1 月

目　　录

第 1 篇　微生物学基础实验技术

实验 1-1　培养基的制备与灭菌

一、目的要求

了解并学习培养基的配制、分装方法，掌握各种实验室灭菌方法及技术。

二、实验原理

培养基是供微生物生长、繁殖、代谢的混合养料。由于微生物具有不同的营养类型，对营养物质的要求也各不相同，加之实验和研究的目的不同，因此培养基的种类很多，使用的原料也各有差异，但从营养角度分析，培养基中一般含有微生物所必需的碳源、氮源、无机盐、生长因子及水分等。另外，培养基还应具有适宜的 pH、一定的缓冲能力、一定的氧化还原电位及合适的渗透压。

琼脂是从石花菜等海藻中提取的胶体物质，是实验室应用最广的凝固剂。加琼脂制成的培养基在 98～100℃条件下熔化，于 45℃以下凝固。但若多次反复熔化，其凝固性将会降低。

任何一种培养基一经制成就应及时彻底灭菌，以备纯培养用。一般培养基的灭菌采用高压蒸汽灭菌，达到无菌状态。

三、实验材料

（1）器皿及材料：天平，称量纸，牛角匙，精密 pH 试纸，量筒，刻度搪瓷杯，试管，三角瓶，漏斗，分装架，移液管及移液管筒，培养皿及金属培养皿筒，玻璃棒，烧杯，试管架，铁丝筐，剪刀，酒精灯，棉花，线绳，牛皮纸或报纸，纱布，乳胶管，电炉，灭菌锅，干燥箱等。

（2）药品试剂：蛋白胨，牛肉膏，NaCl，K_2HPO_4，琼脂，$NaNO_3$，KCl，$MgSO_4$，$FeSO_4$，蔗糖，麦芽糖，木糖，葡萄糖，半乳糖，乳糖，土豆汁，豆芽汁，磷酸铵，5% NaOH 溶液，5% HCl 溶液。

四、实验步骤

1. 培养基的制备

（1）称量药品：根据培养基配方依次准确称取各种药品，放入适当大小的烧杯中，琼脂先不要加入。蛋白胨极易吸潮，故称量时要迅速。

（2）溶解：用量筒取一定量（约占总量的 1/2）的蒸馏水倒入烧杯中，在放有石棉网的电炉上小火加热，并用玻璃棒搅拌，以防液体溢出。待各种药品完全溶解后，停止加热，补足水分。如果配方中有淀粉，则先将淀粉用少量冷水调成糊状，并在火上加热搅拌，然后加其他原料，待完全溶化后，补足水分。

（3）调节 pH：根据培养基对 pH 的要求，用 5% NaOH 溶液或 5% HC1 溶液调至所需 pH。

（4）溶化琼脂：固体或半固体培养基需加入一定量琼脂。琼脂加入后，置电炉上一边搅拌一边加热，直至琼脂完全溶化后才能停止搅拌，并补足水分（水需预热）。注意控制火力不要使培养基溢出或烧焦。

（5）过滤分装：分装时注意不要使培养基沾染在管口或瓶口，以免浸湿棉塞，引起污染。液体分装高度以试管高度的 1/4 左右为宜，固体分装量为试管高度的 1/5 为宜，半固体分装量一般以试管高度的 1/3 为宜。分装三角瓶，其装量以不超过三角瓶容积的一半为宜。

（6）包扎标记：培养基分装后加好棉塞或试管帽，再包上一层牛皮纸或报纸，用线绳系好。在包装纸上标明培养基名称、制备组别、制备者姓名和制备日期等。

（7）灭菌：所配培养基应按培养基配方中规定的条件及时进行灭菌。普通培养基为 121℃ 20min，以保证灭菌效果和不损伤培养基的有效成分。培养基经灭菌后，如需要做斜面固体培养基，则灭菌后立即摆放成斜面，斜面长度一般以不超过试管长度的 1/2 为宜；半固体培养基灭菌后，垂直冷凝成半固体深层琼脂培养基。

（8）倒平板：将需倒平板的培养基，于水浴锅中冷却至 45～50℃，立刻倒平板。倒平板时，从培养皿的一边倒入，使培养基流向对面，一般标准皿需培养基约 20mL。

2. 灭菌方法

灭菌是指杀死或消灭一定环境中的所有微生物，灭菌的方法分为物理灭菌法和化学灭菌法两大类。本实验主要介绍物理灭菌法的一种，即加热灭菌。

加热灭菌包括湿热灭菌和干热灭菌两种。通过加热使菌体内蛋白质凝固变性，从而达到杀菌目的。蛋白质的凝固变性与其自身含水量有关，含水量越高，其凝固所需要的温度越低。在同一温度下，湿热灭菌的杀菌效力比干热灭菌大。因为在湿热情况下，菌体吸收水分，使蛋白质易于凝固；同时湿热灭菌的穿透力强，可增加灭菌效力。

1）湿热灭菌

实验室一般采用高压蒸汽灭菌锅（图 1-1）进行高压蒸汽灭菌。高压蒸汽灭菌用途广，效率高，是微生物学实验中最常用的灭菌方法。这种灭菌方法是基于水的沸点随着蒸汽压力的升高而升高的原理设计的。当蒸汽压力达 1.05kg/cm^2 时，水蒸气的温度升高到 121℃，经 15～30min，可杀死锅内物品上的全部微生物和它们的孢子或芽孢。一般培养基、玻璃器皿和工作服等都可应用此法灭菌。

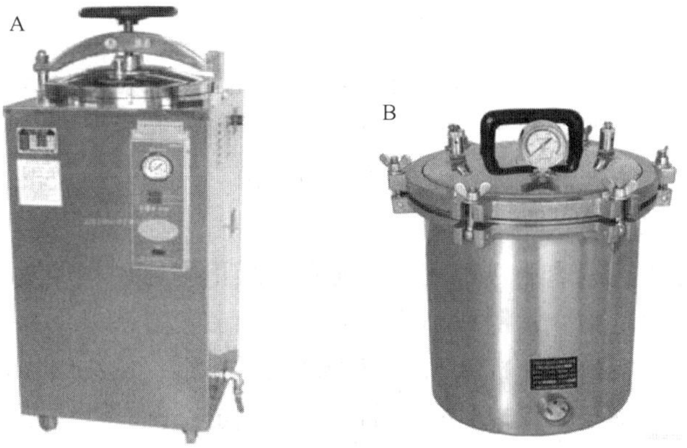

图 1-1　高压蒸汽灭菌锅

A. 立式高压蒸汽灭菌锅；B. 手提式高压蒸汽灭菌锅

操作方法和注意事项如下。

（1）加水：打开灭菌锅盖，向锅内加水到水位线。立式高压蒸汽灭菌锅最好用已煮开过的水，以便减少在锅内积存水垢。注意水要加够，防止灭菌过程中干锅。

（2）装料、加盖：灭菌材料放好后，关闭灭菌器盖，采用对角式均匀拧紧锅盖上的螺栓，使蒸汽锅密闭，以免漏气。

（3）排气：打开排气口（也称放气阀）。用电炉加热，待水煮沸后，水蒸气和空气一起从排气孔排出，当有大量蒸汽排出时，维持 5min，使锅内冷空气完全排净。在使用高压蒸汽灭菌锅灭菌时，完全排除灭菌锅内冷空气极为重要。因为空气膨胀压大于水蒸气的膨胀压，所以，当水蒸气中含有空气时，在同一压力下，含空气蒸汽的温度低于饱和蒸汽的温度。灭菌锅内留有不同分量空气时压力与温度的关系见表 1-1。

表 1-1　灭菌锅内留有不同分量空气时压力与温度的关系

压力/(kg/cm^2)	压力/(lb/in^2)	全部空气排出时的温度/℃	2/3 空气排出时的温度/℃	1/2 空气排出时的温度/℃	1/3 空气排出时的温度/℃	空气全不排出时的温度/℃
0.35	5	108.8	100	94	90	72
0.70	10	115.6	109	105	100	90
1.05	15	121.3	115	112	109	100
1.40	20	126.2	121	118	115	109
1.75	25	130.0	126	124	121	115
2.10	30	134.6	130	128	126	121

注：1kg/cm^2≈9.8×10^{4}Pa；1lb/in^2≈6.89×10^{3}Pa

（4）升压、保压和降压：当锅内冷空气排净时，即可关闭排气口，压力开始上升。当压力上升至所需压力时，控制电压以维持恒温，并开始计算灭菌时间，待时间达到要求（一般培养基和器皿灭菌控制在 121℃ 20min）后，停止加热，待压力降至接近 0 时，打开排气口。注意不能过早过急地排气，否则会由于瓶内压力下降的速度比锅内慢而造成瓶内液体冲出容器。

（5）灭菌后的培养基空白培养：灭菌后的培养基放于 37℃培养箱中培养，经 24h 培养无菌生长，可保存备用；斜面培养基取出后，立即摆成斜面后空白培养；半固体的培养基垂直放置凝成半固体深层琼脂培养基后，空白培养。

2）干热灭菌

通过使用干热空气杀灭微生物的方法称干热灭菌。一般是把待灭菌的物品包装就绪后，放入电烘箱中烘烤，即加热至160～170℃并维持1～2h。

干热灭菌法常用于空玻璃器皿、金属器具的灭菌。凡带有胶皮的物品、液体及固体培养基等都不能用此法灭菌。

（1）灭菌前的准备。玻璃器皿等在灭菌前必须经正确包裹和加塞，以保证玻璃器皿于灭菌后不被外界杂菌污染。常用玻璃器皿的包扎和加塞方法如下：培养皿用纸包扎或装在金属培养皿筒内；三角瓶在棉塞与瓶口外再包以厚纸，用线绳以活结扎紧，以防灭菌后瓶口被外部杂菌污染；吸管以拉直的曲别针一端放在棉花的中心，轻轻捅入管口，松紧必须适中，管口外露的棉花纤维统一通过火焰烧去，灭菌时将吸管装入金属管筒内进行灭菌，也可用纸条斜着从吸管尖端包起，逐步向上卷，头端的纸卷捏扁并拧几下，再将包好的吸管集中灭菌。

（2）干燥箱灭菌。将包扎好的物品放入干燥箱内，注意不要摆放太密，以免妨碍空气流通；不得使器皿与烘箱的内层底板直接接触。将干燥箱的温度升至160～170℃并恒温1～2h，注意勿使温度过高，超过170℃，器皿外包裹的纸张、棉花就会被烤焦燃烧。如果是为了烤干玻璃器皿，温度为120℃持续30min即可。温度降至60～70℃时才可打开箱门，取出物品，否则玻璃器皿会因骤冷而爆裂。

用此法灭菌时，绝不能用油纸、蜡纸包扎物品。

五、实验报告

1. 记录各种物品所用的灭菌方法及灭菌条件（温度、压力等）。
2. 试述高压蒸汽灭菌的过程及注意事项。

六、思考题

1. 制备培养基的一般程序是什么？
2. 做过本实验后，你认为在制备培养基时要注意些什么问题？
3. 灭菌在微生物学实验操作中有何重要意义？
4. 试述高压蒸汽灭菌的操作方法和原理。
5. 高压蒸汽灭菌时应注意哪些事项？

（安康学院　杨薇）

实验1-2　环境中的微生物检测及菌落特征观察

一、目的要求

了解环境中各类微生物的存在，并比较不同环境中微生物的数量和种类；理解微生物实验无菌操作技术的重要性；初步认识各类微生物的菌落特征。

二、实验原理

微生物在环境中广泛存在，但由于其个体微小，绝大部分用肉眼无法观察到。人工制备的培养基中含有微生物生长所需要的各种营养成分，将取自不同来源的样品接种于培养基上，并在适宜的温度条件下培养，则微生物细胞能够通过繁殖而形成肉眼可见的群体，即菌落。不同微生物对营养物质有不同的要求，实验室一般用牛肉膏蛋白胨琼脂培养基（简称营养琼脂培养基）进行细菌的培养，而马铃薯蔗糖琼脂培养基（PDA）一般用于真菌的培养。不同微生物形成的菌落也有其各自的特征，如菌落的大小、表面干燥或湿润、隆起或扁平、粗糙或光滑，边缘整齐或不整齐，菌落透明或半透明或不透明、颜色及质地疏松或紧密等。因此，可通过选用营养琼脂平板和 PDA 平板来分别检测环境中的细菌和真菌等微生物的数量和种类。

三、实验材料

（1）培养基：营养琼脂平板，马铃薯蔗糖琼脂平板。

（2）仪器及其他用品：高压蒸汽灭菌锅，培养箱，棉签（装在试管或小玻璃瓶中灭菌后备用），试管架，记号笔，酒精灯，无菌水（装在试管中备用），废物缸等。

四、实验步骤

取营养琼脂平板和 PDA 平板各 5 副，其中各一副作为对照不做任何处理，其余各 4 副分别按如下方法处理。

1. 空气中微生物的检测

取营养琼脂平板和 PDA 平板各一副；打开培养皿盖，在空气中暴露约 10min 后盖上；用记号笔在培养皿的底部做好标记，将培养皿倒置于 25℃培养箱中培养 3～4d。

2. 实验台面上微生物的检测

（1）取棉签：左手拿装有棉签的试管，在火焰旁用右手的手掌边缘和小指夹持并拔出棉塞（或试管帽）；将试管口在酒精灯（或煤气灯）火焰上稍作烧灼；倾斜试管，用右手拇指和食指小心地取出一根棉签；烧灼管口，塞回棉塞（或试管帽），将试管放回试管架。

（2）弄湿棉签：左手取无菌水试管，同上方法拔出棉塞（或试管帽）并烧灼试管口；将棉签插入水中，再提出水面并在管壁上挤压一下以除去过多的水分；小心取出棉签，烧灼管口，塞回棉塞（或试管帽），并将试管放回试管架。

（3）取样：将湿棉签在实验台面上约 $2cm^2$ 的范围内来回擦拭数次（图 1-2A），以吸附台面上的微生物。

（4）接种：取营养琼脂平板一副，在火焰旁用左手拇指和食指使培养皿开启一条缝；将棉签伸入并在培养基表面来回擦拭接种（图 1-2B），注意不要将培养基擦破；立即闭合皿盖，将用过的棉签丢弃至废物缸中；在培养皿底部用记号笔做好标记。

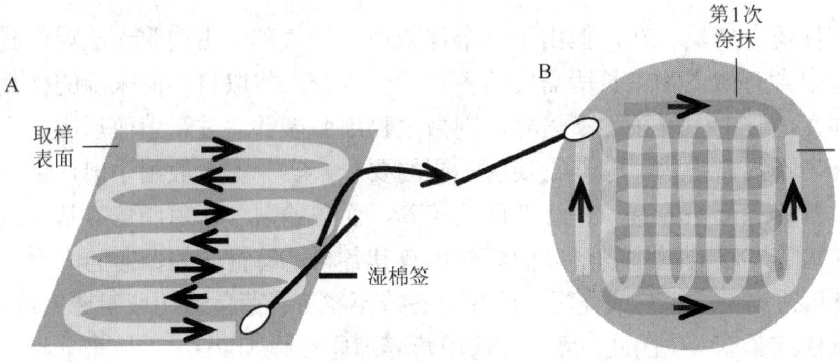

图 1-2　实验台面或皮肤表面微生物的取样与接种方法

A. 用湿棉签在实验台面或皮肤表面来回擦拭，以粘取微生物；B. 将湿棉签在平板培养基的表面来回涂抹，使粘取的微生物转移到培养基上

（5）培养：将培养皿倒置于 25℃培养箱中培养 3～4d。

采用同样的方法取样并接种 PDA 平板，做好标记后将培养皿倒置于 25℃培养箱中培养 3～4d。

3. 人体皮肤表面微生物的检测

采用上述方法，另取无菌棉签并弄湿，然后将湿棉签在自己手臂或耳根等处的皮肤表面约 $2cm^2$ 的范围内来回擦拭数次，并接种营养琼脂平板和 PDA 平板。做好标记后将培养皿倒置于 37℃培养箱中培养 3～4d。

4. 自来水中微生物的检测

采用上述方法，另取无菌棉签，但无需用无菌水弄湿，而是直接蘸取少量自来水；然后将蘸有自来水的湿棉签在营养琼脂平板和 PDA 平板的表面来回擦拭接种。做好标记后将培养皿倒置于 25℃培养箱中培养 3～4d。

五、实验报告

培养 3～4d 后，用相机拍摄各个平板的照片，并填写表 1-2。

表 1-2　不同来源的微生物在营养琼脂平板和 PDA 平板上生长状况

微生物来源	平板种类	菌落数	大小	颜色	形状	边缘	透明程度	表面光泽	质地
空气	营养琼脂平板								
	PDA 平板								
实验台面	营养琼脂平板								
	PDA 平板								

续表

微生物来源	平板种类	菌落数	大小	颜色	形状	边缘	透明程度	表面光泽	质地
自来水	营养琼脂平板								
	PDA 平板								
人体皮肤表面	营养琼脂平板								
	PDA 平板								

六、思考题

1. 哪一类环境中的微生物种类和数量最多？为什么？
2. 为何取自皮肤表面和其他环境中的微生物要分别在不同温度条件下培养？
3. 在你操作的平板上是否出现了“抑菌现象”？若有，请说明原因。

（湖南文理学院　贺江）

实验 1-3　普通光学生物显微镜的构造与使用

一、目的要求

学习和掌握普通光学生物显微镜的结构和放大原理，练习显微镜的正确使用方法。

二、光学显微镜的结构与放大原理

（一）光学显微镜的放大原理

光学显微镜简称光镜，是利用光线照明使微小物体形成放大影像的仪器。显微镜的主要构成要件是物镜和目镜，虽然它们的结构复杂，但其作用都是相当于一个凸透镜。由于被检标本是放在物镜下方的 1～2 倍焦距之间，上方形成一倒立的放大实像，该实像正好位于目镜的下焦点（焦平面）之内，目镜进一步将它放大成一个虚像，通过调焦可使虚像落在眼睛的明视距离处，在视网膜上形成一个正立的实像。显微镜中被放大的倒立虚像与视网膜上正立的实像是相吻合，这样就将真实物体放大。

与放大倍数有关的主要参数包括：放大倍数、分辨率、数值孔径和工作距离。

（1）放大倍数：是指眼睛看到像的大小与对应标本大小的比值。它指的是长度的比值而不是面积的比值。例如，放大倍数为 100，指的是长度为 1μm 的标本，放大后像的长度是 100μm，要是以面积计算，则放大了 10 000 倍。显微镜的总放大倍数等于物镜和目镜放大倍数的乘积。

（2）分辨率：也称分辨力或分辨本领。分辨率的大小用分辨距离（所能分辨开的两个物点间的最小距离）的数值来表示。在明视距离（25cm）之处，正常人眼所能看清两个物点的最小相距是 0.073mm，0.073mm 即正常人眼的分辨率（距离）。显微镜的分辨距离越小，表示它的分辨率越高，也就表示它的性能越好。

显微镜分辨率的大小是由物镜的分辨率来决定，而物镜的分辨率又是由它的数值孔径和照明光线的波长决定。

当用普通的中央照明法（使光线均匀地透过标本的明视照明法）时，显微镜的分辨距离为

$$d=0.61\lambda/\mathrm{NA}$$

式中，d 为物镜的分辨距离，nm；λ 为照明光线波长，nm；NA 为物镜的数值孔径。

例如，油浸物镜的数值孔径为 1.25，可见光波长为 400～700nm，取其平均波长 550nm，将上述几个值带入公式中，则 d=268nm，约等于照明光线波长的一半。一般地，用可见光照明的显微镜分辨率的极限是 0.2μm。

（3）数值孔径：也称镜口率（numerical aperture，NA 或 A），是物镜和聚光镜的主要参数，与显微镜的分辨率有密切关系。干燥物镜的数值孔径为 0.05～0.95，油浸物镜（香柏油）的数值孔径为 1.25。

数值孔径计算公式为

$$\mathrm{NA}=\eta\cdot\sin\frac{\alpha}{2}$$

式中，η 为物镜与标本间的介质折射率；α 为物镜的镜口角。

镜口角指光波从标本片的中心位置投射到物镜前透镜边缘的最大夹角（图 1-3），镜口角越大，进入透镜的光线越多，显微镜的分辨率越高。物镜镜口角的理论限度为 180°，$\sin\alpha/2=1$，这时物镜的数值孔径达到极限值，也就是物镜与标本间的介质折射率。但实际上，镜口角只能达 120°～140°，因此油镜选用折光率与玻璃相近的介质（通常用香柏油）来提高数值孔径，达到增大分辨率的目的（图 1-4）。一些物质的折射率为：玻璃 1.52、香柏油 1.515、液体石蜡 1.481、甘油 1.475、水 1.33、空气 1.0003。

因此分辨率 d 也可用下式表示。

$$d=\frac{0.61\lambda}{\eta\cdot\sin\dfrac{\alpha}{2}}$$

从这个公式中可以看出，分辨率与光波长、介质的折射率、镜口角之间的关系。

要选用折光率与玻璃相近的介质，是因为当介质的折光率和玻璃差距大时，一部分光线会因折射或全反射，不能进入镜头，致使在使用油镜时会因为射入的光线较少，物像不清；而当介质的折射率和玻璃接近时，光线发生折射或反射的概率很低，基本都能进入镜头，因此物像显得清晰（图 1-5）。

（4）工作距离：是指当所观察的标本最清楚时物镜的透镜最前端到标本的盖玻片上面的距离。物镜的工作距离与物镜的焦距有关，物镜的焦距越长，放大倍数越低，其工作距离越长。例如，10 倍物镜上标有 10/0.25 和 160/0.17，其中 10 为物镜的放大倍数；0.25 为数值孔径；160 为镜筒长度（mm）；0.17 为盖玻片的标准厚度（mm）。10 倍物镜有效工作距离为 6.5mm，40 倍物镜有效工作距离为 0.48mm。物镜放大倍数越大，则工作距离越近。

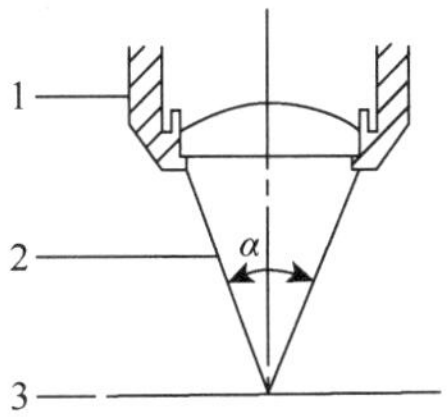

图 1-3　物镜的镜口角

1. 物镜；2. 镜口角；3. 标本片

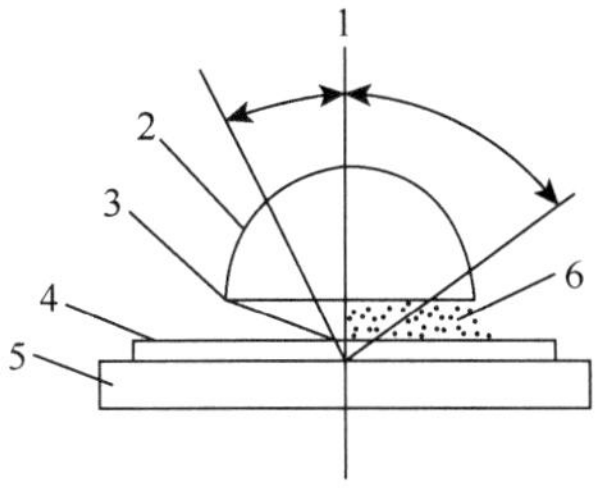

图 1-4　干燥物镜与油浸物镜的比较

1. 光轴；2. 物镜的前透镜；3. 空气；4. 盖玻片；5. 载玻片；6. 香柏油

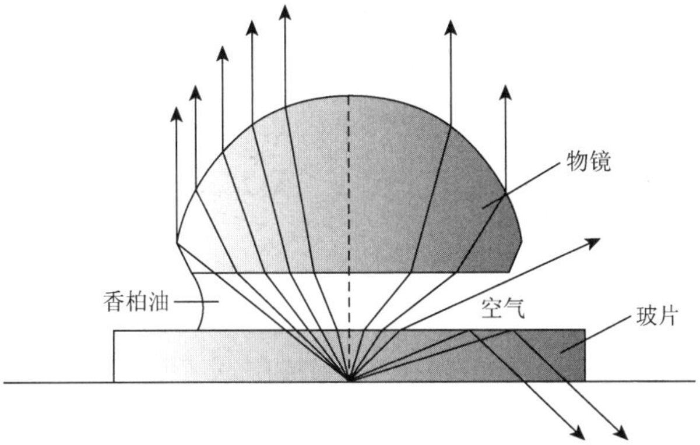

图 1-5　介质折射率与进入镜头光路之间的关系

（二）光学显微镜及其部件的使用

现在大部分实验室都使用双筒显微镜（图 1-7），不管使用单筒还是双筒显微镜，都要养成一个良好的习惯。使用双筒显微镜时，要用双眼同时观察。使用单筒显微镜时，最好用左眼观察（因一般用右手画图），观察时要两眼同时睁开，不要睁一只闭一只，这样易疲劳。为了训练学生习惯于两眼同时睁开观察，可剪一块长约 14cm、宽约 6cm 的长方形硬纸片，在靠近左端处挖一个直径比镜筒上端外径略小的圆孔，把圆孔套在镜筒上段，观察时两眼同时睁开，利用纸片的右端挡住右眼的视线，这样训练一段时间后，就能习惯两眼同时睁开，然后把纸片去掉。

1. 镜筒调节

直筒显微镜的镜臂与镜座连接处，是一个机械关节，可用于调节镜筒的倾斜度，便于观察，镜臂不能过于后倾，一般不超过 40°。但是在观察装有液体的标本片时，最好不用倾斜关节（当镜筒倾斜时，载物台也随之倾斜，载玻片上的液体易流出），尤其是装片内含酸性试剂时严禁使用倾斜关节，以免污损镜体。

2. 目镜和物镜的使用

一般都是用一个放大倍数适中的目镜（10×）和最低倍的物镜开始观察，逐步改用倍数较高的物镜，从中找到符合实验要求的放大倍数。

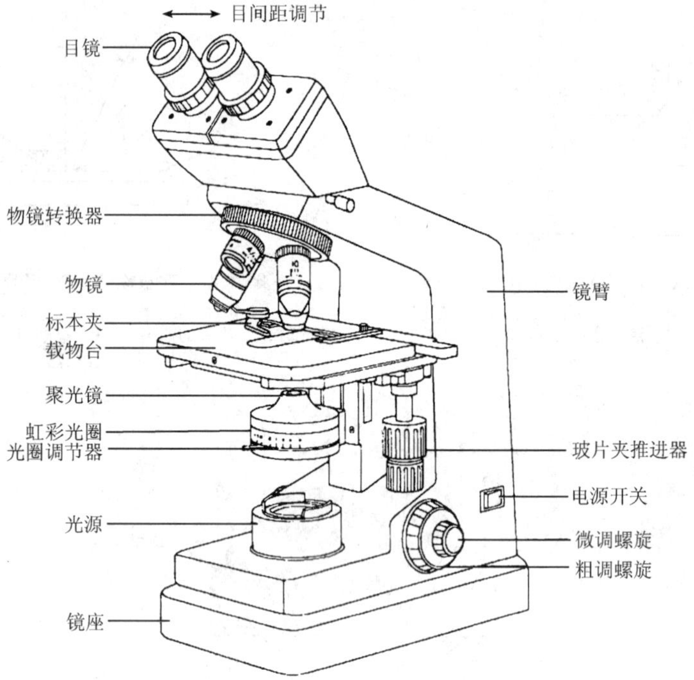

图 1-6　双筒显微镜的构造

转换物镜时，先用低倍镜观察，调节到正确的工作距离（成像最清晰）。如果进一步使用高倍物镜观察，应在转换高倍物镜之前，把物像中需要放大观察的部分移至视野中央（将低倍物镜转换成高倍物镜观察时，视野中的物像范围缩小了很多）。低倍物镜和高倍物镜基本齐焦（同高调焦），在用低倍物镜观察清晰时，换高倍物镜应可以见到物像，但物像不一定很清晰，可以转动微调螺旋进行调节。

通常认为，使用任何一个物镜时，有效放大倍数的上限是 1000 乘以它的数值孔径，下限是 250 乘以它的数值孔径。例如，40× 物镜的数值孔径是 0.65，则上、下限分别为 1000×0.65=650 倍和 250×0.65≈163 倍，超过有效放大倍数上限的称无效放大，不能提高观察效果。低于下限的放大倍数则人眼无法分辨，不利于观察。一般最实用的放大倍数是 500～700 乘以数值孔径的数字。

3. 油浸物镜的使用

使用油浸物镜时，一般不要使用同高调焦。同高调焦只适用于每台显微镜的原配物镜，在使用低倍物镜和高倍物镜时，是一个极有利的方便条件，但在使用油浸物镜时，则受到一定限制，一般来说，用油镜观察未加盖玻片的标本片（载玻片）时，利用同高调焦的安全度较大，而对于有盖玻片的标本片，要小心使用，因为油浸物镜的工作距离很短，在设计和装配时所考虑的同高是对于标准厚度盖玻片的。

用油浸物镜时，需要在标本片上滴香柏油。观察时，在标本片上滴一滴香柏油，从侧面观察，调节粗调螺旋使镜头与香柏油接触，之后调节微调螺旋，找到清晰的图像。观察完毕后，要及时进行清理，如不及时进行，香柏油粘上灰尘，擦拭时灰尘粒子可能磨损透镜，香柏油在空气中暴露时间长，还会变稠、变干，擦拭很困难，对仪器很不利。擦拭要细心，动作要轻。油浸物镜前端先用干的擦镜纸擦一两次，把大部分油去掉，再用乙醚乙醇混合液滴湿的擦镜纸擦两次，最后再用干的擦镜纸擦一次。标本片上的香柏油可用“拉纸法”（即把一小张擦镜纸盖在香柏油上，然后在纸上滴一些二甲苯，趁湿把纸往外拉，这样连续三四次，即可干净，一般不会损坏未加盖玻片的涂片标本）擦净。擦镜纸也要防尘，一般在使用前，将每页剪成 8 小块，贮存在一个干净的小培养皿中，用起来既节省又方便。

4. 聚光镜的使用

（1）使用聚光镜的原因：当放大倍数增加时，一方面由于放大倍数越高，透镜数目越多，被透镜吸收的光线也越多；另一方面由于视场（指的是所能看到被检标本的范围）的亮度与放大倍数的平方成反比，即放大倍数越高，视场越暗。为了得到足够的亮度，必须安装聚光镜，把光线集中到所要观察的标本上。

（2）观察时聚光镜应处的高度：观察时，要保证得到最好的观察效果，聚光镜的聚光焦点应正好落在标本上。要实现这个条件，就必须调节聚光镜的高度。当用平行光照明时，聚光镜的聚光焦点是在它上端透镜平面中心上方约 1.25mm 处，因此，人们常常要求在观察时将聚光镜上升到它上端透镜平面仅稍稍低于载物台平面的高度，这样聚光焦点就可能落到位于标准厚度载玻片的标本上。当使用比标准厚度薄的载玻片来承放标本时，聚光镜的位置要相应地降低一些，而当使用过厚的载玻片时，聚光焦点只能落在标本下方，不利于精细的观察。

（3）聚光镜与物镜的配合：所谓的配合，就是使聚光镜和物镜这两者的数值孔径取得一致，以更好地进行较为精细的观察。假如聚光镜的数值孔径低于物镜，那物镜的部分数值孔径就浪费了，从而达不到它的最高分辨率。假如聚光镜的数值孔径大于物镜的数值孔径，则不仅不能提高物镜的规定分辨率，反而会由于照明光束过宽，使物像的清晰度下降。聚光镜与物镜配合的操作方法是：在完成照明、调焦操作后，取下目镜直接向镜筒中看，把聚光镜下的可变光阑关到最小，再慢慢地开大，开到它的口径与所见视场的直径恰好一样大，然后安上目镜，即可进行观察。每转换一次物镜，都要随着依次进行这样的配合操作。

有的聚光镜可变光阑的边框上刻有表示开启口径的尺度，可以根据刻度来进行配合操作。

（三）光学显微镜的结构

1. 显微镜的光学系统

显微镜的光学系统主要包括物镜、目镜、聚光器和反光镜 4 个部件。广义地说也包括照明光源、滤光器、盖玻片和载玻片等。

1）物镜

物镜是决定显微镜性能的最重要部件，安装在物镜转换器上，接近被观察的物体，故称为物镜或接物镜。

物镜根据使用条件的不同可分为干燥物镜和浸液物镜；其中浸液物镜又可分为水浸物镜和油浸物镜（简称油镜，常用放大倍数为 90～100）。根据放大倍数的不同可分为低倍物镜（10 倍以下）、中倍物镜（20 倍左右）和高倍物镜（40 倍左右）（表 1-3，图 1-7）。根据像差矫正情况可分为消色差物镜（能矫正光谱中两种色光色差的物镜，常用）和复色差物镜（能矫正光谱中 3 种色光色差的物镜，价格贵，使用少）。

表 1-3　常用物镜的主要性能参数

物镜	放大倍数	工作距离/mm	数值孔径（NA）	分辨率/μm
低倍物镜	8	9.00	0.20	1.37
	10	7.60	0.25	1.10
中倍物镜	20	2.00	0.40	0.68
高倍物镜	40	0.54～0.60	0.65	0.40
油浸物镜	90～100	0.17～0.19	1.25	0.22

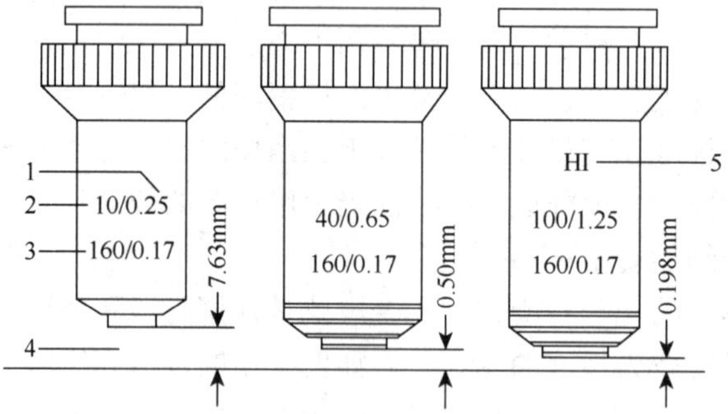

图 1-7　物镜的主要参数

1. 数值孔径；2. 放大倍数；3. 镜筒长度及盖玻片厚度（mm）；4. 工作距离；5. 油镜标记

2）目镜

因为它靠近观察者的眼睛，所以也称为接目镜。其安装在镜筒的上端。

（1）目镜的结构：通常目镜由上、下两组透镜组成，上面的透镜称为接目透镜，下面的透镜称为会聚透镜或场镜。上、下透镜之间或场镜下面装有一个光阑（它的大小决定了视场的大小），因为标本正好在光阑面上成像，可在这个光阑上粘一小段毛发作为指针，用来指示某个特定的目标。也可在其上面放置目镜测微尺，用来测量所观察标本的大小。

目镜的长度越短，放大倍数越大（因目镜的放大倍数与目镜的焦距成反比）。

（2）目镜的作用：是将已被物镜放大的、分辨清晰的实像进一步放大，达到人眼容易分辨清楚的程度。常用目镜的放大倍数为 5～16。

目镜与物镜都是显微镜光学系统的重要组成部分，它们之间有明确的分工关系。物镜已经分辨清楚的细微结构，假如没有经过目镜的再放大，还可能达不到人眼所能分辨的大小，那就看不清楚；但物镜所不能分辨的细微结构，虽然经过高倍目镜的再放大，也还是看不清楚，因此目镜只能起放大作用，不会提高显微镜的分辨率。有时虽然物镜能分辨开两个靠得很近的物点，但由于这两个物点的像距离小于眼睛的分辨距离，人眼还是无法看清。因此，目镜和物镜即相互联系，又彼此制约。

3）聚光器

聚光器也称为集光器。位于标本下方的聚光器支架上。它主要由聚光镜和可变光阑组成。其中，聚光镜可分为明视场聚光镜（普通光学显微镜配置）和暗视场聚光镜。

（1）聚光镜的主要参数：数值孔径（NA）是聚光镜的主要参数，最大数值孔径一般是 1.4，数值孔径有一定的可变范围，通常刻在上方透镜边框上的数字代表最大的数值孔径，通过调节下部可变光阑的开放程度，可得到此数字以下的各种不同的数值孔径，以适应不同物镜的需要。有的聚光镜由几组透镜组成，最上面的一组透镜可以卸掉或移出光路，使聚光镜的数值孔径变小，以适应低倍物镜观察时的照明。

（2）聚光镜的作用：聚光镜相当于凸透镜，起汇聚光线的作用，以增强标本的照明。一般把聚光镜的聚光焦点设计在它上端透镜平面上方约 1.25mm 处（聚光焦点在所要观察的标本上，载玻片的厚度为 1.1mm 左右）。

（3）可变光阑：可变光阑也称为光圈，位于聚光镜的下方，由十几张金属薄片组成，中心部分形成圆孔。其作用是调节光强度和使聚光镜的数值孔径与物镜的数值孔径相适应。可变光阑开得越大，数值孔径越大（观察完毕后，应将光圈调至最大）。

在可变光阑下面，还有一个圆形的滤光片托架。

说明：在一些实验室只有部分显微镜（1600×或 1500×）才配有聚光镜，大部分显微镜（640×或 500×）配的是旋转光阑（也称为遮光器），紧贴在载物台下，能作圆周转动。旋转光阑上有大小不等的圆孔，称为光圈。直径分别为 2mm、3mm、6mm、12mm、16mm，转动旋转光阑，光阑上每个光圈都可以正对通光孔，通过大小不等的光圈来调节光线的强弱。

4）反光镜

反光镜是一个可以随意转动的双面镜，可以在水平与垂直两个方向上任意旋转，直径为 50mm，通常一面为平面镜，另一面为凹面镜，装在聚光器下面。其作用是将从任何方向射来的光线经通光孔反射上来。平面镜反射光线的能力较弱，在光线较强时使用，凹面镜反射光线的能力较强，在光线较弱时使用。

反光镜的作用是使由光源发出的光线或天然光射向聚光镜。当用聚光镜时一般用平面镜，不用时用凹面镜；当光线强时用平面镜，弱时用凹面镜。观察完毕后，应将反光镜垂直放置。

5）照明光源

显微镜的照明可以用天然光源或人工光源。

（1）天然光源。光线来自天空，最好是由白云反射来的。不可利用直接照来的太阳光。

（2）人工光源。①对人工光源的基本要求：有足够的发光强度，光源发热不能过多；②常用的人工光源：显微镜灯、日光灯等。

6）滤光器

安装在照明光源和聚光器之间，作用是让所选择的某一波段的光线通过，而吸收掉其他的光线，即为了改变光线的光谱成分或削弱光的强度。其分为两大类：滤光片和液体滤光器。

7）盖玻片和载玻片

盖玻片和载玻片的表面应该平，无气泡，无划痕。最好选用无色、透明度好的盖玻片和载玻片，使用前应洗净。盖玻片的标准厚度是（0.17±0.02）mm，如不用盖玻片或盖玻片厚度不合适，都会影响成像质量。载玻片的标准厚度是（1.1±0.04）mm，一般可用厚度是1～1.2mm，若太厚会影响聚光镜效能，太薄则容易破裂。

2. 显微镜的机械装置

显微镜的机械装置也是显微镜的重要组成部分，主要有镜座、镜臂、载物台、镜筒、物镜转换器、调焦装置等。其作用是固定与调节光学镜头，固定与移动标本等。

1）镜座和镜臂

（1）镜座：作用是支撑整个显微镜，装有反光镜，有的还装有照明光源。

（2）镜臂：作用是支撑镜筒和载物台。分固定、可倾斜两种。

2）载物台

载物台又称工作台、镜台，分为固定式与移动式两种。作用是安放载玻片，形状有圆形和方形两种，其中方形的面积为 120mm×110mm。中心有一个通光孔，通光孔后方左右两侧各有一个安装压片夹用的小孔。有的载物台的纵横坐标上都装有游标卡尺，一般读数为0.1mm，游标卡尺可用来测定标本的大小，也可用来对被检部分做标记。

3）镜筒

镜筒上端放置目镜，下端连接物镜转换器，分为固定式和可调节式两种。机械筒长（从目镜管上缘到物镜转换器螺旋口下端的距离称为镜筒长度或机械筒长）不能变更的称固定式镜筒，能变更的称调节式镜筒。新式显微镜大多采用固定式镜筒，国产显微镜也大多采用固定式镜筒，机械筒长通常是160mm。

安装目镜的镜筒，有单筒和双筒两种。单筒又可分为直立式和倾斜式两种，双筒则都是倾斜式的。其中双筒显微镜，两眼可同时观察以减轻眼睛的疲劳。双筒之间的距离可以调节，而且其中有一个目镜有屈光度调节（即视力调节）装置，便于两眼视力不同的观察者使用。

4）物镜转换器

物镜转换器固定在镜筒下端，有3～4个物镜螺旋口，物镜应按放大倍数高低顺序排列。旋转物镜转换器时，应用手指捏住旋转盘旋转，不要用手指推动物镜，因时间长了容易使光轴歪斜，影响成像质量。

5）调焦装置

显微镜上装有粗调螺旋和微调螺旋。有的显微镜粗调螺旋与微调螺旋装在同一轴上，大螺旋为粗调螺旋，小螺旋为微调螺旋；有的则分开安置，位于镜臂的上端较大的一对螺旋为粗调螺旋，其转动一周，镜筒上升或下降 10mm，位于粗调螺旋下方较小的一对螺旋为微调螺旋，其转动一周，镜筒升降值为 0.1mm。微调螺旋调焦不大于 1.8mm。

三、实验步骤

1. 观察前的准备

（1）金黄色葡萄球菌、枯草芽孢杆菌等细菌的染色玻片标本，酿酒酵母、青霉、链霉菌等的水封片，自制或购买均可。

（2）显微镜从显微镜柜或镜箱内拿出时，要用右手紧握镜臂，左手托住镜座，平稳地将显微镜搬运到实验台上。

（3）将显微镜放在自己身体的左前方，离桌子边缘 10cm 左右，右侧可放记录本或绘图纸。

（4）调节光照：不带光源的显微镜，可利用灯光或自然光通过反光镜来调节光照，光线较强的天然光源宜用平面镜，光线较弱的天然光源或人工光源宜用凹面镜，但不能用直射阳光，直射阳光会影响物像的清晰并刺激眼睛。将 10×物镜转入光孔，将聚光器上的虹彩光圈打开到最大位置，用左眼观察目镜中视野的亮度，转动反光镜，使视野的光照达到最明亮最均匀为止。自带光源的显微镜，可通过调节电流旋钮来调节光照强弱。检查染色标本时，光线应强；检查未染色标本时，光线不宜太强。可通过扩大或缩小光圈、升降聚光镜、旋转反光镜调节光线。

2. 低倍镜观察

镜检任何标本都要养成必须先用低倍镜观察的习惯。因为低倍镜视野较大，易于发现目标和确定检查的位置。

将标本片放置在载物台上，用标本夹夹住，移动推动器，使被观察的标本处在物镜正下方，转动粗调旋钮，使物镜调至接近标本处，用目镜观察并同时用粗调旋钮慢慢下降载物台，直至物像出现，再用微调旋钮使物像清晰为止。用推动器移动标本片，找到合适的目的像并将它移到视野中央进行观察。

3. 高倍镜观察

在低倍物镜观察的基础上转换高倍物镜。较好的显微镜，低倍、高倍镜头是同焦的，在转换物镜时要从侧面观察，避免镜头与标本片相撞。然后从目镜观察，调节光照，使亮度适中，缓慢调节粗调旋钮，慢慢下降载物台直至物像出现，再用微调旋钮调至物像清晰为止，找到需观察的部位，并移至视野中央进行观察，并准备用油镜观察。

4. 油镜观察

（1）用粗调螺旋将镜筒提起约 2cm，将油镜转至正上方。

（2）在标本片的镜检部位滴一滴香柏油。

（3）从侧面注视，用粗调螺旋将镜筒小心地降下，使油镜浸在香柏油中，其镜头几乎与标本相接，应特别注意不能压在标本片上，更不可用力过猛，否则不仅压碎标本片，也会损坏镜头。

（4）从目镜内观察，进一步调节光线，使光线明亮，再用粗调螺旋将镜筒徐徐上升，直至视野出现物像为止，然后用微调螺旋校正焦距。如油镜已离开油面而仍未见物像，必须再从侧面观察，将油镜降下，重复操作至物像看清为止。

5. 观察完后复原

下降载物台，将油镜头转出，先用擦镜纸擦去镜头上的油，再用擦镜纸蘸少许乙醚乙醇混合液擦去镜头上残留油迹，最后再用擦镜纸擦拭2～3次即可（注意向一个方向擦拭）。

将各部分还原，转动物镜转换器，使物镜头不与载物台通光孔相对，而是成“八”字形相对，再将载物台下降至最低，降下聚光镜，反光镜与聚光镜垂直，最后用柔软纱布清洁载物台等机械部分，然后将显微镜放回柜内或镜箱中。

6. 注意事项

（1）学生使用显微镜固定镜号、位置，填写使用卡，一学期一直使用一台显微镜。

（2）不准擅自拆卸显微镜的任何部件，以免损坏。

（3）镜面只能用擦镜纸擦，不能用手指或粗布，以保证光洁度。

（4）观察标本时，必须依次用低、高倍镜，最后用油镜。当目视目镜时，特别在使用油镜时，切不可使用粗调螺旋，以免压碎标本片或损伤镜面。

（5）观察时，两眼睁开，养成两眼能够轮换观察的习惯，以免眼睛疲劳，并且能够在左眼观察时，右眼注视绘图。

（6）拿显微镜时，一定要右手拿镜臂，左手托镜座，不可单手拿，更不可倾斜拿。

四、实验报告

绘出你所观察的几个标本片细菌或其他菌的形态结构图，注明观察的微生物的名称及放大倍数。

五、思考题

1. 普通光学显微镜的构造主要分为几部分？其放大原理是什么？
2. 使用油镜和干燥物镜的区别是什么？

（塔里木大学　朱丽霞）

实验 1-4　相差显微镜的构造和使用

一、目的要求

学习和掌握相差显微镜的构造和使用，学会观察活体微生物标本的方法。

二、相差显微镜的原理和装置与构造

（一）相差显微镜的原理

在显微镜下镜检时，视场中的样品只有在反射光的波长（颜色）和振幅（亮度）与周围介质有差异时，方能窥见被检样品。活的样品多为无色透明，照明光线通过这种物体时，透过或反射光的波长和振幅尽管都会发生一定的改变，但这种相位变化不表现为明暗和颜色上的差异，不能为人眼所感知，因此很难用普通光学显微镜辨清活体的结构，必须借助于固定和染色等理化方法，使样品和背景的反射或透射光在波长和振幅上发生变化，即在颜色和亮度上有所差异，才能识别。

相差显微镜就是通过其特殊的装置——环状光阑和相板，将光的相位差转变为人眼可以察觉的振幅差（明暗差），达到观察活体标本的目的。

1. 相差

相差是指同一光线经过折射率不同的介质时其相位发生变化产生的差异。相位是指在某一时间上，光的波动所达到的位置。

一般由于被检物体（如不染色的细胞）所能产生的相差差别太小，人眼是很难分辨出这种差别的。只有在变相差为振幅差（明暗差）之后，才能被分辨。

当光波通过两种折射率不同的物质时，如空气→水或空气→玻璃，其波长、振幅和相位均有不同的变化。例如，光波分别通过 1cm 厚的水和 1cm 厚的玻璃时，由于两者折射率不同，通过它们的光波在相位上产生一定的差异。通过玻璃的光波相位落后，因为玻璃的密度和折射率比水大，所以，通过玻璃的光波的波长和频率都小于通过水的光波。

相差取决于光波所通过介质的折射率之差及其厚度，等于折射率与厚度的乘积之差（即光程之差），介质越厚或折射率越大，光波减速也越大。

相差显微镜就是利用被检物的光程之差进行镜检的。

2. 衍射与干涉

用肉眼看不到的相差，只要利用衍射和干涉现象，把相差变为明暗的振幅差，就可能看到。

（1）衍射：光波在同一均匀媒质里传播是沿直线方向进行的，如果在它传播的方向上，遇到不透明或透明的障碍物或者小孔（窄缝），绕过障碍物，产生偏离直线传播的现象称为光的衍射。衍射时产生的明暗条纹或光环，称衍射图样。

（2）干涉：若干个光波（成员波）相遇时产生，光强度不等于由各个成员波单独造成的光强分布之和，而出现明暗相间的现象。只有两列光波的频率相同，相位差恒定，振动方向一致的相干光源，才能产生光的干涉。由两个普通独立光源发出的光，不可能具有相同的频率，更不可能存在固定的相差，因此，不能产生干涉现象。

光波通过小颗粒的物体后产生直射光（S）和衍射光（D），衍射光的光波振幅小，相位滞后。在光学系统中，这种直射光和衍射光相遇或光的叠加，振幅发生变化，光线或明或暗，这就是光产生的干涉现象。

如果物体粒子是折射率稍大于周围媒质的极小的透明体时，由于光程（折射率和厚度的乘积）比较大，因此通过粒子的光比周围的光在相位上有所推迟。这是因为被检粒子的衍射光相位比直射光相位大约迟 1/4 波长的缘故。若是在直射光的通过点和大部分的衍射光的通过面放置吸收光的物质或推迟相位的物质时，就能分别改变直射光和衍射光的相位和振幅。

如果把直射光相位推迟 1/4 波长，使之与衍射光保持同一相位，合成波（P）等于直射光与衍射光振幅之和，即 $P=S+D$，振幅加大，亮度提高。相反，把衍射光相位推迟 1/4 波长，两者的相差变成 1/2 波长，合成波的振幅等于两波的振幅差，即 $P=S-D$，这时亮度减弱、变暗。光线的相位变化肉眼是看不到的，但是利用衍射和干涉的现象把相位差变成振幅差（明暗反差）就能用肉眼识别。图 1-8 表示直射光（S 细线）和衍射光（D 虚线）干涉的现象。D 的相位比 S 推迟 1/4 波长。合成波（P 粗线）由 S 与 D 两者干涉而生成，形成被检物体的像，振幅与 S 相同，相位稍推迟。

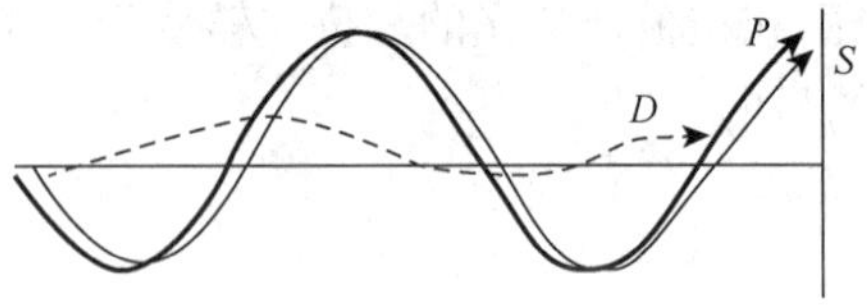

图 1-8　直射光和衍射光的干涉

S. 细线，直射光；*D*. 虚线，衍射光；*P*. 粗线，合成波

3. 相板的作用

为了达到相差效应，在相差显微镜的物镜中，装有由光学玻璃制成的相板。在圆形相的平面上，有一圈与周围（里外）相板厚度不同的或凸凹的圆环。其种类及结构如图 1-9 所示。相板分两部分。

（1）共轭面：通常为环状，是通过直射光的部分。其环是凸起的，也可能是凹陷的。

（2）补偿面：共轭面内外两侧部分，是通过衍射光的部分。

在相板的共轭面或补偿面上，涂有改变光波相位或吸收光线的物质。当光线通过时，使光波的相位或振幅改变，从而达到不同的目的与观察效果。利用相板把光波相位推迟，振幅改变。相板除推迟直射光和衍射光的相位之外，还有吸收光、改变亮度的作用。物镜的后焦点位于透镜中间而相板位于物镜的后焦面上，因此，相板也安装在透镜中间。

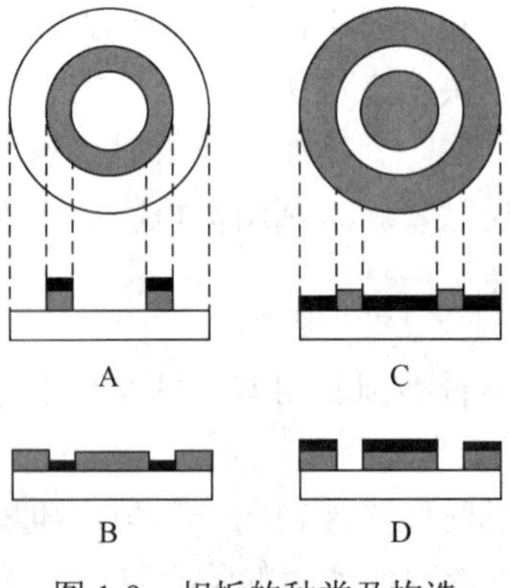

图 1-9　相板的种类及构造

A. 吸收直射光的明反差相板平面和剖面图；B. 吸收直射光的暗反差相板剖面图；C. 吸收衍射光的明反差相板平面和剖面图；D. 吸收衍射光的暗反差相板剖面图；黑色. 吸收光线层；浅色. 推迟相位层；白色. 玻璃

相板的种类比较多，对光的吸收率高低不同，因此产生不同的反差效果，从反差上大致可分如下两类（图 1-10）。

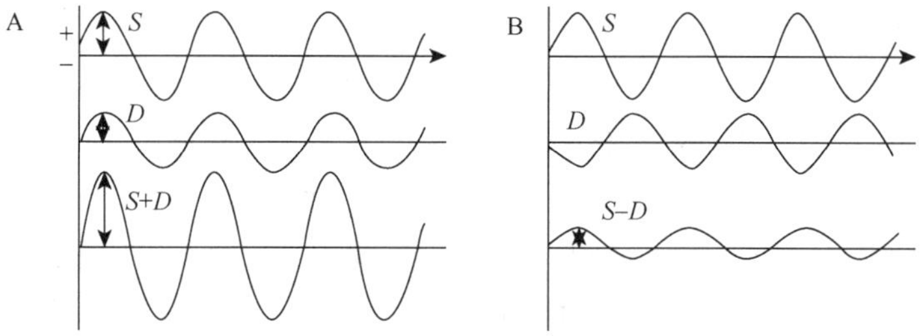

图 1-10　明反差与暗反差

A. 明反差，直射光（*S*）与衍射光（*D*）相位相同，两波干涉结果合成波 $P=S+D$，振幅加大；B. 暗反差，直射光与衍射光相位相差 1/2 波长，两波干涉结果合成波 $P=S-D$，振幅变小

（1）明反差或负反差：是指在相差显微镜的视场中，物像亮度大于背景亮度的现象。在被检物体的折射率大于媒质时，直射光被相板的共轭面（因为在共轭面上涂有改变相位和吸收光线的物质）推迟 1/4 波长，同时吸收 80%～90%的光，振幅变小，致使由直射光照射的背景变暗。通过补偿面的衍射没有变化，由于直射光推迟 1/4 波长，两者（直射光与衍射光）有完全相同的相位，合成波 *P* 等于直射光 *S* 与衍射光 *D* 之和，即 $P=S+D$，故振幅加大。物像是这两种波的合成波造成的，因此比只有直射光照射的背景亮得多。

（2）暗反差或正反差：是指在相差显微镜的视场中，背景亮度大于物像亮度的现象。与明反差相反，把通过补偿面（因为在相板的补偿面上涂有改变光波相位的物质）的衍射光推迟 1/4 波长，使衍射光与直射光的相位相差 1/2 波长，同时，直射光在共轭面（其上涂吸光物质）被部分吸收。由于两者在像点相互干涉的结果，使合成波（$P=S-D$）振幅变小，被检物像的影像比背景显著变暗。

根据上述原理所制成的显微镜便是相差显微镜，聚光镜下面装有环状光阑，物镜后焦面装有相板。

4. 相差显微镜的光路与成像

相差显微镜的照明光束，由转盘聚光器环状光阑的环状孔射入聚光镜，透射载物台上的被检样品，经样品后，入射光除透射的直线光外，同时产生衍射光。衍射光的振幅较小，相位滞后。直射光和衍射光进入物镜，样品的影像由直射光（*S*）和衍射光（*D*）经干涉后的合成波（*P*）形成，即 $P=S\pm D$，这就造成了不同的反差效果，反差效果大小由所用相板的类别而定。成像光束由物镜射入目镜，在目镜的视场光阑处再次放大，并由出射光瞳射出目镜，在人眼视网膜上形成影像。

（二）相差显微镜的装置与构造

相差显微镜不同于普通光学显微镜，在装置上有 4 种必不可缺的部件：相差物镜、具有环状光阑的转盘聚光器、合轴调中望远镜和绿色滤色镜。

1. 相差物镜

相差物镜是相差显微镜特有的重要装置。在相差物镜内的后焦面上装有种类不同的相板。相板造成视场中被检样品影像与背景不同，形成显著明暗反差，使观察更易进行。因相板种类或构成的不同，物镜在明暗反差上可分为两大类，即明反差（B）或负反差（N）物镜和暗反差（D）或正反差（P）物镜。物镜的反差类别，用英文字母 B 或 N 或 D 或 P 标示在物镜外壳上，并用字母 H、M 和 L 表示高、中和低反差强度。有的相差物镜用 PH 字样标示。

同一反差类别的物镜，依放大率的不同，又可分为 10×、20×、40×和 100×数种，因此，相关物镜种类颇多，一套可有 20 余种。

相差物镜多为消色差物镜或平场消色差物镜（PL）。

2. 转盘聚光器

转盘聚光器位于镜台之下，普通聚光器的所在位置上，由聚光镜和环状光阑构成。环状光阑位于聚光镜之下，是一种特殊的光阑装置，由大小不同的环状通光孔构成，不同规格的通光孔——环状光阑装配在一个可旋转的转盘上，按需要调转使用（图 1-11）。环状光阑的环宽与直径各不相同，与不同放大倍数的相差物镜内的相板相匹配，不可滥用。转盘前端朝向使用者一面有标示窗（孔），转盘上的不同部位标有 0、1、2、3 和 4 或 0、10、20、40 和 100 字样，通过标示窗显现。0 表示非相差的明视场的普通光阑，1 或 10、2 或 20、3 或 40 和 4 或 100 表示与相应放大率的相差物镜相匹配的不同规格的环状光阑。通过手动转入的标示窗内的数字，表示该数字所代表的环状光阑已进入光路。

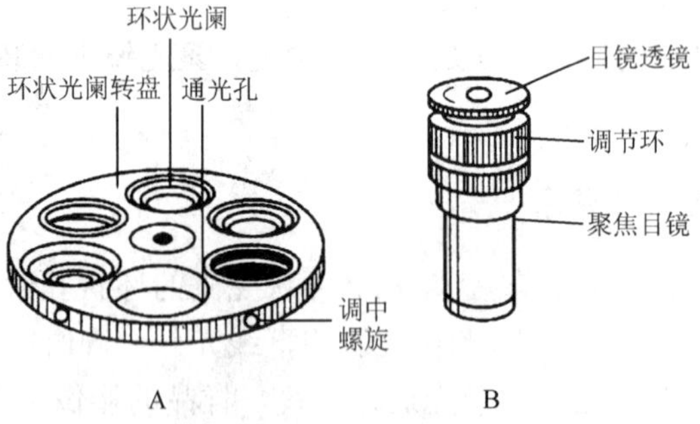

图 1-11　转盘聚光器和合轴调中望远镜的构造

A. 转盘聚光器；B. 合轴调中望远镜

3. 合轴调中望远镜

合轴调中望远镜（centering telescope，CT），又名合轴调中目镜（图 1-11）。它是一种望远目镜或称眼透镜，可行升降调节，具有较长的焦距。镜筒较长，其直径与观察目镜相同。它仅作为环状光阑的环孔（明环）与相差物镜相板的共轭面环孔（暗环）的调中合轴与调焦之用。使用相差显微镜时，转盘聚光器的环状光阑与相差目镜必须匹配，且环状光阑的孔环与相差物镜相板共轭面的环孔在光路中要准确合轴，并完全吻合或重叠，以保证直射光和衍射光各行其路，使成像光线的相位差转变为可见的振幅差。但是，镜体的光路中前述两环的影像较小，一般目镜难以辨清，不能进行调焦与合轴的操作，必须借助合轴调中望远镜。

4. 绿色滤色镜

相差物镜的种类，从色差消除情况来分，多属消色差物镜或 PL 物镜。消色差物镜的最佳清晰的光谱区为 510～630nm。欲提高相差显微镜的性能最好以波长范围小的单色光照明，即用物镜最佳清晰范围的波长的光线进行照明。因此，使用相差物镜时，在光路上加用透射光线波长为 500～600nm 的绿色滤色镜（green filter），使照明光线中的红光和蓝光被吸收，只透过绿光，可提高物镜的分辨率。该滤色镜兼有吸热的作用，利于活体观察。

三、实验步骤

相差显微镜的使用，较之普通光学显微镜要复杂些，按下列过程进行操作。如前所述，相差显微镜区别于普通光学显微镜的装置主要有相差物镜、转盘聚光器、合轴调中望远镜和绿色滤色镜 4 种部件。使用时将这些部件调换安装在同型号的普通光学显微镜上，即成为相差显微镜。

1. 相差物镜的调换安装

从物镜转换器上拆下普通物镜，旋入相差物镜，与普通目镜配套使用。

2. 转盘聚光器的调换安装

旋转聚光器升降螺旋，把普通明视场聚光器调至最低位，旋松固紧螺丝，卸下聚光镜。把转盘聚光器安放到相应位置上，旋紧固紧螺丝，转动聚光器升降螺旋，使聚光器升至最高位置。转盘聚光器的标示孔朝向操作者。此时，转盘聚光器上面的聚光镜部分，进入光路；下面的环状光阑转盘，可视需要转动使用，把与物镜匹配的环孔旋入光路，使之处于转盘聚光镜下。

转盘聚光器调换安装后，要进行合轴调中，使聚光器的光轴与显微镜的主光轴合一。其步骤如下。

（1）把转盘聚光器的环状光阑调至“0”位，明视场照明的普通可变光阑进入光路。

（2）旋转聚光器升降螺旋，聚光器升至最高位。

（3）接通照明光源，使视场明亮。

（4）把被检样品放到载物台上，用低倍（4×）物镜聚焦。

（5）缩小镜座上的视场光阑开孔，至最小。

（6）从目镜观察，在暗视场中可见一缩小的、明亮的、多角形的视场光阑图像。

（7）转动转盘聚光器的两个调中杆，推动聚光器，把视场中的明亮的多角形的视场光阑图像调至视场中央。

（8）开放视场光阑与视场同大，观察两者周边是否完全重合；否则，复用调中螺杆，使聚光器重新调中。

3. 绿色滤色镜的安装

把绿色滤色镜放入镜座的滤色镜架上。

4. 相板圆环与环状光阑圆环的合轴调中

相差物镜的后焦面装有相板。按物镜放大率与反差效果的不同，相板圆环（共轭面）的大小与结构也不同。转盘聚光器的环状光阑为一系列透光的、大小不同的明亮环孔，使用时与物镜的放大率严格匹配，当物镜更换时，环状光阑也做相应的更换或调整。

在视场中观察所见，环状光阑为一明亮的圆环，而相板的圆环为一暗环。互相匹配的明环与暗环大小一致。在使用时两者要合轴，互相重叠。两环的重叠，须通过合轴调节方能取得。其方法如下。

（1）相差物镜与环状光阑的匹配：正确地匹配取决于所用物镜放大率。例如，当使用 40×相差物镜时，环状光阑转向 40 位，使相应的环状光阑进入光路。

（2）把 CT 放入目镜筒：从目镜筒取出一个目镜，换入 CT。由于用一般目镜看不见两环的清晰图像，CT 是专为观察视场中明环与暗环图像之用而设计的。CT 在使用前使目镜处于最低位，即 CT 为最短小的状态。

（3）明环与暗环的聚焦：一手固定位于目镜筒中的 CT 镜筒，使其透镜位置不能上移，另一手逆时针转到 CT 上部可调的眼透镜部分。转动的同时，通过 CT 向现场中观察，即边旋转边观察。初始，两环可能为模糊的图像，继续转动 CT 目镜可调部分至清晰地窥见明环与暗环为止。

（4）明环与暗环的调中重叠：相板的暗环是固定不动的，处于光路之中，即显微镜光轴的中心。环状光阑的明环可调节、移动。转盘聚光器环状光阑如不在光轴轴心，需调整，使其归位。环状光阑的调中装置或部件，因厂家或型号的不同而有别。如 OLYMPUS BH_2-PC 型相差显微镜，环状光阑调中装置为位于转盘聚光器两侧的两个伸缩自如的调中螺杆，用以操纵改换环状光阑的方位，达到调中的目的。而 Nikon FIVORPHOT 型显微镜的相差装置，其环状光阑的调中部件为位于转盘聚光器表面，可向任一方向滑动的环状钮。调中时，手指调中装置，移动明环，使之与暗环合一。在两环调中过程中，始终通过 CT 观察是否已经调中。

在调节过程中，如明环比暗环小，并位于暗环内侧时，应降低聚光器位置，使明环放大。若明环大于暗环时，应提升聚光器，使明环缩小。如聚光器已升至最顶点还不能完全重合，可能是载玻片过厚的缘故。

（5）回装观察目镜：待相差物镜的暗环与环状光阑的明环调中、重叠后，从目镜筒中取出 CT，放回观察用的目镜，以便镜检观察。

5. 相差物镜的选择

相差物镜有不同倍率、反差类别和反差程度之分。相差物镜的反差类别和反差程度及放大倍数，均用英文字母和数字标示在物镜壳中。具体如下。

20×PH=20 倍，正反差，反差程度高。

20×PM=40 倍，正反差，反差程度中等。

100×PL=100 倍，正反差，反差程度低。

40×NH=40 倍，负反差，反差程度高。

40×NM=40 倍，负反差，反差程度中等。

100×NL=100 倍，负反差，反差程度低。

100×DH=100 倍，暗反差，反差程度高。

40×DM=40 倍，暗反差，反差程度中等。

20×DL=20 倍，暗反差，反差程度低。

10×BH=10 倍，明反差，反差程度高。

20×BM=20 倍，明反差，反差程度中等。

40×BL=40 倍，明反差，反差程度低。

相差镜检时，依被检样品的种类、结构和反差程度的不同，确定应选用相差物镜的种类。一般来说，相差物镜的应用范围如表 1-4 所示。

表 1-4　相差物镜的应用范围

字母	反差	应用
P	正	观察细胞或细胞核的内部结构
N	负	观察微小的物体如孢子、鞭毛和活的样品等
H	高	当样品反差较低时
L	低	当样品反差较高时
M	中	当样品反差为中等时

就某一具体被检物体来说，适于明反差或适于暗反差，难以定论。通常是哪一种相差物镜都能得到清晰的像，只是有的物镜更好些，因此可任意选择。有的样品只适于某一种相差物镜。暗反差物镜对习惯于明视场镜检者很适宜。当与染色标本进行比较或进行测定及加强半透明物体的反差时，多使用暗反差；而计算数量或观察物体运动及研究极小的样品时，多使用明反差。

总之，在相差镜检时，于诸多的相差物镜中选一物镜，绝非易事。除参考表 1-4 所列应用范围外，最佳方法是通过各种类型的相差物镜进行实际镜检测定，找出最宜相差物镜。

四、实验报告

绘出你所观察的几个标本片细菌或其他菌的形态结构图，并与普通光学显微镜的观察结果予以比较。

五、思考题

1. 相差显微镜观察标本的原理是什么？其主要构造分为几部分？
2. 相差显微镜和普通光学显微镜的主要区别是什么？

（塔里木大学　朱丽霞）

实验 1-5　暗视野显微镜的构造和使用

一、目的要求

学习和掌握暗视野显微镜的原理与方法，并将其应用于食品微生物学的教学与研究中。

二、暗视野显微镜的原理与结构

1. 暗视野显微镜的原理

暗视野显微镜也是光学显微镜的一种，有人称超显微镜，是利用丁达尔光学效应的原理改装而成的。当一束光线透过黑暗的房间，从垂直于入射光的方向可以观察到空气里出现的一条光亮的灰尘“通路”，这种现象即丁达尔光学效应。

暗视野显微镜的聚光镜中央有挡光片，使照明光线不直接进入物镜，只允许被标本反射和衍射的光线进入物镜，因而视野的背景是黑的，物体的边缘是亮的。利用这种显微镜能看见小至 4～200nm 的微粒子，分辨率可比普通显微镜高 50 倍。

在普通的光学显微镜上换装暗视野聚光镜后，由于该聚光镜内部抛物面结构的遮挡，照射在待检物体表面的光线不能直接进入物镜和目镜，仅散射光能通过，因而视野是黑暗的。当无物体时，视野黑暗，不可能观察到任何物体；当有物体时，以物体衍射回的光与散射光等在暗的背景中呈现明亮可见的光像。其观察原理如图 1-12 所示。

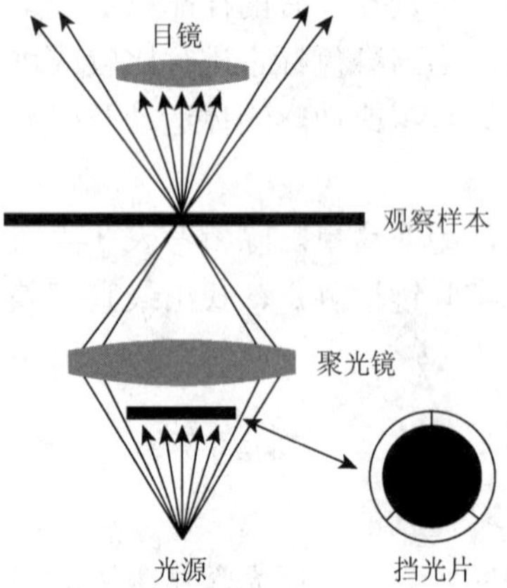

图 1-12　暗视野显微镜成像示意图

2. 暗视野显微镜的结构与改装

暗视野显微镜基本结构是将普通光学显微镜光学组加上挡光片。普通光学显微镜只要聚光器是可以拆卸的，支架的口径适于安装暗视野聚光器，即可改装成暗视野显微镜。在无暗视野聚光器时，可用厚黑纸片制作一个中央遮光板，放在普通光学显微镜的聚光镜下方的滤光片框上，也能得到暗视野效果。挡光片是用来挡住光源中间的光线，让光线只能从周围射入标本，大小约和光圈大小相同。不同倍率用不同的光圈，因此要制作不同的挡光片。

三、实验步骤

暗视野显微镜常用来观察未染色的透明样品，这些样品因为具有和周围环境相似的折射率，不易在一般明视野之下看清楚，于是利用暗视野提高样品本身与背景之间的对比。暗视野显微镜只能看到物体的存在、运动和表面特征，不能辨清物体的细微结构。具体操作步骤如下。

（1）把暗视野聚光器装在显微镜的聚光器支架上。

（2）选用强的光源，但要防止直射光线进入物镜，因此一般用显微镜灯照明。

（3）在聚光器和标本片之间要加一滴香柏油，目的是不使照明光线于聚光镜上面进行全反射，达不到被检物体。

（4）升降聚光器，将聚光镜的焦点对准被检物体，即以圆锥光束的顶点照射被检物。如果聚光器能水平移动并附有中心调节装置，则应首先进行中心调节，使聚光镜的光轴与显微镜的光轴严格位于一直线上。

（5）选用与聚光镜相应的物镜，调节焦距，找到所需观察的物像。

进行暗视野观察时，需注意以下事项。

（1）进行暗视野观察时，聚光镜与载玻片之间滴加的香柏油要充分，否则照明光线于聚光镜上面进行全面反射，达不到被检物体，从而不能得到暗视野照明。

（2）在进行暗视野观察标本前，一定要进行聚光镜的中心调节和调焦，使焦点与被检物体一致。

（3）由于暗视野聚光镜的数值孔径都较大（NA 为 1.2～1.4），焦点较浅，因此，过厚的被检物体无法调在聚光镜焦点处，一般载玻片厚度为 1.0mm 左右，盖玻片厚度宜在 0.16mm 以下，同时载玻片、盖玻片应很清洁，无油脂及划痕，否则都会严重地干扰观察的影像。

四、实验报告

绘出你在暗视野显微镜下所观察的几个标本片或其他菌的形态结构图，并与普通光学显微镜的观察结果予以比较。

五、思考题

1. 暗视野显微镜观察标本的原理是什么？其主要构造分为几部分？
2. 请比较普通光学显微镜、相差显微镜和暗视野显微镜的主要异同点。

（塔里木大学　朱丽霞）

实验 1-6　细菌运动性的观察

一、目的要求

学习水浸片和悬滴标本片的制作方法，观察细菌的运动。

二、实验原理

细菌是否具有鞭毛是细菌分类鉴定的重要特征之一。因鞭毛较细，在普通光学显微镜下不易观察，但有鞭毛的细菌在液体中能借助鞭毛的旋转和摆动，使菌体能定向地运动，可以借此判断细菌是否具有鞭毛。

在显微镜较暗视野中（光线太亮，很难看到），可通过对细菌水浸片或悬滴标本片的观察，根据其运动方式判断是否有鞭毛。应注意区分是因液体流动引起细菌随水流而动，或呈现无规则、原位颤动的布朗运动，还是细菌的真运动。

三、实验材料

（1）菌种：培养 24～36h 的枯草芽孢杆菌（*Bacillus subtilis*）菌悬液、枯草水（枯草加水煮沸，加少许蛋白胨，适温培养）或陈尿液。

（2）试剂和器材：凹室载玻片，载玻片，盖玻片，滴管，蒸馏水，吸水纸，擦镜纸，显微镜等。

四、实验步骤

1. 水浸片法

（1）制片：用滴管取菌悬液（枯草水、或陈尿液）1 小滴（尽可能少），置于干净的载玻片中央，加盖盖玻片（勿使其产生气泡）。

（2）镜检：将载玻片置于显微镜下，在暗视野下用低倍镜、高倍镜观察细菌运动情况。

2. 悬滴法

（1）制片：取凹室载玻片一张，于凹室周围涂一圈水膜。取干净的载玻片一张，于中央滴一小滴菌悬液，小心而迅速地翻转盖玻片，使菌液保持圆形水滴状，将盖玻片轻放于凹室上面，使液滴空悬于室内，稍压，使盖玻片边缘与水膜密接。

（2）镜检：方法同上。

五、实验报告

绘制细菌运动位移轨迹示意图。

六、思考题

1. 在显微镜下观察细菌运动时，光线应该强还是弱？为什么？
2. 观察细菌运动性时应用老龄菌还是幼龄菌？

（西北农林科技大学　张强）

实验 1-7　细菌的简单染色法

一、目的要求

学习并掌握细菌简单染色法的原理与方法。

二、实验原理

细菌细胞个体微小，且含水量大（一般在 80%以上），对光线的吸收和反射与水溶液差别不大，与周围背景没有明显的明暗差，除了观察活体细胞的运动性和直接计数外，绝大多数情况下都必须经过染色，才能在显微镜下进行观察。

简单染色法又称单染色法，即用一种染色液对细菌进行染色的方法。该法简便易行，适于进行微生物的形态观察。

一般情况下，细菌菌体多带负电荷，易于和带正电荷的碱性染料结合而被染色。因此，常用碱性染料对细菌进行染色。常见的碱性染料有亚甲蓝、甲基紫、结晶紫、碱性复红、中性红、孔雀绿和番红等。

三、实验材料

（1）菌种：葡萄球菌（*Staphylococeus aureus*），大肠杆菌（*Escherichia coli*），枯草芽孢杆菌（*Bacillus subtilis*）。

（2）试剂和器材：碱性亚甲蓝染色液［A 液：亚甲蓝（又称甲烯蓝、次甲基蓝、美蓝）0.3g，95%乙醇 30mL。B 液：KOH 0.01g，蒸馏水 100mL。将 A、B 两液混合摇匀使用］，接种环，酒精灯，火柴，载玻片，洗瓶，吸水纸及镜检用物。

四、实验步骤

1）准备玻片

载玻片应清洁透明，无油渍。如有残余油渍，可按下列方法处理。

（1）滴上 95%乙醇 2～3 滴，用洁净纱布擦干净，然后在酒精灯火焰上轻轻拖过几次。

（2）如果玻片事先已浸泡在 75%乙醇中，用镊子将其取出，直接在酒精灯火焰上拖过几次。

2）涂片

材料不同，方法不同。

（1）液体材料：如液体培养物、组织汁液或牛乳等，用接种环无菌操作挑取一环液体材料置于玻片中央，均匀涂成适当大小的薄层（直径约 1cm）。

（2）固体材料：如固体培养物、牛乳凝块或奶酪等，先用滴管在载玻片中央加一小滴无菌水，再用接种环无菌操作取固体材料少许，与玻片上蒸馏水混匀，并涂成适当大小的薄层。

3）干燥

涂片置室温下自然干燥；有时为了干得快些，可将涂片在酒精灯火焰上方小心地轻微挥动使其干燥（注意载玻片的温度以不超过手背的耐受力为限）。

4）固定

将干燥涂片（涂菌面向上）慢慢地从酒精灯火焰上通过 2～3 次，目的是将活菌杀死，使菌体黏附在玻片上，染色时不致脱落，同时改变菌体对染液的通透性，增加染色效果。

5）染色

滴 1～2 滴碱性亚甲蓝染色液于涂片部位，染色 1～3min。

6）水洗

倾去染色液，用洗瓶或直接用自来水从玻片上端轻轻冲洗（不可直接冲洗染色部位，以免将菌体冲掉），直至冲洗水滴无色或浅色为止。

7）干燥

用吸水纸将载玻片吸干，或让其自然干燥，或在酒精灯火焰上方微热烘干即可镜检。

五、实验报告

绘出葡萄球菌在显微镜下的形态图。

六、思考题

1. 细菌简单染色法的原理是什么？
2. 染色前细菌涂片为什么要用火焰固定？
3. 染色时应该注意哪些事项？

（河南科技大学　秦翠丽）

实验 1-8　细菌的革兰氏染色法

一、目的要求

了解革兰氏染色的原理，并掌握革兰氏染色法的操作技术，进一步巩固显微镜（油镜）的使用方法和无菌操作技术。

二、实验原理

革兰氏染色法是细菌学中广泛使用的一种重要的鉴别染色法。1884 年由丹麦医师 Gram 创立。革兰氏染色的原理主要是因为两类细菌的细胞壁成分和结构不同。革兰氏阴性细菌的细胞壁中含有较多的类脂质，而肽聚糖的含量较少。当用乙醇或丙酮脱色时，类脂质被溶解，增加了细胞壁的通透性，使初染后的结晶紫和碘的复合物易于渗出，结果细胞被脱色，经复染后，又染上复染液的颜色。而革兰氏阳性细菌细胞壁中肽聚糖的含量多且交联度大，类脂质含量少，经乙醇或丙酮洗脱后，肽聚糖层的孔径变小，通透性降低，因此，细胞仍保留初染时的颜色。细菌先经碱性染料结晶紫染色，再经碘液媒染（以增加染料与细胞的亲和力）后，用乙醇或丙酮脱色，再用复染色剂染色。不被脱色而保持原颜色者为革兰氏阳性菌（G^+）；被脱色后又被染上复染剂的颜色者为革兰氏阴性细菌（G^-）。此法可将细菌分为两大类。

三、实验材料

（1）菌种：大肠杆菌（*Escherichia coli*），枯草芽孢杆菌（*Bacillus subtilis*），金黄色葡萄球菌（*Staphylococcus aureus*）。

（2）染液：结晶紫染液，卢戈氏碘液，95%乙醇，番红染液。

（3）器材和试剂：洗净的载玻片，显微镜，酒精灯，接种环，香柏油，二甲苯，擦镜纸，吸水纸，镊子，玻璃废液缸，瓶装蒸馏水等。

四、实验步骤

实验基本流程如下。

制片→固定→初染（结晶紫染液）1～2min→水洗→媒染（碘液）1min→水洗→脱色（95%乙醇至无色）→水洗→复染（番红染液）1～2min→水洗→干燥→镜检。

1. 制片

（1）涂菌：用无菌操作方法从试管斜面中蘸取菌液 1 环，用接种环在洁净无脂的载玻片上涂一薄而均匀、直径约 1cm 的菌膜。涂菌后将接种环在火焰上灭菌。

（2）干燥：在空气中自然干燥，也可把载玻片置于火焰上部略加温加速干燥（温度不宜过高）。

（3）固定：目的是杀死细菌并使细菌黏附在载玻片上，便于染料着色。常用加热法，即将细菌涂片膜向上，通过火焰 3 次，以热而不烫为宜，防止菌体烧焦、变形。

2. 染色步骤

染色步骤如图 1-13 所示。

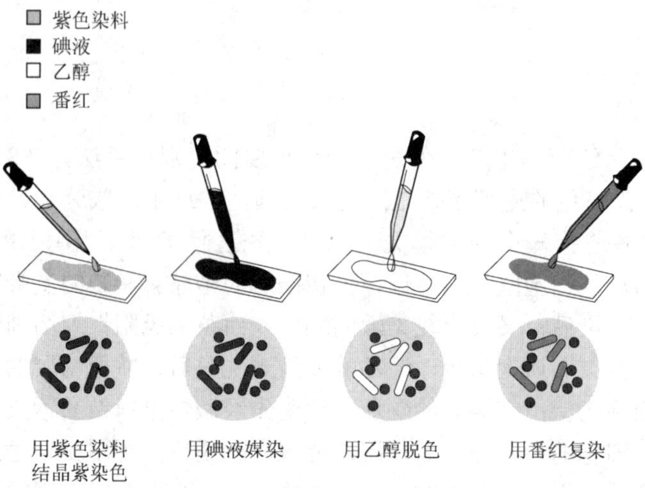

图 1-13　细菌革兰氏染色步骤示意图

（1）初染：滴加结晶紫（以刚好将菌膜覆盖为宜）于两个载玻片的涂面上，染色 1～2min，倾去染液，细水冲洗至洗出液为无色，将载玻片上水甩净。

（2）媒染：用卢戈氏碘液媒染约 1min，水洗。

（3）脱色：用滤纸吸去载玻片上的残水，将载玻片倾斜，在白色背景下，用滴管流加 95%乙醇脱色，直至流出的乙醇无紫色时，立即水洗，终止脱色，将载玻片上水甩净。

革兰氏染色结果是否正确，乙醇脱色是革兰氏染色操作的关键环节。脱色不足，阴性细菌被误染成阳性细菌，脱色过度，阳性细菌被误染成阴性细菌。脱色时间一般 20～30s。

（4）复染：在涂片上滴加番红染液复染 1～2min，水洗，然后用吸水纸吸干。在染色的过程中，不可使染液干涸。

（5）镜检：干燥后，用油镜观察。菌体被染成蓝紫色的是革兰氏阳性细菌（G^+），被染成红色的为革兰氏阴性细菌（G^-）。

（6）检测未知菌：用以上方法对未知菌进行革兰氏染色，并绘图、记录染色结果。

（7）实验结束后处理：清洁显微镜。先用擦镜纸擦去镜头上的油，然后再用擦镜纸蘸取少许二甲苯擦去镜头上的残留油迹，最后用擦镜纸擦去残留的二甲苯。注意擦镜头时向一个方向擦拭。染色载玻片用洗衣粉水煮沸、清洗，晾干后备用。

3. 注意事项

（1）涂片不宜过厚，以免脱色不完全，造成假阳性。

（2）在染色过程中，不可使染色液干涸。用水冲洗后，应吸去载玻片上的残水，以免染色液被稀释而影响染色效果。

（3）乙醇脱色时间是革兰氏染色成败的关键，如脱色过度，革兰氏阳性细菌也可被脱色而被误认为是革兰氏阴性细菌。如脱色时间过短，革兰氏阴性细菌也会被误认为是革兰氏阳性细菌。

（4）应选择活跃生长期的幼龄菌做革兰氏染色。G^+培养 12～16h，*E. coli* 培养 24h。培养时间过长，部分细菌死亡或自溶，改变了细菌细胞壁的通透性，造成阳性细菌的假阴性反应。

（5）火焰固定不宜过热。

五、实验报告

1. 将革兰氏染色结果记录于表 1-5 中。

表 1-5　细菌革兰氏染色结果

菌名	菌体颜色	菌体形态	G^+或 G^-
金黄色葡萄球菌			
大肠杆菌			
枯草芽孢杆菌			
未知菌 1			
未知菌 2			

2. 绘图：画出所观察细菌的形态图。

六、思考题

1. 什么是革兰氏染色法？染色过程中应注意什么？
2. 试分析革兰氏染色法在细菌分类中的意义。

（安康学院　杨薇）

实验 1-9　细菌的荚膜染色法

一、目的要求

学习荚膜染色技术，观察和分辨细菌的荚膜形态，进一步理解细菌细胞的特殊结构。

二、实验原理

荚膜的主要成分是多糖，是某些细菌分泌于细胞壁外呈黏性的物质，具有一定形状。多糖与染料亲和力较弱，不易着色，但荚膜通透性较好，某些染料可透过荚膜使菌体着色，正因如此，染色后呈浅色或无色的荚膜和菌体就形成了一个明显的色差，即在菌体周围有一浅色或无色的透明圈，即荚膜。

荚膜因其成分主要为多糖，易溶于水，故染色中尽量少用水，以免荚膜被洗掉。荚膜受热失水易引起皱缩变形，故不必加热固定，但可用乙醇或甲醇进行固定。

荚膜染色常采用负染法，也称衬托染色法，即将背景染成淡蓝色，此法使菌体和背景显色以衬托无色的荚膜。

三、实验材料

（1）菌种：在阿须贝无氮培养基上培养3～4d的褐球固氮菌（*Azotobacter chroococcum*），培养2d的胶质芽孢杆菌（*Bacillus mucilaginosus*）。

（2）试剂和器材：石炭酸复红液，黑色素液（或碳素墨水，如果太浓，可加一定量水稀释），95%乙醇，载玻片，盖玻片，接种环及其他染色、镜检用物等。

四、实验步骤

1. 方法一

3种方法大同小异，方法一最常用。

（1）涂片：取干净载玻片一张，于中央滴加少许蒸馏水，用接种环以无菌操作法取菌体少许（尽可能少），放入蒸馏水中混匀并涂成薄层，晾干。

（2）固定：滴加95%乙醇1滴固定1min，倾去，晾干（不用加热）。

（3）染色：加石炭酸复红液染色1min，水洗，晾干。

（4）涂背景：于涂片一端滴少许（半滴）黑色素液，用另外一张边缘光滑的载玻片，将其一端放于黑色素液滴中，以大约30°角顺势将黑色素液向涂片一端滑动（图1-14），使黑色素成为一均匀薄层，自然干燥（注意一定通过菌体部位，否则无意义）。

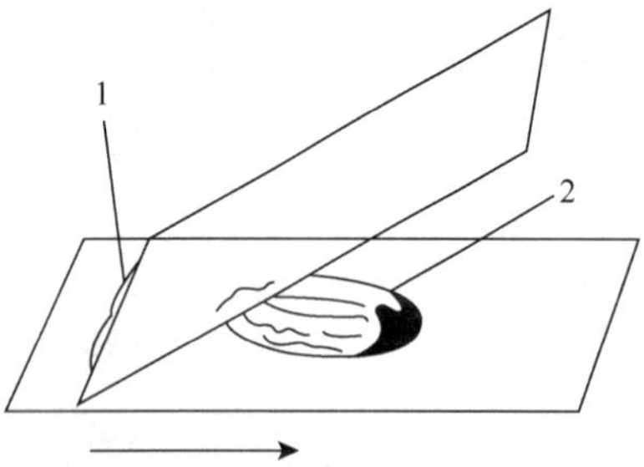

图1-14　黑色素的涂抹法

1. 黑色素；2. 标本涂面

（5）镜检：在高倍镜或油镜下观察。细胞呈红色，背景淡蓝（灰）色，中间显示浅色或无色的透明圈，即荚膜。

2. 方法二

（1）涂片、染色：于载玻片中央滴1小滴石炭酸复红液，用接种环取菌体少许（同样，尽可能少），放于石炭酸复红液液滴中，混匀并涂成薄层（这是荚膜的染色过程），自然干燥后，同上法涂抹黑色素液，晾干。

（2）镜检：同方法一。

3. 方法三

（1）涂片：取干净载玻片一张，于中央滴加1小滴黑色素液，用接种环以无菌操作法取菌体少许，放入黑色素液液滴中充分混匀。

（2）加盖玻片：取洁净盖玻片一张，以倾斜式轻轻覆盖于混合液上，轻轻按压盖玻片，用吸水纸（或滤纸）吸收盖玻片周边多余的混合液。

（3）镜检：用低倍镜、高倍镜观察。背景黑色，细胞较暗，其周围呈现出明亮的透明圈，即荚膜。

五、实验报告

绘出细菌荚膜镜检图。

六、思考题

1. 荚膜染色法的原理是什么?
2. 荚膜染色中应注意哪些事项?

（西北农林科技大学　樊明涛）

实验 1-10　细菌的芽孢染色法

一、目的要求

了解细菌芽孢染色的原理和意义，掌握芽孢染色的方法。

二、实验原理

芽孢是某些细菌生长到一定阶段后在菌体内形成的休眠体，通常呈圆形或椭圆形。细菌能否形成芽孢及芽孢的形状、芽孢在芽孢囊内的位置、芽孢囊是否膨大等特征是鉴定细菌的依据之一。

芽孢具有厚而致密的壁，通透性低，对各种不利因素如高温、冷冻、射线、干燥、化学药品和染料等具有很强的抵抗力。因此，当用一般染色方法染色时，只能使菌体着色，芽孢不易着色（芽孢呈透明）或仅显很淡的颜色。为了使芽孢着色便于观察，需采用特殊染色法——芽孢染色法。芽孢染色法是利用细菌的芽孢和菌体对染料的亲和力不同的原理，用不同染料进行着色，使芽孢和菌体呈不同的颜色而便于区别。芽孢壁厚、透性低，着色、脱色均较困难，因此，当先用一弱碱性染料，如孔雀绿或碱性品红在加热条件下进行长时染色，此染料不仅可以进入菌体，也可以进入芽孢，进入菌体的染料可经水洗脱掉，而进入芽孢的染料则难以透出。若再用复染液（如番红染液）或衬托溶液（如黑色素液）处理，芽孢和菌体就呈现不同的颜色，借此将芽孢与菌体区别开。

三、实验材料

（1）菌种：在营养琼脂培养基（LB 培养基）上培养 24～48h 的枯草芽孢杆菌（*Bacillus subtilis*）、梭状芽孢杆菌（*Clostridium*）和蜡状芽孢杆菌。

（2）培养基：营养琼脂培养基（LB 培养基）。

（3）仪器和其他用品：普通光学显微镜，超净工作台，恒温培养箱，无菌水（10mL分装于试管中），孔雀绿染色液，番红水溶液，苯酚品红染液，黑色素液，香柏油，二甲苯，擦镜纸，吸水纸，载玻片，盖玻片，酒精灯，接种环，镊子，烧杯，玻璃棒等。

四、实验步骤

1. 方法一

（1）涂片：在洁净的载玻片中央加一小滴无菌水，用灭菌的接种环取少许枯草芽孢杆菌置于水滴中充分混匀，并涂成极薄的菌膜。

（2）干燥、固定：涂片在空气中干燥后，手持载玻片一端，有菌膜一面向上，通过酒精灯微火几次使菌体固定。注意用手指触摸载玻片反面，以不烫手为宜，冷却。

（3）染色和加热：在涂菌处滴加孔雀绿染色液，并在微火上加热至染料冒蒸汽开始计时，加热染色 10min。注意加热时要不断补充孔雀绿染色液，以免烧干。

（4）水洗：倾去染色液，冷却后用水冲洗。

（5）复染：用番红染色液染色 1min。

（6）水洗、干燥、镜检：芽孢被染成绿色，营养体呈红色。

2. 方法二

（1）取两支洁净的小试管，分别加入 0.2mL 无菌水，用接种环再往其中一管中加入 1～2 环的蜡状芽孢杆菌的菌苔，另一管中加入 1～2 环的梭状芽孢杆菌的菌苔，两管各自充分混合成菌悬液。

（2）在菌悬液中分别加入 0.2mL 苯酚品红溶液，充分混合后，于沸水浴中加热 3～5min。

（3）用接种环分别取上述混合液 2～3 环于两片载玻片上，涂薄，风干后，将载玻片稍倾斜于烧杯上，用 95%乙醇冲洗至无红色液体流出。

（4）再用自来水冲洗，滤纸吸干。

（5）用接种环取 1～2 环黑色素液于涂片处，立即展开涂薄，自然干燥后，在油镜下观察，在淡紫灰色背景的衬托下，菌体为白色，菌体内的芽孢为红色。

五、实验报告

绘图表示你观察到的两种芽孢杆菌的芽孢在形状、大小及着生位置上有什么不同。

六、思考题

1. 芽孢染色加热的目的是什么？若不加热是否可以？芽孢染色中水的作用是什么？

2. 为什么在用孔雀绿染色液加热染色中，要待载玻片冷却后才能用水冲洗？

（河南科技学院　焦凌霞）

实验 1-11　细菌的鞭毛染色法

一、目的要求

学习细菌的鞭毛染色技术，观察细菌鞭毛形态特征及着生位置，进一步理解细菌细胞的特殊结构。

二、实验原理

鞭毛是细菌的运动“器官”，细菌是否具有鞭毛，以及鞭毛着生的位置和数目是细菌的一项重要形态特征。细菌的鞭毛极细，直径一般为 10～20nm，一般不能在光学显微镜下直接观察，只有用电子显微镜才能观察到。但如果采用特殊的染色法，则在普通光学显微镜下也能看到它。

鞭毛染色方法很多，但基本原理相同，即在染色前先用媒染剂处理，让它沉积在鞭毛上，使鞭毛直径加粗，然后再进行染色。常用染色方法有硝酸银染色法和改良的 Leifson 染色法。硝酸银染色法更容易掌握，也最常用。

三、实验材料

（1）菌种：普通肉汤培养基上培养 12～16h 的大肠杆菌（*Escherichia coli*），绿脓杆菌（*Pseudomonas aeruginosa*）和假单胞菌（*Pseudomonas putida*）斜面菌种。

（2）试剂和器材。

硝酸银鞭毛染色液。A 液：鞣酸（单宁酸）5g，$FeCl_3$ 1.5g，蒸馏水 100mL。待溶解后，加 1% NaOH 溶液 1mL 和 15%甲醛溶液 2mL。B 液：硝酸银 2g，蒸馏水 100mL。待硝酸银溶解后，取出 10mL 做回滴用。往 90mL B 液中滴加浓氢氧化铵溶液，当出现沉淀时继续滴加氢氧化铵，直到溶液中沉淀消失变澄清为止。然后用保留的 10mL B 液小心地逐滴加入，至出现轻微和稳定的薄雾为止（此操作非常关键，应格外小心）。整个滴加过程中边滴边充分振荡。配好的染色液当日有效，4h 内效果最好。

Leifson 鞭毛染色液。A 液：碱性复红 1.2g，95%乙醇 100mL。B 液：鞣酸 5g，蒸馏水 100mL（如加 0.2%苯酚，可长期保存）。C 液：氯化钠 1.5g，蒸馏水 100mL。使用前将 A、B、C 3 种溶液等体积混合，将混合液贮藏于磨口玻璃瓶中，置冰箱可保存数周。

香柏油，二甲苯，载玻片，吸水纸，玻片搁架，接种环，显微镜，恒温培养箱，牛肉膏蛋白胨培养基，普通肉汤培养基等。

四、实验步骤

1. 硝酸银染色法

（1）菌液的制备及制片：用对数生长期的菌做鞭毛染色，在染色前应将待染细菌在新配制的牛肉膏蛋白胨培养基斜面上连续移接 1～2 代，以增强细菌的活力。恒温培养 12～16h 后，用接种环挑取数环，移至盛有 1～2mL 无菌水的试管中，使菌液呈轻度混浊。将该试管放在 37℃恒温培养箱中静置 10min（放置时间不宜太长，否则鞭毛会脱落），让幼龄菌的鞭毛舒展开。然后取一滴菌液滴在洁净载玻片（必须无油污）的一端，立即将载玻片倾斜，使菌液缓慢地流向另一端，用吸水纸吸去多余的菌液。室温（或 37℃）自然干燥（干后尽快染色，不宜放置时间过长）。

（2）染色：滴加硝酸银染色 A 液，染色 4～6min。用蒸馏水充分洗去 A 液。用 B 液冲去残水后，再加 B 液于载玻片上，染色 0.5～1min，当涂片出现明显褐色时，立即用蒸馏水冲洗，自然干燥。

（3）镜检：先低倍镜，再高倍镜，最后用油镜检查。菌体呈深褐色，鞭毛呈浅褐色、通常呈波浪形。

2. 改良 Leifson 染色法

（1）菌液的制备同硝酸银染色法。

（2）制片：用记号笔在洁净的载玻片反面将薄片划分成 3～4 个相等的区域。加 1 滴菌液于每一个小区的一端，将玻片倾斜，让菌液流向另一端，并用滤纸吸去多余的菌液。室温自然干燥。

（3）染色：加 Leifson 染色液于第一区，使染料覆盖涂面。隔数分钟后再将染料加入第二区，依此类推（相隔时间可自行决定），其目的是确定最合适的染色时间，而且节约材料。在染色过程中仔细观察，当整个载玻片都出现铁锈色沉淀，染料表面出现金色膜时，不倾去染料，直接用蒸馏水轻轻地冲去染料，否则会增加背景的沉淀。染色时间大约 10min。自然干燥。

（4）镜检：用油镜检查。菌体和鞭毛均染成红色。

五、实验报告

你所观察的 3 种细菌是否都有鞭毛?如果有，绘图表示有鞭毛细菌的形态特征。

六、思考题

1. 鞭毛染色法的原理是什么？要注意哪些环节？
2. 在染色前通常必须连续传接几代？其目的是什么？

（南阳理工学院　李霞）

实验 1-12　细菌的伴孢晶体染色法

一、目的要求

学习伴孢晶体的染色方法和技术，观察伴孢晶体在芽孢菌类细胞内的位置，分辨伴孢晶体的形状。

二、实验原理

伴孢晶体是少数芽孢杆菌类如苏云金芽孢杆菌（*Bacillus thuringiensis*）在形成芽孢时，会在芽孢旁形成一个菱形或双锥形的碱溶性蛋白质晶体，当芽孢成熟被释放时，它也同时释放。伴孢晶体具有很强的毒性，对 200 多种昆虫尤其是鳞翅目的幼虫有毒杀作用，这也是苏云金芽孢杆菌类杀虫作用的主要原因，因而可将这类产伴孢晶体的细菌制成有利于环境保护的生物农药，即细菌杀虫剂。

伴孢晶体的存在与否，常作为苏云金芽孢杆菌类生物制剂的常规检验项目之一。利用伴孢晶体染色法可达到区别晶体、芽孢和菌体细胞三者的目的。

三、实验材料

（1）菌种：在牛肉膏蛋白胨培养基上培养 24～48h 的苏云金芽孢杆菌武汉变种（140）[*Bacillus thuringiensis* var. *wuhanensis*（140）] 或苏云金芽孢杆菌天门变种（7216）[*Bacillus thuringiensis* var. *tianmensis*（7216）]。

（2）试剂和器材：溴酚蓝（MBB）染色液，番红染色液，苯酚品红染液（1∶10 稀释），载玻片，接种环及其他染色、镜检用物等。

四、实验步骤

1. 方法一

（1）涂片：取干净载玻片一张，于中央滴加少许蒸馏水，用接种环以无菌操作法挑取“140”或“7216”菌体少许放入蒸馏水中混匀并涂成薄层，待其自然干燥（注意：不能加热固定）。

（2）初染：滴加 MBB 染色液 1 滴于涂面上，待涂片出现灰白色结晶后，再滴加 MBB 染色液，如此反复持续 5～6min 后，用水轻轻冲洗，即固定和染色同步完成。由于 MBB 染色液中含有乙醇及 $HgCl_2$，因此不能加热固定。

（3）复染：水洗后的涂片再滴加番红染色液 1 滴，染色 30s，水洗，干燥。

（4）镜检：在高倍镜或油镜下观察伴孢晶体的位置和形状。伴孢晶体呈深蓝色，芽孢边缘红色而内部无色，细菌细胞（孢囊）呈红色。

2. 方法二

（1）涂片、染色：涂片方法同上。染液可滴加石炭酸复红液，染色 1min，水洗，干燥。

（2）镜检：在高倍镜或油镜下观察伴孢晶体的位置和形状。伴孢晶体呈红色，游离的芽孢外膜略显红色，细胞质无色。

五、实验报告

绘出所观察到的伴孢晶体在细胞中的位置和形状。

六、思考题

1. 何为伴孢晶体？它的重要性是什么？
2. 使用 MBB 染色液染色时为什么不能加热固定？

（周口师范学院　侯小歌）

实验 1-13　细菌的细胞壁染色法

一、目的要求

学习掌握细菌的细胞壁染色法，在显微镜下观察和分辨细菌的细胞壁形态，进一步理解和掌握细菌细胞的结构。

二、实验原理

细菌细胞壁是细胞表面的一层薄膜，革兰氏阳性细菌的细胞壁为 20～30nm，革兰氏阴性细菌的细胞壁为 10～13nm，其化学成分主要为肽聚糖，它与染料结合的能力差，不易着色，在细菌的染色过程中，染料一般情况都是通过细胞壁的渗透、扩散等作用而进入细胞，而细胞壁本身并未染色，因此，欲通过染色来观察细胞壁，必须设法使细胞壁着色，常用的方法有单宁酸法和磷钼酸法。单宁酸和磷钼酸本身都具有媒染作用，它们使细胞壁形成可着色的复合物，而使细胞质不易被着色，经结晶紫或甲基绿染色后，便可在普通光学显微镜下观察到细胞壁。

三、实验材料

（1）菌种：巨大芽孢杆菌（*Bacillus megatherium*），枯草芽孢杆菌（*Bacillus subtilis*）。

（2）试剂：0.2%结晶紫水溶液，5%单宁酸水溶液，1%磷钼酸水溶液，1%甲基绿水溶液。

四、实验步骤

1. 方法一 磷钼酸法

（1）制片：取干净载玻片一张，于中央滴加少许蒸馏水，用接种环以无菌操作法取培养 16～18h 的巨大芽孢杆菌或枯草芽孢杆菌菌体少许放入蒸馏水中，混匀并制成均匀的涂片。

（2）磷钼酸染色：在涂片未干时，滴入 1%磷钼酸水溶液于涂片之上，完全覆盖，染色 3～5min，蒸馏水水洗。

（3）甲基绿染色：取 1%甲基绿水溶液适量，滴于染色后涂片上，完全覆盖，染色 3～5min 后，蒸馏水水洗并吹干或自然晾干。

（4）镜检：将干燥后载玻片置于显微镜载物台上，用油镜观察，细胞壁呈绿色，细胞质呈无色。

2. 方法二 单宁酸法

（1）制片：取干净载玻片一张，于中央滴加少许蒸馏水，用接种环以无菌操作法取培养 16～18h 的巨大芽孢杆菌或枯草芽孢杆菌菌体少许放入蒸馏水中，混匀并涂成薄层，晾干。

（2）单宁酸染色：取 5%单宁酸水溶液适量，滴于涂片上，完全覆盖，染色 5min，蒸馏水水洗。

（3）结晶紫染色：取 0.2%结晶紫水溶液适量，滴于染色后涂片上，完全覆盖，染色 3～5min，蒸馏水水洗，吹干或自然晾干。

（4）镜检：将干燥后载玻片置于显微镜载物台上，用油镜观察，细胞壁呈紫色，细胞质呈淡紫色。

五、实验报告

绘出细菌的细胞壁镜检图。

六、思考题

1. 细胞的细胞壁染色的原理是什么？
2. 比较单宁酸法与磷钼酸法的区别。

（西北农林科技大学 赵旭博）

实验 1-14 放线菌形态及菌落特征观察

一、目的要求

学习放线菌的一般接种方法，了解放线菌的菌落特征，学习并掌握如何观察放线菌个体的特征。

二、实验原理

放线菌（Actinomycete）是介于细菌与丝状真菌之间而又接近于细菌的一类具多核的单细胞原核生物，其细胞呈丝状，革兰氏阳性。不同放线菌形成的菌落形态存在一定的差异，可分为两种类型：一类是产生大量分枝的基内菌丝和气生菌丝，基内菌丝紧贴培养基表面或伸入培养基内生长，当其生长到一定阶段还能向空气中生长出气生菌丝，并进一步分化产生孢子丝及孢子，表面呈粉状、颗粒状或絮状；另一类只产生基丝而无气丝，而且基内菌丝易断裂成片段，形成的菌落黏着力较差，用针挑时易粉碎，结构呈粉质，其接种方式和菌体观察同细菌。

不同放线菌的菌丝和孢子产生色素不同，色素产生与菌种的种类、培养基的成分有关，导致其菌落呈各种颜色。放线菌的气生菌丝（孢子丝）依菌种的不同，其形成孢子方式、形态及颜色存在差异，这些差异性是放线菌分类鉴定的重要依据。

三、实验材料

（1）菌种：灰色链霉菌（*Streptomyces griseus*），金色链霉菌（*Streptomyces aureus*），天蓝色链霉菌（*Streptomyces coelicolor*）。

（2）试剂和器材：高氏 1 号培养基［可溶性淀粉 2%，KNO_3 0.1%，$MgSO_4 \cdot 7H_2O$ 0.05%，NaCl 0.05%，K_2HPO_4 0.05%，$Fe_2(SO_4)_3$ 0.001%，pH 7.4，121℃灭菌 20min］，培养皿，载玻片，盖玻片，无菌滴管，显微镜，镊子，接种针，小刀等。

四、实验步骤

1. 斜面接种

同细菌，用接种环刮取菌落表面的孢子，然后在斜面培养基上蜿蜒划折线。置 28℃条件下培养 6d，观察菌落生长的情况（图 1-15）。

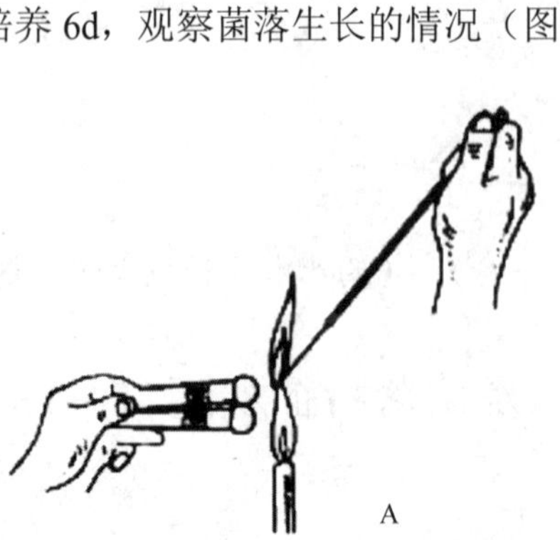

A

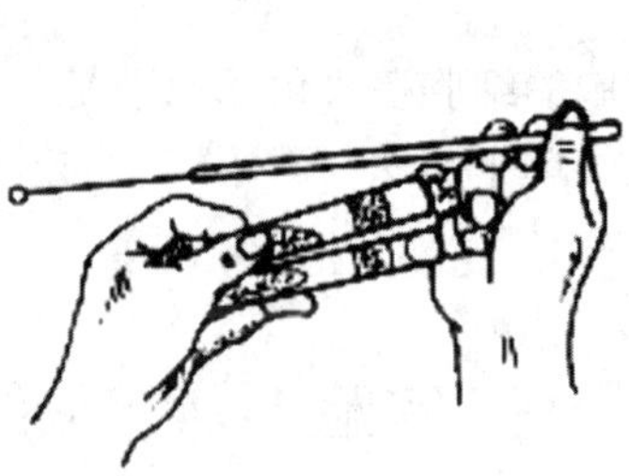

B

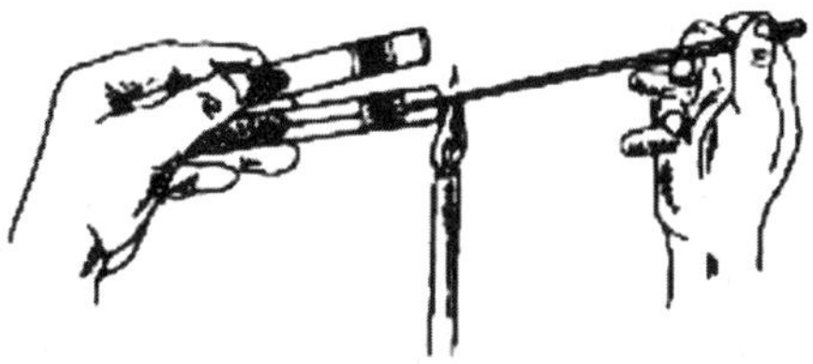

C

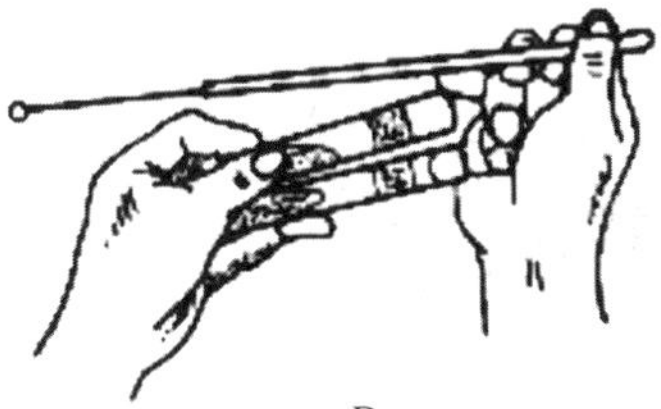

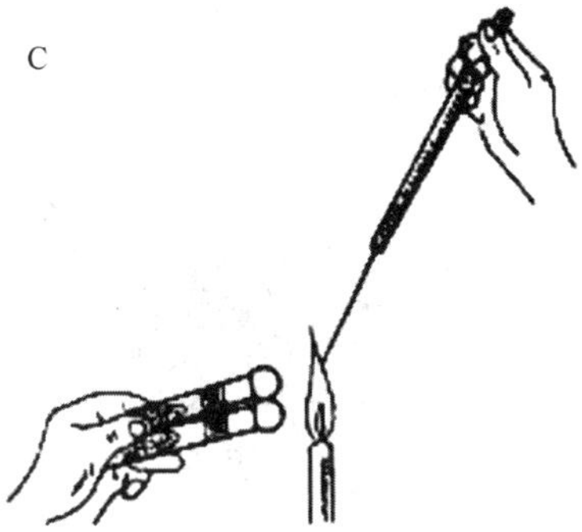

D　　　　E

图 1-15　斜面接种示意图

A. 烧环；B. 拔塞；C. 接种；D. 加塞；E. 烧环

2. 平板划线接种

（1）将经灭菌锅灭菌后高氏 1 号培养基，经无菌操作倒于灭菌培养皿中，冷却使其凝固。

（2）在无菌操作条件下，采用细菌平板划线方式将菌种划线接种于高氏 1 号培养基的平板上（图 1-16）。

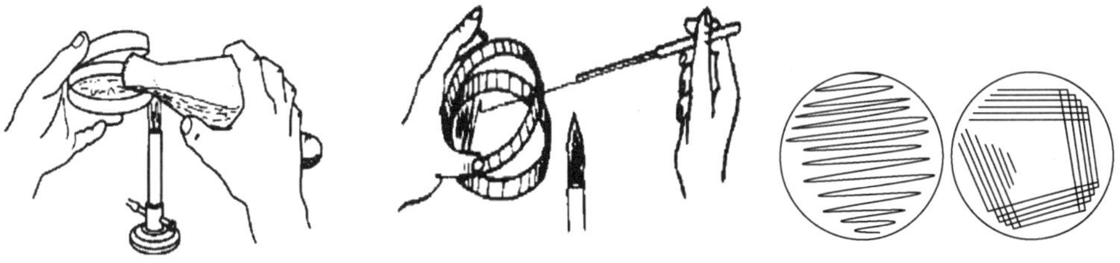

倒平板　　　　平板划线

图 1-16　倒板接种示意图

（3）将平板倒置，28℃培养 6～15d。

（4）观察分离培养得到的单一放线菌菌落的大小、表面形状、大小、颜色、边缘、菌落的颜色等特征；区别基内菌丝、气生菌丝及孢子丝的着生部位，并注意菌丝在培养基上着生的紧密情况。

取上述平板，选择菌丝和孢子生长较薄的部位，采用显微镜进行观察，注意放线菌孢子丝的形状及菌丝直径的大小。

3. 插片法

（1）倒平板：取熔化并冷却至大约 50℃的高氏 1 号培养基，在无菌操作条件下倒入培养皿（大约 20mL/皿），凝固待用。

（2）插片：在无菌操作条件下，用镊子将灭菌盖玻片以大约 45°角插入培养皿内的培养基中，随后用接种针将菌种接种在琼脂与盖玻片相接的沿线（图 1-17）。

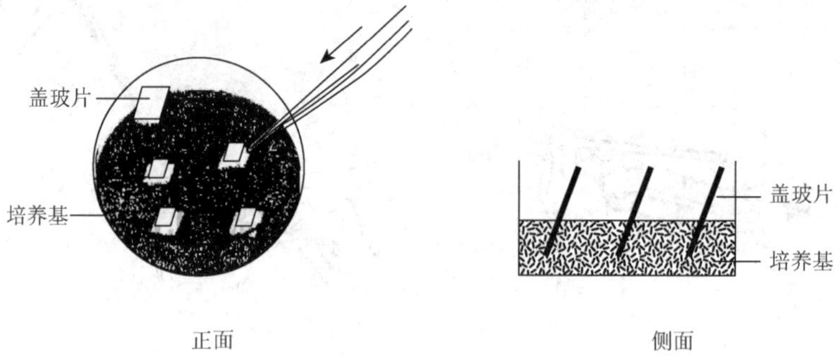

图 1-17　插片法示意图

（3）将平板倒置，28℃培养 6～15d。

（4）镜检观察：用镊子小心地将盖玻片取出，擦去背面培养物，放在载玻片上（菌丝体覆盖在载玻片上），直接镜检，也可在玻片间滴一滴水，形成假的水封片。

4. 压印法

（1）制备放线菌平板：采用划线分离法将放线菌接种于高氏 1 号培养基平板上，使其形成单一的放线菌菌落。

（2）挑取菌落：从上述划线分离的平板中，用灭菌的小刀（或刀片）切取培养基及其上面的单个菌落一块，放于洁净的载玻片上。

（3）盖片压印：用镊子取一洁净盖玻片，在火焰上稍微加热（注意：别将盖玻片烤碎），然后将盖玻片盖在带菌落的培养基小块上，轻轻用小镊子压几下，使培养基上菌落的部分菌丝体印压在盖玻片上（图 1-18）。

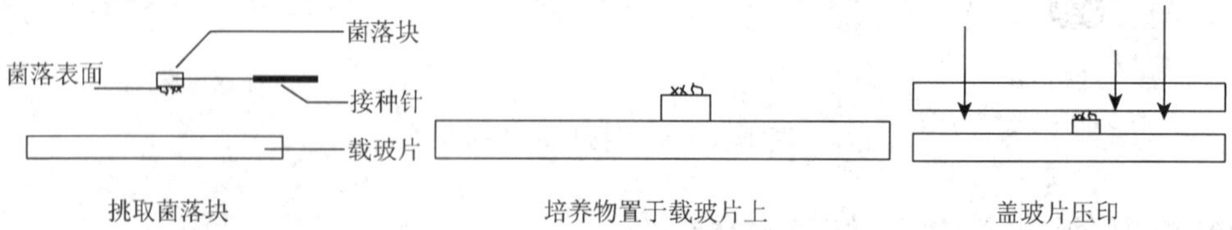

图 1-18　放线菌的压印制片示意图

（4）镜检观察：将压印好的带有菌体的盖玻片放于洁净的载玻片上（菌体的一面向载玻片），随后放于显微镜下观察。

5. 水浸片法

（1）滴加生理盐水一滴于洁净载玻片上。

（2）用接种环（接种针）挑取培养好的放线菌菌落少许，置于载玻片的生理盐水滴内。

（3）取一块洁净盖玻片，使盖玻片一端与盐水滴接触，然后慢慢地将整个盖玻片放下（注意：避免产生气泡），随后放于显微镜下观察（图 1-19）。

滴盐水　　涂菌　　缓放盖玻片　　做好的水涂片

图 1-19　水浸片制作过程示意图

五、实验报告

描述放线菌的菌落特征，观察并绘图说明放线菌个体形态、孢子丝形态、菌落形态。

六、思考题

1. 观察放线菌形态有哪些注意事项？试述几种观察放线菌方法的优缺点。
2. 试比较放线菌菌落与细菌菌落差异。
3. 放线菌形态观察时，如何区分基内菌丝、气生菌丝和孢子丝？

（山东农业大学　朱传合）

实验 1-15　酵母菌形态、假菌丝形态及其菌落特征观察

一、目的要求

观察酵母菌的个体形态特征、假菌丝形态及出芽生殖方式，学习区分酵母菌死、活细胞的实验鉴定方法。掌握酵母菌的菌落特征及其与细菌和放线菌的区别。

二、实验原理

酵母菌是不运动的单细胞真核微生物，具有典型的细胞核，个体比细菌通常大几倍甚至十几倍。酵母菌的形态通常有球状、卵圆状、柱状或香肠状等。酵母菌的无性繁殖有芽殖、裂殖和产生掷孢子，有性繁殖可形成子囊和子囊孢子。当酵母菌繁殖旺盛时，母细胞出芽产生的子细胞还没有脱离母细胞的时候，子细胞又开始繁殖，这样许多细胞就连在一起，形成藕节状的假菌丝。

菌落形态是指某种微生物在一定的培养基上由单个菌体形成的群体形态。细菌、放

线菌、酵母菌和霉菌，每一类微生物在一定培养条件下形成的菌落各具有某些相对的特征，通过观察这些特征，来区分各大类微生物及初步识别、鉴定微生物，该方法简便快速，在科研和生产实践中常被采用。

亚甲蓝是一种无毒性染料，氧化型为蓝色，还原型无色。用亚甲蓝对酵母菌的活细胞进行染色时，由于细胞的新陈代谢作用，使细胞内具有较强的还原能力，能使亚甲蓝从蓝色的氧化型变为无色的还原型，因此酵母的活细胞无色，而死细胞或代谢缓慢的老细胞，则因它们无此还原能力或还原能力极弱，而被亚甲蓝染成蓝色或淡蓝色。因此，用亚甲蓝水浸片不仅可以观察酵母的形态，还可以区分死、活细胞。但亚甲蓝的浓度、作用时间等均有影响，应加以注意。

三、实验材料

（1）酵母菌种：酿酒酵母（*Saccharomyces cerevisiae*）或卡尔酵母（*Saccharomyces calsbergensis*），热带假丝酵母（*Candida tropicalis*）。

（2）主要试剂：0.05%、0.1%吕氏碱性亚甲蓝染液，革兰氏染色用的碘液。

（3）其他器材：显微镜，载玻片，盖玻片等。

四、实验步骤

1. 亚甲蓝浸片观察

（1）在载玻片中央加一滴 0.1%吕氏碱性亚甲蓝染液，液滴不可过多或过少，以免盖上盖玻片时，溢出或留有气泡。然后按无菌操作法取在豆芽汁琼脂斜面上培养 48h 的酿酒酵母少许，放在吕氏碱性亚甲蓝染液中，使菌体与染液均匀混合。

（2）用镊子夹盖玻片一块，小心地盖在液滴上。盖片时应注意，不能将盖玻片平放下去，应先将盖玻片的一边与液滴接触，然后将整个盖玻片慢慢放下，这样可以避免产生气泡。

（3）将制好的水浸片放置 3min 后镜检。先用低倍镜观察，然后换用高倍镜观察酿酒酵母的形态和出芽情况，同时可以根据是否染上颜色来区别死、活细胞。

（4）染色 0.5h 后，再观察一下死细胞数是否增加。

（5）用 0.05%吕氏碱性亚甲蓝染液重复上述的操作。

2. 水-碘浸片观察

在载玻片中央滴一滴革兰氏染色用的碘液，然后再在其上加 3 滴水，取酿酒酵母少许，放在水-碘液滴中，使菌体与溶液混匀，盖上盖玻片后镜检。

3. 水浸片法观察热带假丝酵母

（1）培养：用划线法将假菌丝酵母接种在麦芽汁平板上，在划线部分加盖玻片，培养 2～3d。

（2）制片与观察：取下盖玻片，盖在加有 0.1%亚甲蓝的载玻片上（即水浸片法），即可观察菌体呈树枝状分枝，或者直接将培养皿放在低倍镜下观察。

4. 菌落特征和菌苔特征的观察

取上述酵母，用划线方法接种在马铃薯浸汁或玉米粉琼脂平板培养基上，28～30℃培养 3d，观察菌落表面干燥或湿润、隆起形状、边缘整齐度、大小、颜色等，并用接种环挑菌，注意与培养基结合是否紧密。

五、实验报告

绘出观察到的酵母菌的形态，并与细菌的形态进行比较。

六、思考题

1. 说明观察到的吕氏碱性亚甲蓝染液浓度和作用时间对死、活细胞数的影响。
2. 比较酵母菌与细菌菌落的区别。
3. 酵母菌细胞与细菌细胞有何区别？
4. 酵母菌的假菌丝是怎样形成的？与霉菌的真菌丝有何区别？

（塔里木大学　王文华）

实验 1-16　霉菌形态及菌落特征观察

一、目的要求

掌握观察霉菌形态的基本方法，并观察其形态特征，掌握常用的霉菌制片方法。

二、实验原理

霉菌菌丝比较粗大（菌丝和孢子的直径有 3～10μm），通常是细菌菌体宽度的几倍至几十倍，因而可用低倍镜、高倍镜观察。霉菌菌丝细胞容易收缩变形，孢子容易飞扬，在制备霉菌标本时，常用乳酸石炭酸溶液作为介质，具有不使细胞变形，可杀菌防腐，不易干燥，能保持较长时间等优点。若加入棉蓝，又具有一定的染色效果。

霉菌的有些结构在制片过程中易被破坏，影响观察，可采用载玻片培养法。此法便于直接在显微镜下观察，尤其适用于根霉的假根、曲霉的足细胞及分生孢子链等结构的着生和生长情况的观察，并且还可以在同一标本上观察到微生物发育不同阶段的形态。

三、实验材料

（1）菌种：曲霉（*Aspergillus* spp.），青霉（*Penicillium* spp.），根霉（*Rhizopus* spp.），

毛霉（*Mucor* spp.）。

（2）试剂和器材：乳酸石炭酸棉蓝染色液，20%甘油，查氏培养基平板，马铃薯培养基，无菌吸管，载玻片，盖玻片，U 形棒，解剖刀，玻璃纸，滤纸等。

四、实验步骤

1. 方法一　水浸片法

（1）制片：在载玻片中央加一滴乳酸石炭酸棉蓝染色液，打开霉菌平板培养物，用解剖针从菌落的边缘挑取少量带有孢子的菌丝，放入载玻片的染液中，细心地把菌丝挑散开，加盖玻片，注意不要产生气泡。

（2）观察：置于显微镜下观察，菌丝呈蓝色，颜色的深浅随菌龄的增加而减弱。观察根霉时，注意观察其菌丝有无横隔、假根、孢子囊柄、孢子囊、囊轴、囊托、孢子囊孢子及厚垣孢子；观察毛霉时，注意观察其菌丝有无横隔、孢子囊柄、囊轴、孢子囊孢子及厚垣孢子；观察曲霉时，注意观察其菌丝有无横隔、足细胞、分生孢子梗、顶囊、小梗（形状、层数、着生情况）、分生孢子；观察青霉时，注意观察其菌丝有无横隔、分生孢子梗、帚状支（小梗的轮数及对称性）、分生孢子；观察红曲霉时，注意观察其菌丝有无横隔、闭囊壳、子囊孢子及分生孢子着生情况。

2. 方法二　载玻片湿室培养观察法

载玻片湿室培养观察法也称载玻片培养法，用无菌操作将培养基琼脂薄层置于载玻片上，接种后盖上盖玻片培养，霉菌即在载玻片和盖玻片之间的有限空间内沿盖玻片横向生长。培养一定时间后，将载玻片上的培养物置于显微镜下观察。载玻片培养法制备的标本片可直接在显微镜下观察，这种培养观察方法保持了霉菌的自然生长状态，尤其适用于根霉的假根、匍匐菌丝，曲霉的足细胞观察，并且还可在同一标本片上观察霉菌不同生长阶段的形态。

载玻片湿室培养观察法具体操作如下。

（1）准备湿室：在培养皿底部铺一张圆形滤纸片，滤纸片上依次放上 U 形载玻片搁架、载玻片、盖玻片（两片），盖上皿盖，外用纸包扎，湿热灭菌 15min 后，60℃烘箱干燥，备用。

（2）取菌接种：用接种环挑取少量待观察的霉菌孢子，置于湿室的载玻片上，每张载玻片可接同一菌种的孢子两处。接种时只要将带菌的接种环在载玻片上轻轻碰几下即可（接种量要少，以免培养后菌丝过于稠密而影响观察）。

（3）加培养基：用无菌细口滴管吸取少许熔化并冷却至 45℃的培养基，滴加到载玻片的接种处，培养基应滴得圆而薄，直径约为 0.5cm（滴加量一般以 1/2 小滴为宜），注意无菌操作。

（4）加盖玻片：在培养基未彻底凝固前，用无菌镊子将皿内的盖玻片盖在琼脂薄层上，用镊子轻压盖玻片，使盖玻片和载玻片之间的距离相当接近，但不能压扁（盖玻片不能紧贴载玻片，之间要留有小缝隙，一是为了通气，二是使各部分结构平行排列，易于观察)。

(5) 倒保湿剂：每皿倒入约 3mL 20%的无菌甘油，使皿内滤纸完全湿润，以保持皿内湿度，盖上皿盖，制成载玻片湿室，28℃培养。

(6) 观察：将培养好的载玻片取出，置于显微镜下直接观察。

五、实验报告

绘出所观察到的各种霉菌的形态图，注明各部分名称。

六、思考题

1. 比较细菌、放线菌、酵母菌和霉菌形态的异同。
2. 为什么观察霉菌时用水浸片法，而观察细菌时却要用涂片法?

(塔里木大学　郭东起)

实验 1-17　噬菌斑的观察及噬菌体效价测定

一、目的要求

观察噬菌斑的形状和大小，学习噬菌体的培养和噬菌斑效价的测定方法。

二、实验原理

由于噬菌体对宿主细菌具有高度特异性，敏感性细菌细胞被噬菌体感染后，细胞裂解出现的空斑即噬菌斑，也称“负菌落”。噬菌斑出现可证明噬菌体存在。

噬菌体效价是指 1mL 培养液中所含的活噬菌体的数量。理论上，在含有特异性宿主细菌的琼脂平板上，噬菌体裂解细胞后，一个噬菌体可形成一个噬菌斑，故可根据一定体积的噬菌体培养液接种于含菌平板培养后出现的噬菌斑数计算噬菌体效价。

由于少数活噬菌体可能未引起侵染，噬菌斑计数方法实际效率难以接近 100%。为了准确表达噬菌体的真实效价，一般用噬菌斑形成单位(plaque-forming unit，pfu)表示其效价。虽然测定噬菌体效价的方法较多，但最常用的还是双层平板法。

三、实验材料

(1) 菌种：大肠杆菌，大肠杆菌噬菌体(带噬菌体大肠杆菌)。

(2) 试剂和器材：含琼脂 0.8%的无菌牛肉膏蛋白胨琼脂培养基(试管盛装，每支约 4mL，上层平板用)，含琼脂 2.0%的无菌牛肉膏蛋白胨琼脂培养基(试管盛装，每支约

10mL，下层平板用），无菌牛肉膏蛋白胨培养液（试管盛装，每支约 4mL），无菌 LB 培养液（试管盛装，每支精确装入 4.5mL），无菌培养皿，1mL 无菌吸管，无菌试管，涡旋振荡器，接种环等。

四、实验步骤

（1）噬菌体悬浮液制备：取牛肉膏蛋白胨培养液 1 支，用接种环接入一环大肠杆菌斜面菌种，混匀后置 37℃条件下振荡培养 8h，然后再向培养液中接入带噬菌体大肠杆菌培养物 50～100μL，37℃恒温振荡培养 10h，即得噬菌体的悬浮液。

（2）噬菌体悬浮液稀释：取含 4.5mL LB 培养液的试管 5 支，编号后，用移液器或无菌吸管吸取噬菌体悬浮液 0.5mL，加入第一支试管并充分混匀后即得到 10^{-1} 稀释度稀释液，同法得到稀释度分别为 10^{-2}、10^{-3}、10^{-4}、10^{-5} 的噬菌体稀释液，稀释度可由预实验得到或预判效价确定。

（3）大肠杆菌细胞悬浮液制备：取牛肉膏蛋白胨培养液 1 支，接种大肠杆菌斜面菌种少许，37℃振荡培养 8h 即可，备用。

（4）平板接种：取无菌培养皿 8 副，在无菌条件下倒入已熔化的琼脂含量为 2.0%的牛肉膏蛋白胨培养基 10mL（下层琼脂平板），静置，待琼脂凝固后，于皿底部分编号，标注 10^{-3}、10^{-4}、10^{-5} 等稀释度，每个稀释度重复 2 次，同时设 2 皿为对照（CK）。取熔化并保温在 50℃左右的琼脂含量为 0.8%的半固体牛肉膏蛋白胨培养基试管 3 支，预先编号，向其中分别接入噬菌体稀释度分别为 10^{-3}、10^{-4}、10^{-5} 的稀释物各 0.1mL（必须准确）和大肠杆菌细胞悬浮液 1mL（含噬菌体和寄主的上层平板），对照管不接种。使用手搓法或涡旋振荡器充分混匀后，立即倒入相应编号的培养皿内，轻轻摇匀使培养基尽可能均匀分布在上层培养基上，待培养基凝固后，置 37℃条件下培养 6～10h，观察结果（图 1-20）。振荡过程应避免培养基中形成气泡影响实验结果。

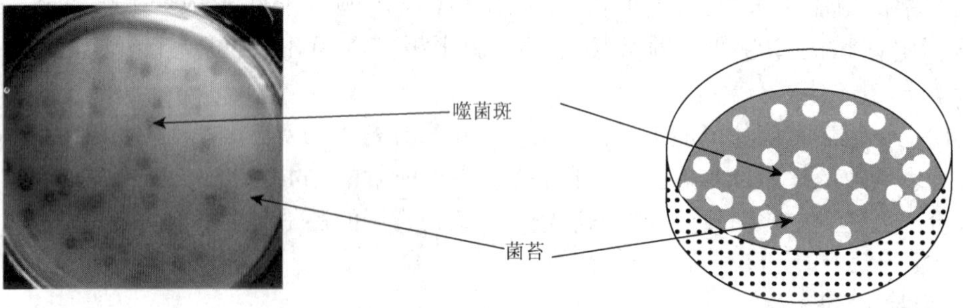

图 1-20　噬菌斑示意图

（5）结果检查：观察培养皿内出现的现象，计数形成的噬菌斑。

五、实验报告

1. 将实验结果填入表 1-6 中。

表 1-6　不同稀释度条件下的噬菌斑数

噬菌体稀释度	重复	10^{-3}	10^{-4}	10^{-5}	对照（CK）
平板上噬菌斑数	1				
	2				
平均值					

注：取噬菌斑数为 10～100 的稀释度进行计数

2. 噬菌体效价计算

噬菌体效价=噬菌斑数×稀释倍数×10

式中，10 是因为取样量为 0.1mL。

六、思考题

1. 噬菌体悬浮液制备中，培养液的颜色有什么变化？为什么？
2. 测定噬菌体效价时，寄主细胞数量是否会影响噬菌体效价的测定结果？为什么？

（西北农林科技大学　杨保伟）

实验 1-18　微生物细胞大小测定

一、目的要求

了解测微尺的构造，学习测微技术，测量霉菌孢子及酵母菌细胞大小，增强对微生物细胞大小的感性认识。

二、实验原理

微生物的大小可用测微尺测量，测微尺分为接目测微尺和接物测微尺两种。接目测微尺（图 1-21）是一个可放入目镜内的特制圆形玻片，中央是一个细长带刻度的尺子，5mm 等分成 50 小格或 10mm 等分成 100 小格。接物测微尺（图 1-22）为一特制的载玻片，中央有 1mm 刻度，等分成 100 小格，每格长 0.01mm（10μm）。接目测微尺每小格的大小随显微镜的不同放大倍数而改变，在测定时先用接物测微尺标定，求出在某一放大倍数时目镜测微尺每小格代表的长度即显微长度，然后用标定好的接目测微尺测量微生物大小。

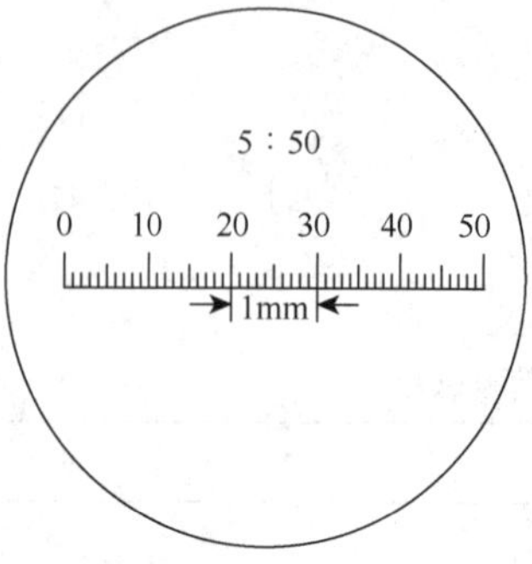

图 1-21 接目测微尺

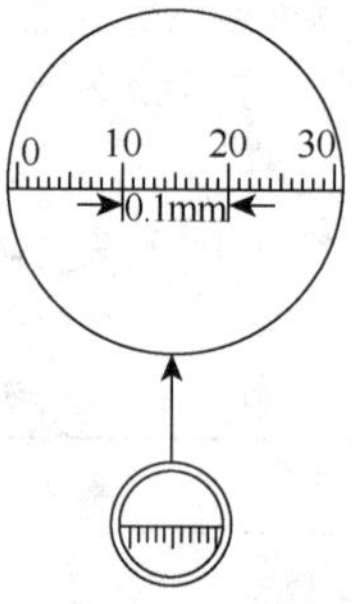

图 1-22 接物测微尺
图中只标出了 30 个小格

三、实验材料

（1）实验菌：曲霉孢子无菌水悬浮液，酵母菌亚甲蓝悬浮液。
（2）仪器：普通光学显微镜，接目测微尺，接物测微尺。
（3）其他：擦镜纸，吸水纸，酒精灯，接种环，载玻片，盖玻片等。

四、实验步骤

1. 标定接目测微尺显微长度

（1）将接目测微尺装入目镜的光阑处，刻度朝下，并将接物测微尺置于镜台上，刻度向上。

（2）按照先用低倍镜，后用高倍镜的原则，依照镜检方法和步骤，观察清晰接物测微尺刻度，再转动接目测微尺，使两尺刻度平行，并确定两尺左边第一条重合刻度线，向右寻找两尺的第二条重合刻度线，记录左右重合刻度线之间，接目测微尺和接物测微尺的格数。

（3）接目测微尺每格显微长度的计算：接目测微尺每格的显微长度=（重合线间接物测微尺格数×10）/重合线间接目测微尺格数。根据上述方法和公式分别标定低倍镜和高倍镜下接目测微尺的显微长度。

2. 应用测微尺测定酵母细胞或霉菌孢子大小

（1）取下接物测微尺，换上酵母菌或霉菌玻片标本。

（2）在高倍镜的视野中选取一个单独的菌体或孢子，测定其长度和宽度。视其长和宽各占接目测微尺多少格，再乘以显微长度，即可算出菌体的实际大小。

（3）在同一标本的 3 个视野中，随机测定 10 个酵母细胞，计算出其平均宽度和长度。

五、实验报告

1. 记录你所用显微镜的低倍镜和高倍镜接目测微尺的显微长度，并填于表 1-7。

表 1-7　不同低倍镜和高倍镜接目测微尺的显微长度

物镜放大倍数	接目测微尺格数	接物测微尺格数	接目测微尺的显微长度/μm

2. 记录实验酵母细胞或霉菌孢子大小的测定结果，并填于表 1-8。

表 1-8　不同细胞测定的结果

测定次数	1	2	3	4	5	6	7	8	9	10	平均值
宽度/μm											
长度/μm											

六、思考题

在测量过程中，说明为何不能直接用接目测微尺标度的长度，而要用显微长度。

（河南科技学院　焦凌霞）

实验 1-19　显微镜下直接测数法——细胞计数板法

一、目的要求

了解细胞计数板的构造、计数方法的原理，熟悉显微镜下直接细胞计数的技能。

二、实验原理

在显微镜下直接计数细胞，一般适用于菌体较大且呈单细胞存在的悬浮液，如酵母菌、霉菌孢子等，若有杂菌或杂质，则较难辨，对死、活菌也不能辨别。

细胞计数板计数原理很简单，构造如图 1-23 所示。

细胞计数板为一特制的厚型载玻片，在其中部刻有深度为 0.1mm、边长为 1mm 的正方形凹池一个，如图 1-23 中的 b，该凹池的体积为 $0.1mm^3$。并将正方形的凹池每边分成 20 等份，即可将这个大凹池分成 400 个小凹池，每个小凹池的体积为 $\frac{1}{4000}mm^3$（图 1-24），在显微镜下，选择几个不同的视野，记取每个小凹池里边的菌数，取其平均值，即可换算为每毫升菌液的菌数。在凹池的两边，沿玻璃板宽度的方向，刻上两个打通的凹槽（如图 1-23 中的 a、a′），这两个凹槽和菌体计数没有直接关系，只是为了排出中间凹槽压盖盖玻片时流出的多余废菌液。当给中间凹池加上菌液，并压盖盖玻片后，凹池内所含菌液体积为 $\frac{1}{4000}mm^3$，多余菌液沿凹池两边的凹槽排出，之后直接在显微镜下计数。

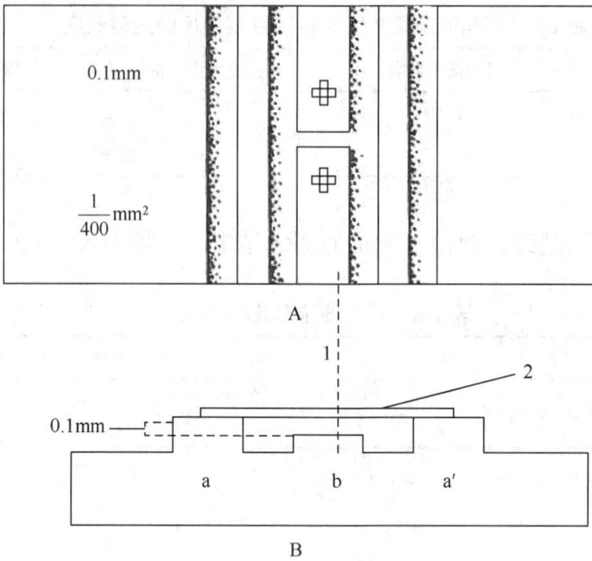

图 1-23　细胞计数板

A. 平面图；B. 断面图
1. 中央平台；2. 盖玻片

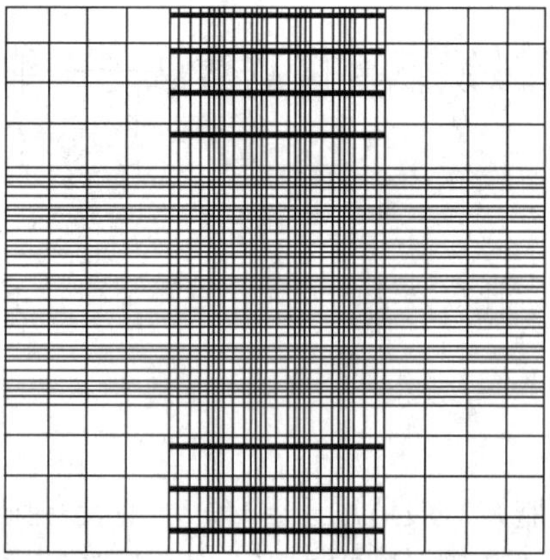

图 1-24　b 玻璃台网格放大图

根据凹池的结构，得到以下数据。

凹池面积=1mm×1mm=1mm^2。

凹池体积=1mm×1mm×0.1mm=0.1mm^3。

一个小凹池体积=$\frac{0.1}{400}$mm^3=$\frac{1}{4000}$mm^3。

已知：1mL=1000mm^3。

因此，1mL 体积中应含有小凹池（实际是多少个小凹池所含的液体体积之和等于1mL）= $\dfrac{1000\text{mm}^3}{\frac{1}{4000}\text{mm}^3}$=4×10^6。

即系数 $K=4\times10^6$。因此，每毫升菌悬液中含有细胞数$=K\times d\times\overline{N}$。式中，$K$ 为 4×10^6；d 为菌液稀释倍数；$\overline{N}$ 为一个小凹池（方格）中细胞平均数。

由上可知，用细胞计数板在显微镜下直接测数时，首先数出一个小方格$\left(\frac{1}{4000}\text{mm}^3\right)$均质菌液中的细胞数，然后根据公式求得 1mL 菌液中的细胞数。

三、实验材料

（1）测试样品：酵母菌液或细菌悬液。

（2）试剂和器材：细胞计数板，盖玻片（22mm×22mm），无菌滴管，吸水纸，擦镜纸，显微镜等。

四、实验步骤

（1）菌液准备：取细胞计数板一个，用无菌滴管吸取已经培养好且摇匀的菌悬液少许，滴在中间的凹池内，注意不要把菌液洒在池外。

（2）盖盖玻片：取干净的盖玻片一张，盖在凹池上方（盖玻片肯定要比凹池大），勿使产生气泡，轻压使其压实，则多余的菌液流入两边的凹槽排掉。静置数分钟，使菌细胞沉积于平面上（镜检过程中，使细胞尽量不运动）。

（3）镜检测数：将细胞计数板置于载物台上夹稳，先用低倍镜找到方格位置，再用高倍镜测数，由于活细胞的折光率和水的折光率相近，观察时应减弱光亮度。在高倍镜下，观察几个视野，每个视野任选 5 个凹池（小方格），计数细胞数。位于小方格四边的压线细胞，只计两边，另两边不计（或折半计数）；对于出芽的酵母，以芽体与母细胞大小接近时，按 2 个菌体计数。之后求出一个小方格的细胞平均数（$\overline{N}$）。在观察时，应来回转动微调螺旋，以便观察到处于不同液层的细胞，以减少误差。

（4）清洗：测数完毕，取下盖玻片，用清水把细胞计数板冲洗干净，用吸水纸轻轻吸去台上附着的水分，再用擦镜纸小心地吸干计数板（注意：勿使网格受到磨损，否则影响计数）放入盒内保存。

（5）计算：按照公式求出每毫升菌液中的细胞数。

五、实验报告

计算并报告所测样品每毫升的含菌数。

六、思考题

1. 系数 K 是如何求得的？这个数值是一个固定值吗？
2. 细胞计数板的显微镜直接测数法有何优缺点？

3. 如果把小凹池深度变为0.05mm、每边刻成30等分、40等分，如何计算系数K?

（西北农林科技大学　樊明涛）

实验1-20　微生物接种技术

一、目的要求

了解无菌操作在微生物接种过程中的重要性，建立纯培养技术中的“无菌”概念；掌握倒平板的方法和平板划线接种法、斜面接种法、穿刺接种法及液体接种法等几种常用的微生物接种方法；了解微生物分离和纯化的原理，认识微生物接种工具。

二、实验原理

微生物接种技术是微生物学研究中一项最基本的操作技术。在微生物学的科学实验及发酵生产中，都要把一种微生物移接到另一灭过菌的新鲜培养基中，使其生长繁殖并获得代谢产物。由于实验目的、培养基种类及容器等的不同，所采用的接种方法不同，常用的有斜面接种、液体接种、平板划线接种和穿刺接种等。因接种方法不同，常采用不同的接种工具，如接种针、接种环、接种钩、滴管、移液管和涂布器等。移接的菌种都是纯培养的微生物，为了确保纯种不被杂菌污染，在接种过程中必须进行严格的无菌操作，其要点是在火焰附近进行熟练的无菌操作或者在无菌工作台内无菌的环境下进行操作。

三、实验材料

（1）菌种：大肠杆菌（*Escherichia coli*），金黄色葡萄球菌（*Staphylococcus aureus*），青霉（*Penicillium*），酿酒酵母（*Saccharomyces cerevisiae*）等。

（2）培养基和器材：无菌室，超净工作台，恒温培养箱，振荡器，接种针，接种环，涂布器，无菌培养皿，无菌吸管，三角瓶液体培养基，试管固体斜面培养基，试管半固体培养基，牛肉膏蛋白胨培养基，PDA培养基等。

四、实验步骤

1. 方法一　斜面接种技术

此法主要用于移接纯菌种，使其增殖后用于鉴定或保存。通常是从平板培养物上挑取某一单独菌落或者从一支已长好的斜面菌种，移接至斜面培养基上，接种步骤如下（以从已长好的斜面菌种移接为例）。

（1）贴标签：接种前在试管上贴上标签，注明菌种名称、接种日期、接种人姓名等信息，贴在距试管口径2～3cm的位置。

（2）点燃酒精灯或煤气灯，再用 75%乙醇棉球擦手。

（3）接种：用接种环将菌种移接到贴好标签的试管斜面上，无菌操作程序简述如下（图 1-25）。

A. 手持试管，在左手的中指、无名指间分别夹住原菌种试管和待转接斜面试管。斜面向上，并使它们处于水平位置。

B. 右手拿接种针或接种环，在火焰上将接种针、接种环等金属丝部分烧红灭菌，将其余要伸入试管部分的针柄也反复通过火焰灭菌。然后用握有接种环的右手中指、无名指拔出试管上的棉塞，操作应在火焰区域进行。

C. 将接种环水平通过火焰并插入原菌种试管内，先在管壁上或未长菌体的培养基表面冷却，然后用接种环轻轻蘸取少量菌苔，将接种环自原菌种试管内抽出，抽出时勿碰管壁，也勿通过火焰。

D. 在火焰旁将蘸有菌苔的接种环迅速伸入另一支待接斜面试管内，自斜面培养基底部向上部以“之”字形来回划线，方向是从下部开始，一直划至上部。划线时环要放平，勿用力按压，以免将斜面培养基表面划破。

E. 接种完毕后，将接种环由试管内抽出，同时将试管口在火焰上灼烧一下，塞上棉塞。注意不要用试管口去迎棉塞，以免试管在移动时带入不洁空气，杂菌侵入造成污染。

F. 接种环在放回原处前应在火焰上彻底灭菌。放下接种环后，再用右手将棉塞进一步旋紧塞牢，避免脱落。最后将已接种好的斜面试管放在试管架上。根据微生物种类和实验目的的不同，斜面接种的方法有许多。

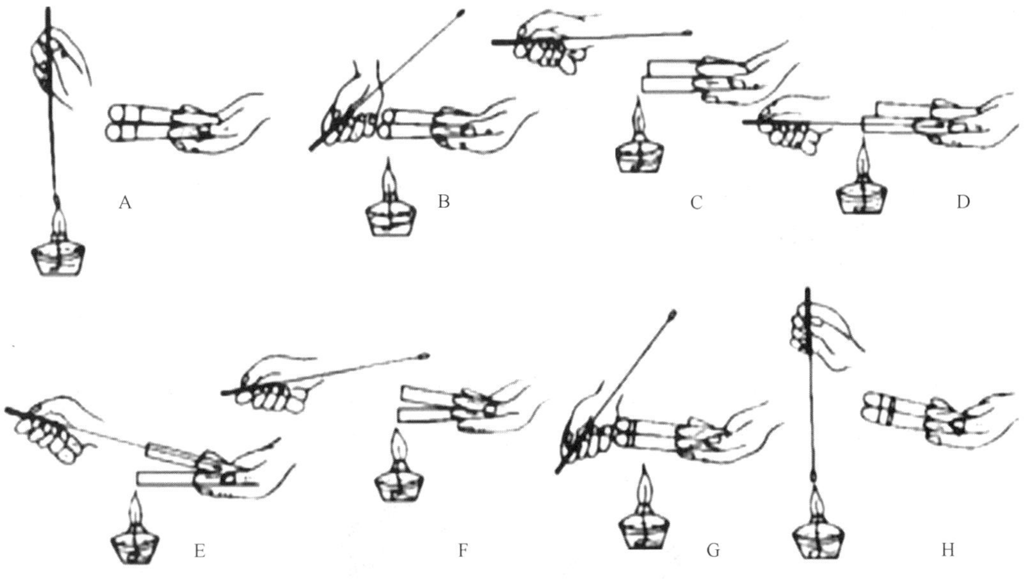

图 1-25　斜面接种操作程序

细菌斜面接种法步骤如下。

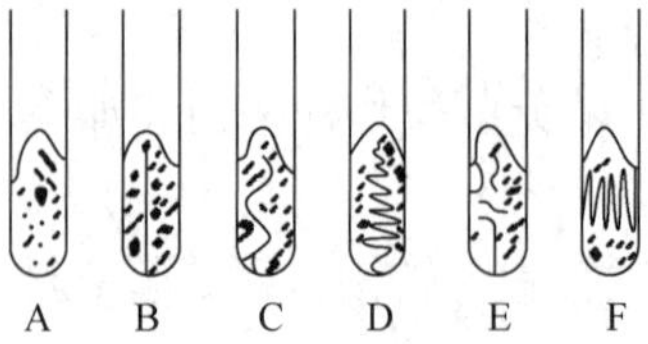

图 1-26　细菌斜面接种法

（1）点接：把菌种点接在斜面中部，利于在一定时间内暂时保藏菌种（图 1-26A）。

（2）中央划线：在斜面中部自下而上划一条直线，用于比较细菌的生长速度或观察菌种的生长特点（图 1-26B）。

（3）稀波状蜿蜒划线法：对于易扩散的细菌常用此法（图 1-26C）。

（4）密波状蜿蜒划线法：此法能充分利用斜面，以获得大量的菌体细胞，细菌接种时常用此法（图 1-26D）。

（5）分段划线：将斜面分成上下 3～4 段，在第 2～3 段划线接种前，先灼烧接种环进行灭菌，待冷却后蘸取前段接种处，再行划线，以分得单个菌落（图 1-26E）。

（6）纵向划线：此法便于快速划线接种（图 1-26F）。

放线菌的斜面接种：方法同细菌，多用密波状蜿蜒划线法接种，以便观察气生菌丝和孢子的颜色。

酵母菌的斜面接种：常用中央划直线法接种，用来观察菌种的形态和培养特征。

霉菌的斜面接种：霉菌属扩散型生长、能够生成绒毛状气生菌丝。常用点接法，即点种在斜面中部偏下方处。

对部分真菌，如灵芝等担子菌类，常用挖块接种法，挖取菌丝体连同少量琼脂培养基，再移接到斜面培养基上。

2. 方法二　平板划线接种法

平板划线接种法是指在平板培养基上点接、划线或涂布接种，是将细菌分离培养的常用技术，其目的是将混有多种细菌的培养物或样品中不同的细菌（病原菌与非病原菌），分散生长，形成单个菌落或分离出单一菌株，便于识别鉴定。平板划线接种方法较多，其中以分段划线法与连续划线法较为常用。

1）分段划线法

该法多用于含菌量较多的样本。方法是以接种环蘸取少许样品先涂布于平板培养基表面一角作为第一段划线（划线时接种环与培养基表面呈 30°～45°角），然后将接种环置火焰上灭菌，待冷（可接触平板试之，如不熔化琼脂，即已冷却），于第二段处再做划线，且在开始划线时与第一段的划线相交接数次，以后划线不必再相接，待第二段划完时，再如上法灭菌，接种划线，依次划至最后一段，灭菌接种环。这样每一段划线内的细菌数逐渐减少，即可获得单个菌落，划线接种完毕，盖好平皿盖，倒置（平板底部向上）于培养箱中培养（图 1-27）。具体操作如下。

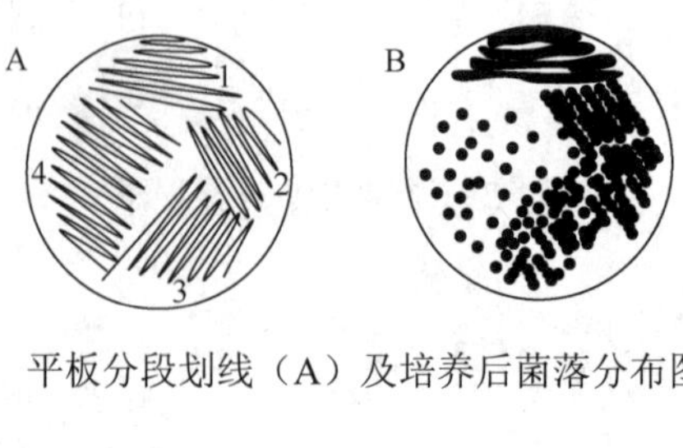

图 1-27　平板分段划线（A）及培养后菌落分布图（B）

（1）倒平板：在无菌培养皿的皿底贴上标签，注明培养基名称及实验日期等信息。采用无菌操作，将已熔化并冷却至 50℃左右的含有琼脂的培养基倾注入无菌培养皿中，体积约 20mL（厚度约 5mm），平放于台面上待其充分凝固即成平板。

（2）划线分离：按照无菌操作要求，在无菌工作台内，进行划线，操作程序简述如下。

A. 灭菌接种环，待冷，取 1 环样品菌液。

B. 琼脂平板倒放于桌面，左手抓握起平板底部，尽量直立使琼脂面靠近酒精灯火焰，以免杂菌污染；右手持接种环在平板表面上端来回划线，涂成一薄膜（第 1 区，约占平板面积的 1/5）。划线时接种环与琼脂表面呈 30°～45°角，用指力轻轻来回密集划线，切忌划破琼脂。

C. 灭菌接种环，杀死环上剩余的细菌，待冷，转动培养皿 60°～70°，将接种环通过第 1 区 3～4 次，连续划线，为第 2 区，约占平板面积 1/4，待冷划第 3、4 区。

D. 划线完毕，盖好皿盖，在平板底部用记号笔注明样品（细菌）名称、接种日期及接种人姓名，平板倒置于合适温度的培养箱培养。

2）连续划线法

此法多用于接种材料中含菌数量不太多的样品或培养物。方法是先将样品或培养物涂于平板表面的一角，然后用接种环自样品涂擦处开始，向左右两侧划开并逐渐向下移动，连续划成若干条分散的平行线。

3. 方法三　穿刺接种法

穿刺接种法是一种用接种针从菌种斜面上挑取少量菌体并把它穿刺到固体或半固体的深层培养基中的接种方法，用于在试管深层琼脂培养基（柱状）接种。经穿刺接种后的菌种常作为保藏菌种的一种形式，同时也是检查细菌运动能力的一种方法，可作为鉴定细菌特征的方法之一。穿刺接种只适用于细菌和酵母的接种培养，其方法是用笔直的接种针，从原菌种斜面上挑取少量菌苔，再从柱状培养基中心自上而下刺入，直到接近管底（勿穿到管底），然后沿原穿刺路线抽出接种针，注意接种针不要移动。

穿刺接种法具体操作如下。

（1）贴标签：在试管上贴上标签，注明菌种名称、接种日期、接种人姓名等信息。

（2）点燃酒精灯，用 75%酒精棉球擦手。

（3）穿刺接种：穿刺具体操作如下。

A. 手持试管，旋松棉塞。

B. 右手拿接种针在火焰上将针端灼烧灭菌，接着把穿刺过程中可能伸入试管的其他部位，也灼烧灭菌。

C. 用右手的小指和手掌边拔出棉塞。接种针先在培养基部分冷却，再用接种针的针尖蘸取少量菌种。

D. 接种有两种手持操作法。一种称垂直法（图 1-28A），一种是水平法（图 1-28B），它类似于斜面接种法。尽管穿刺时手持方法不同，但穿刺时所用接种针都必须挺直，将接种针自培养基中心垂直地刺入培养基中。穿刺时要做到手稳、动作轻巧快速，并且要将接种针穿刺到接近试管的底部，然后沿着接种线将针拔出。最后，塞上棉塞，再将接种针上残留的菌在火焰上烧掉。

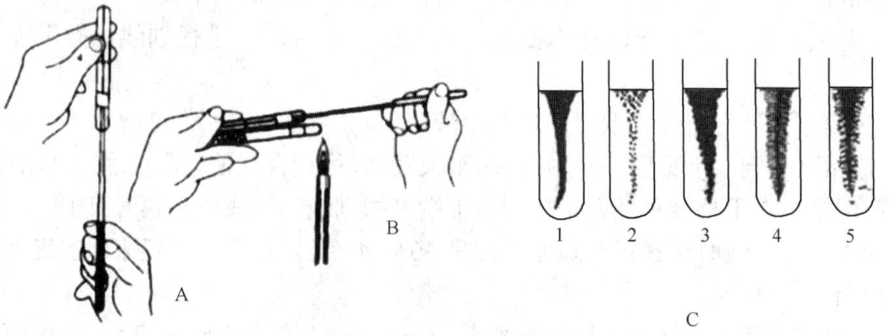

图 1-28　穿刺接种的两种操作方法（A、B）及穿刺生长形状（C）

E. 将接种过的试管直立于试管架上，放在合适温度的恒温培养箱中培养。一定时间后观察结果，不同微生物的生长形状不一（图 1-28C）。注意：若具有运动能力的细菌，它能沿着接种线向外运动而弥散，故形成的穿刺线较粗而散，反之则细而密。

4. *方法四　液体接种法*

液体接种法是用移液管、移液器、滴管或接种环等接种工具，将菌液移接到液体三角瓶、试管培养基中的一种接种方法。多用于进行增菌培养，也可用于纯培养菌接种液体培养基进行生化试验等，可以观察细菌、酵母菌的生长特性，生化反应特性及发酵生产中菌种的扩大培养等。

常见的有两种液体接种情况，一是由斜面培养基接入液体培养基，操作方法基本与斜面转斜面接种相同，但在接种时要注意使试管口略向上，以免液体培养基流出。接入菌体后，要将接种环与试管壁轻轻研磨，将菌体擦下，接种后塞好棉塞，将试管在手中轻轻振摇敲打，使菌体充分分散。二是由液体培养基接种到液体培养基。原菌种如为液体时，除用接种环外，还可以根据具体情况采用下列几种方法：用无菌滴管或移液管、移液器吸取菌液接种；直接把液体培养液摇匀后倒入液体培养基中；利用无菌空气把液体培养基注入另一容器的液体培养基中，啤酒酵母扩大培养时，从汉森罐到扩大罐就是采用此法；利用负压将液体培养液吸到液体培养基中，在抗生素生产中，从种子瓶接种到种子罐时就是采用此法。

五、实验报告

记录几种接种操作的结果，并进行对比分析。

六、思考题

1. 何谓无菌操作？接种前应做哪些准备工作？

2. 平板培养时为什么要把培养皿倒置？

3. 试设计实验，从土壤中分离出酵母菌。

（塔里木大学　任晓镁）

实验 1-21　细菌培养特征观察

一、目的要求

学习细菌在不同培养基上的生长特征，进一步理解细菌的生理特性，熟悉和掌握微生物的无菌操作技术。

二、实验原理

细菌细胞在固体培养基表面形成的细胞群体称菌落。不同微生物在某种培养基中生长繁殖，能形成稳定的菌落特征，以此可以辅助鉴定微生物。

细菌的培养特征包括：菌落大小、形态、颜色（色素是水溶性还是脂溶性）、光泽度、透明度、质地、隆起形状、边缘特征及迁移性等。在液体培养基中的表面生长情况（菌膜、环）、混浊度及沉淀等。半固体培养基穿刺接种观察运动、扩散情况。

微生物在固体平板培养基上，可以观察菌落表面形态、隆起形状及边缘形状等（图 1-29C）。在斜面培养基上，可以呈丝线状、刺毛状、串珠状、扩展状、树枝状或假根状（图 1-29D）。生长在液体培养基内，可以呈混浊、絮状、黏液状、形成菌膜、上层清晰而底部显沉淀状（图 1-29B）。穿刺培养在半固体培养基中，可以沿接种线向四周蔓延；或仅沿线生长；也可上层生长得好，甚至连成一片，底部很少生长；或底部长得好，上层甚至不生长（图 1-29A）。

三、实验材料

（1）菌种：枯草芽孢杆菌，大肠杆菌，金黄色葡萄球菌，白地霉（*Geotrichum candidum*），蕈状芽孢杆菌（*Bacillus mycoides*），粘质沙雷氏菌（粘质赛氏杆菌，*Serratia marcescens*）。

（2）培养基：牛肉膏蛋白胨培养基（斜面、液体、半固体）。

（3）试剂和器材：接种环，接种针，无菌吸管，酒精灯，恒温培养箱等。

四、实验步骤

1. 固体培养基平板接种

（1）在牛肉膏蛋白胨固体平板上，用记号笔写上接种的菌名、日期和接种者。

（2）点燃酒精灯。

（3）用左手大拇指和食指、中指、无名指握住菌种试管，并将中指夹在两试管之间，使斜面向上，呈水平状态。在火焰边用右手松动试管塞，以利于接种时拔出。

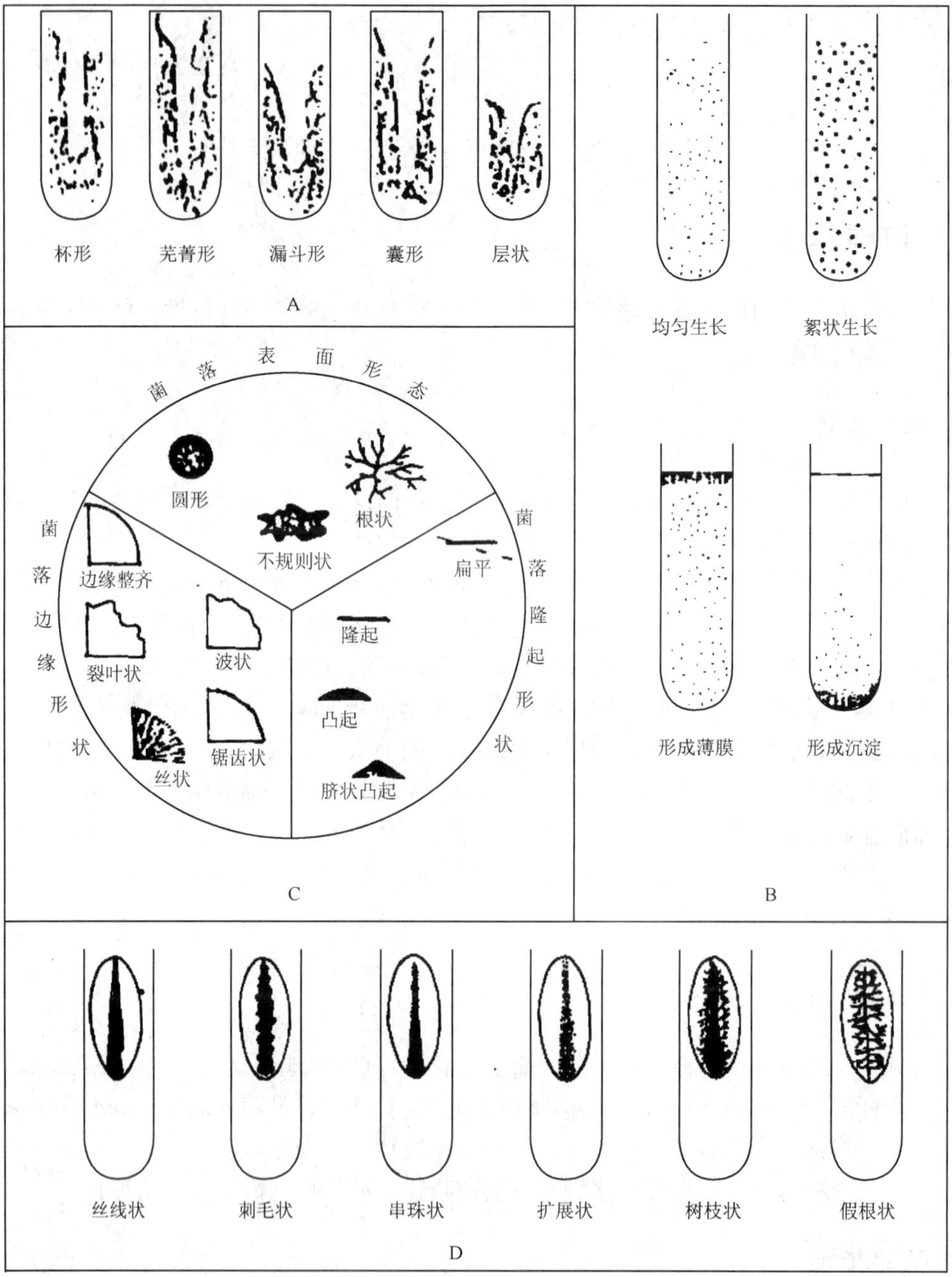

图 1-29　细菌的培养特征

A. 明胶液化；B. 液体培养基中的生长；C. 琼脂平板上的生长；D. 琼脂斜面上的生长

（4）右手拿接种环通过火焰灼烧灭菌，在火焰边用右手的手掌边缘和小指、无名指分别夹持皿盖和棉塞（或试管帽），将其取出，并迅速烧灼管口。

（5）将灭菌的接种环伸入菌种试管内，先将环接触试管内壁或未长菌的培养基，达到冷却的目的，然后再挑取少许菌苔。将接种环退出菌种试管，迅速伸入待接种的固体平板培养基上，用环在平板上由边缘向中心划蛇形线，勿将培养基划破，也不要使环接触培养皿口。

（6）接种环退出培养皿，再用火焰烧管口，并在火焰边将试管塞塞上。将接种环逐渐接近火焰，再烧灼。如果接种环上粘的菌体较多时，应先将环在火焰边烤干，然后烧灼，以免未烧死的菌种飞溅出污染环境，接种病原菌时更要注意此点。

2. 斜面培养基接种

参考固体平板接种方式进行试管内斜面培养基的划线接种。

3. 液体培养基接种

向牛肉膏蛋白胨液体培养基中接种少量菌体时，其操作步骤基本与斜面接种时相同，不同之处是挑取菌体的接种环放入液体培养基后，应在液体表面处的管内壁上轻轻摩擦，使菌体从环上脱落，混进液体培养基，塞好试管塞后，摇动液体，使菌体在液体中分布均匀，或用试管振荡器混匀。

向液体培养基中接种量大或要求定量接种时，可将无菌水或液体培养基注入菌种试管，用接种环将菌苔刮下，再将菌种悬液以无菌吸管定量吸出加入，或直接倒入液体培养基。如果菌种为液体培养物，则可用无菌吸管定量吸出加入或直接倒入液体培养基。整个接种过程都要求无菌操作。

4. 穿刺接种

用接种针挑取菌种（针必须挺直），自培养基的中心垂直地刺入半固体培养基中，直至接近管底，但不要穿透，然后沿原穿刺线将针拔出，塞上试管塞，烧灼接种针。

5. 培养

将已接种的培养基放置 35～37℃恒温培养箱，培养 1～2d 后取出观察结果。

6. 结果记录方法

根据菌落大小、形状、高度、干湿等特征观察不同的菌落类型。但要注意，如果细菌数量太多，会使很多菌落生长在一起，或者限制了菌落生长而变得很小，因而外观不典型，故观察菌落的特点时，要选择分离得很开的单个菌落。同时对斜面培养基、液体培养基及穿刺培养基中的菌株生长特征进行观察与记录。

菌落特征描写方法如下。

（1）大小：大、中、小、针尖状。可先将整个平板上的菌落粗略观察一下，再决定大、中、小的标准，或由教师指出一个大小范围。

（2）颜色：黄色、金黄色、灰色、乳白色、红色、粉红色等。

（3）干湿情况：干燥、湿润、黏稠。

（4）形态：圆形、不规则等。

（5）高度：扁平、隆起、凹下。

（6）透明程度：透明、半透明、不透明。

（7）边缘：整齐、不整齐。

五、实验报告

记录你所做的试验中各种微生物在固体平板、斜面培养基、液体培养基和半固体培养基中的培养特征。

六、思考题

1. 用不同方法接种时，怎样才能更好地保证菌种不被污染？
2. 一个好氧的具有周生鞭毛的菌株分别在半固体培养基和液体培养基中的培养特征是怎样的？
3. 用斜面培养基检测微生物的培养特征接种时，为什么不要划多条线或蛇形线，相反只划一条线？
4. 接种环（针）接种前后灼烧的目的是什么？为什么在接种前一定要将其冷却？

（兰州理工大学　王永刚）

实验 1-22　食品中细菌的分离与测数

一、目的要求

学习并掌握细菌的分离和活菌计数的基本原理和方法，了解菌落总数测定在对被测样品进行卫生学评价中的意义。

二、实验原理

食品中微生物的分离与测数是食品微生物学最重要的基本技术之一。稀释平板法是测定食品中活菌数最常用的一种方法，其原理是将定量食品检样先制成悬浮液，使微生物细胞均匀分散于悬浮液中，再稀释成合适的稀释液，取定量稀释液接种，使细胞在营养琼脂平板上生长成肉眼可见的菌落，然后进行菌落计数，换算成单位质量食品中各类微生物的细胞数。

分离测数时，需采用不同的培养基，以适应不同生理类群的微生物生长。菌落总数是指食品经过处理，在一定条件下培养后，所得 1g 或 1mL 检样中所含细菌菌落总数。菌落总数反映了食品的一般卫生质量，以及食品在产、贮、运、销过程中的卫生措施及管理情况，其可作为判断食品被污染程度的标志，也可以应用这一方法观察细菌在食品中繁殖的动态，以便对被检样品进行卫生学评价。但菌落总数并不表示样品中实际存在的所有细菌总数，也不能区分其中细菌的种类。

三、实验材料

（1）待检样品：食品检样（如奶粉、消毒乳、肉制品、蛋制品、水产品、饮料等）。

（2）试剂和器材：营养琼脂培养基，0.85%无菌生理盐水，革兰氏染色液，均质器或研钵，无菌培养皿，恒温培养箱，无菌吸管（1mL、10mL），灭菌采样瓶（管），酒精灯等。

四、实验步骤

1. 检验流程

检样→做成几个适当稀释度的稀释液（图 1-30）→选择 2～3 个适宜的稀释度各以 0.5mL 量加入灭菌平皿内→每皿加入适量营养琼脂混匀→（36±1）℃，[（24～48）±2] h 培养→菌落计数→报告。

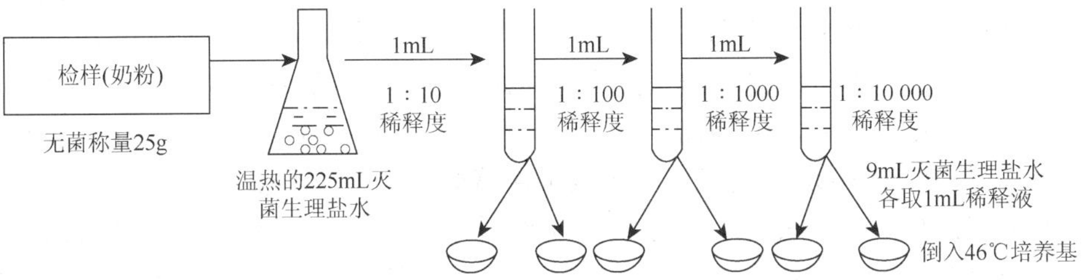

图 1-30　检样稀释操作流程

2. 取样、稀释和培养

（1）取样：以无菌操作取检样 25g（或 25mL），放于 225mL 灭菌生理盐水的灭菌玻璃瓶内（瓶内预置适量的玻璃珠）或灭菌乳钵内，经充分振荡或研磨制成 1：10 的均匀稀释液。固体检样在加入稀释液后，最好置灭菌均质器中 8000～10 000r/min 处理 1min，制成 1：10 的均匀稀释液。

（2）稀释：用 1mL 灭菌吸管吸取 1：10 稀释液 1mL，沿管壁徐徐注入含有 9mL 灭菌生理盐水的试管内，振摇试管混合均匀，制成 1：100 的稀释液。另取 1mL 灭菌吸管，按上述操作程序，制成 10 倍递增稀释液，如此每递增稀释一次即换用 1 支 10mL 吸管。

根据标准要求或对污染情况的估计，选择 2～3 个适宜稀释度，分别在制作 10 倍递增稀释液的同时，以吸取该稀释度的吸管移取 0.5mL 稀释液于灭菌平皿中，每个稀释度做两个平皿。

（3）培养：稀释液移入平皿后，将晾至 46℃营养琼脂培养基注入平皿，每皿约 15mL，并转动平皿，混合均匀。同时将营养琼脂培养基倾入加有 0.5mL 稀释液（不含样品）的灭菌平皿内作空白对照。待琼脂凝固后，翻转平板，置（36±1）℃恒温培养箱内培养（48±2）h，取出计算平板内菌落数目，乘以稀释倍数，即得每克（毫升）样品所含菌落总数。

3. 菌落计数方法

进行平皿菌落计数时，可用肉眼观察，必要时用放大镜检查，以防遗漏。在记下各平皿的菌落总数后，求出同稀释度的各平皿平均菌落数。到达规定培养时间，应立即计数。如果不能立即计数，应将平板放置于 0～4℃，但不要超过 24h。

4. 菌落计数报告方法

（1）平皿菌落数的选择：选取菌落数为 30～300cfu 的平皿做菌落总数测定。每一个稀释度应采用两个平皿平均数，其中一个平皿有较大片状菌落生长时，则不宜采用，而应以无片状菌落生长的平皿做该稀释度的菌落数测定，若片状菌落不到平皿的一半，而其余一半中菌落分布又很均匀，则可以计算半个平皿后乘以 2 以代表全皿菌落数。

（2）稀释度的选择：①应选取平均菌落数为 30～300 的稀释度报告；②若有二个稀释度均为 30～300 时，应以二者比值决定，比值≤2 取平均数，比值＞2 则取较小数字；③若所有稀释度均＞300，则取最高稀释度的平均菌落数乘以稀释倍数；④若所有稀释度均＜30，则以最低稀释度的平均菌落数乘以稀释倍数；⑤若所有稀释度均无菌落生长，则应按＜1 乘以最低稀释倍数；⑥若所有稀释度均不为 30～300，有的＞300，有的＜30，则应以最接近 300 或 30 的平均菌落数乘以稀释倍数。

（3）菌落计数报告方法：菌落数为 1～100 时，按实有数字报告，如＞100 时，则报告前面两位有效数字，第三位数按四舍五入计算，为了缩短数字后面的零数，也可以 10 的指数表示。

五、实验报告

1. 将实验测出的样品数据以报表方式报告结果。
2. 查阅国家有关标准，对样品菌落总数做出是否符合卫生要求的结论。

六、思考题

1. 检验食品中细菌菌落总数有什么现实意义？
2. 菌落总数是否代表该食品上的所有细菌数？为什么？

（商洛学院　李彬）

实验 1-23　微生物菌种保藏

一、目的要求

了解常用微生物菌种保藏法的原理，掌握几种常用菌种保藏法的实验方法和应用。

二、实验原理

菌种保藏的目的是要保持微生物菌种特有的特性、活力，减缓甚至阻止微生物的死亡，保持菌种的纯度，避免杂菌污染。尽管保藏微生物菌种的方法有很多，但其基本原理却有惊人的相似性，主要就是利用人工创造的条件，使微生物菌种的代谢活动降至最低程度或处于休眠状态。通常采用的措施主要有低温、干燥、贫营养、缺氧及培养细胞至休眠阶段等，因细胞在这种环境下的活力很低，所以保藏菌种在使用前都要先活化以恢复其正常的活力。

三、实验材料

（1）菌种：细菌，放线菌，酵母菌及霉菌。

（2）培养基：牛肉膏蛋白胨斜面及半固体深层培养基，豆芽汁葡萄糖斜面培养基，高氏 1 号斜面培养基，LB 液体培养基等。

（3）仪器和其他用品：无菌液体石蜡，无菌甘油，带螺口盖和密封圈的无菌试管或 1.5mL 无菌离心管，100mL 的三角瓶等。

四、实验步骤

1. 方法一　斜面低温保藏法

将菌种接种在适宜的斜面培养基上，在适宜的温度下进行培养，使其充分生长。如果是能形成芽孢或孢子等休眠体的菌种，待形成芽孢或孢子等休眠体后再置入 4～5℃冰箱中进行保藏。通常不同种类的微生物保藏期也不同，到期后需转接至新的斜面培养基上，经适当培养后，再进行保藏。这种方法的优点是操作简单，不需特殊设备；缺点是保藏时间较短，菌种经反复转接后，遗传性状易发生变异，生理活性会出现减退现象。各类微生物的培养条件见表 1-9。

表 1-9　各种微生物斜面培养条件及保藏期

菌类	培养基名称	培养温度/℃	培养时间/d	保藏温度/℃	保藏时间/月
细菌	牛肉膏蛋白胨斜面	30～37	1～2	4～5	1～3
放线菌	马铃薯葡萄糖或高氏 1 号斜面	25～30	5～7	4～5	3～6
酵母菌	豆芽汁葡萄糖或麦芽汁斜面	25～30	2～3	4～5	2～4
霉菌	豆芽汁葡萄糖或麦芽汁斜面	25～30	3～5	4～5	3～6

2. 方法二　半固体穿刺保藏法

使用穿刺接种法将菌种接入半固体深层培养基的中央部分，注意不要穿透底部。在适宜的温度培养，使其充分生长。再将培养好的菌种置于 4～5℃冰箱保藏。一般在保藏几个月至 1 年，需转接到新的半固体深层培养基中，经培养后再行保藏。

3. 方法三　甘油保藏法

（1）无菌甘油制备：将甘油置于 100mL 的三角瓶内，每瓶装 10mL，塞上棉塞，外包牛皮纸，高压蒸汽灭菌（0.1MPa 20min）。

（2）接种、培养及保藏：挑选一环菌种接入 LB 液体培养基试管中，37℃振荡培养至充分生长。用吸管吸取 0.85mL 培养液，置入一支带有螺口盖和空气密封圈的试管中或一支 1.5mL 的离心管中，再加入 0.15mL 无菌甘油，封口，振荡混匀。然后将其置于乙醇-干冰或液氮中速冻。最后将已冰冻含甘油的培养物置于−70～−20℃保藏，保藏期可达 1 年或更长。到期后，用接种环从冻结的表面刮取培养物，接种至 LB 斜面上，37℃培养 48h。然后用接种环从斜面上挑取一环长好的培养物，置入装有 2mL LB 液体培养基的试管中，再加入 2mL 含 30%无菌甘油的 LB 液体培养基，振荡混匀。最后分装于带有螺口盖和密封圈的无菌试管中或 1.5mL 的离心管中，按上述方法速冻保藏。

4. 方法四　液体石蜡保藏法

（1）无菌液体石蜡制备：将液体石蜡置于 100mL 的三角瓶内，每瓶装 10mL，塞上棉塞，外包牛皮纸，高压蒸汽灭菌（0.1MPa 30min）。灭菌后将装有液体石蜡的三角瓶置于 105～110℃的烘箱内约 1h，以除去液体石蜡中的水分。

（2）接种、培养及保藏：将菌种接种在适宜的斜面培养基上，在适宜温度下培养，使其充分生长。用无菌吸管吸取无菌液体石蜡，注入到已长好菌的斜面上，液体石蜡的用量以高出斜面顶端 1cm 左右为准，使菌种与空气隔绝，直立于 4～5℃冰箱或室温下保藏，保藏期较长。到保藏期后，将菌种转接至新的斜面培养基上，培养后加入适量灭菌液体石蜡，再行保藏。

5. 方法五　沙土管保藏法

（1）无菌沙土管制备：取河沙若干，用 40 目筛子过筛，除去大的颗粒。再用 10% HCl 溶液浸泡 2～4h 除去有机杂质，倒出盐酸，用自来水冲洗至中性，烘干。另取非耕作层瘦黄土若干，磨细，用 100 目筛子过筛。取 1 份制备的土加 4 份沙混合均匀，装入小试管中。装量约 1cm 高即可，塞上棉塞，0.1MPa 灭菌 1h，每天一次，连灭 3d。

（2）制备菌悬液：吸取 3～5mL 无菌水至 1 支已培养好的菌种斜面中，用接种环轻轻搅动培养物，使成菌悬液。

（3）加样及干燥：用无菌吸管吸取菌悬液，在每支沙土管中滴加 4～5 滴菌悬液，塞上棉塞，振荡混匀。将已滴加菌悬液的沙土管置于预先放有五氧化二磷或无水氯化钙的干燥器内。当五氧化二磷或无水氯化钙因吸水变成糊状时应进行更换。如此数次，沙土管即可干燥。也可用真空泵连续抽气约 3h，即可达到干燥效果。

（4）抽样检查：从抽干的沙土管中，每 10 支抽取 1 支进行检查。用接种环取少许沙土，接种到适合所保藏菌种生长的斜面上，进行培养，观察所保藏菌种的生长及有无杂菌生长情况。

（5）保藏：检查合格后，可采用以下方法进行保藏：①沙土管继续放入干燥器中，置于室温或冰箱中。②将沙土管带塞一端浸入熔化的石蜡中，密封管口。③在煤气灯上，将沙土管的棉塞下端的玻璃烧熔，封住管口，再置于 4℃冰箱中保藏。这种方法可保藏菌种 1 年到几年。

6. 方法六　液氮超低温保藏法

（1）准备安瓿管：所用安瓿管必须能够经受温度的急速变化而不破裂，故一般采用硼硅酸盐玻璃制品，规格通常为 75mm×10mm 或能容纳 1.2mL 液体。洗刷干净后烘干，安瓿管口塞上棉花并包上牛皮纸，高压蒸汽灭菌（0.1Mpa 30min），然后把安瓿管编号备用。

（2）准备保护剂：通常采用终浓度为 10%（*V*/*V*）甘油或 10%（*V*/*V*）二甲亚砜作为冷冻保护剂。甘油溶液需经高压灭菌，而二甲亚砜则采用过滤除菌。保藏不产生孢子的霉菌时，除需制备琼脂块外，还需在每个安瓿管中预先加入一定量含 10%甘油的液体培养基（加入量以没过即将加入的带菌琼脂块为宜）。0.1MPa 灭菌 20min 备用。

（3）制备菌悬液或带菌琼脂块浸液：在长好菌的斜面中加入 5mL 含 10%甘油液体培养基，制成菌悬液。用无菌吸管吸取 0.5～1mL 菌悬液分装于无菌安瓿管中，然后用火焰熔封管口。如果保藏只长菌丝体的霉菌时，可用无菌打孔器从平板上切下带菌落的琼脂块（直径 5～10mm）。置入装有含 10%甘油液体培养基的无菌安瓿管中，用火焰熔封管口。为了检查安瓿管口是否熔封严密，可将上述熔封后的安瓿管浸于水中，如发现有水进入管内，说明管口未封严。

（4）预冻：将封好口的安瓿管置于铝盒中，然后置于一个较大金属容器中，再将此容器置于控速冷冻机的冷冻室中，以 1℃/min 的下降速度冻结至−30℃。如无控速冷冻机时，可将封好口的安瓿管置于−70℃冰箱中预冻 4h，以代替控速冷冻处理。

（5）保藏：将经过预冻处理的封口安瓿管迅速置于液氮冰箱中，于液相（−196℃）或气相（−156℃）进行保藏。在液氮冰箱的气相中保藏可防止安瓿管取出时破裂。此外，若将安瓿管保藏在液氮冰箱的气相中，则可以不必去掉棉塞，也无需熔封安瓿管口。

（6）恢复培养：当需要使用所保藏的菌种时，将安瓿管从液氮冰箱中取出，立即置于 38～40℃水浴中摇动，使管中结冰迅速融化。无菌操作打开安瓿管，并用无菌吸管将安瓿管中的菌悬液全部转移至 2mL 无菌液体培养基中，再从中吸取 0.1～0.2mL 菌悬液至琼脂斜面上，进行保温培养。

注意事项：

（1）安瓿管需绝对密封，如有漏洞及裂口，保藏期间液氮会渗入安瓿管内，当从液氮冰箱中取出安瓿管时，液氮会从管内逸出，由于外面温度高，液氮会急剧气化而发生爆炸，因此操作人员在实验中应佩戴皮手套和面罩等。

（2）液氮与皮肤接触时，皮肤极易被“冷烧”，故应特别小心操作。同时，由于氮本身无色无臭，在操作时应注意防止窒息。

（3）取出安瓿管时，为了防止其他安瓿管升温而不利于保藏，取出至放回盛放安瓿管的容器的时间一般不要超过 1min。

7. 方法七　冷冻真空干燥保藏法

（1）准备安瓿管：安瓿管一般用中性硬质玻璃制成，内径 6～8mm。先用 2% HCl 浸泡过夜，然后用自来水冲洗至中性，最后用蒸馏水冲 3 次，烘干备用。将印有菌名和接种日期的标签纸置于安瓿管内，印字一面向着管壁，管口塞上棉花并包上牛皮纸，高压蒸汽灭菌（0.1MPa 30min）。

（2）制备菌悬液：利用最适培养基在最适温度下培养菌种斜面，使菌种充分生长，细菌可培养 24～28h，酵母菌培养 3d 左右，放线菌与霉菌则可培养 7～10d。吸取 2mL 已灭菌的脱脂牛奶加到新鲜菌种斜面中，用接种环刮下培养物，制成菌悬液。用无菌长颈滴管吸取 0.2mL 的菌悬液，滴加在安瓿管内的底部，注意不要使菌悬液粘在管壁上。

（3）菌悬液预冻：将装有菌悬液的安瓿管放在低温冰箱中（–45～–35℃）或放在乙醇-干冰中进行预冻，使菌悬液在低温条件下冻成冰。

（4）冷冻真空干燥：将装有冻结菌悬液的安瓿管置于真空干燥箱中，开动真空泵进行真空干燥。15min 内使真空度达 66.7Pa，被冻结菌悬液开始升华，继续抽气，随后真空度逐渐达 13.3～26.7Pa 后，维持 6～8h，干燥后样品呈白色疏松状态。

（5）安瓿管封口及保藏：样品干燥后，先将安瓿管上部棉塞下端处用火焰烧熔并拉成细颈，再将安瓿管接在封口用的抽气装置上，开动真空泵，室温抽气，当真空度达 26.7Pa 时继续抽气数分钟，再用火焰在细颈处烧熔封口。置 4℃冰箱中或室温下避光保藏。

8. 方法八　厌氧性细菌保藏法

普通保藏厌氧菌所使用的培养基可依据待保藏的菌种而定，培养基中常加入还原剂以降低其氧化还原电位。移植时不宜采用接种针接种，宜用毛细滴管移植，通常取约 0.3mL 移植于培养基上。在移植时勿带入气泡。可用橡皮塞代替棉塞或加入 20%甘油而不替换棉塞也可保藏较长时间。

为了长期保藏厌氧菌，最好采用冷冻真空干燥法。厌氧菌的冷冻真空干燥技术与好氧菌相似。

9. 方法九　噬菌体保藏法

由于噬菌体需依靠寄主生活，其本身无代谢活性，因此噬菌体用低温保藏时相当稳定，但需要获得效价高、数量多的噬菌体并用其制成悬液后，才能有效地进行保藏。

（1）噬菌体浓缩液的制备：取用液体培养基培养 12h 的敏感细菌，接种于适宜的液体培养基，并加入足量的噬菌体（10^5 个/mL），混合后于适温振荡培养 6h，12 000r/min 离心 5min 以除去未裂解的细菌细胞，上清液即噬菌体浓缩液。

（2）保藏：制成噬菌体浓缩液后，将噬菌体悬液分装于具塞的试管中，密封或把噬菌体悬液制成稀的软琼脂（琼脂含量 0.5%），分装于玻璃管中熔封，置 5℃保藏。这种保藏法可不加保护剂，因而比较简便。保藏大肠杆菌噬菌体 T_1 数年后其效价几乎不降低，但不是任何种类的噬菌体都适用。当保藏温度降至–70～–20℃时，为防止冻结损害噬菌体，则需用甘油或二甲亚砜（DMSO）作保护剂。

也可以采用液氮保藏法，效果很好。使用的保护剂是无菌的 20%脱脂乳（用量与噬菌体悬液量相等），也可用甘油或二甲亚砜等作保护剂分装于安瓿管中，熔封。以下操作同前面介绍的液氮超低温冷冻保藏法。为了防止安瓿管爆炸，安瓿管可放在液氮冰箱的气相中保藏。

冷冻真空干燥法也是较好的保藏方法，就是把 20%脱脂乳作保护剂和噬菌体以等量混合，制成悬液，分装于安瓿管中，用干冰-乙二醇致冷剂冻结后，真空冷冻干燥过夜，干燥完成后，熔封，在 5℃条件下保存，为了确定熔封是否完全并保持一定的真空度，可用真空度检测计，根据安瓿管内的放电检验真空度即可。

五、实验报告

1. 试比较各种保藏方法的优缺点，结合实验室菌种的保藏，举例说明各种保藏方法最适合的保藏菌种。

2. 将自己的实验过程记录下来，并与教材所述过程予以比较，总结一套属于自己实验室的保藏方法。

六、思考题

1. 菌种保藏的原则是什么？各个方法保藏菌种的原理是什么？

2. 自己实验室最常用的菌种保藏方法是什么？为什么采用此法？

（内蒙古农业大学　胡炜东）

第 2 篇　微生物生理生化实验技术

实验 2-1　细菌生长曲线测定

一、目的要求

了解细菌生长特点及测定原理，掌握细菌生长曲线测定的方法。

二、实验原理

将少量纯种单细胞微生物接种于恒容积的新鲜液体培养基中，在适宜的温度、溶氧量等条件下培养，定时取样测定单位体积中的细菌含量，整个生长过程呈现：培养初期，细菌数量增加不明显，随着培养时间的延长，细菌数量增加很快，再随着培养时间的延长，细菌数量趋于稳定，随后，细菌数量呈下降趋势。如果以单位体积中细菌数的对数或生长速度为纵坐标，以培养时间为横坐标作图，就得到细菌的繁殖曲线，又称生长曲线。它代表了细菌在新的适宜环境中，生长繁殖直至衰老死亡的动态变化。目前测定微生物数量的方法很多，有细胞计数板法、比浊法、平皿菌落计数法、称重法、核酸测定法。本实验用分光光度计进行光电比浊测定大肠杆菌的生长曲线，以不同培养时间细菌悬浮液的 OD 值为纵坐标，以培养时间为横坐标，绘制生长曲线。

三、实验材料

（1）菌种：大肠杆菌。

（2）试剂和器材：LB 培养基，无菌吸管，无菌试管，721 型分光光度计，水浴振荡摇床，高压灭菌锅等。

四、实验步骤

（1）标记：取无菌大试管 11 支，分别用记号笔标明培养时间，即 0h、2h、3h、4h、6h、8h、10h、12h、14h、16h 和 20h。

（2）接种：用 5mL 无菌吸管分别吸取 2.5mL 大肠杆菌培养液（培养 10～12h），无菌操作接入盛有 50mL LB 培养基的 250mL 三角瓶内，混合均匀，然后用无菌吸管分别取 5mL 混合液转入已标记好的上述 11 支试管中。

（3）培养：将接种好的试管放置于摇床，培养温度 37℃，振荡频率 250r/min，分别培养 0h、2h、3h、4h、6h、8h、10h、12h、14h、16h 和 20h，在规定时间内取出相应试管，立即放冰箱中贮存，待测。

（4）生长量测定：将上述培养液充分振荡，使细胞均匀分布，空白对照为未接种的 LB 液体培养基，在 600nm 波长下进行光电比浊依次对上述培养液进行测定。控制光密度值为 0.1～0.65，光密度值过大，可用未接种 LB 液体培养基进行适当稀释后测定。

五、实验报告

1. 数据记录：将测量结果记录于表 2-1 中。

表 2-1　大肠杆菌生长情况与时间的关系

培养时间/h	对照	0	2	3	4	6	8	10	12	14	16	20
光密度值（OD_{600}）												

2. 绘制曲线：按照上述曲线要求，绘制大肠杆菌生长曲线。

六、思考题

1. 比浊法测定细菌生长曲线有哪些注意事项?
2. 比较比浊法、平皿菌落计数法、称重法测定细菌生长曲线的优缺点。

（山东农业大学　朱传合）

实验 2-2　营养元素对微生物生长的影响

一、目的要求

了解不同营养元素对微生物生长发育的影响。

二、实验原理

微生物的生长发育需要一定的营养物质，影响微生物生长发育的营养元素主要有碳、氮、磷、钾、硫、镁、铁及部分微量元素。另外，有些微生物还需从环境中获取维生素等生长因子以促进其生长发育。本实验通过几种含有不同成分的合成培养基，测试碳、氮、磷、钾和锌等营养元素对微生物生长发育的影响。

三、实验材料

（1）菌种：黑曲霉（*Aspergillus niger*）PDA 斜面菌种。

（2）试剂和器材：蔗糖，NH_4NO_3，KH_2PO_4，$MgSO_4·7H_2O$，$FeSO_4·7H_2O$，$ZnCl_2$，KCl，NaCl，蒸馏水，pH 试纸，接种环，酒精灯，恒温培养箱，培养管，无菌离心管，

量筒，烧杯等。

（3）培养基：完全培养基，缺碳培养基，缺氮培养基，缺磷培养基，缺钾培养基，缺锌培养基（表 2-2）。

表 2-2　营养实验培养基

成分	完全培养基	缺碳培养基	缺氮培养基	缺磷培养基	缺钾培养基	缺锌培养基
蔗糖	50g	—	50g	50g	50%	50%
NH_4NO_3	3g	3g	—	3g	3g	3g
KH_2PO_4	2g	2g	2g	—	NaH_2PO_4 2g	2g
$MgSO_4·7H_2O$	0.5g	0.5g	0.5g	0.5g	0.5g	0.5g
$FeSO_4·7H_2O$	0.1g	0.1g	0.1g	0.1g	0.1g	0.1g
1% $ZnCl_2$	5mL	5mL	5mL	5mL	5mL	—
NaCl	—	5g	2g	KCl 1g	—	—

注：1000mL 蒸馏水按表中配成不同种类的培养基，pH 自然；“—”表示不加

四、实验步骤

（1）制备培养基：实验设计 6 种培养基，学生实验分组配制培养基。培养基配好后，将各号培养基分装入培养管中，每号 3 管，每管 4～5mL，做好标记。在 0.1MPa 条件下灭菌 20～30min，备用。

（2）孢子悬液制备：取无菌生理盐水试管 1 支，用接种环从黑曲霉斜面菌种管中挑取菌体 2～3 环，放入水中，充分混匀，备用。

（3）接种与观察：取完全培养基、缺碳培养基、缺氮培养基、缺磷培养基、缺钾培养基、缺锌培养基试管各一支，用 1mL 无菌吸管接种黑曲霉孢子悬液 0.5mL。接种后，将培养管置于 28℃培养 5～7d 后观察结果。

（4）结果检查：菌种培养好后，观察各培养基中黑曲霉菌丝及孢子生长状况，并做好记录，分析黑曲霉对各营养成分的需求。

五、实验报告

观察各培养管中黑曲霉菌丝及孢子的生长状况，并将实验结果用注解符号填入表 2-3 中。

表 2-3　营养元素对黑曲霉生长发育的影响

培养基名称	菌丝生长情况			孢子生长情况	
	有无沉淀	菌膜薄厚	菌膜色泽	生长状况	孢子疏密
完全培养基					
缺碳培养基					
缺氮培养基					
缺磷培养基					
缺钾培养基					
缺锌培养基					

注：“++++”表示生长良好；“+++”表示生长较好；“++”表示生长一般；“+”表示生长较差；“–”表示没有生长

六、思考题

1. 微生物生长发育为什么需要营养元素？
2. 微生物缺锌会引起哪些不良现象？

（兰州理工大学　王雅）

实验 2-3　温度对微生物生长的影响

一、目的要求

了解温度对微生物生长的影响，学习测定微生物生长最适温度的方法。

二、实验原理

微生物生长繁殖需要一定的温度条件，每种微生物都有它的生长温度范围且有最适的生长温度，若培养温度高于所需最高温度或低于最低温度时，微生物均不能很好生长，或处于休眠状态，甚至会死亡。

根据微生物生长的最适温度范围，将微生物分为低温菌、中温菌和高温菌 3 类。大多数微生物属于中温菌，它们适宜生长的温度为 25～40℃，故实验室常采用 28～36℃来培养微生物。若要确定某种微生物最适的生长温度、耐受的最低生长温度和耐受的最高生长温度，应进行实验测定。

三、实验材料

（1）菌种：在牛肉膏蛋白胨琼脂培养基上培养 24～48h 的大肠杆菌和枯草芽孢杆菌斜面菌种。

（2）培养基和器材：牛肉膏蛋白胨琼脂培养基，试管，接种环，酒精灯等。

四、实验步骤

（1）接种：取试管 10 支，分别装入牛肉膏蛋白胨琼脂培养基，灭菌做试管斜面，凝固后按无菌操作法用接种环分别挑取大肠杆菌和枯草芽孢杆菌在试管斜面上划直线（注意：不要划破培养基），并用记号笔在试管上进行标注。

（2）培养：将已接种好的试管斜面分别放在 4℃、15℃、28℃、37℃、50℃、60℃ 6 种温度下进行培养。

（3）观察：分别培养 48h 和 72h，观察大肠杆菌和枯草芽孢杆菌的生长状况，确定其最适生长温度和耐受温度。

五、实验报告

1. 将观察结果填写于表 2-4 中。

表 2-4　温度对微生物生长的影响

菌种	4℃		15℃		28℃		37℃		50℃		60℃	
	48h	72h	48h	72h	48h	72h	48h	72h	48h	72h	48h	72h
大肠杆菌												
枯草芽孢杆菌												

注：不生长记“–”；生长较弱记“+”；生长良好记“++”；生长最好记“+++”

2. 分别写出大肠杆菌和枯草芽孢杆菌的最适生长温度和耐受温度。

六、思考题

1. 什么是低温菌和高温菌？它们常存在于哪些环境?
2. 低温菌、中温菌和高温菌适宜的温度范围各是多少？

（周口师范学院　侯小歌）

实验 2-4　氧气对微生物生长的影响

一、目的要求

了解微生物生长与氧的关系，学习其测定方法。

二、实验原理

不同种类的微生物细胞内生物氧化酶具有差异性，从而造成对氧的需求有所不同。根据对氧的需求及耐受能力的不同，将微生物分为 5 类：好氧菌、微好氧菌、兼性厌氧菌、耐氧厌氧菌、专性厌氧菌。本实验采用深层琼脂培养法，根据微生物在试管中的生长部位，测定氧气对不同类型微生物生长的影响。

三、实验材料

（1）菌种：啤酒酵母，大肠杆菌，黑曲霉，双歧杆菌各一支。
（2）培养基：葡萄糖牛肉膏蛋白胨琼脂培养基（含琼脂 10g/L，每管 12mL）。
（3）其他用品：无菌离心管，吸管，水浴锅，培养箱，试管架，接种环等。

四、实验步骤

（1）菌悬液制备：用接种环按无菌操作法取啤酒酵母、大肠杆菌、黑曲霉、双歧杆菌 1～2 环分别放入 4 支无菌离心管中制成菌悬液。

（2）接种：取已熔化并保温在 45℃左右的培养基 8 支，用无菌吸管分别吸取菌悬液 0.1mL 接种于培养管中，每种实验菌接种 2 个重复。接种后双手快速搓动试管混匀（避免振荡混入过多空气），待冷凝。

（3）培养：将培养管置于 28℃条件下培养 3～5d。

（4）结果检查：取出培养管，观察并记录几种微生物在试管培养基中不同位置的生长情况，分析氧气对几种微生物生长的影响。

五、实验报告

将实验结果记录于表 2-5，用文字描述其生长位置，并确定该微生物的类型。

表 2-5　氧气对微生物生长的影响

菌名	生长位置	类型
大肠杆菌		
双歧杆菌		
啤酒酵母		
黑曲霉		

六、思考题

1. 在熔化的培养基中接入菌种后，为何搓动试管而不振荡试管使菌种均匀分布于培养基中？

2. 解释不同类型微生物在深层琼脂培养基中的生长位置为何不同。

（西藏大学农牧学院　张国强）

实验 2-5　pH 对微生物生长的影响

一、目的要求

学习 pH 对微生物生长的影响，了解不同酸碱度下微生物的生长情况。

二、实验原理

微生物的生长繁殖需要一定的 pH 范围，这是微生物的重要特性之一，环境的氢离子浓度对微生物的生长繁殖有直接影响。pH 不仅影响微生物生长繁殖的速度，也会影响微生物代谢产物合成的方向。而且对同一种微生物而言，适合其生长繁殖的 pH 往往和适合其代谢产物合成的 pH 不尽相同。大多数细菌和放线菌适合于中性或微碱性环境，酵母菌和霉菌则适合于在弱酸或酸性环境中生长。

三、实验材料

（1）菌种：大肠杆菌，啤酒酵母。

（2）器材：恒温培养箱，接种环，酒精灯，吸管等。

（3）培养基和试剂：牛肉膏蛋白胨培养基，马铃薯葡萄糖培养基，0.2mol/L 盐酸溶液，0.2mol/L 氢氧化钠溶液。

四、实验步骤

（1）培养基的配制：分别配制牛肉膏蛋白胨液体培养基和马铃薯葡萄糖液体培养基，并且依次将 pH 调节成 3.0、4.0、5.0、6.0、7.0、8.0、9.0、10.0。

（2）分装：将不同 pH 的液体培养基分装至试管中，并做好标记。

（3）接种：严格按照无菌操作的要求，分别于各试管中接种大肠杆菌和啤酒酵母各 1 环，牛肉膏蛋白胨液体培养基中接种大肠杆菌，马铃薯葡萄糖液体培养基中接种啤酒酵母。同时另取两种液体培养基各 1 管，作为对照。

（4）恒温培养：将上述各个试管放置于恒温培养箱进行培养，接种大肠杆菌的牛肉膏蛋白胨液体培养基及其对照管置于 37℃条件下培养，接种啤酒酵母的马铃薯葡萄糖液体培养基及其对照置于 28℃条件下培养。

（5）结果观察：恒温培养 48h 后，观察并记录实验结果。

五、实验报告

将观察的实验结果填入表 2-6。根据液体培养基的混浊程度，确定菌体生长情况：不生长（–），稍生长（+），生长一般（++），生长良好（+++）。

表 2-6　微生物在不同 pH 条件下的生长情况

菌种	3.0	4.0	5.0	6.0	7.0	8.0	9.0	10.0	对照
大肠杆菌									
啤酒酵母									

六、思考题

1. pH 对微生物生长有何影响?

2. 细菌和酵母菌分别适合在什么样的 pH 条件下生长？

（沈阳工学院/沈阳农业大学　赵春燕）

实验 2-6　渗透压对微生物生长的影响

一、目的要求

了解渗透压对微生物生长发育的影响，学习测定渗透压的方法。

二、实验原理

细胞膜为选择性通透膜，因此微生物生长受基质渗透压的影响。除耐高渗透压微生物外，一般微生物在高渗溶液中细胞脱水，原生质收缩，引起质壁分离；在低渗溶液中，细胞吸水膨胀，甚至涨破；在等渗溶液中，细胞既不收缩，也不膨胀，保持原形不变。因此，适宜的渗透压是微生物正常生长发育的必要条件，故可以通过控制基质渗透压，使微生物的生长繁殖受到抑制，甚至将其杀死。

三、实验材料

（1）菌种：大肠杆菌，枯草芽孢杆菌，灵杆菌，葡萄球菌，黄曲霉，黑曲霉，根霉菌，酵母菌的斜面菌种。

（2）试剂和器材：无盐的牛肉膏蛋白胨溶液，豆芽汁溶液；1mL、9mL、10mL 无菌吸管，灭菌试管，小铝锅等。

四、实验步骤

1. 配制培养基

（1）配制含 NaCl 0.5%、5%、10%、20%的牛肉膏蛋白胨琼脂培养基各 80mL，分装于 16 支试管中，每管 5mL，加棉塞，包扎，灭菌，并摆成斜面备用。

（2）配制含蔗糖 0.3%、3%、30%、60%的豆芽汁蔗糖琼脂培养基各 80mL，分装于 16 支试管中，每管 5mL，加棉塞，包扎，灭菌，并摆成斜面备用。

2. 菌悬液制备

将供试菌分别编号，4 种细菌编号为 Bl、B2、B3、B4；4 种真菌编号为 F1、F2、F3、F4。取无菌离心管 8 支，编写相应号。按无菌操作法从供试菌斜面上取菌体或孢子少许，接入编号相同的无菌离心管中制成菌悬液待用。

3. 接种、培养

取含不同 NaCl 浓度的牛肉膏蛋白胨琼脂斜面，于斜面上接种各细菌悬液，重复 2 管；

取含不同蔗糖浓度的豆芽汁斜面，于斜面上接种霉菌孢子悬液或酵母菌悬液，重复 2 管，做好标记，置 28℃条件下培养。细菌于 2～3d、真菌于 4～7d 后检查其生长情况，并做好记录。

五、实验报告

将观察结果分别记入表 2-7 和表 2-8 中。

表 2-7　NaCl 浓度对细菌生长发育的影响

细菌编号	NaCl 浓度			
	0.5%	5%	10%	20%
B1				
B2				
B3				
B4				

注：“–”表示不生长；“+”表示生长；“++”表示生长较好；“+++”表示生长最好

表 2-8　蔗糖浓度对真菌生长发育的影响

真菌编号	蔗糖浓度			
	0.3%	3%	30%	60%
F1				
F2				
F3				
F4				

注：“–”表示不生长；“+”表示生长；“++”表示生长较好；“+++”表示生长最好

六、思考题

1. 渗透压影响微生物生长发育的机制是什么？
2. 盐渍食品和蜜饯果品时，其盐或糖的最低浓度是多少？为什么？

（西北农林科技大学　张强）

实验 2-7　抗生素对微生物生长的影响

一、目的要求

了解抗生素对微生物生长的影响，学习抗生素对微生物生长影响的检测方法。

二、实验原理

在自然界中微生物间的拮抗现象普遍存在，许多微生物可以产生抗生素，能选择性地抑制或杀死其他微生物，在此过程中，抗菌机制不尽相同，有些干扰微生物细胞膜的功能，有些阻碍细胞壁合成，有些影响蛋白质或核酸合成等。测定某一抗生素的抗菌范围，称抗菌谱试验。本实验检验产黄青霉菌产生的青霉素和灰色链霉菌产生的链霉素对不同微生物的作用。

三、实验材料

（1）菌种：大肠杆菌，枯草芽孢杆菌，金黄色葡萄球菌，产黄青霉菌，灰色链霉菌。

（2）试剂和器材：无菌蒸馏水，无菌培养皿，接种环，无菌离心管，无菌吸管等。

（3）培养基：豆芽汁葡萄糖琼脂培养基，马铃薯葡萄糖琼脂培养基，牛肉膏蛋白胨培养基。

四、实验步骤

（1）取无菌培养皿 2 个，倾入豆芽汁葡萄糖琼脂培养基，制成平板。

（2）取产黄青霉菌孢子一环，放入无菌水中（约 1mL），混匀制成孢子悬液，取孢子悬液一环在平板一侧划一直线，置 28℃培养 3～4d，以便形成菌苔及产生青霉素。

（3）用接种环分别取已培养 18～24h 的大肠杆菌、枯草芽孢杆菌和金黄色葡萄球菌，从产黄青霉菌菌苔边缘（不要接触菌苔）向外划一直线接种，使其呈 3 条平行线（图 2-1）。

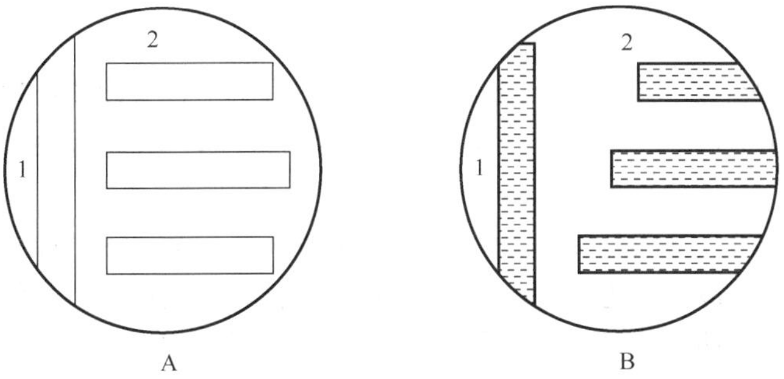

图 2-1　抗生素抗菌谱试验

A. 接种位置；B. 培养后结果；1. 产黄青霉菌或灰色链霉菌；2. 实验菌

（4）用马铃薯葡萄糖琼脂培养基倒 2 个平板，接种灰色链霉菌，适温培养 5～6d，然后，同上述方法接种 3 种供试细菌（大肠杆菌、枯草芽孢杆菌及金黄色葡萄球菌）。

（5）将已接种平板置 37℃培养 24h 后观察结果，并测量抑菌区的长度。

五、实验报告

绘图表示产黄青霉菌和灰色链霉菌的抑菌作用。

六、思考题

1. 抑菌带上隔一段距离后长出少数菌落，为什么？
2. 青霉素和链霉素的抗菌谱及其作用机制是什么？

（兰州理工大学　王雅）

实验 2-8　微生物间的拮抗作用

一、目的要求

学习微生物间拮抗作用的原理，通过实验观察微生物间的拮抗作用。

二、实验原理

微生物间的拮抗作用是指一种微生物产生的代谢物对另一种微生物具有明显的抑制或杀灭作用，是微生物间普遍存在的一种相互关系。能抑制或杀灭微生物的化学物质往往是抗生素，能产生抗生素的微生物称为抗生菌。衡量抗生菌或抗生素抗菌作用的强弱，常用琼脂平板上抗生菌对某些微生物拮抗之后所形成的抑菌圈的大小来表示。

三、实验材料

（1）菌种：2°波林麦芽汁琼脂平板上培养 3d 的青霉菌，马铃薯葡萄糖琼脂平板上培养 3d 的 5406 放线菌，棉立枯病菌，葡萄球菌，大肠杆菌，荧光杆菌，变形杆菌等斜面菌种。

（2）试剂和器材：牛肉膏蛋白胨琼脂培养基（每支 15mL），马铃薯葡萄糖琼脂培养基（每支 15mL），青霉素，链霉素，无菌培养皿，无菌离心管，无菌吸管，无菌打孔器，镊子，解剖针，接种环，接种针，0.6cm 的圆形滤纸片等。

四、实验步骤

（一）拮抗作用

1. 菌块法

（1）5406 放线菌对棉立枯病菌的拮抗效应：制备马铃薯葡萄糖琼脂培养基，倾入无菌培养皿中，使之冷凝成平板。按无菌操作法用接种环挑取棉立枯病菌菌丝，点接法接种于平板中心。再用解剖针划取 5406 放线菌菌块 3～4 块，均匀分放在接种点外围的 3～4 处，然后将培养皿正放于 28℃条件下培养 4d，观察结果，并测量抑菌圈的大小（图 2-2），取平均值表示抑菌能力的大小。

（2）青霉菌对葡萄球菌的抑菌效应：制备牛肉膏蛋白胨琼脂培养基，在灭菌后降温至 50℃时，按无菌操作法在每支试管培养基（约 20mL）中接入 2～3 环葡萄球菌，以手搓法搓摇后，倾入无菌皿中。在培养基未凝固前，迅速用无菌打孔器在青霉菌平板上（培养 3d）打孔制成青霉菌菌块 3～4 块，分 3～4 处放入牛肉膏蛋白胨琼脂培养基中，使菌块与培养基凝固在一起。将培养皿置低温 10℃以下保持 12～14h，使菌块中的抗生素扩散，然后将培养皿倒置于 28℃条件下培养 3～4d，观察青霉菌对葡萄球菌的拮抗现象，并测定抑菌圈的直径，取平均值表示抑菌能力的大小。

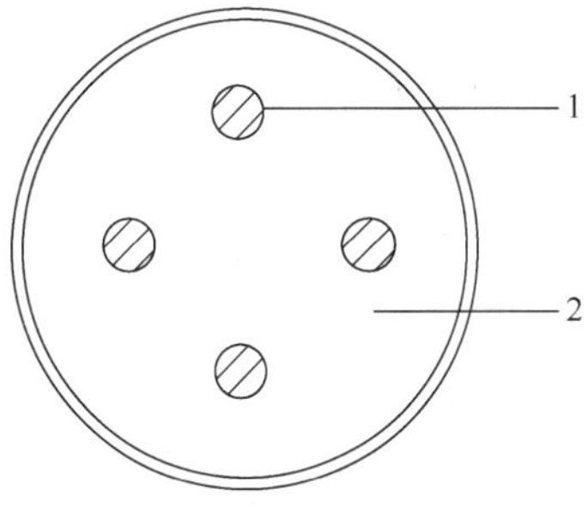

图 2-2　菌块法抑菌示意图
1. 培养基圆块；2. 琼脂平板

2. 平板划线法

（1）细菌悬液的准备：用接种环按无菌操作法分别制备各菌的菌悬液备用。

（2）制备平板：配制牛肉膏蛋白胨琼脂培养基，在培养基灭菌并降温到 50℃左右倒入无菌培养皿中。在未凝固前用镊子迅速选取用灭菌刀片或用解剖针划制的条状青霉菌菌块一条，放于培养皿的一侧，使其与培养基一起凝固。

（3）接种：用接种环分别选取制备好的细菌悬液，在平板上与条状青霉菌菌块垂直方向划线接种，各菌的线条之间保持一定距离，做好标记。将培养皿置于低温（10℃以下）保持 12～14h，使菌块中的抗生素扩散，然后倒置于 28℃条件下培养 3～4d。观察青霉菌对几种测试菌的拮抗作用，并可测量接菌线上无菌区的距离，以衡量抑菌作用的大小（图 2-3）。

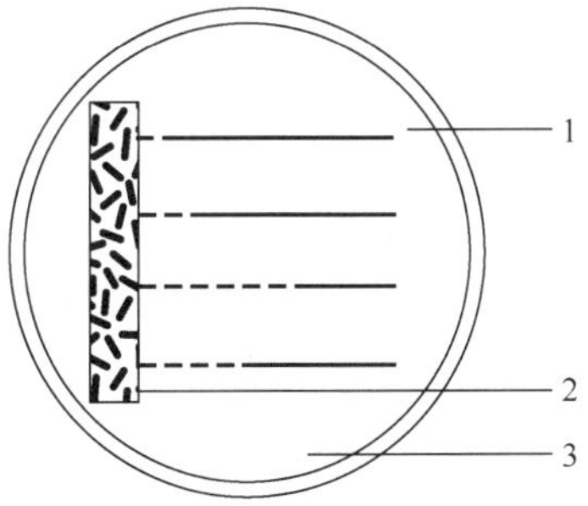

图 2-3　琼脂平板划线抑菌示意图
1. 划线接种的实验菌；2. 抗生菌；3. 琼脂平板

（二）抑菌试验（滤纸片法）

（1）抗生素标准液的配制：精确称取青霉素（P）、链霉素（S）已知含量的标准品，以磷酸缓冲液配制成 10 单位、50 单位、100 单位、500 单位的溶液，放入培养皿中，将经灭菌的圆形滤纸片（不能太大，直径约 0.5cm）数张分别浸入各浓度的药剂中。

（2）含菌平板的制备：配制牛肉膏蛋白胨琼脂培养基，在培养基灭菌并降温到 50℃左右时分别接入葡萄球菌和大肠杆菌 2 环，轻轻摇匀，迅速倒入无菌培养皿中，待培养基冷凝成平板，做好标记。

（3）加药剂：用无菌镊子由低浓度向高浓度顺序分别夹取浸药滤纸片（控净药液并稍晾干），放在含菌平板的不同位置上，做好标记。

（4）培养：将培养皿倒置于 28℃条件下培养 24～48h，观察结果。

（5）结果检查：取出培养皿观察药剂对实验菌的抑菌作用，并测量抑菌圈的大小（直径）。

五、实验报告

记录实验结果，分析微生物之间和抗生素对微生物的拮抗关系。

六、思考题

1. 什么是拮抗作用？举例说明微生物间的拮抗关系。
2. 加药剂时，是否可用无菌镊子由高浓度向低浓度顺序分别夹取浸药滤纸片？为什么？

（商洛学院　李彬）

实验 2-9　紫外线对微生物致死作用的影响

一、目的要求

了解紫外线的杀菌作用原理，学习紫外线对微生物致死作用的试验方法。

二、实验原理

紫外线的波长是 136～397nm，属于非电离辐射波长，260nm 左右的紫外线杀菌力最强。紫外线的作用特点是杀伤力强，穿透力弱，因此多用作空气或器皿的表面灭菌及微生物育种的诱变剂。

紫外线对微生物有强烈的致死作用，其杀菌机制是短波的紫外线引起细胞蛋白质和核酸的光化学反应。但微生物对紫外线的吸收与剂量有关。剂量高低是由紫外灯的功率、照射距离与照射时间而定的。高剂量紫外线使微生物致死，低剂量紫外线引起细胞发生变异。经紫外线照射后的受损细胞，遇光则有光复活现象，故处理后的接种物应避光培养。

三、实验材料

（1）菌种：培养 24～48h 的金黄色葡萄球菌，灵杆菌。

（2）试剂和器材：牛肉膏蛋白胨琼脂培养基，无菌离心管，无菌培养皿，无菌吸管（1mL），无菌刮铲，灭菌图案纸（牛皮纸或黑纸），紫外灯等。

四、实验步骤

（1）制平板：取无菌培养皿 2 副，将已熔化并冷却至 50℃左右的牛肉膏蛋白胨琼脂培养基按无菌操作法倒入培养皿中，冷凝成平板。

（2）菌悬液制备：取无菌离心管 2 支，以无菌操作法分别取金黄色葡萄球菌、灵杆菌 1 环，接入无菌离心管中充分摇匀，制成菌悬液。

（3）接种：用无菌吸管吸取已制好的菌悬液各 0.1mL，分别接种于 2 个平板上，用无菌刮铲涂匀，随即用无菌镊子夹取无菌图案纸一张，小心放于接种好的培养皿中央（图 2-4），用于遮挡紫外线。

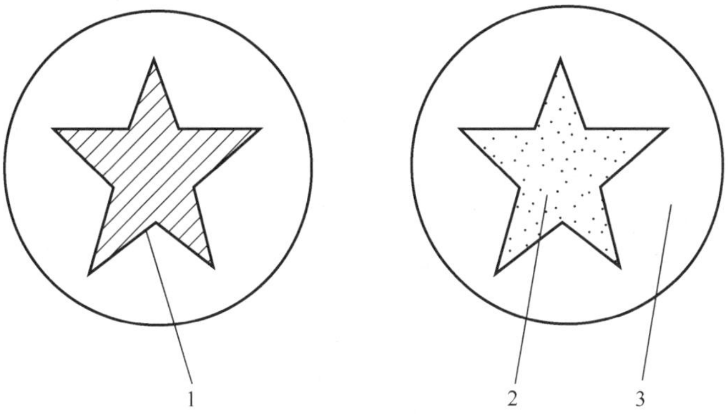

图 2-4　紫外线对微生物生长的影响

1. 图案纸；2. 细菌生长区；3. 无菌生长区

（4）紫外线处理：紫外灯箱先开灯预热 2～3min。再将上述培养皿置于紫外灯下，打开培养皿盖。在距离 30cm 处照射 5～8min，小心取下图案纸，盖上培养皿盖，用黑布或厚纸遮盖，送入培养箱。

（5）培养：将接有菌种的培养皿于 28～30℃条件下培养 48h。

（6）结果检查：取出培养皿观察并分析平板上细菌生长的状况。

五、实验报告

记录并描述平板上细菌生长的状况。

六、思考题

1. 紫外线杀菌的原理是什么？
2. 紫外线照射时，为何要打开培养皿盖？为什么需避光培养？

（西北农林科技大学　刘变芳）

实验 2-10　化学药剂对微生物生长的影响

一、目的要求

了解常用化学药剂的杀菌和消毒作用，并掌握常用消毒剂的使用浓度和使用方法。

二、实验原理

一些化学药剂对微生物的生长有抑制或杀灭作用。因此，在实验室内和生产上常利用某些化学药剂进行杀菌或消毒。不同的化学药剂或同一化学药剂不同浓度、不同环境条件下对同一（不同）微生物的杀菌能力不同，因此，在选用一些化学药剂进行微生物的杀菌或消毒时，需要进行具体的试验，以确定合适的种类和浓度。

三、实验材料

（1）菌种：大肠杆菌、枯草芽孢杆菌、葡萄球菌斜面菌种，培养 24～48h 备用。

（2）试剂和器材：牛肉膏蛋白胨琼脂培养基，无菌培养皿，无菌离心管，无菌吸管（1mL），无菌刮铲，无菌镊子，直径 0.5cm 的无菌圆形滤纸片，1g/L $HgCl_2$，5g/L $AgNO_3$，5g/L $CuSO_4$，50g/L 石炭酸溶液等。

四、实验步骤

（1）制平板：取无菌培养皿 3 副，将已熔化并冷却至 50℃左右的牛肉膏蛋白胨琼脂培养基按无菌操作法倒入培养皿中，使之冷凝成平板。

（2）制备菌悬液：取无菌离心管 3 支，用接种环分别取大肠杆菌、葡萄球菌、枯草芽孢杆菌各 1～2 环接入无菌离心管中，充分混匀，制成各菌的菌悬液。

（3）接种：用无菌吸管分别吸取已制好的菌悬液 0.1mL 接种于平板上，用无菌刮铲涂匀。注意做好菌种标记。

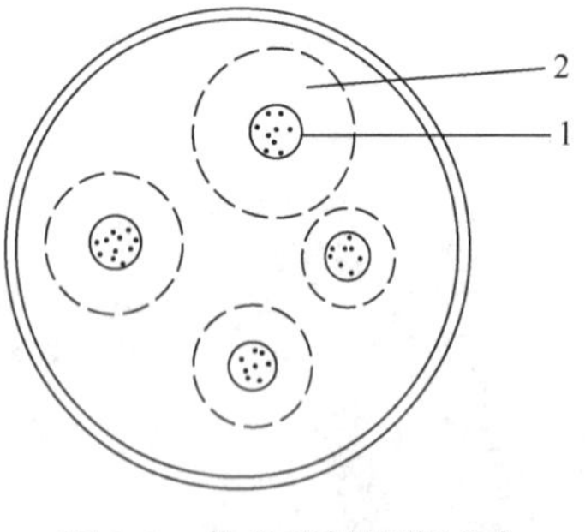

图 2-5　化学药剂抑菌试验

1. 滤纸片；2. 抑菌圈

（4）加化学药剂：用无菌镊子夹取滤纸片边缘，分别浸蘸 1g/L $HgCl_2$、5g/L $AgNO_3$、5g/L $CuSO_4$ 和 50g/L 石炭酸溶液，从溶液中拿出滤纸稍停，轻轻用另一个手弹一下镊子，弹掉滤纸片下面明显聚集的药剂，分别平铺于同一含菌平板上，于培养皿背面做好标记（图 2-5）。注意化学药剂之间勿互相污染。

（5）培养：将培养皿置于 28～30℃条件下培养 48～72h。

（6）结果检查：取出培养皿，观察滤纸片周围是否存在抑菌圈，如有，测量抑菌圈的大小。

五、实验报告

将测量结果填于表 2-9 中，并分板比较各化学药剂的杀菌效能。

表 2-9　化学药剂对细菌的抑菌效果［抑菌圈直径（mm）］

菌种	化学药剂			
	$HgCl_2$（1g/L）	$AgNO_3$（5g/L）	$CuSO_4$（5g/L）	石炭酸（50g/L）
大肠杆菌				
葡萄球菌				
枯草芽孢杆菌				

六、思考题

1. 结合课堂理论学习，指出以上各化学药剂的抑菌（杀菌）机制。
2. 分析比较各化学药剂对试验菌株的药效结果，选出合适的抑菌浓度。

（西北农林科技大学　樊明涛）

实验 2-11　糖类发酵试验

一、目的要求

学习细菌发酵糖类测定的方法，了解各类细菌发酵糖类后如何进行鉴别。

二、实验原理

糖类是各类化能有机营养微生物生长良好的碳源和能源。糖的种类很多，结构差别较大，不同的微生物对各种糖的利用情况差别较大，这可能和微生物产生的不同酶系有关，当在培养基中加入一些鉴别性的化学试剂时，从外观颜色和其他物理性状的变化，就可以直观地观察到微生物对糖类的利用情况。例如，一些微生物利用糖类可产酸、产气，有些只产酸不产气，有些对一些糖类根本就不能利用。产酸可以通过加入酸碱指示剂予以鉴别，而产气可以在发酵管中倒置一小管（杜氏管），观察小管顶部是否有气体产生，气体多时，小管在液体中上浮。

三、实验材料

（1）菌种：大肠杆菌、枯草芽孢杆菌等斜面菌种，培养 24～48h 备用。

（2）试剂和器材：糖发酵基础培养基，蛋白胨 10.0g，NaCl 5.0g，各种糖类［如葡萄糖、蔗糖、乳糖、甘露糖等 10g（注意：一种培养基中只加一种糖，也可将糖事先配成溶液，最后加入，使糖的终浓度大约 1%）］，水 1000mL，调节 pH 为 7.4，每 1000mL 培养基中再加入 1mL 1.6%溴甲酚紫（BCP，pH 6.8 以上时，呈紫色，在 5.2 以下时呈黄色）1mL，常规灭菌即可。

四、实验步骤

（1）接种与培养：取含 4 种糖发酵液的杜氏发酵管各 6 支，按照无菌操作的要求分别接入大肠杆菌和枯草芽孢杆菌，设置两个重复，并以两支不接种的试管为对照。做好标记，置于 37℃保温箱培养 24h、48h、72h 后观察，有时培养时间还可延长到 5～7d。

（2）结果观察：定期观察实验现象，并做好记录，分析该菌对某种糖的利用情况。

五、实验报告

将观察结果填于表 2-10 中，并分板比较各菌种对不同糖类的利用情况。

表 2-10 细菌对糖类发酵的结果

菌种		葡萄糖			蔗糖			乳糖			甘露糖		
		24h	48h	72h	24h	48h	72h	24h	48h	72h	24h	48h	72h
大肠杆菌	产酸												
	产气												
枯草芽孢杆菌	产酸												
	产气												
对照	产酸												
	产气												

六、思考题

1. 根据观察，结合课堂理论学习，分析两种菌对几种糖的利用情况有无差异。
2. 结合理论学习，分析两种菌利用糖类产酸的种类。

（西北农林科技大学　樊明涛）

实验 2-12　乙醇发酵试验

一、目的要求

掌握乙醇发酵的基本原理和乙醇含量的测定方法。

二、实验原理

在无氧条件下，酵母菌利用己糖发酵生成乙醇和 CO_2，称为乙醇发酵。目前乙醇发酵所采用的微生物主要是酵母菌。

三、实验材料

（1）菌种：酿酒酵母（*Saccharomyces cerevisiae*）。

（2）培养基：酵母斜面培养基（YDP），酵母液体培养基。

（3）溶液和试剂：10% H_2SO_4 溶液，1% $K_2Cr_2O_7$ 溶液，10% NaOH 溶液。

（4）仪器和用具：接种杯，酒精灯，试管，三角瓶，烧杯，水浴锅，恒温振荡培养箱，杜氏管。

四、实验步骤

1. 液体种子的制备和发酵液的接种培养

（1）活化酿酒酵母，培养 18～24h，取菌种一环接入 150mL 三角瓶中，28～30℃振荡培养 24h，作为液体种子。

（2）以 5%的接种量接种于 250mL 三角瓶和 18mm×180mm 试管，28～30℃培养 24～36h 后观察结果。

（3）生成 CO_2 的检测。先观察三角瓶中的发酵液有无泡沫或气泡逸出，再观察发酵试管中的杜氏管有无气体聚集，试管是否上浮等现象。

（4）取 10% NaOH 溶液 1mL 注入发酵试管内，轻轻搓动发酵管，观察液面是否上升。

2. 乙醇生成的检验

（1）打开 250mL 三角烧瓶棉塞，闻闻有无乙醇气味。

（2）从 250mL 三角瓶中取出发酵液 5mL，注入空试管中，再加 10% H_2SO_4 溶液 2mL，接着向试管中滴加 1% $K_2Cr_2O_7$ 溶液 10～20 滴，观察试管溶液颜色变化。

五、实验报告

描述及分析产生该种现象的原因。

六、思考题

1. 酵母菌是否也可以利用其他糖类进行乙醇发酵？
2. 如何计算乙醇发酵的效率？

（塔里木大学　王文华）

实验 2-13　乳酸发酵试验

一、目的要求

了解乳酸发酵的原理、条件、产物和作用。

二、实验原理

在厌氧条件下，微生物分解己糖产生乳酸的过程称为乳酸发酵。引起乳酸发酵的微生物种类很多，其中主要是细菌，能利用可发酵糖产生乳酸的细菌通称为乳酸细菌。常见的乳酸细菌有乳酸链球菌（*Streptococcus lactis*）、乳酸菌（*Lactobacterium*）等。

乳酸发酵累积的乳酸使环境的 pH 降低，从而抑制了腐败细菌的生长。保存食物或家畜饲料及制造酸奶等，都是乳酸发酵原理在人们生活和生产实践中的应用。

三、实验材料

（1）发酵原料：萝卜、甘蓝或其他含糖分多且质地较硬的蔬菜。

（2）试剂和器材：食盐，发酵栓，三角瓶，量筒，10mL 吸管，小刀，菜板，pH 试纸，白色反应盘，托盘天平，层析缸，喉头喷雾器，吹风机，玻璃毛细管，大头针，新华 1 号滤纸（4cm×15cm），正丁醇，苯甲醇，甲酸，0.04%溴酚蓝乙醇溶液，0.1mol/L NaOH，10% H_2SO_4，20g/L $KMnO_4$，2%乳酸溶液，含氨硝酸银溶液，革兰氏染色液，显微镜等。

四、实验步骤

（1）发酵装置：量取自来水 100mL，称取食盐 6～8g，放入 150mL 三角瓶中。将萝卜或甘蓝洗净、切块，投入三角瓶食盐溶液中，至瓶高 2/3 处，摇匀后，用 pH 试纸测试溶液 pH，记录之。于三角瓶口加发酵栓塞紧，发酵栓侧管盛水至淹没内层小管口，以隔绝空气、创造厌氧环境。

（2）保温培养：挂上标签，置 28℃条件下培养 1 周后，检查发酵结果。

（3）发酵液酸度检查：打开发酵栓，先嗅闻瓶内有无酸气味散出，再以 pH 试纸测试 pH，与开始 pH 做比较，记录之。

（4）乳酸定性检查。

A. 高锰酸钾反应法：取发酵液 10mL 放入试管中，加 10% H_2SO_4 1mL，煮沸后再加入 20g/L $KMnO_4$ 数滴，取滤纸一条在含氨硝酸银溶液中浸湿后盖住管口，继续加热使有气体产生。若滤纸变黑，即证明有乳酸生成。其反应原理如下。

$$2KMnO_4+3H_2SO_4 \longrightarrow K_2SO_4+2MnSO_4+3H_2O+5\,[O]$$

$$CH_3CHOHCOOH+[O] \longrightarrow CH_3CHO+CO_2+H_2O$$

$$CH_3CHO+2Ag\,(NH_3)_2OH \longrightarrow CH_3COONH_4+2Ag\downarrow+H_2O+3NH_3$$

B. 纸层析法。

点样：用新华 1 号滤纸，裁成 4cm×（5～18）cm 纸条。在滤纸下方 3cm 处用铅笔画一条直线，标出样品点与对照点（两点间距离约 2cm）。

取粗细近似的毛细管两根，一根取 2%乳酸溶液点在对照点上，每点一次用吹风机冷风吹干，连续点 3 次，每次点样直径为 0.3cm 左右。另一根毛细管取发酵液点在样品点上，同法连续点 3 次。

展层：将点好样品的滤纸放入装有展开剂的层析缸中饱和 2～4h（注意不要让纸粘上展开剂），然后将滤纸下端浸入展开剂约 1.5cm（注意样点不能浸入展开剂），开始层析，在室温下展开，展开距离为 8～12cm，待溶剂走至距滤纸顶端约 2cm 处时取出。

展开剂：水：苯甲醇：正丁醇以 1：5：5 的量混合后，再加入 1%的甲酸，充分混合。

滤纸干燥：取出滤纸，风干或用吹风机冷风吹干滤纸至无甲酸气味。

显色：用大头针将吹干的滤纸条钉在木板上，用喷雾器将 0.04%的溴酚蓝乙醇溶液（喷前用 0.1mol/L NaOH 调至微碱性）喷在纸条上，观察样品上行位置上是否有黄色斑点，并与对照点比较产生黄色斑点的位置，用铅笔画好，根据 Rf 值可确定是否含乳酸。

Rf=样品点到层析点中心距离/溶剂原点到溶剂前沿距离

在本实验条件下，按同样方法应用标准乳酸点样 2～3 点，求其 Rf 平均值，以进行对比。

（5）镜检：取发酵液涂片，革兰氏染色，镜检，观察乳酸菌、乳酸链球菌的形态特征。

五、实验报告

1. 记录乳酸发酵试验中实验结果、发酵液 pH 的变化、高锰酸钾反应、纸层析结果。
2. 描绘镜检的乳酸菌形态特征及革兰氏染色反应。

六、思考题

1. 乳酸发酵为什么要加食盐？为何不进行纯种接种就可进行乳酸发酵？
2. 联系泡菜制作的工艺，探讨泡菜制作的原理及成功的关键是什么？

（四川大学　张佳琪）

实验 2-14　淀粉水解试验

一、目的要求

学习掌握微生物对大分子淀粉进行分解利用的实验原理和点接法接种方法，比较不同微生物对淀粉水解能力的差异，从而确证不同微生物淀粉酶活性的高低。

二、实验原理

有些微生物具有合成淀粉酶的能力，淀粉酶产生后被分泌到胞外，可水解已添加到培养基中的淀粉为糊精、麦芽糖和葡萄糖。淀粉被水解成小分子糖类后，遇碘不再变蓝。培养结束后，使用碘液对培养基进行染色，如菌落周围出现透明圈，培养基呈现蓝色，即证明该菌具有产生淀粉酶水解淀粉的能力。

三、实验材料

（1）菌种：培养 24～48h 的大肠杆菌和枯草芽孢杆菌斜面菌种。

（2）培养基：淀粉培养基，即在牛肉膏蛋白胨琼脂培养基中加 0.2%的可溶性淀粉。

（3）试剂盒和其他实验用品：卢戈氏碘液，无菌培养皿，接种环，酒精灯，试管，接种针等。

四、实验步骤

（1）淀粉培养基制备：将熔化并保温在 55℃左右的含淀粉的牛肉膏蛋白胨琼脂培养基倒入无菌培养皿中，待培养基凝固后，再静置一定时间，使表面水分蒸发。

（2）接种：用记号笔在平皿底部划线将平皿等分为两部分，标记菌名后，无菌操作法用接种针挑取少量大肠杆菌和枯草芽孢杆菌菌体，点接在培养基标记相应位置的中心，重复两皿（一般半皿可点种 3～4 个），在 28℃条件下培养 2～4d。

（3）检测：取出平板，无菌条件下打开皿盖，滴加少量的碘液于平板上，轻轻旋转培养皿或十字线方向小幅度上下颠簸，使碘液均匀铺满整个培养皿。菌落周围如出现无色透明圈，则说明淀粉已被水解，表明该菌具有产生淀粉酶水解淀粉的能力。透明圈的大小表明该菌水解淀粉能力的大小。透明圈越大，表示该菌水解淀粉的能力越强；反之，则表示水解淀粉的能力较差，或不产生淀粉酶，无水解淀粉的能力（图 2-6）。

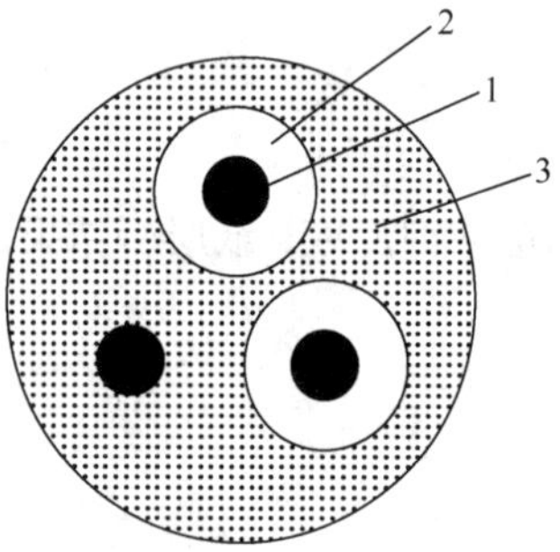

图 2-6　淀粉水解试验结果示意图

1. 菌落；2. 透明圈；3. 培养基（蓝色）

五、实验报告

比较不同微生物产生淀粉酶水解淀粉的能力。

六、思考题

1. 如何解释淀粉酶是胞外酶而非胞内酶？
2. 用此法是否可以筛选到产其他多糖分解酶的微生物？为什么？

（西北农林科技大学　赵旭博）

实验 2-15　石蕊牛奶试验

一、目的要求

了解石蕊牛奶产生变化的原理，学习细菌鉴定的方法。

二、实验原理

牛奶中主要含有乳糖和酪蛋白等，不仅是细菌生长发育的良好培养基，而且可用以测定细菌的生理生化特性。不同细菌对牛奶各成分的分解利用是不同的，常用石蕊作为酸碱指示剂和氧化还原指示剂。石蕊在中性时呈淡紫色，酸性时呈红色，碱性时呈蓝色，还原时自下而上褪色变白。以此特征来鉴定细菌的种类。细菌对牛奶的作用有 6 种情况：①产酸，细菌发酵乳糖产酸，使石蕊变红；②产碱，细菌分解酪蛋白产生氨等碱性物质，使石蕊变蓝；③胨化，细菌产生蛋白酶，使酪蛋白分解，故牛奶变得比较澄清而稍微透明；④酸凝固，细菌发酵乳糖产酸，使石蕊变红，当酸度很高时，可使牛奶凝固；⑤凝乳酶凝固，有些细菌能产生凝乳酶，使牛奶中的酪蛋白凝固，此时牛奶常呈蓝色或不变色；⑥还原，细菌生长旺盛，使培养基氧化还原电位降低，因而石蕊还原褪色。

三、实验材料

（1）菌种：培养 24h 的大肠杆菌、枯草芽孢杆菌斜面菌种。

（2）试剂和器材：石蕊牛奶培养基（见附录一），接种环等。

四、实验步骤

（1）接种培养：取石蕊牛奶培养基 6 管，除 2 管不接种作对照外，其余 4 管用接种环分别接入大肠杆菌和枯草芽孢杆菌，每菌重复 2 管。接种完毕，置 30℃条件下保温培养。

（2）结果检查：于 1d、3d、5d、7d、14d 分别观察一次，记录结果。

五、实验报告

将观察结果填入表 2-11。

表 2-11　细菌对牛奶的作用结果

菌种	观察时间/d	颜色反应	凝乳酶凝固	胨化	酸凝固	氧化还原	产气
大肠杆菌	1						
	3						
	5						
	7						
	14						
枯草芽孢杆菌	1						
	3						
	5						
	7						
	14						

注：“+”表示有反应；“−”表示无反应；颜色反应、氧化还原等用文字记录

六、思考题

1. 如何区分细菌对牛奶作用的 6 种反应情况？
2. 石蕊牛奶试验有何实践意义？

（西北农林科技大学 刘变芳）

实验 2-16 明胶水解试验

一、目的要求

学习和理解明胶水解的原理，掌握穿刺接种的方法。

二、实验原理

明胶是一种动物性蛋白质，以其为凝固剂制作的培养基具有低于 20℃凝固为固体、高于 24℃液化的特性。某些细菌可代谢产生明胶液化酶（也称类蛋白水解酶），将明胶首先降解为多肽，进而水解为氨基酸而失去明胶原有的凝胶作用而液化。明胶水解为氨基酸后分子变小，即使在低于 20℃条件下也不再凝固。利用此特点，可鉴定某些微生物是否能产生明胶液化酶，产生此酶的微生物能使明胶液化，无此酶的微生物则不能使明胶液化，利用此特性可鉴定细菌的生理生化特性。

三、实验材料

（1）菌种：培养 24h 的大肠杆菌、枯草芽孢杆菌和灵杆菌斜面菌种。

（2）试剂和器材：明胶柱培养基（4.5mL），明胶琼脂高层培养基（每管装 15～20mL），无菌培养皿，酸性升汞液，接种针等。

四、实验步骤

1. 穿刺接种法

（1）接种培养：取明胶柱培养基 8 支，其中 6 支用于接种。在培养基的中央分别穿刺接种大肠杆菌、枯草芽孢杆菌和灵杆菌，每种菌重复 2 支，其余 2 支不接种用作对照，在 20℃条件下培养 2d、7d、15d 后，观察明胶的液化情况。若几种菌 20℃生长不好，可于 25℃培养相应的时间，然后将该培养物放入 4℃冰箱或冰浴一定时间，观察明胶的水解情况，进一步判断该菌的产酶情况。

（2）结果检查：培养结束后，轻轻拿出培养物（切勿剧烈摇动），在 20℃以下的室温或经低温（4℃冰箱或冰浴）处理后，观察菌种的生长状况与液化明胶的凝固程度。如接种管细菌生长良好，明胶株表面无凹陷痕迹且整个明胶柱为稳定均一的凝块，则为明胶水解阴性，表示该菌不产生水解明胶的酶。如接种管细菌已生长，明胶凝块部分或全部在 20℃以下变为可流动的液体，则为明胶水解阳性。如接种管细菌已生长，明胶液化不明显，但与对照管相比，明胶柱表面菌苔下形成凹陷小窝（对照管水分蒸发，可能也会有凹陷）为明胶轻度水解，可按阳性结果记录。

2. 明胶平板法

（1）制作明胶培养基平板：配制明胶琼脂高层培养基，按常规方法制平板（4 副），使其冷却凝固。

（2）接种、培养：用接种针挑取待测菌，在 2 副平板表面进行等距离点接种（注意一定点接，每个平板可接菌 5～7 种菌），记录各接菌位置。另两皿不接种用作对照。接种完毕，置 28℃条件下培养 2～3d。

（3）结果检查：待有明显的菌落形成后，取出平板，于培养基表面滴加 1～2mL 酸性升汞溶液，十字线方向轻轻上下摇晃几次，使酸性升汞溶液均匀覆盖整个培养基，放置 10～15min 后观察结果。若菌落周围出现透明圈，表明该菌能产生蛋白酶，可液化明胶。透明圈越大，表明该菌产生蛋白酶的能力越强，反之则弱。如菌落周围未出现透明圈而出现白色浑浊，表明明胶未被水解，与汞盐作用形成沉淀，即明胶液化阴性，表明该菌不能产生蛋白酶，无法液化明胶（注意：升汞试剂有剧毒，使用时应特别小心）。

五、实验报告

将观察到的实验现象填于表 2-12，并判断各菌是否产生明胶液化酶。

表 2-12　细菌液化明胶结果

菌种	穿刺接种法现象			明胶平板法现象
	2d	7d	15d	
大肠杆菌				
枯草芽孢杆菌				
灵杆菌				
对照				

注：“＋”表示阳性，可液化明胶；“–”表示阴性，不液化明胶

六、思考题

1. 明胶水解的原理是什么？该试验在实际的生产中有什么作用？
2. 明胶水解试验是否适合于高温菌？为什么？如果要进行高温菌的明胶水解试验，培养基配方上应如何调整？

（西北农林科技大学　杨保伟）

实验 2-17　甲基红试验和乙酰甲基甲醇试验

一、目的要求

学习和掌握甲基红试验和乙酰甲基甲醇试验的原理与方法，并用此检测细菌分解葡萄糖的代谢产物。

二、实验原理

甲基红试验和乙酰甲基甲醇试验，简称 M.R.试验和 V.P.试验。用于测定细菌发酵葡萄糖产酸的能力。M.R.试验和 V.P.试验对鉴定肠杆菌科的细菌尤为重要。

某些细菌在糖代谢过程中，能分解葡萄糖产生丙酮酸，进一步的代谢途径因菌而异，有的细菌可产生大量的有机酸如甲酸、乙酸、乳酸等，使 pH 维持在 4.4 以下，于培养液中加入指示剂甲基红（pH 4.4～6.0，红色至黄色），其颜色将呈红色，这种现象称为 M.R.试验阳性，若细菌产酸较少或因产酸后又转化为其他物质（如醇、醛、酮、气体和水），使 pH 在 5.4 以上，则甲基红呈黄色，这种现象称为 M.R.试验阴性。

某些阴性反应的细菌，又可将生成的丙酮酸进一步转化成中性化合物，如乙酰甲基甲醇或 2，3-丁二醇。乙酰甲基甲醇在碱性环境下被空气中的氧气氧化成二乙酰，后者与蛋白质中精氨酸的胍基作用，生成红色化合物，为 V.P.试验阳性。试验中如于培养基中加入少量肌酸以补充胍基，可加速反应，其反应如下。

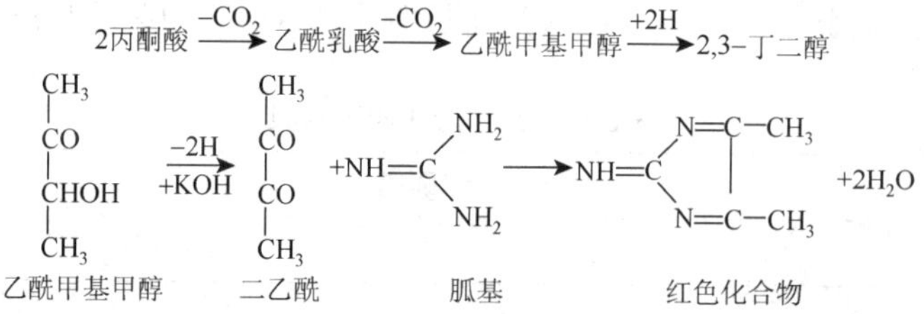

M.R.试验和 V.P.试验对鉴定肠杆菌科的细菌尤为重要。

三、实验材料

（1）菌种：培养 24h 的大肠杆菌和枯草芽孢杆菌斜面菌种。

（2）试剂和器材：葡萄糖蛋白胨培养液，甲基红指示剂，肌酸（可用 50g/L α-萘酚代替），400g/L KOH（或 NaOH）溶液，接种环，吸管，试管，酒精灯等。

四、实验步骤

1）接种、培养

取葡萄糖蛋白胨培养液至少 12 管，4 管作对照，其余 8 管分别接入大肠杆菌和枯草杆菌各 4 管，于 37℃条件下保温培养 4～7d。

2）结果检查

（1）甲基红试验（M.R.试验）：取大肠杆菌和枯草杆菌培养管各两管（重复管），于管中加入甲基红试剂 2～3 滴，充分摇匀。如培养液呈红色，为 M.R.阳性反应；如呈黄色，为阴性反应，应继续培养，再次检查，以确定生成的酸是否稳定，或者完全变换。同法检查对照管。

（2）乙酰甲基甲醇试验（V.P.试验）：取另剩余两管培养液（重复管），分别用干净吸管吸取培养液 2mL，放入干净试管中，加入等量的 400g/L KOH 溶液。充分混合，再加入少量肌酸（0.5～1mg）或 50g/L *α*-萘酚 1～2mL，猛烈振荡，2～10min 如培养液出现红色，即 V.P.试验阳性，但有时需放置更长时间（约 4h）才出现红色反应，否则为阴性反应。同法检查对照管。

五、实验报告

记录反应结果于表 2-13。

表 2-13　细菌的 M.R.试验和 V.P.试验反应结果

菌名	M.R.试验	V.P.试验	
	4d	4d	6～7d
大肠杆菌			
枯草芽孢杆菌			
对照			

注：“＋”表示阳性反应；“＋＋”表示阳性反应强烈；“－”表示阴性反应

六、思考题

1. M.R.试验和 V.P.试验反应中，培养时间和反应结果之间是否有关系？
2. 联系课堂理论学习，为什么有些菌 V.P.试验反应呈阴性？

（四川大学　张佳琪）

第3篇　发酵食品微生物学技术

实验3-1　微生物热致死时间与D值的测定

一、目的要求

学习并掌握测定微生物热致死时间的原理和方法，并实际测得某种微生物热致死的D值。

二、实验原理

在一定时间内较高的温度可能使某些微生物死亡。热致死时间是指在一定条件下，某一温度杀死一定数量的微生物所需最短时间。D值是常用来衡量热致死效果的指标之一，是指在一定条件下，杀死90%的活菌（即活菌数减少一个数量级）所需的时间（min）。例如，某菌悬液活菌数为10^4cfu/mL，在90℃的水浴中保温，活菌数降低到10^3cfu/mL时，所需的时间为10min，则该菌在90℃时的D值为10min，记作D_{90}=10min。微生物热致死时间D值是灭菌的理论基础，它们的确定既和微生物的质量有关，还与菌龄及能否形成孢子和培养基含水量、氢离子浓度及组成有关。

三、实验材料

（1）菌种：大肠杆菌、枯草芽孢杆菌培养液（含活菌数＞10^7cfu/mL）。

（2）培养基：牛肉膏蛋白胨液体培养基及琼脂培养基。

（3）仪器和其他用品：水浴锅，培养皿，吸管，试管，灭菌锅，温度计等。

四、实验步骤

（1）倒平板：将固体培养基熔化，倒平板，冷却备用。

（2）灭菌：将牛肉膏蛋白胨液体培养基分装试管，每支装9mL，121℃灭菌30min。

（3）预热：将水浴锅调至90℃，放3支牛肉膏蛋白胨液体培养基试管于水浴锅中，预热10min。

（4）接种：分别取1mL新鲜的大肠杆菌、枯草芽孢杆菌培养液接入上述3支牛肉膏蛋白胨培养液，标记、摇匀、记时。

（5）计算活菌数：于0min、5min、10min、15min、20min、30min、40min、50min、60min、70min时分别取各菌液1mL，迅速冷却到室温，稀释、涂平板，30℃培养48h后，计算活菌数。

（6）热致死时间的测定：记录结果，从结果中可以查出，在上述实验条件下，在90℃时杀死一定数量的某种微生物所需的时间。

（7）*D*值的测定：以保温时间为横坐标，残存活菌数的对数为纵坐标，做出各菌在90℃时的残存活菌数曲线，求出各菌的D_{90}值。

五、实验报告

将实验结果记录于表3-1，作图并计算出在90℃时杀死一定数量的某种微生物所需的时间，根据所作图，求出各菌的D_{90}值。

表3-1　微生物致死和温度的关系

温度/℃	处理时间/min	活菌数	
		大肠杆菌	枯草芽孢杆菌
90	0		
	5		
	10		
	15		
	20		
	30		
	40		
	50		
	60		
	70		

六、思考题

1. 试举例说明微生物残存活菌数与灭菌时间的关系的表示方法。
2. 解释不同类型微生物热致死时间为何不同。

（西藏大学农牧学院　张国强）

实验3-2　微生物水分活性试验

一、目的要求

了解水分活性与微生物生长之间的关系，掌握微生物水分活性试验基本原理及相关测定方法。

二、实验原理

食品中的水分以结合水和游离水两种状态存在。微生物只能利用游离水。食品中含水量决定了微生物种类。一般来说，食品含水量高，微生物容易生长；食品含水量低，微生物不容易生长。但是，微生物的生长主要还是和食品的水分活度有关，因此，测定食品的水分活度具有重要的现实意义。水分活度是指食品在密闭容器内水分蒸气压（P）与相同温度下纯水的蒸气压（P_0）之比，即 $A_w=P/P_0$，也可以用相对平衡湿度表示 A_w=ERH/100，食品 A_w 为 $0\leqslant A_w\leqslant 1.0$。大多数细菌最低 A_w 为 0.90～0.99，大多数酵母菌最低 A_w 为 0.88～0.94，大多数霉菌最低 A_w 为 0.73～0.94。一般来说，食品的 A_w 在 0.60 以下，微生物不能生长。因此，控制食品的 A_w 在一定范围内，可以很好地保存食品。

三、实验材料

二水碳酸钾，硝酸铵，氯化钠，硫酸铵，氯化钾，七水硫酸锌，馒头，面包，肉类，干燥器，培养皿，恒温培养箱，烧杯，容量瓶等。

四、实验步骤

（1）分别配置二水碳酸钾、硝酸铵、氯化钠、硫酸铵、氯化钾、七水硫酸锌等饱和盐溶液，做好标记，然后放入干燥器中，第 7 个干燥器置蒸馏水，盖好干燥器盖，使每个干燥器内达到不同的平衡相对湿度，对应的 A_w 分别为 0.47、0.65、0.75、0.80、0.90、0.98、1.00。

（2）将馒头、面包、肉类等食品破碎后风干，转入培养皿中（不要盖培养皿盖），然后放入干燥器内，盖好干燥器盖。放入恒温培养箱内，30℃保温。

（3）每 24h 观察干燥器中不同食品上微生物生长情况及微生物种类，必要时进行镜检。

五、实验报告

每 24h 记录不同食品上微生物在不同 A_w 条件下生长情况及微生物种类。

六、思考题

1. 试述水分活性与食品腐败变质的关系。
2. 微生物水分活性试验中有哪些注意事项？

（山东农业大学　朱传合）

实验 3-3　微生物的耐盐性

一、目的要求

了解盐对不同微生物生长的影响及其实验方法。

二、实验原理

微生物的生长均需要一个适宜的渗透压。有些微生物需要有一定浓度的 NaCl 才能生长，这些微生物称为专性嗜盐微生物。而一些微生物在低盐浓度时也能生长，但生长受到一定的影响，这类微生物称为耐盐微生物。多数杆菌在盐浓度超过 10%时已不能生长。例如，大肠杆菌、肉毒杆菌、沙门氏菌等，在盐浓度 6%～8%时，其生长受到极大抑制或完全抑制。而另外一些微生物，如葡萄球菌则耐盐性较强，在盐浓度 15%时才受到抑制，20%浓度时才会被杀死。霉菌一般较耐盐，在盐浓度 20%～25%时才受到抑制。总的来说，18%～25%盐浓度基本能阻止各类微生物的生长。所以，食盐常用于食品的防腐。

三、实验材料

（1）菌种：大肠杆菌，枯草芽孢杆菌，金黄色葡萄球菌，黑曲霉。

（2）培养基。

豆芽汁培养液：黄豆芽 100.0g，蔗糖 20.0g，水 1000mL。先将豆芽洗净，放入水中煮沸 30min。用纱布过滤，取豆芽汁加蔗糖，并补足水分。调节 pH 为 7.2。装入 250mL 三角瓶，每瓶 50mL。

（3）器材：三角瓶，试管，吸管等。

四、实验步骤

（1）微生物活化：将大肠杆菌、枯草芽孢杆菌、金黄色葡萄球菌、黑曲霉分别接种于豆芽汁培养基中，28℃、150r/min 摇瓶培养 48h，备用。

（2）加盐豆芽汁培养液制备：取豆芽汁培养液 1000mL，分为 5 等份，各加一定量的 NaCl，使 NaCl 的浓度（m/V）分别为 1%、5%、10%、15%、20%，分装于 18mm×180mm 试管中，每支装 10mL，每个盐浓度装 12 支试管，贴好标签，121℃灭菌 30min 备用。

（3）接种：将（1）中活化好的培养液分别接种于各加盐豆芽汁培养液试管内，每支试管接种 1mL，做 3 个重复。

（4）培养：置 28℃培养 72h 后，观察比较各菌种在不同盐浓度培养液中的生长情况。先观察能否生长，后测生长量。

五、实验报告

报告实验结果，评价待测微生物耐盐能力的大小。

六、思考题

1. 试解释微生物耐盐的生理机制。

2. 微生物生长量测量的方法有哪些?

（西北农林科技大学　秦义）

实验 3-4　微生物的耐糖性

一、目的要求

了解糖对不同微生物生长的影响及其实验方法。

二、实验原理

糖和盐一样，在溶液中会对微生物的生长有一定影响，但相同浓度的盐和糖产生的渗透压差别较大，要达到相同的抑制效果，糖的浓度往往要高得多。各种微生物对不同浓度的糖显示出不同的适应性。10%的糖溶液对微生物生长影响较小，50%的糖溶液可抑制绝大多数酵母和细菌的生长，要完全抑制微生物的生长，糖浓度往往要在 70%以上，这也是浓缩果汁、蜜饯、果脯等糖浓度往往高达 70%以上的原因。

三、实验材料

（1）菌种：大肠杆菌，枯草杆菌，金黄色葡萄球菌，黑曲霉。

（2）培养基：豆芽汁培养液，配方见实验 3-3。

（3）器材：三角瓶，试管，吸管等。

四、实验步骤

（1）微生物活化：将大肠杆菌、枯草杆菌、金黄色葡萄球菌、黑曲霉分别接种于豆芽汁培养液中，28℃、150r/min 摇瓶培养 48h，备用。

（2）加糖豆芽汁培养液的制备：豆芽汁培养液 1000mL，分为 5 等份，各加一定量的蔗糖，使糖浓度（m/V）分别为 10%、25%、40%、55%、70%，分装于 18mm×180mm 的试管中，每支装 10mL，每个糖浓度装 12 支试管，贴好标签，121℃灭菌 30min 备用。

（3）接种：将（1）中活化好的培养液分别接种于各加糖豆芽汁培养液试管内，每支试管接种 1mL，做 3 个重复。

（4）培养：置 28℃培养 72h 后，观察比较各菌种在不同糖浓度培养液中的生长情况（包括能否生长和生长量）。

五、实验报告

报告实验结果，评价待测微生物耐糖能力的大小。

六、思考题

1. 高糖浓度抑制微生物生长的生理机制是什么？
2. 果脯、蜜饯制作时，糖浓度往往要达到多少？为什么？

（西北农林科技大学　秦义）

实验 3-5　酸奶中乳酸菌的分离

一、目的要求

熟悉从酸奶中分离和纯化乳酸菌的一般方法，了解乳酸菌的菌落特征及细胞形态特征。

二、实验原理

乳酸菌分离的目的是要在混合菌群中将乳酸菌分离出来形成单个菌落，以获得纯种乳酸菌。常用的方法有以下两种。

平板划线法：平板划线法是将混杂在一起的微生物或同一微生物群体中的不同细胞用接种环在平板培养基表面通过划线稀释而得到较多独立分布的单个细胞，经培养后繁殖成单菌落，从而得到待分离菌种的纯种。其原理是将微生物在固体培养基表面多次做“由点到线”稀释而达到分离的目的。

平板涂布法：平板涂布法是将样品经稀释之后，其中的微生物充分分散成单个细胞，取一定量的稀释液接种到平板上，经过培养，由每个单细胞生长繁殖而形成肉眼可见的菌落，即一个单菌落代表原样品中的一个单细胞。

通过以上方法获得单菌落后，培养基中添加适量碳酸钙，观察菌落周围是否会形成透明圈，再结合革兰氏染色法获得乳酸菌。乳酸菌为革兰氏阳性细菌，通常是乳杆菌和乳球菌的混合体。

三、实验材料

（1）材料：市售品牌酸奶（1 瓶）。

（2）培养基。

A. 添加碳酸钙的 MRS 琼脂固体培养基：蛋白胨 10.0g，牛肉膏 10.0g，酵母膏 5.0g，K_2HPO_4 2.0G，柠檬酸二铵 2.0G，乙酸钠 5.0G，葡萄糖 20.0G，吐温 80 1ML，硫酸镁 0.58G，硫酸锰 0.25G，琼脂粉 15.0G，加蒸馏水至 1000ML，加热溶解，调 PH 为 6.2～6.4。121℃条件下灭菌 20min。培养基中含 0.5%～1%碳酸钙。

B. 脱脂乳培养基：脱脂奶粉 20g，加蒸馏水至 300mL，分装试管后，灭菌。

（3）试剂和器材：结晶紫，乙醇，碘，碘化钾，番红，NaOH，NaCl，高压蒸汽灭菌锅，电磁炉，恒温培养箱，培养皿，三角瓶，移液管，涂布棒，酒精灯，接种环，天平，载玻片，盖玻片，pH 试纸等。

四、实验步骤

（1）浇注平板：将三角瓶中已灭菌的 MRS 琼脂培养基加热熔化，冷却至 45℃左右，浇注 12 个平板（每个平板约 20mL）。

（2）酸奶稀释：按常规方法对酸奶做 10 倍的系列稀释，取适当稀释度的菌液做乳酸菌的分离。

（3）平板分离。

A. 平板划线接种：用接种环挑取 10^{-1} 菌液，按无菌操作对 3 个平板进行划线接种；划线完毕后，盖上盖，标上“10^{-1}”，倒置在 40℃恒温培养箱中培养 48h。

B. 平板涂布接种：用 3 支 1mL 无菌移液管分别吸取 10^{-5}、10^{-6} 和 10^{-7} 的稀释菌悬液各 0.1mL，每一个浓度分别接种 3 个无菌平板，每个平板加 0.1mL；尽快用无菌玻璃涂棒将菌液在平板上涂布均匀，平放于实验台上 20min；然后在每个平板上分别标上相应的稀释倍数，倒置于 40℃恒温培养箱中培养 48h。

（4）观察菌落：选择菌落分布较好的平板，先对其菌落形态进行观察，初步找出乳酸菌菌落。出现以下两种不同形态的菌落。

A. 扁平型菌落：直径为 2～3mm，边缘不整齐，呈菜花状，薄而透明。

B. 半球状隆起型菌落：直径为 1～2mm，隆起呈半球状，具有金属光泽，高约 0.5mm，菌落边缘整齐。对出现溶钙圈的菌落要特别留意。

（5）镜检：取干净载玻片两块，分别在载玻片中央加一滴生理盐水，无菌操作法取疑似乳酸菌少量菌体涂片；结晶紫初染→碘液媒染→乙醇脱色→番红复染，干燥后用油镜观察，菌体被染成蓝紫色的是乳酸菌；扁平型菌落的菌体呈杆状，单杆、双杆或长丝状，是保加利亚乳杆菌；半球状隆起型菌落的菌体呈球状，成对或短链或长链状，是嗜热链球菌。

（6）单株发酵：选取经初步鉴定的乳酸菌典型菌落，用接种环挑取转接到灭菌的脱脂乳试管中，40℃培养 8～10h，若牛乳出现凝固、无气泡产生并呈酸性，镜检菌体细胞呈杆状或链球状（两种形状的菌株分别接种），革兰氏染色阳性，可将其连续传代 3～5 次，选出在 4～6h 凝乳效果好的留作菌种待用。

五、实验报告

描述平板分离培养时不同的菌落形态特征；绘图表示显微镜下不同的菌体形态特征。

六、思考题

1. 从酸奶中分离乳酸菌要注意哪些因素？
2. 酸奶一般是混菌发酵，混菌发酵有什么好处？

（南阳理工学院　李霞）

实验 3-6　泡菜中乳酸菌的分离

一、目的要求

学习从泡菜中分离纯化乳酸菌的方法，了解菌种分离纯化的基本原理。

二、实验原理

乳酸菌是一类能够发酵糖产生乳酸的细菌，广泛存在于自然界，种类繁多，形态各异，能够发酵葡萄糖产生 50%以上乳酸，在厌氧环境中生长良好。常见的乳酸菌有保加利亚乳杆菌、嗜热链球菌、乳酸链球菌、植物乳杆菌、短小乳杆菌、双歧乳杆菌、肠膜明串珠菌等，均为无芽孢、无鞭毛的革兰氏阳性细菌。

从自然界或混有杂菌的培养体中将所需的微生物分离出来，获得纯培养的方法称为微生物的分离与纯化。理论上认为，一个单菌落就是由一个菌体细胞繁殖起来的子细胞群落，因此可以利用微生物菌体在固体培养基上形成单菌落，达到菌种分离纯化的目的。在泡菜发酵过程中，乳酸菌是绝对优势菌种，采用适当的分离纯化方法即可很容易将乳酸菌从中分离出来，获得纯培养。分离微生物时，一般是根据该微生物对营养、pH、温度、氧气等要求不同，而提供给它们适宜的生活条件，或加入某种抑制剂造成只利于此菌生长，不利于其他菌生长的环境，从而淘汰不需要的微生物。在乳酸菌分离时，常在培养基中加入少量的碳酸钙，乳酸菌会在培养基上形成溶钙圈，将这部分菌进一步验证，就可能获得乳酸菌的纯培养。

三、实验材料

（1）培养基。

MRS 液体培养基：蛋白胨 10g，牛肉膏 10g，酵母膏 5g，磷酸氢二钾 2g，柠檬酸二铵 2g，无水乙酸钠 5g，葡萄糖 20g，吐温 80 1mL，硫酸镁 0.5g，硫酸锰 0.25g，加蒸馏水至 1000mL，加热溶解调节 pH 为 6.2～6.4，121℃灭菌 15min。培养基中含 0.5%～1%的碳酸钙。

（2）试剂：革兰氏染色液，包括结晶紫、碘液、番红染液和 95%乙醇溶液。10% H_2SO_4，2% $KMnO_4$，含氨硝酸银溶液。

（3）试材：自制泡菜，载玻片，接种环，酒精灯，培养皿，三角瓶等。

四、实验步骤

（1）乳酸菌的分离：取泡菜发酵液 10mL 放于三角瓶中，加 90mL 乳酸菌液体培养基，取稀释液 10mL 放于三角瓶中，加 90mL 乳酸菌液体培养基，混匀，如此系列稀释。选取适宜的稀释度，分别取 1mL 于无菌培养皿中，倒 15mL 乳酸菌固体培养基，迅速轻轻摇匀，待凝固后置 25～28℃条件下培养，约 4d 后，平板上出现白色溶钙圈，即初步分离的乳酸菌。进一步的鉴定应以相关生理生化鉴定和分子鉴定为主。

（2）乳酸菌的观察：从平板上用接种环挑取菌落，制菌涂片，用革兰氏染液染色，油镜观察。

（3）乳酸检验：取酸泡菜汁 10mL 于空试管中，加 10% H_2SO_4 1mL，再加入 2% $KMnO_4$ 溶液约 1mL，此时乳酸转化为乙醛。取滤纸条于含氨硝酸银溶液中浸湿，横跨在试管口上，慢慢加热试管至沸，挥发的乙醛使滤纸变黑，即证明发酵液有乳酸生成。但此法获得的乳酸菌并没有鉴定到种，只能确定是否为乳酸菌。

五、实验报告

1. 绘制乳酸菌的个体形态示意图，并注明革兰氏染色反应。
2. 描述乳酸菌的菌落特征。

六、思考题

1. 乳酸菌分离有何重要意义？
2. 如何从自然发酵食品中分离纯化微生物？

（沈阳工学院/沈阳农业大学　赵春燕）

实验 3-7　酒曲中根霉菌的分离

一、目的要求

了解酒曲中根霉菌的分离原理，掌握酒曲中根霉菌的分离方法，观察根霉菌的菌落特征和细胞形态。

二、实验原理

酒曲作为米酒和白酒发酵的糖化发酵剂，含有丰富的微生物和特有的酶类，酒曲中的霉菌一般包括根霉菌、毛霉菌、黑曲霉菌、黄曲霉菌等，其中根霉菌最重要，它不但含有丰富的淀粉酶还含有酒化酶，在发酵过程中还能产生有机酸，因此根霉菌的种类、发酵特性对于产品的风味、品质具有重要的意义，因此定期分离筛选酒曲中优良的根霉菌，以保证菌种的优良发酵性能，使生产正常进行。

根霉菌在人工培养基或自然基质上生长时，菌丝体向空间延伸，遇光滑平面后营养菌丝体形成匍匐枝，节间产生假根，假根处匍匐枝上着生成群的孢子囊梗，柄顶端膨大形成孢子囊，囊内产生孢子囊孢子。常利用此生长特性和形态特征来判断根霉菌，再挑取单个孢子囊孢子进行纯化，从而得到分离。

培养基的种类影响根霉菌的分离效果，根霉菌在高浓度的麦芽汁培养基上匍匐菌丝粗壮发达，气生菌丝极少，无黑孢，而在含淀粉质较多的马铃薯培养基上，可形成浓密的气生菌丝，后期产生密集的黑色孢子囊。若采用高浓度的麦芽汁作培养基，可得粗壮发达的菌丝体，同时麦汁的色泽与根霉菌菌体的颜色不同，在挑选菌丝时便于观察和识别。

三、实验材料

（1）分离源：小曲或酒药。

（2）试剂和器材：马铃薯葡萄糖培养基（PDA培养基），14～16°Bx麦芽汁培养基，培养皿，酒精灯，接种环，涂布棒，试管，研钵，吸管，镜检用物等。

四、实验步骤

1. 方法一

1）样品稀释

将分离用的曲块掰成两块，观察断面色泽，应洁白一致，无杂色斑点，有特有的曲香味，用无菌小刀截取曲块中心部位米粒大小的曲样数粒置无菌研钵中研细，称量10g放入装有90mL无菌水的三角瓶中，振荡摇匀，静置，然后取上清液依次做10倍梯度稀释至10^{-5}～10^{-4}。

2）分离培养

用无菌吸管吸取稀释度分别为10^{-3}、10^{-4}、10^{-5}的样品各0.1mL，滴入凝固的麦芽汁培养基平板中，用涂布棒以浓度从低到高的顺序依次均匀涂开，使细胞尽量地分散存在，最好能在固体培养基形成单个菌落，然后将平板倒置于28℃条件下培养3～5d。

3）转接

对平板上长出的典型单菌落进行制片镜检，然后根据根霉菌的细胞形态并结合菌落特征，选择数个根霉菌的单个菌落分别接于麦芽汁培养基的斜面试管中，置28℃条件下培养3～5d，即得到根霉菌的分离菌株，供筛选用。

4）纯化

将分离得到的根霉菌菌株采用平板划线的方法进行纯化。

5）培养鉴定

将纯化后的菌株分别接种于试管斜面或平板上，于28℃条件下培养3d，记录培养特征，镜检其细胞形态。根霉菌的特征观察主要包括肉眼观察和镜检，肉眼观察时，要观察分离菌株的菌落特征，观察根霉属菌在不同温度下的生长情况；镜检分为培养物直接观察和培养物制片观察两个方面，具体方法如下。

（1）培养物直接观察。

A. 无性阶段特征观察：将长有菌种的平板直接置于低倍镜下，分别观察它的孢囊、形状、着生位置及分枝情况，孢子囊的形状，并注意观察有无假根特征。

B. 有性阶段特征观察：用低倍或高倍显微镜观察，根霉菌是否形成接合孢子。

（2）培养物制片观察。

A. 制片：滴一滴乳酸苯酚于洁净载玻片中央，用无菌的解剖针挑取少量平板中的培养物，浸入载玻片上的乳酸苯酚液内，然后用两根无菌的解剖针将菌丝撕开，使其全部打湿，盖上盖玻片。即成临时性载玻片标本。

B. 无性阶段特征观察：用装有已标定过的目镜测微尺的低倍或高倍显微镜观察孢囊梗的形状、大小、颜色、排列、着生位置和分枝情况；孢子囊和孢囊孢子的形状、大小、纹饰和颜色；囊轴的形状、大小、纹饰和颜色；囊托的形状、大小和颜色，并注意有无厚垣孢子（包括着生位置和假根，以及假根的形状、发达程度和颜色等特征）。

C. 有性阶段特征观察：用低倍或高倍显微镜观察是否有接合孢子，若有则注意观察接合孢子的形状、大小等特征。

根据不同的需要和目的，对分离到的根霉菌进行有关性能测定，选择优良的菌种供生产使用。

2. *方法二*

（1）样品稀释：按照上述方法制备样品稀释液。

（2）划线分离：用接种环蘸取样品稀释液少许直接在PDA固体培养基平板中做“之”字形划线，然后将平板放入恒温培养箱中培养3～5d，温度控制在28～30℃，待长出均匀菌落且产生黑色孢子时，挑取有特征的菌落进行镜检，发现有匍匐菌丝，且产生孢囊孢子者为根霉菌。

（3）纯化培养：用接种环挑取根霉菌少量孢子，接入含PDA固体培养基的试管中，然后置28～30℃培养3～5d，直至试管长满黑色孢子。

五、实验报告

记录分离所得到的根霉菌的菌落特征，并绘制镜检的根霉菌细胞形态。

六、思考题

1. 根据观察结果，查阅根霉菌常见种检索表，将未知分离菌株鉴定到种。
2. 如何才能得到纯化优良的根霉菌株？

（周口师范学院　侯小歌）

实验 3-8　酒曲中酵母菌的分离

一、目的要求

学习并掌握酒曲中酵母菌分离的原理与方法。

二、实验原理

在液体培养基中酵母菌比霉菌生长快，对于酸性环境酵母菌比细菌适宜，利用这两个特性，可以使酒曲中的酵母菌先在酸性液体培养基中进行富集培养，然后再用合适的培养基进行分离。

三、实验材料

（1）样品：酒曲一小块。

（2）培养基和器材：酸性豆芽汁培养液（0.5%乳酸），蔗糖豆芽汁琼脂培养基，蔗糖豆芽汁培养液，平皿，接种环，小刀，试管，镜检用物，恒温培养箱等。

四、实验步骤

（1）富集：用无菌小刀割开曲块，从内部取米粒大一小块，加入到一管酸性豆芽汁培养液中，振荡后置 25℃恒温培养箱培养 24h；用接种环移植培养液于另一管酸性豆芽汁培养液中，再进行培养，遇有菌丝条（霉菌）应立即挑出，灼烧。经过如此 3～4 次移植培养即可进行分离。

（2）分离：用接种环挑取最后一管的培养液划线接种到 2～3 个蔗糖豆芽汁琼脂平板上，25℃培养 48h。

（3）选择：对平板上的菌落进行制片镜检，并记录酵母菌菌落特征；选择不同类型的酵母菌菌落分别接种于蔗糖豆芽汁琼脂斜面，25℃培养 48h 备用。

（4）液体培养：将上述各酵母菌菌株分别接入蔗糖豆芽汁试管中，25℃培养 24h，记录培养特征，镜检并记录细胞形态。

（5）性能测定：依据不同目的进行相应性能的测定。

五、实验报告

列表比较酵母菌、细菌、霉菌的培养特点。

六、思考题

1. 酒曲中酵母菌分离的原理是什么？
2. 富集酵母菌时为什么要用酸性豆芽汁进行 3～4 次移植培养？

（河南科技大学　秦翠丽）

实验 3-9　枯草芽孢杆菌的分离

一、目的要求

了解枯草芽孢杆菌（*Bacillus subtilis*）的工业应用价值，掌握其分离原理，认识其形态，学习并掌握枯草芽孢杆菌的分离方法。

二、实验原理

枯草芽孢杆菌广泛存在于自然界，尤以土壤、枯草上为多，易在枯草浸汁中繁殖，能产生芽孢，故名枯草芽孢杆菌。其细胞内含有丰富的酶系，是淀粉酶、蛋白酶及枯草杆菌素的重要产生菌，因而是重要的工业用菌之一。

枯草芽孢杆菌为革兰氏阳性细菌，菌体杆状，大小为（0.7～0.8）μm×（2～3）μm，单生或成链，端头钝圆；芽孢椭圆或柱状，中生或近中生，大小为（0.6～0.9）μm×（1.0～1.5）μm，芽孢形成后菌体不膨大，周生鞭毛，能运动。菌落呈圆形或不规则形，色灰白至淡黄或褐色，少数菌株可呈黑色；表面粗糙不透明。液体培养表面常生皱膜。其分离原理是利用该菌芽孢具强抗热能力，通过热处理，杀死不耐热的无芽孢菌类，使芽孢存留，达到分离目的。鉴定参照《伯杰氏细菌鉴定手册》结合显微镜进行革兰氏染色，并且进行生理生化特性鉴定（发酵多种糖产酸不产气，水解淀粉，液化明胶，分解干酪素，V. P. 试验反应阳性等）。

三、实验材料

（1）分离试样：枯草。

（2）试剂和器材：蔗糖豆芽汁琼脂斜面培养基，淀粉牛肉膏蛋白胨培养基，V. P. 试验培养基，齐氏石炭酸复红染液，吕氏亚甲蓝液，接种、染色及镜检用物等。

四、实验步骤

（1）增殖培养：取枯草数根，剪碎放入 100mL 三角瓶中，加入 30mL 水，加棉塞，加热至沸腾后再蒸 20min，取出置 37℃保温箱中培养 24～48h，液面则产生黄白色皮膜。

（2）分离纯化：用接种环取增殖培养液液面皮膜适量，于无菌水中充分分散，再以稀释涂抹法接种于蔗糖豆芽汁琼脂平板上，于 37℃条件下培养 24～48h，挑取典型孤立菌落移接到蔗糖豆芽汁琼脂斜面上。

（3）镜检细胞形态：取斜面菌种进行涂片染色、镜检。描述并图示以下特征：细胞形状、大小、排列，芽孢形状、大小、部位及芽孢囊形状。

（4）生理生化鉴定：按照生理生化鉴定方法进行，进行淀粉水解（参照实验 2-14）、明胶液化（参照实验 2-16）、甲基红（M. R.）试验和乙酰甲基甲醇（V.P.）试验（参照实验 2-17）等以确认菌种。

五、实验报告

1. 描述并图示镜检形态结果。
2. 报告生理生化鉴定结果，并判断菌种。

六、思考题

1. 分离枯草芽孢杆菌时怎样进行热处理？为什么？
2. 枯草杆菌能形成哪些酶类？分离该高产优良菌株有何意义？

（西北农林科技大学　张强）

实验 3-10　醋酸细菌的分离

一、目的要求

掌握醋酸细菌的分离纯化方法及其鉴定方法，并了解醋酸细菌在食醋制作中的作用。

二、实验原理

醋酸细菌（*Acetobacter*）是能够将乙醇氧化为乙酸的一类微生物的总称，又名醋酸菌，包括醋酸杆菌属和醋酸单胞菌属。醋酸细菌细胞一般呈杆状、直或者稍弯，也有少部分呈椭圆形，大小一般为（0.6～0.8）μm×（1.0～3.0）μm，单个、成对或者成链状排列。不形成芽孢，不具荚膜，革兰氏阴性，运动或不运动，严格好氧。最适生长温度 25～30℃，极不耐高温，最适 pH 5.4～6.3。菌落灰色，一般不产生色素，少数菌株产水溶性色素或由于卟啉而使菌落呈粉红色。醋酸细菌分布广泛，在未灭菌的醋、啤酒、黄酒和果酒中，以及在果园的土壤中、葡萄或酸败食物表面都有该菌存在。

醋酸细菌是专性好氧细菌，在发酵过程中，会产生大量的乙酸和其他有机酸及醇类，是酿醋过程中不可缺少的。其氧化乙醇为乙酸的作用是由于它的细胞膜上含有高活性的乙醇脱氢酶和乙醛脱氢酶复合体。醋酸细菌要在含有较高乙酸的环境中增殖并维持其细胞内环境稳定，需要获得大量的能量（ATP）。因此，在分离醋酸细菌时必须考虑到在分离过程中保持醋酸细菌所处环境的稳定和充足的氧气供应。可采用向培养基中添加乙醇和乙酸的方法分离得到醋酸细菌。

三、实验材料

（1）材料和试剂：腐烂的苹果、梨、醋醅，结晶紫染液，卢戈氏碘液，番红试剂，95%乙醇，5% $FeCl_3$ 溶液，2.5mol/L NaOH 溶液等。

（2）培养基。

基础培养基：葡萄糖 1%，酵母膏 1%，pH 4.5，121℃灭菌 20min，使用前加入 95%乙醇，使其浓度达 3%。

富集培养基：葡萄糖 1%，酵母膏 1%，KH_2PO_4 0.5%，pH 5.5，0.1MPa 灭菌 30min，灭菌后冷却到 70℃时加入 95%乙醇，使其浓度达 3%。

醋酸细菌分离培养基：葡萄糖 1%，酵母膏 1%，$CaCO_3$ 2%，95%乙醇使其浓度达3%，琼脂 2%，0.1MPa 灭菌 30min（碳酸钙需干热灭菌，165℃条件下 30min），灭菌时不加入碳酸钙和乙醇。

斜面保藏培养基：葡萄糖 1%，酵母膏 1%，$CaCO_3$ 1%，95%乙醇使其浓度达 3%，琼脂 2%，0.1MPa 灭菌 30min（碳酸钙需干热灭菌，165℃条件下 30min），灭菌时不加入碳酸钙和乙醇。

鉴定培养基：酵母膏 3%，$CaCO_3$ 1%，95%乙醇使其浓度达 2%，琼脂 1%，0.1MPa 灭菌 30min（碳酸钙需干热灭菌，165℃条件下 30min），灭菌时不加入碳酸钙和乙醇。

（3）器材：高压蒸汽灭菌锅，恒温培养箱，恒温培养振荡器，超净工作台，生物显微镜，接种环，镊子，涂布棒，酒精灯等。

四、实验步骤

（1）菌种富集：称取烂苹果、梨及醋醅等共 5g 接种于 100mL 富集培养基中，置于30℃振荡培养 2～3d，让醋酸细菌大量繁殖。

（2）平板分离：取上述富集培养基稀释成不同梯度的稀释液（10^{-10}～10^{-1}），将不同梯度的稀释液各取 0.2mL 分别用涂布法涂布在分离平板上，每个梯度各 3 个平板，置于30℃恒温培养箱中培养 2～3d，得单菌落。

（3）纯化：从不同梯度的平板中挑取菌落较小，透明圈较大（溶碳酸钙），菌落形态一致，生长占优势的单个菌落划线接种于分离培养基中纯化。然后将纯化得到的菌株接种于斜面保藏培养基，30℃培养 48h 后保藏于 4℃冰箱。

（4）产酸定性实验：将上述斜面菌种接种于基础培养基中，30℃恒温培养箱静置浅层培养 72h 后，离心除去醋酸细菌发酵液中的菌体，取 5mL 用 2.5mol/L NaOH 溶液中和至pH 7.0，记录产酸量。之后加入 5% $FeCl_3$ 溶液 5～6 滴，形成红褐色沉淀者为醋酸细菌。

（5）形态观察：将上述醋酸细菌菌株进行革兰氏染色，镜检是否为阴性。

（6）乙醇的氧化与过氧化实验：从上述醋酸细菌菌株选取 2～3 株，在鉴定培养基平板上接种，每一平板可接种 4～6 个菌落，30℃培养 3d、7d、14d 后观察结果。

五、实验报告

1. 描绘镜检的醋酸细菌形态特征及革兰氏染色结果。
2. 记录乙酸的生产量、乙醇的氧化与过氧化实验结果。

六、思考题

1. 分析醋酸细菌发酵的机制及过程，解释醋酸细菌在乙醇的氧化与过氧化实验中的反应结果。
2. 乙酸定性鉴定的原理是什么？

（四川大学　张佳琪）

实验 3-11　柠檬酸生产菌的分离筛选

一、目的要求

了解柠檬酸生产菌的分离原理，掌握用酸性滤纸法及平板分离柠檬酸生产菌的方法。

二、实验原理

选育产酸能力强、发酵周期短的柠檬酸生产菌菌株进行发酵，是降低成本、提高经济效益的有效方法。目前生产中常用的柠檬酸生产菌多为黑曲霉（*Aspergillus niger*）。黑曲霉具有较强的抗酸力，根据高产柠檬酸生产菌必须能耐高浓度柠檬酸的原理，在分离培养基中加入 80～100g/L 的柠檬酸，降低 pH，既可抑制细菌、放线菌及酵母菌等杂菌的干扰，又可得到耐高浓度柠檬酸的黑曲霉优良菌株。

三、实验材料

（1）分离源：土样。

（2）培养基。

A. 酸性麦芽汁液体和固体培养基：12°Bé 的麦芽汁中加入 80g/L 柠檬酸，按每支试管 5mL 分装，即得液体培养基；若加 15g/L 的琼脂，即得固体培养基。0.1MPa 灭菌 30min（琼脂和柠檬酸分开灭菌，临用前按 80g/L 加入灭菌柠檬酸）。

B. 麦芽汁斜面培养基：12°Bé 的麦芽汁中加入 15g/L 琼脂，分装在试管中，0.1MPa 灭菌 30min。

C. 产酸试验培养基：葡萄糖 140g，NH_4NO_3 2.5g，KH_2PO_4 2.5g，$MgSO_4 \cdot 7H_2O$ 2.5g，蒸馏水 1000mL，调 pH 至 4.0，装量为 50mL/250mL，0.1MPa 灭菌 30min。

（3）器材：无菌培养皿，无菌吸管，无菌水，无菌滤纸，无菌刮铲，铺 3 层滤纸的干热灭菌皿，酒精灯，接种环等。

四、实验步骤

1. 土样采集

采集果园或菜园土壤，做好记录带回实验室。

2. 分离操作

（1）酸性滤纸法：取约 1g 土样加入含 10mL 无菌水的试管中充分混匀，再以接种环接 2～3 环于 5mL 酸性麦芽汁液体培养基中，摇匀后倾入无菌滤纸培养皿中，于 33℃培养 3～5d，即有菌落长出；挑出典型孤立菌落数个接种于斜面培养基上，供筛选用。

（2）平板分离法：取土样约 1g，放入 50mL 无菌水中振荡 10～15min，静置片刻用无菌吸管吸取上清液 0.1mL 置于酸性麦芽汁琼脂平板上，再以无菌刮铲涂匀，于 33℃条件下培养 3～5d，观察菌落生长情况。选择典型孤立菌落接种于斜面培养基上，供筛选用。

3. 产酸试验

将上述供试菌种进行斜面活化，然后将活化的菌株接种到产酸试验培养基中，置于 200～220r/min 回转式摇床上，于 33℃条件下培养 4～6d 取出过滤，吸滤液 1mL，用 0.1mol/L NaOH 滴定。

五、实验报告

1. 简述柠檬酸生产菌的分离筛选要点。
2. 报告筛选结果。

六、思考题

1. 选择培养基为什么要加入大剂量的柠檬酸？
2. 制平板培养基时为什么要将琼脂与柠檬酸分开灭菌？

（西北农林科技大学　魏新元）

实验 3-12　酵母菌发酵力的测定

一、目的要求

了解酵母菌发酵力的测定原理，掌握发酵力测定方法。

二、实验原理

发酵力是酵母菌重要的应用特性之一，即酵母在一定时间内利用糖发酵产生乙醇和 CO_2 的能力。酵母发酵消耗微酸性糖液中的糖，生成乙醇及 CO_2，其中 CO_2 除微量溶解于发酵醪中外，外逸引起发酵醪总重减少，因此评价酵母的发酵力，可通过测糖液密度的减小、测糖的减少、测乙醇的增加、称发酵器皿的减轻量、用 NaOH 等固定 CO_2 然后称其量等方法测定。也可以将发酵器皿密闭，由其中压力的增大来测定发酵的强弱等，但用体积法测定 CO_2 的生成量最方便。

1. 重量法

将配制好的培养基，装入带有发酵栓的发酵瓶内，加待测酵母 1g，准确称量瓶重（M_1），将其置于 30℃培养箱内培养 6h 后，再称瓶重（M_2），二者质量差即发酵过程中生成的 CO_2 量，发酵力的计算公式为

$$发酵力=(M_1-M_2)/(1.75\times100)$$

式中，1.75 为麦塞尔系数，即理论上，1g 纯酵母能发酵产生 1.75g CO_2，称为规定酵母，其发酵力为 100。其他酵母的发酵力可以参照此予以评判。

2. 体积法

在 400mL 的发酵液中加酵母 10g，30℃条件下培养 2h 后，计量产生的 CO_2 体积毫升数（V），其中以 $V>1000$mL 者为优良酵母，800mL$<V<$1000mL 者为中等酵母，$V<$800mL 者为较差酵母。发酵消耗的糖由以下公式计算。

$$每百克酵母发酵蔗糖的克数=V\times 0.03841$$

$$每百克酵母发酵葡萄糖的克数=V\times 0.4$$

三、实验材料

（1）菌种：市售活性干酵母。

（2）培养基：酵母发酵培养液 400mL（含蔗糖 40g，磷酸二氢钾 2g，磷酸二氢铵 1g，硫酸镁 0.25g，硫酸钙 0.2g）。

（3）仪器和其他用品：发酵瓶，充水瓶，恒温水浴锅，量筒等。

四、实验步骤

（1）培养基配制与灭菌：配制培养基，分装到发酵瓶中，高压蒸汽灭菌，冷却到 30℃备用。

（2）接种与培养：组装发酵装置（图 3-1），置于 30℃恒温水浴锅中。将 10g 酵母加入发酵液中混匀，连接管塞，酵母在发酵瓶生成的 CO_2，经导管到充水瓶，将充水瓶中的水排入量筒，因此量筒内水的毫升数即等于酵母发酵所生 CO_2 的毫升数。

注：为减少充水瓶中的水吸收 CO_2，可于水面加一层石蜡，使 CO_2 与水不接触，或用饱和食盐溶液，减低 CO_2 的溶解量。

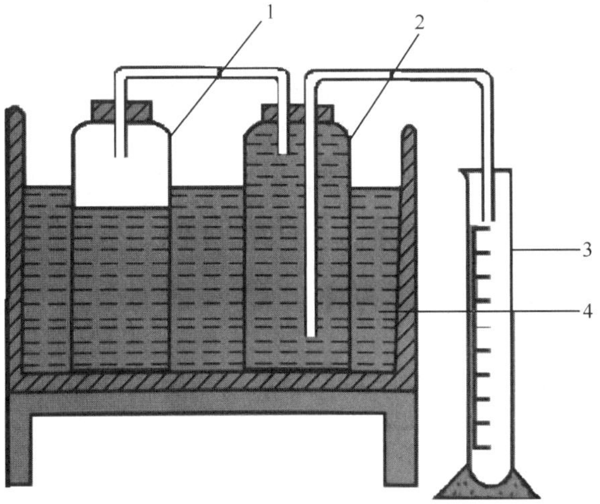

图 3-1　酵母发酵力测定装置

1. 发酵瓶；2. 充水瓶；3. 量筒；4. 水浴锅

（3）现象观察与结果记录：6h 后记录量筒中水的体积，即酵母发酵生成 CO_2 的毫升数。

五、实验报告

1. 记录所产生 CO_2 毫升数和计算百克酵母发酵蔗糖的克数。
2. 试述影响体积法测定酵母菌发酵力的关键因素。

六、思考题

1. 酵母菌对不同的糖的发酵力是否一样？
2. 酵母菌的发酵力大小与产品的品质有关吗？请举例说明。

（西北农林科技大学　傅虹飞　罗勤贵）

实验 3-13　酵母菌乙醇耐受能力测定

一、目的要求

了解测定酵母菌乙醇耐受能力的意义与原理，掌握其测定方法。

二、实验原理

酵母菌利用糖发酵产生乙醇，当发酵进行到一定时期，发酵将趋于停止，其主要原因之一是积累的乙醇浓度过高，抑制了酵母菌对糖的进一步利用。因此，酵母菌能耐受的最高乙醇浓度是酵母菌重要特性之一。利用艾氏发酵管测定酵母在不同乙醇浓度环境中的 CO_2 释放量，即可确定酵母菌乙醇耐受能力的大小。

三、实验材料

（1）菌种：酿酒酵母。

（2）试剂和器材：麦芽汁培养基，10mL 艾氏发酵管 7 支，2mL 无菌吸管 1 支，10mL 吸管 1 支，95%乙醇等。

四、实验步骤

（1）发酵管准备：将标签贴于各发酵管上，并编号，按表 3-2 数量向发酵管加入麦芽汁培养基。

（2）灭菌：发酵管加棉塞或硅胶塞，112℃灭菌 20min。
（3）加乙醇：再按表 3-2 中的用量加入 95%乙醇，轻轻摇匀。

表 3-2　麦芽汁与乙醇加入量及 CO_2 释放量

项目	发酵管编号						
	1	2	3	4	5	6	7
95%乙醇/mL	1.26	1.47	1.68	1.90	2.11	2.32	2.53
麦芽汁/mL	8.74	8.53	8.32	8.10	7.89	7.68	7.47
培养液含乙醇/（mL/L）	120	140	160	180	200	220	240
生产 CO_2/mL							

（4）接种与培养：向每个发酵管接入酵母菌 2 环，轻轻振摇混匀，于 25℃培养 1 周，记录各发酵管中 CO_2 的体积，填入表 3-2 中。
（5）结果观察：CO_2 不出现的乙醇浓度即酵母菌乙醇耐受能力的上限。

五、实验报告

报告实验结果，评价待测酵母菌乙醇耐受能力的大小。

六、思考题

1. 根据不同酒精度麦芽汁中气体的生成情况如何确定待测酵母的乙醇耐受能力？为什么？
2. 麦芽汁装入艾氏发酵管灭菌前为什么不能加入乙醇？

（西北农林科技大学　秦义）

实验 3-14　淀粉酶、果胶酶及纤维素酶产生菌的分离筛选

一、目的要求

了解淀粉酶、果胶酶和纤维素酶产生菌分离的原理，掌握淀粉酶、果胶酶和纤维素酶产生菌的分离技术。

二、实验原理

土壤中微生物数量多，种类繁杂，富含腐殖质的土壤中常含有能降解不同有机

物的微生物，为了分离筛选能降解不同底物的微生物，需要将要分解的化合物作为唯一碳源或主要碳源，如果某微生物能在这种培养基上生长，说明某种微生物具有降解利用这种化合物的作用，否则该微生物就不能生长。还需要利用特定的方法将微生物分解利用的这种能力检测出来。之后将这些菌落进一步分离纯化，就得到目的菌株。

碘与淀粉反应会呈现蓝色，而当产生胞外淀粉酶的菌株在含可溶性淀粉的培养基平板上长出菌落后，加入碘液时，由于菌落周围的淀粉被降解，因此出现碘液的浅紫色或浅棕色的“透明圈”，而不产淀粉酶的菌落周围则为蓝色。

刚果红可与培养基中的果胶或纤维素形成红色复合物，如果果胶或纤维素被菌株所产果胶酶或纤维素酶分解，加入刚果红溶液，则菌落周围无法形成果胶或纤维素-刚果红红色复合物，因此菌落周围会出现“透明圈”，以此可判断哪些菌落产果胶酶或纤维素酶。

“透明圈”与菌落直径的比值常作为判断该菌株产酶能力的筛选依据，但其产酶活力需要进一步发酵以获得酶液来测定。

三、实验材料

（1）待分离样品：富含腐殖质土壤或淀粉、果胶和纤维素生产厂下游排污口污泥或土壤。

（2）试剂：碘溶液，刚果红溶液，灭菌乳酸。

（3）培养基：从土壤中分离菌株的初筛培养基有牛肉膏蛋白胨培养基，PDA 培养基。淀粉酶产生菌鉴别培养基为添加 0.2%～0.4%可溶性淀粉的牛肉膏蛋白胨培养基或 PDA 培养基。果胶酶产生菌鉴别培养基为每升中加入果胶 4g 的牛肉膏蛋白胨培养基或 PDA 培养基。纤维素酶产生菌鉴别培养基为纤维素粉 20g，磷酸二氢钾 2g，硫酸铵 2g，硫酸镁 0.5g，氯化钠 0.5g，琼脂 20g，调 pH 至 7.0，定容至 1000mL。

（4）仪器和其他用品：无菌培养皿，225mL 无菌水瓶，9mL 无菌离心管，1mL 无菌吸管，无菌玻璃刮铲，无菌称量纸，灭菌勺，天平，接种环，显微镜。

四、实验步骤

（1）采集富含腐殖质土壤或淀粉、果胶和纤维素生产厂下游排污口土壤。

（2）称取土样 25g，在无菌条件下加入装有 225mL 无菌水的摇瓶（含玻璃珠）中，充分振荡混匀，获得稀释度为 10^{-1} 的土壤悬液。

（3）将土壤悬液静置 30s，然后系列稀释至 10^{-6}～10^{-4}。

（4）取培养皿若干副，写好标记。将熔化、保温的各种培养基倒入编号的培养皿中凝固制平板。分离霉菌的 PDA 培养基，于倒皿前加入 0.3%灭菌乳酸酸化。

（5）各取稀释度为 10^{-6}～10^{-4} 的菌悬液 0.1mL，滴加到初筛培养基平板，用刮铲将菌液涂布均匀。分离细菌和霉菌的平板分别置于 37℃和 28℃条件下培养 24～48h，至菌落长出。

（6）采用点种法，将不同培养基上长出的单菌落分别接种于含淀粉、果胶或纤维素的鉴别培养基上，每菌落接种两个平板，并一一对应编号，置于 37℃或 28℃条件下培养 24～48h。菌落生成后，向对应的其中一个平板中加入碘液或刚果红溶液，使其覆盖培养基表面，此时产生对应酶的菌落周围将会出现“透明圈”。

（7）取产生透明圈的菌落进行显微镜观察，初步判断菌株类别。

五、实验报告

1. 记录接种到各种鉴别培养基的菌株数和产透明圈的菌株数。
2. 将实验结果填入表 3-3，并比较各菌株产酶活力的大小。

表 3-3　酶水解透明圈和菌落直径记录表

菌株编号	菌落直径	酶水解圈直径	酶水解圈直径/菌落直径	镜检结果
1				
2				
3				
4				
5				
6				

六、思考题

1. 是否可以通过鉴别培养基平板上形成的透明圈大小来判断菌株产酶能力？
2. 在本实验中，样品质量是否需严格计量？为什么？

（西北农林科技大学　傅虹飞）

实验 3-15　乳酸发酵及乳酸测定

一、目的要求

学习酸泡菜发酵的基本原理和泡菜的制作方法，掌握乳酸快速测定方法。

二、实验原理

在泡菜制作过程中，主要作用就是乳酸发酵。乳酸菌在厌氧条件下，将糖分解产生乳酸。酸泡菜、酸奶及青储饲料的制作均是最常见的乳酸发酵。乳酸在这些制品中的作用主要是提供特殊风味，降低 pH 以抑制腐败细菌的生长。根据反应过程和产物的不同，乳酸发酵有同型乳酸发酵、异型乳酸发酵和双岐乳酸发酵三种不同的代谢途径，同型乳酸发酵反应中主要产物为乳酸。制作质量好的泡菜、酸奶等乳酸发酵制品中，同型乳酸发酵是主要的发酵过程。异型乳酸发酵的产物则较复杂，除产生乳酸外，还可产生乙醇、甲酸、乙酸、琥珀酸、甘油及二氧化碳和氢气等。双岐乳酸发酵除了乳酸之外，还有乙酸等产物。

本实验采用滴定法测定乳酸的含量。供试品加水溶解后，煮沸 30min，使试样中的有机酸全部溶解于溶液中，加酚酞指示液 2 滴，用 0.1mol/L NaOH 标准溶液滴定至微红色且 30s 不褪色，读出 NaOH 溶液使用量，计算乳酸含量。

三、实验材料

（1）原料：圆白菜，黄瓜，胡萝卜，萝卜等时令青菜，食盐，水。
（2）器材：泡菜坛，菜刀，菜板。
（3）试剂：0.1mol/L NaOH 标准溶液，0.2%的酚酞指示剂。

四、实验步骤

1. 食盐溶液

热开水配制 5%食盐溶液，放凉待用。

2. 泡菜发酵

将蔬菜洗净，切成小块，稍凉干后放入坛中，至坛口 2cm 左右，再加食盐溶液淹没蔬菜，此时液面距坛口 1cm。盖上盖子以隔绝空气，置 28～30℃培养 1 周左右，观察有无气体产生及有无污染。

3. 结果观察

开盖后，可闻到微酸味，说明有乳酸发酵作用。

4. 泡菜品尝

品尝时，可有酸泡菜特有的风味。

5. 乳酸测定

（1）取有代表性的样品至少 200g，料理机打碎至均匀，置于密闭玻璃容器内。

（2）称取均匀样品 10～50g，精确至 0.001g，置于烧杯中或取一定量泡菜水。

（3）用煮沸过的水 100mL 将烧杯中的内容物转移到 250mL 容量瓶中，置于沸水浴中煮沸 30min（摇动 2～3 次，使试样中的有机酸全部溶解于溶液中），然后取出，冷却至室温。

（4）用煮沸过的水定容至 250mL。

（5）用快速滤纸过滤。收集滤液，用于测定。

（6）样品测定：准确吸取试样滤液 25～50mL，使之含 0.035～0.07g 酸，置于 250mL 锥形瓶中，加水 40～60mL 及 0.2 %的酚酞指示剂，用 0.1mol/L NaOH 标准溶液滴定至微红色且 30s 不褪色。记录消耗 0.1mol/L NaOH 标准滴定溶液的体积（V_1）。同一被测样品须滴定两次，取平均值。用水代替样品做空白试验，操作相同。记录消耗 0.1mol/L NaOH 标准滴定溶液的体积（V_2）。

（7）结果计算： $X=[c(V_1-V_2)\times K\times F\times 1000]/m$

式中：X 为样品中总酸（以乳酸计）含量，g/kg（或 g/L）；c 为 NaOH 标准溶液的浓度，mol/L；V_1 为滴定样品时消耗 NaOH 标准溶液的体积，mL；V_2 为空白试样消耗 NaOH 标准溶液的体积，mL；m 为样品质量或体积，g（或 mL）；F 为试样的稀释倍数；K 为酸的换算系数，乳酸为 0.090，计算结果精确到小数点后两位。

五、实验报告

对所制作的泡菜进行感官鉴评，并将结果填入表 3-4。

表 3-4 泡菜感官评价表

指标	实验结果
颜色	
气味	
滋味	
质地	
乳酸含量	

六、思考题

1. 泡菜发酵的原理是什么？
2. 泡菜发酵为什么要密封？
3. 测定乳酸的原理是什么？

（沈阳工学院/沈阳农业大学 赵春燕）

实验 3-16　乳酸菌饮料

一、目的要求

学习乳酸菌饮料的制作方法及工艺，了解食品有益微生物在食品加工中的应用及作用，掌握发酵剂的制备及应用。

二、实验原理

牛乳中的乳糖在乳酸菌产生的乳糖分解酶的作用下产生乳酸，牛乳在乳酸作用下变酸，使其蛋白质发生凝固，将凝固的牛乳破碎，添加乳化剂、增稠剂及调味物质等辅料，经均质、灌装、杀菌等工艺生产具有乳酸发酵特征的饮料。也可对蔬菜及果蔬汁进行乳酸发酵生产乳酸菌饮料。

三、实验材料

（1）原材料：新鲜牛乳，酸度不高于 20°T。

（2）菌种：乳酸链球菌（*Streptococcus lactis*），德氏保加利亚乳杆菌（*Lactobacillus delbrueckii* subsp. *bulgaricus*）。

（3）试剂和器材：塑料杯 150～200mL，白砂糖，果汁，羧甲基纤维素钠盐（CMC-Na），黄原胶，海藻酸丙二醇酯（PGA），恒温培养箱，pH 计，温度计，塑料杯封口机，均质机等。

四、实验步骤

1. 发酵剂的制备

（1）牛乳杀菌：根据产品生产量确定发酵剂所用牛乳的用量，一般生产发酵剂的牛乳占发酵牛乳的 5%，将新鲜牛乳或脱脂牛乳装入三角瓶中，装入的牛乳以占三角瓶总容积的 2/3 为宜，装入三角瓶的牛乳采用 90℃、30min 杀菌处理。

（2）牛乳冷却：经杀菌处理后的牛乳须及时冷却到适合于菌种生产的温度，一般以 42～43℃为最佳温度。

（3）接种：在无菌操作台上，将活化后的试管发酵剂接种到冷却的牛乳中，每一阶段的接种操作都必须严密防止污染。接种量根据发酵剂菌种活力的不同，为 0.5%～2.5%，一般在活力正常情况下接种量可为 2%。有时也可采用 2.5%～3%的接种量以缩短恒温培养时间。

（4）恒温培养：接种后，一般在 42～43℃恒温下培养，酸度为 100°T（0.99%乳酸）～

125°T（1.125%乳酸）时即可。培养时间根据菌的活力，为 3～20h。一般 16h 乳酸菌的活菌数达最高点，测酸度达到要求后立即冷却。

（5）冷却：培养达到要求的酸度后应立即冷却到 10～12℃。如果不马上使用该发酵剂时，必须冷却到 5℃，以免活力降低。

2. 优质酸奶生产

（1）牛乳的加热处理：根据产品生产量确定牛乳的处理量，将牛奶装入加热容器，采用 90～95℃、5～10min 加热处理。

（2）牛乳冷却：经热处理之后的乳须及时冷却到适合于接种的温度，一般以 42～43℃为最佳温度。

（3）接种：在尽量防止污染的环境下接种已经培养好的生产发酵剂（三角瓶发酵剂），一般在活力正常情况下接种量可为 2%。有时也可采用 2.5%～3%的接种量以缩短恒温培养时间。

（4）恒温培养：接种后，一般在 38～42℃，时间在 2.5～3.5h。凝固终点判断，酸度为 65～70°T，pH 为 4.2～4.5。

（5）冷却：培养达到要求的酸度后应立即冷却到 2～6℃。

3. 乳酸菌饮料生产

（1）基本配方：优质酸乳 40%，蔗糖 14%，稳定剂 0.5%（CMC-Na 0.375%，PGA 0.125%），香料 0.05%，水 45.05%。根据实验条件可减少水的添加量，用部分果汁替代水，但酸性果汁（橙汁、橘子汁）的添加量不宜超过 10%。

（2）稳定剂的溶解：首先将白砂糖和稳定剂充分混合，然后溶解到部分水中，并加热处理，保证白砂糖及稳定剂充分溶解。

（3）酸乳破碎：采用搅拌的方式将酸乳破碎。

（4）配料：在破碎的发酵乳中加入溶解的糖浆及稳定剂，并充分搅拌，使稳定剂与破碎的酸乳充分混合，然后加剩余的水或果汁。

（5）均质：在 10MPa 的压力下均质，产品具有较高的稳定性。如果实验室没有均质机，可采用搅拌机快速搅拌均匀，但产品的稳定性较差。

（6）杀菌及灌装：采用 90℃、30min 杀菌处理即可，采用塑料杯灌装并封口。

五、实验报告

结合实验总结乳酸菌饮料的加工工艺。

六、思考题

1. 乳酸菌发酵中牛乳发生凝固的原理是什么？
2. 发酵剂制备中为何要保持无菌环境？

（青海大学　王树林）

实验 3-17　酸 奶 制 作

一、目的要求

学习酸奶的制作方法及工艺，理解乳酸菌发酵使牛乳发生凝固的原理，了解发酵剂的制备及应用。

二、实验原理

牛乳中的乳糖在乳酸菌产生的乳糖分解酶的作用下产生乳酸，牛乳在乳酸作用下变酸，使其蛋白质发生凝固，在适当的蔗糖添加量下，只要发酵产酸适当，不仅可以使牛乳形成均匀的凝固状态，也可产生酸甜适口的口感。

三、实验材料

（1）原材料：新鲜牛乳，酸度不高于 20°T。

（2）菌种：乳酸链球菌（*Streptococcus lactis*），德氏保加利亚乳杆菌（*Lactobacillus delbrueckii* subsp. *bulgaricus*）。

（3）试剂和器材：塑料杯 150～200mL，白砂糖，果汁，CMC-Na，黄原胶，海藻酸丙二醇酯（PGA），恒温培养箱，pH 计，温度计，塑料杯封口机，均质机等。

四、实验步骤

1. 发酵剂制备

（1）牛乳的杀菌：根据产品生产量确定发酵剂所用牛乳的用量，一般生产发酵剂的牛乳占发酵牛乳的 5%。将新鲜牛乳或脱脂牛乳装入三角瓶中，装入的牛乳以占三角瓶总容积的 2/3 为宜，装入三角瓶的牛乳采用 90℃、30min 杀菌处理。

（2）牛乳冷却：经热处理之后的牛乳须及时冷却到适合于菌种生长的温度，一般以 42～43℃为最佳温度。

（3）接种：在无菌操作台上，将活化后的试管发酵剂接种到冷却的牛乳中，每一阶段的接种操作都必须严密防止污染。接种量根据发酵剂菌种活力的不同，为 0.5%～2.5%，一般在活力正常情况下接种量可为 2%。适当加大接种量可以缩短发酵时间。

（4）恒温培养：接种后，一般在 42～43℃恒温状态下培养，酸度为 100°T（0.99%乳酸）～125°T（1.125%乳酸）时即可。培养时间根据菌的活力，为 3～20h。一般 16h 乳酸菌的活菌数达最高点，测酸度达到要求后立即冷却。

（5）冷却：培养达到要求的酸度后应立即冷却到 10～12℃。如果不马上使用该发酵剂时，必须冷却到 5℃，以免活力降低。

2. 酸奶生产

（1）牛乳加热处理与冷却：同发酵剂制备过程。

（2）接种：在尽量防止污染的环境下接种已经培养好的上述生产发酵剂，一般在活力正常情况下接种量可为 2%。

（3）恒温培养：接种后，一般在 38～42℃保温发酵 2.5～3.5h。当酸度为 65～70°T，pH 在 4.2～4.5 时终止发酵。

（4）冷却：培养达到要求的酸度后应立即冷却到 2～6℃后熟一定时间再销售。

五、实验报告

结合实验总结酸奶的加工工艺。

六、思考题

1. 生产优质酸乳（奶）的条件有哪些？
2. 纯酸乳（奶）和乳酸菌酸乳饮料制作方面有什么异同？

（青海大学　王树林）

实验 3-18　果酒酿制

——以干红葡萄酒酿制为例

一、目的要求

掌握干红葡萄酒的酿造工艺，理解对葡萄皮渣帽的浸渍管理。

二、实验原理

酿制红葡萄酒一般采用皮红肉白或皮肉均红的葡萄品种，如赤霞珠、梅鹿辄、品丽珠、佳丽酿、黑比诺等。采用皮渣与葡萄汁混合发酵方法，将糖转化为乙醇，同时将固体物质中的单宁、色素等酚类物质溶解在葡萄酒中，使红葡萄酒的口感更加丰满。

三、实验材料

（1）菌种：酿酒酵母。

（2）原辅料：‘赤霞珠’葡萄，亚硫酸，蔗糖，果胶酶等。

（3）器材：20L 广口玻璃罐，比重计，温度计，三角瓶，移液管，发酵栓等。

四、实验步骤

1. 干红葡萄酒酿造工艺

葡萄→分选→除梗、破碎→添加果胶酶→接种酿酒酵母→乙醇发酵→加糖、倒罐→发酵监控→分离皮渣→继续发酵→乙醇发酵结束→启动苹果酸—乳酸发酵→发酵监控→发酵结束→澄清、稳定→过滤→装瓶。

2. 操作要点

（1）分选：除去青果、霉变果、干果。

（2）除梗、破碎：葡萄原料破碎率 30%～50%，完全除梗后，立即加入 50mg/L SO_2。

（3）加糖：蔗糖需用葡萄汁完全溶解，并在发酵启动后添加。理论上，1.8g 蔗糖可以转化生成 1°酒。根据葡萄本身的含糖量及最后需要发酵的酒精度，计算应加多少蔗糖。

（4）接种酿酒酵母：酿酒酵母接种前，需进行活化。接种时间在 SO_2 添加后的 12～24h 进行。

（5）乙醇发酵及发酵监控：葡萄醪装罐量为容量的 3/4，并用水封闭发酵栓封闭。浸渍发酵温度控制在 22～28℃（温度可调范围较大），但一般控制发酵温度较低。发酵过程中，每天测密度和温度 3 次，并将皮渣帽搅拌 3 次。

（6）分离皮渣：当密度降低至 1.010～1.020 时，进行皮渣压榨分离。将自流酒和压榨酒混合后继续进行乙醇发酵。

（7）乙醇发酵结束：当酒中糖含量小于 2.0g/L 时，结束发酵。

（8）苹果酸-乳酸发酵：如果要进行苹果酸-乳酸发酵，则在浸渍发酵结束后，将乙醇发酵的温度控制在 18～20℃；在乙醇发酵结束后，用碳酸钙将葡萄酒的 pH 调至 3.2 及以上，在 18～20℃的条件下密闭进行苹果酸-乳酸发酵，并用纸层析法监控发酵进程。苹果酸-乳酸发酵结束时，进行酒与酒脚分离，并加入 50mg/L SO_2。

干红葡萄酒指标：酒度 11%～13%（*V*/*V*），总酸（酒石酸）5.4～6.1g/L，其他指标符合 GB 15037—2006 要求。

五、实验报告

报告实验结果，作发酵曲线图。

六、思考题

1. 浸渍的作用是什么？
2. 自然启动乙醇发酵和人工接种酿酒酵母对葡萄酒品质有什么潜在影响？

（西北农林科技大学　秦义）

实验 3-19 啤 酒 酿 制

一、目的要求

熟悉和掌握啤酒酿造的原理、设备及操作。学习啤酒生产工艺过程，包括麦汁制备、酵母活化培养、啤酒发酵控制的措施和方法。

二、实验原理

啤酒是以麦芽为主要原料先制成麦汁，添加酒花，再用啤酒酵母发酵而制成的一种酿造酒。啤酒生产过程主要分为：麦芽制造（制麦）、麦汁制备（糖化）、发酵、罐装 4 个部分。啤酒工业化生产可采用传统发酵槽工艺或大型露天发酵罐发酵。啤酒的生产工艺涉及和应用到微生物学、生物化学、酶学、化工原理、机械设备和发酵工艺等方面的理论和技术。

三、实验材料

（1）实验材料：大麦或麦芽，大米，啤酒酵母，淀粉酶，酒花，麦芽汁培养基等。

（2）实验仪器和设备：温度计，糖度计，台秤，天平，培养箱，糊化锅，糖化锅，麦汁煮沸罐，啤酒发酵罐，酵母培养罐，过滤机，灌装压盖机，啤酒瓶，皇冠盖等。

四、实验步骤

1. 工艺流程

根据实验条件选择不同的实验内容和重点。可从麦芽制造开始到成品啤酒，也可从麦汁制备（糖化）开始，到生产熟啤酒或酿造鲜啤酒。以干麦芽酿造啤酒的工艺流程举例，如图 3-2 所示。

2. 实验过程

1）麦芽汁的制备

准确称取麦芽粉 2800g，放入糖化锅，加入 54℃热水 9900mL，搅拌混匀，于 50～52℃保温 60～90min。准确称取大米粉 1300g，倒入糊化锅，加入 50℃的热水 6300mL，并加入 α-淀粉酶（6U / g 大米粉），搅拌均匀，于 80～85℃保温 30～40min。将糊化锅中的醪液升温至 100℃，迅速倒入糖化锅中，混匀，于 68℃保温 60～90min。其间用碘液进行检查，直至糖化完全。将糖化完全的醪液（糖化醪）升温至 78℃后，倒入过滤槽，静置 10min 后进行过滤、洗槽处理。将过滤和洗槽得到的麦芽汁合并，加入 0.12%的酒花，煮沸 90min。酒花也可分次加入，目前国内啤酒生产厂家通常分 3 次或 4 次加入酒花。例如，第一次是在麦汁初煮沸时，加入酒花用量的 1/5，第二次是在煮沸 40min 后，加入酒花用量的 2/5，第三次在煮沸结束前 10min，加入剩下的 2/5。煮沸结束后，用糖度计测定麦芽汁浓度，煮沸结束后除去酒花残渣及热凝固物，使麦芽汁浓度达到 10～12°P。除去酒花残渣的麦芽汁从 95～98℃急速冷却至 6～8℃。

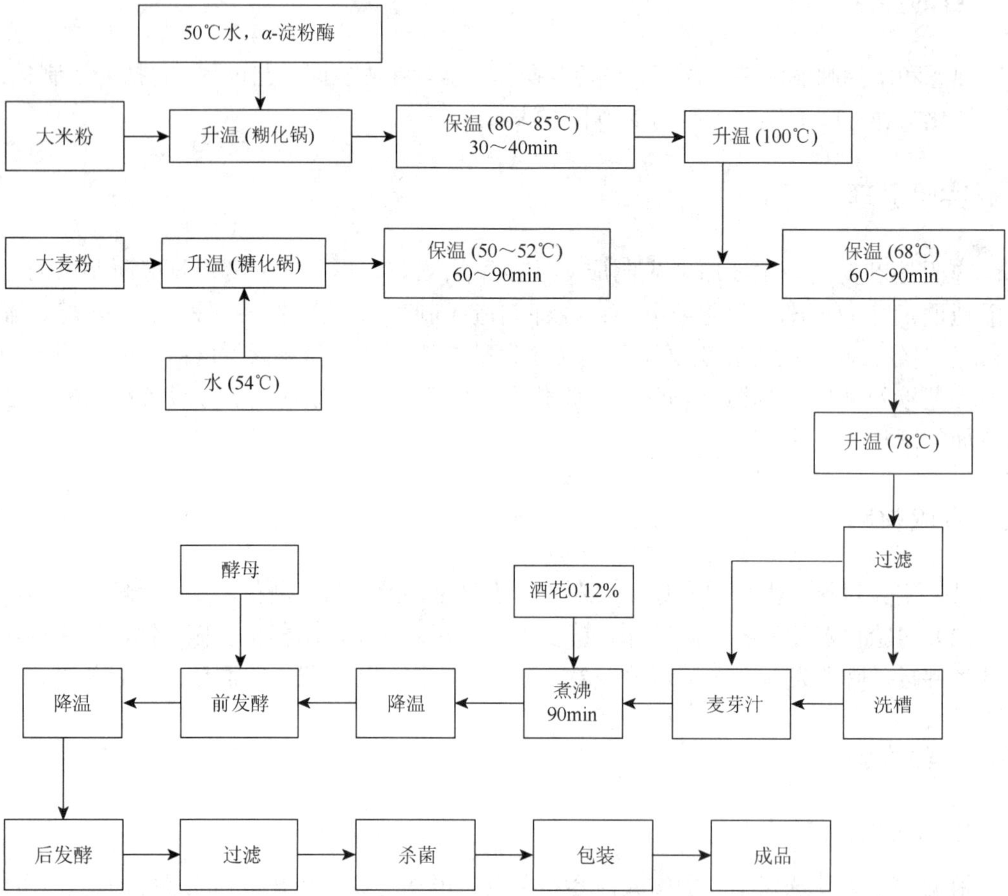

图 3-2　干麦芽酿造啤酒的工艺流程

2）低温发酵啤酒

（1）发酵罐的清洗和灭菌处理：用 2%的 NaOH 溶液冲洗锥形发酵罐，然后以清水冲洗至 pH 为 7，用 2%的甲醛溶液浸泡 2h 以上，再以清水冲洗至无甲醛味。使用前用 75%乙醇（或 80℃热水）灭菌。将麦芽汁冷却后送入发酵罐，接好冷却设备。

（2）接种、发酵：在发酵罐中接入扩大培养的啤酒酵母菌种子液或上一次啤酒发酵产生的酵母泥。有关啤酒酵母菌种子液和啤酒酵母泥的制备请参阅相关文献。种子液的加入量为麦芽汁质量的 3%～4%，酵母泥的加入量为 0.8%，接种温度为 9～10℃，低温发酵。发酵时间一般为 15～20d。主发酵时间为 7～8d，发酵温度最高不超过 15℃，以 6～9℃为宜。发酵过程要严格控制发酵温度，及时观察啤酒产气情况，避免造成杂菌污染而出现异常发酵，每天检测发酵液糖度变化，当发酵液的糖浓度下降到 4.5°Bx 时，表明主发酵阶段完成，转入后发酵阶段。

3）后发酵

后酵期间采用“先高后低”的温度控制原则，3℃保持 1.5d 左右，然后至 1.5℃保持 1d，贮酒 0～1℃，时间 5～7d。

3. 过滤、杀菌、包装

将贮好的啤酒经过滤装置进行过滤，得到澄清透明的酒体。再进行巴氏杀菌，最后进行罐装成为成品。

4. 产品评定

对啤酒成品进行感官指标、理化指标和卫生指标评定。感官评定包括外观、色泽、香气、滋味。理化指标包括原麦汁含量（%）、总酸、糖度、色度、pH、氨基酸含量等。卫生指标包括细菌总数、大肠杆菌数、致病菌数等。

五、实验报告

叙述啤酒酿造的主要过程和工艺参数，画出干麦芽和大米糖化的温度变化曲线。

六、思考题

1. 叙述麦芽汁和大米糖化过程几次温度变化的原因。
2. 根据啤酒酿造的工艺过程，叙述增加啤酒中 CO_2 气体含量的技术措施。
3. 设计啤酒品评的实验方法。

（陕西师范大学　张宝善）

实验 3-20　醪 糟 制 作

一、目的要求

掌握醪糟的制作方法及其原理，初步了解传统发酵技术的应用。

二、实验原理

糯米或大米经过蒸煮糊化，再利用酒曲中的根霉和米曲霉等微生物将糊化后的淀粉糖化，将蛋白质水解成氨基酸，然后酒曲中的酵母菌再利用糖化产物进行生长和繁殖，并通过糖酵解途径将糖转化成乙醇，从而赋予醪糟特有的香气、风味和丰富的营养。随着发酵时间延长，醪糟中的糖分逐渐转化成乙醇，因而糖度下降、酒精度提高，适时结束发酵是保持醪糟口味的关键。

三、实验材料

（1）材料：优质糯米，甜酒曲，开水少许。

（2）仪器和其他用品：蒸锅，纱布，试管，筷子，电磁炉，恒温培养箱，多孔蒸盘（和蒸锅相配），普通广口玻璃瓶，pH 试纸，糖度仪等。

四、实验步骤

醪糟制作工艺流程如图 3-3 所示，具体操作要点如下。

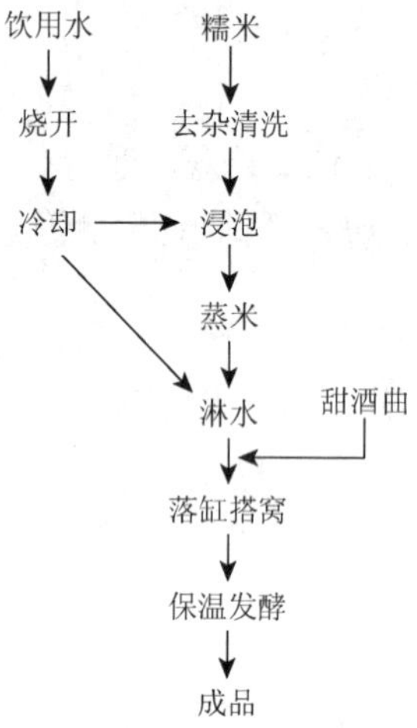

图 3-3　醪糟制作工艺流程

（1）去杂清洗：选择当年生产的优质糯米为原料，除去杂质和碎米后，用水淘洗 2～3 次，直至淋出水不带白浊为止。

（2）浸泡：将淘洗干净的糯米置于 35℃的温水中，保持水面高于米面约 10cm，浸泡 8～12h。要求米粒全部浸润、膨胀，以便于蒸煮时淀粉糊化完全，一般用手掐一下米，感觉米变酥即可。

（3）蒸米：捞起浸泡好的糯米，放置于铺有纱布的多孔蒸盘上，于蒸锅内蒸熟。蒸米时间根据投料量大小确定，一般为 1～2h；要求饭粒松软、无白芯、不粘结；其主要作用是促使米粒中的淀粉糊化，利于糖化酶将淀粉转化成单糖，同时杀灭杂菌。

（4）淋水：用凉开水淋洗蒸熟的糯米饭，使其快速降温至 35℃左右，同时使饭粒松散。

（5）落缸搭窝：将甜酒曲均匀拌入饭内，同时在洗干净的玻璃瓶内洒少许药酒，然后将饭松散放入容器内，搭成凹形圆窝，面上再洒少许甜酒曲粉，最后用保鲜膜或纱布密封。

（6）保温发酵：将密封好的玻璃瓶放入 30℃左右的恒温培养箱中恒温发酵，当窝内酒液高度达到饭堆高度的 2/3 左右时进行搅拌，再继续发酵 1～2d 后结束。

（7）检测：测定成品的 pH 和可溶性固形物含量，并进行感官评定。

五、实验报告

1. 发酵期间每天观察、记录发酵现象。
2. 记录成品的 pH 和可溶性固形物含量，填写表 3-5。

表 3-5　醪糟感官评定表

项目	评分标准	分数（总分 100 分）	实际得分
色泽	均匀一致，透明度高，自然协调	30	
滋气味	酒香浓郁，口感自然，无异味	40	
口感	细腻，醇厚甘干润，滑润可口	20	
稳定效果	无沉淀，无杂质	10	

六、思考题

1. 醪糟制作的关键步骤是什么？为什么？
2. 发酵期间为什么要进行搅拌？

（湖南文理学院　贺江）

实验 3-21　食醋酿制

一、目的要求

通过实验掌握食醋的生产过程及工艺控制。

二、实验原理

食醋是我国传统的酸性调味品，酿制工艺多样，产品各具特色。其基本原理是以淀粉质为原料，经加热糊化，曲霉菌（糖化曲）的糖化过程，酵母菌的乙醇发酵（酒化），最后由醋酸细菌将乙醇氧化为乙酸（醋化）而成的调味品。成品中除乙酸外，还含有其他有机酸、糖、醇、醛、酮、酯、酚及各种氨基酸，因此是色、香、味、体俱佳的酸性调味品。

三、实验材料

（1）材料：主料为大米、糯米、高粱、小麦等；辅料一般采用细谷糠、麸皮或豆粕；填充料常用的有谷壳、稻壳、玉米秸、高粱壳等；添加剂如食盐、蔗糖、芝麻、生姜等增进食醋的色泽和风味，改善食醋的体态。

（2）菌种：酵母菌菌种，醋酸菌菌种等。

四、实验步骤

1. 制醋原料的处理

为了扩大原料同微生物酶的接触面积，使有效成分被充分利用，在大多数情况下，应先将粮食原料粉碎，然后再进行蒸煮、糖化，采用酶法液化；通风回流制醋工艺中是用水磨法粉碎原料。粉碎后的原料进行润水，加水量视原料种类而定。高粱润料用水量为 50%左右，润料时间约 1h。用大米为原料则采用浸泡的方法，浸泡时间夏季为 6～8h，冬季为 10～12h，浸泡后捞出沥干。食醋原料的蒸料可在常压及加压（0.01MPa）条件下进行，时间一般为 30min 即达蒸料要求。

淀粉质原料制食醋，可分为 3 个发酵过程：糖化、乙醇发酵和乙酸发酵。因此要制备糖化剂、酒母和醋酸菌菌液，用于食醋生产的各个阶段。

2. 糖化剂的制备

把淀粉转变为发酵性糖，所用催化剂称为糖化剂。糖化剂包括以下六大类：大曲、小曲、麸曲、红曲、液体曲和淀粉酶制剂。固体发酵法制醋中，麸曲是使用最多的糖化剂，菌种以黑曲霉为主，它的制备过程如下。

（1）试管培养：培养基为 6°Bé 左右的饴糖液 100mL，蛋白胨 0.5g，琼脂 2.5g，在 0.1MPa 压力下灭菌 30min，冷却后接种，置于 30～32℃条件下培养 3～5d，孢子成熟即可应用。

（2）三角瓶培养：麸皮 80g，面粉 20g，水 100mL，拌匀过筛，在 250mL 三角瓶内装入 20g，在 0.1MPa 压力下灭菌 30min，冷却后接种、摇匀，在 30～32℃条件下培养 10～20h 后，菌丝生长，温度上升，开始结块，摇匀，第三天菌生长茂盛，即可扣瓶，待孢子由黄色变成黑褐色即可取出使用。

（3）种曲制备：将三角瓶种曲进一步在曲盘上扩大培养，接种量为 0.5%～1%，原料配比及处理同三角瓶种曲，曲盘装料厚度为 1.5～2cm，通过翻曲及喷洒水分控制品温不超过 38℃，湿度适当，一般维持培养温度在 26～28℃，经 70h 左右，孢子大量繁殖，呈褐色，外观成块状，内部松散，用手指一触，孢子飞扬即可。每克种曲（干基）孢子数一般应在（2.5～3.0）$\times 10^9$ 以上，发芽率保持在 90%以上。

3. 酒母的制备

酒母是用于糖化醪乙醇发酵的酵母菌，固态法酿造食醋时将麸曲和酒母与蒸熟的原料混合，进行淀粉糖化及乙醇发酵。

目前，我国食醋生产工艺常用的酵母菌基本上与乙醇、白酒、黄酒生产所用酵母菌相同，属啤酒酵母及其变种，如拉斯 2 号、拉斯 12 号、南阳 5 号、南阳混合等。

酒母的培养采用逐级扩大的方法，每次扩大倍数一般为 10～20 倍，温度保持在 26～28℃，微量通风培养 8～10h，培养基采用 7°Bé 麦芽汁或 7°Bé 米曲汁或 7～8°Bé 的糖化醪液，调整 pH 至 4.1～4.4，在 0.1MPa 压力下灭菌 30min。

酒母质量的好坏以镜检来决定，简易而快速。一般要求是：①酵母细胞数。每 1mL 酒母中以酵母细胞 8×10^7～1.2×10^9cfu/mL 为宜。②出芽率在 15%～30%，出芽率高，说明酵母菌处于旺盛的生长期。③酵母菌死亡率应小于 1%。

4. 醋母的制备

醋酸菌在制醋过程中将乙醇氧化为乙酸。现在，国内生产者大多应用中国科学院微生物研究所‘1.41 号’醋酸菌及‘沪酿 1.01 号’醋酸菌。醋酸菌的培养过程如下。

（1）试管斜面培养。

培养基：葡萄糖 1g，酵母膏 1g，乙醇 2mL，琼脂 2.5g，$CaCO_3$ 1.5g，水 1L，pH 自然。培养条件：在 30～32℃条件下培养 48h，保藏在 0～4℃冰箱内备用。

（2）三角瓶扩大培养：培养基同试管斜面培养基。先将除乙醇外的培养基其他成分分装于三角瓶中，每 500mL 三角瓶装 120～150mL，在 0.1MPa 压力下灭菌 30min，取出冷却后，在无菌条件下加入乙醇。每支试管原菌可接 2～3 瓶，摇匀，在 32～34℃条件下振荡培养 24h，镜检菌体生长正常，无杂菌即可使用。如为静置培养，三角瓶装液量可适当减少，在 30℃条件下恒温培养 5～7d，液面上长有菌膜，嗅之有乙酸的清香味，即醋酸菌生长成熟。

5. 固态发酵法制醋工艺

以固态发酵工艺流程为例如下。

甘薯干(高粱或碎米)→粉碎→混合→润水→蒸熟→摊晾过筛→糖化、乙醇发酵→
　　　　　　　　　　　　　↑　　　　　　　　　　　　　　　　　　↑
　　　　　　　　　　　　细谷糠　　　　　　　　　　　　　　　麸曲及酒母

乙酸发酵→加盐→后熟→淋醋→陈酿→澄清→配制→灭菌→成品
↑
醋母及粗谷糠

原料配比（g）为，甘薯干（高粱或碎米）：细谷糠：麸曲：粗谷糠=1000：1750：500：500。酒母及醋母接入量均按（5～10）g / 100mL 水，加入时控制醋醅含水量 60%～62%为宜，可在蒸料前后分二次加入，蒸料前含水量 50%左右。

通过倒醅控制醅温不超过 40℃，前期发酵醅温上升较快，可 5～8h 倒醅一次，2d 后，醅温逐渐降低，可每天倒醅一次。第 5 天，醅温降至 33～35℃，乙醇发酵完成。

乙醇发酵结束后，按比例拌入粗谷糠及接入醋酸菌种子。2～3d 后醅温升高，通过倒醅来控制醅温，不得超过 42℃，并使空气流通，一般每天倒醅一次，经 12d，醅温开始下降，当乙酸含量达 7%以上，醅温下降至 38℃以下时，乙酸发酵结束，应及时加入 1%～2%食盐，拌匀放置 2d，作为后熟。

淋醋，即用水将成熟醋醅中的有用成分溶解出来，得到醋液的过程。淋醋可用水直接浸淋或套淋使醋渣残酸至 0.1%为止。

为改善食醋风味，也可将成熟固态醋醅压实，加盖食盐一层，密封酿 20～30d，也可用醋液密封 30～60d，这一过程称为陈酿，可以增加食醋的香味，减少尖酸味。

澄清醋液，加热到 80℃，灭菌 10min 后包装。

6. 分析方法

（1）乙醇含量的测定：采用密度法测定。

（2）总酸的测定：标准 NaOH 滴定法，以酸度计测定时，pH 8.2 为终点。

$$X = \frac{(V_1 - V_2) \times C \times 0.06}{V \times (10/100)} \times 100\%$$

式中，X 为样品中总酸含量（以乙酸计）；V_1 为测定样品稀释液消耗标准 NaOH 体积，mL；V_2 为空白消耗标准 NaOH 体积，mL；C 为 NaOH 标准液浓度，mol / L；0.06 为 1mol/L

NaOH 标准液 lmL 相当乙酸的克数；V 为样品体积，mL；10/100 为取 10mL 样品稀释到 100mL。

五、实验报告

计算食醋出品率、乙醇发酵率和乙酸发酵率。

六、思考题

1. 固态发酵法的优缺点是什么？并指出生产的关键。
2. 在现有条件下，如何进行工艺控制？并提出改进的措施。

（塔里木大学　郭东起）

实验 3-22　豆腐乳制作

一、目的要求

掌握豆腐乳生产的工艺过程，观察豆腐乳发酵过程中的变化，理解豆腐乳生产的原理。

二、实验原理

在豆腐坯上接种毛霉，经过培养繁殖，分泌蛋白酶、淀粉酶、谷氨酰胺酶等多种酶系，在长时间发酵后与腌坯调料中的酵母、细菌等协同作用，使豆腐坯蛋白质缓慢水解，生成多种氨基酸，加之由微生物代谢产生的各种有机酸，与醇类作用生成酯，形成细腻、鲜香的豆腐乳特有风味。

三、实验材料

（1）材料：毛霉斜面菌种，马铃薯葡萄糖（PDA）琼脂培养基，无菌水，豆腐，红曲米，面曲，甜酒酿，白酒，黄酒，食盐。

（2）实验仪器和设备：250mL 茄子瓶，玻璃棒，小刀，小型匀浆机，小笼格，喷雾器，恒温恒湿霉菌培养箱，小竹筐，四旋瓶。

四、实验步骤

1. 工艺流程

豆腐乳制作工艺流程如图 3-4 所示。

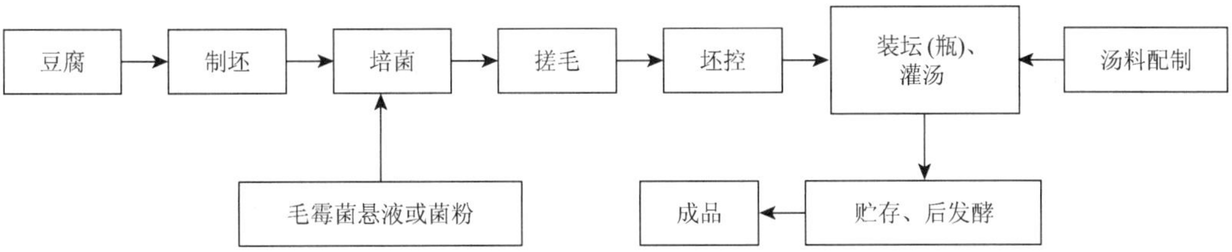

图 3-4　豆腐乳制作工艺流程

2. 实验过程

（1）毛霉菌悬液或菌粉制备。

毛霉菌悬液制备：在无菌 PDA 琼脂培养基上活化，然后转接于三角瓶中，25℃培养 2d，待毛霉种子生长旺盛时加入无菌水 100mL，将霉菌膜洗下并用小型匀浆机打成均匀的液态状备用。

毛霉菌粉制备：将豆腐渣与大米粉（或面粉）混合[其配比为 1∶1（质量比）]，装入茄子瓶中，以 1～2cm 厚度为宜，加棉塞，高压灭菌（0.1MPa）1h，冷却至室温接种，于 20～25℃培养 3～4d，风干后，每瓶加少量大米粉，混匀即成菌种粉。

（2）制坯：选取含水量为 71%～72%的新鲜豆腐，用刀切成 2.4cm×2.4cm×1.2cm 坯形。

（3）毛霉菌培养：将 40 块豆腐坯，竖立于事先消毒的有竹底的木框盒内，均匀排列；块间距为一块坯的厚度。将已制备好的毛霉菌悬液用喷雾器均匀地喷射接种到排列好的豆腐坯的前、后、左、右、上 5 个面上，或在豆腐坯上均匀撒上菌粉。将接菌后的豆腐坯置于（28±1）℃恒温恒湿培养箱中，培养 12～14h 后可以观察到生长的菌丝，到 22h 左右菌丝已布满豆腐坯，物料温度开始上升。此时进行第一次翻笼，即调整上下层的位置，使品温相对平衡。培养 28h 以后，菌丝大部分已成熟，长满白色的毛霉菌丛，当笼内温度为 35～36℃即可进行第二次翻笼。32h 后，笼内温度再次升高时，可以将笼盒交错摆放，控制温度升高，使菌体老化。这个周期一般为 2d 左右。

（4）搓毛：将培养好的毛坯先用手工将菌丝分开或抹倒，使毛坯块上形成一层衣皮。然后将毛坯逐渐拆开，并进行合拢，使块与块不相粘连。

（5）腌坯：先在竹筐底部撒一层盐，再将毛坯平放成圈排列其中，注意圈间要紧靠。每放置一层后，用手压平坯面，再撒一层盐，直至装满，加盐量为下少上多。然后于室温下边腌制边控卤，使腌坯收缩，大约 3d 后需放在 16%的盐水中淹没坯面，待 2～3d 后取出沥干。

（6）装坛（瓶）、灌汤：将沥干盐水的毛坯装入坛或瓶内，装坛时先将每块坯子的各面蘸上预先配好的汤料，然后立即码入坛（瓶）内，随后加入汤料。豆腐乳汤料的配制，各地区不同，各品种也不相同。以青方豆腐乳和红方豆腐乳的汤料为例配制如下。

青方豆腐乳装坛时不灌汤料，每 1000 块坯子加 25g 花椒，再灌入 7°Bé盐水（用豆腐黄浆水掺盐或腌渍毛坯时流出的咸汤）。

红方豆腐乳一般用红曲醪 1.45kg，面酱 0.5kg，混合后磨成糊状，再加入黄酒 2.5kg，调成 10°Bé的汤料，再加 15g 含酒度 60%（*V*/*V*）的白酒，搅拌均匀，即红方汤料。

（7）贮存、后发酵：加入汤料至淹没豆腐乳后，清洁坛（瓶）口，加盖，豆腐乳封坛后即放在通风干燥之处，利用户外的气温进行发酵，一般需贮藏 3～5 个月成熟。

五、实验报告

叙述豆腐乳生产的操作过程和豆腐乳发酵过程中的主要变化。

六、思考题

1. 豆腐乳生产发酵的原理是什么？
2. 腌坯时所用食盐含量对豆腐乳质量有何影响？
3. 豆腐乳制作的基本环节有哪些？需注意的细节是什么？

（陕西师范大学　张宝善）

实验 3-23　酱油酿制

一、目的要求

学习酱油发酵的原理，掌握米曲霉的固态培养技术和酱油制曲、发酵、浸出（淋油）的操作技术。

二、实验原理

酱油酿造的主要原料是富含蛋白质和糖类物质的豆粕、麸皮等。将豆粕和麸皮接入米曲霉制成成曲。米曲霉既有较强的蛋白质分解能力，又具有糖化能力。成曲加盐发酵，成曲中丰富的蛋白酶、糖化酶将蛋白质原料（如豆粕等）中的蛋白质分解为肽类和氨基酸，淀粉质原料（如麸皮等）中的淀粉分解为糊精和葡萄糖，另外在发酵中来自环境的耐盐酵母菌、乳酸菌和醋酸菌作用于酱醅，产生乙醇、乳酸和其他有机酸，同时这些物质之间在酱醅发酵中相互反应产生酯化、羰氨等反应，形成酱油的色、香、味。

三、实验材料

（1）菌种：米曲霉（*Aspergillus oryzae*）AS3.951（沪酿 3.042 或 AS3. 863）。

（2）材料：豆粕（或豆饼），麸皮（或小麦），食盐。

5°Bé豆粕汁：豆粕加 5 倍水煮沸 1h，边煮边搅拌，然后过滤。每 100g 豆粕可制得豆粕汁 100mL，浓度为 4～5°Bé。

（3）培养基。

斜面培养基：5°Bé豆粕汁 100mL，$(NH_4)_2SO_4$ 0.05g，KH_2PO_4 0.1g，$MgSO_2 \cdot 7H_2O$

0.05g，可溶性淀粉 2.0g，琼脂 2.0g，pH 自然。在 0.1MPa 压力下灭菌 30min。

三角瓶培养基：豆饼粉 20g，麸皮 60g，面粉 20g，水 65mL（或麸皮 80g，面粉 20g，水 80mL）。将原料混合均匀，分装于三角瓶中，料厚 1cm 左右，扎好棉塞，在 0.1MPa 压力下灭菌 30min。

曲盘种曲培养基：麸皮 80g，面粉 20g，水 80mL（或麸皮 80g，豆粕粉 15g，水 95mL），在 0.1MPa 压力下灭菌 30min（或常压蒸料 1h，再焖 30min）。

四、实验步骤

1. 工艺流程

酱油酿制工艺流程如图 3-5 所示。

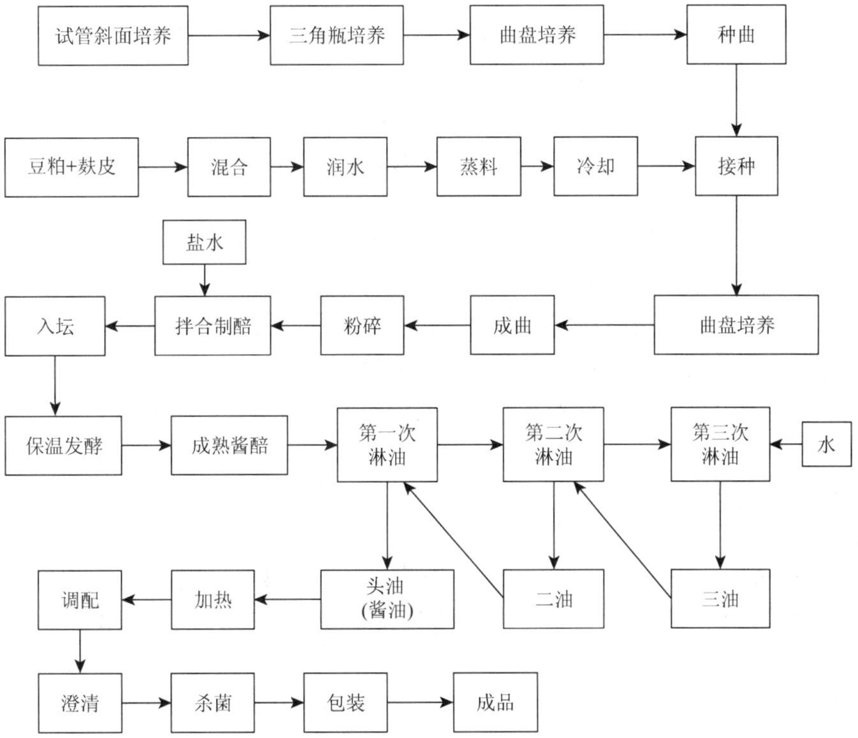

图 3-5　酱油酿制工艺流程

2. 实验过程

1）种曲制备

（1）试管斜面菌种培养：将试管原菌接种于试管斜面培养基上，30℃恒温培养 3d，斜面上长满黄绿色孢子，并检查无杂菌。

（2）三角瓶种曲培养：将试管斜面菌种接种于三角瓶培养基中，摇匀，在 30℃条件下培养。约 18h 后，瓶内曲料上布满白色菌丝并结块，摇瓶一次，将结块摇碎。继续培养 4h，曲料又结块，进行第二次摇瓶。经过 2d 培养，把三角瓶倒置，以促进底部曲霉生长。继续培养 1d，待全部长满黄绿色孢子即可。

（3）种曲培养：待灭菌后的曲盘培养基品温降至 40℃左右时，将三角瓶种曲散布于曲料中，翻拌均匀。接种量为 0.5%～1%。曲料装入曲盘中，厚度为 2cm 左右，上盖湿纱布。在 28～30℃、相对湿度 90%的条件下培养约 16h 后，曲料出现白色菌丝并结块，品温升高到 38℃左右时可进行翻曲，搓碎曲块，同时喷洒补充约 40℃的温水 40%（占原料质量），过筛一次混合均匀。补水多少视菌丝生长快慢和水分挥发程度灵活掌握。翻曲后料层厚度减至 lcm，保持湿度，温度控制在 26～28℃。4～6h 后，再次翻曲，品温必须控制在 38℃以下，并经常保持纱布潮湿。再经 10h 左右，曲料呈淡黄绿色，品温下降至 32～35℃。在 28～30℃条件下继续培养 35h 左右，曲料上长满孢子，可揭去纱布，促进孢子完全成熟。总培养时间需 68～72h。

2）制成曲

（1）原料处理：若用豆粕则无需粉碎。若用豆饼则需粉碎成米粒大小，大小均匀，粒径在 5mm 以上和粉末状的不超过 10%。

（2）润水：按豆粕麸皮以 3∶2 的比例配料，加水量约为原料质量的 80%，以控制熟料水分，含水量以 45%～50%为宜，水为接近沸点的热水。混合均匀，润水要求水分充分渗入料粒内部。

（3）蒸料：采用高压灭菌锅蒸料，在 0.08～0.14MPa 压力下维持 15～30min。

（4）冷却、接种：熟料出锅后冷却至 40℃，并打碎团块。将种曲与经干热处理的适量新鲜麸皮充分拌匀，然后接种到熟料中，接种量为原料总质量的 0.3%左右。

（5）曲盘培养：操作方法同种曲培养，但应控制培养时间，以曲内部菌丝茂盛，外部着生嫩黄绿孢子为宜。此时酶活力已达最高峰，应及时出曲，时间为 2～3d。

3）发酵

（1）配制 13°Bé盐水，一般按 100kg 水中溶入食盐 1.5kg，可以以配成 1°Bé的盐水计算，100kg 水中溶入 19.5kg 食盐即可。

（2）拌和制醅：将成曲搓碎（约 2mm 颗粒），与 13°Bé的盐水按一定比例拌和，盐水温度 50～55℃，加入量应以酱醅含水量在 52%～55%、食盐含量在 6%～7%为宜。

（3）入坛（缸）保温发酵：将醅装入坛（缸）中，保温发酵。将品温控制在蛋白酶作用的最适温度 42～45℃，发酵 10d 左右，补加盐水，使酱醅含盐量达 15%，同时降低品温至 30～32℃，再经 5～10d 酱醅成熟。

4）浸出

采用三套循环淋油法：将二油加热至 70～80℃（若无二油可用热水代替），注入成熟酱醅中，加水量一般为豆粕原料用量的 5 倍。温度保持在 55～60℃，浸泡 20h，滤出头油。头油调节含盐量在 16%以上。向头渣中加入 80～85℃的三油（若无三油可用热水代替），浸泡 8～12h，滤出二油。用热水浸泡二渣 2h，滤出三油。二油、三油用于下一批的浸醅提油。

5）加热及配制

将滤出的油加热至 65～70℃，维持 30min。按照国家标准或根据不同需要进行配制。

五、实验报告

总结酱油生产原理及制作工艺。

六、思考题

1. 酱油酿造的基本原理是什么？
2. 影响酱油色、香、味和体的主要因素是什么？
3. 从酱油发酵工艺和原料的选择叙述降低酱油含盐量的技术措施。

（陕西师范大学　张宝善）

实验 3-24　酿酒酵母的固定化及连续发酵

一、目的要求

掌握制备固定化细胞中最基本、最常用的方法，学会用固定化酿酒酵母进行发酵及乙醇浓度的测定。

二、实验原理

细胞固定化技术是现代生物工程领域的重要内容之一。其固定机制是将微生物细胞利用物理或化学的方法，使细胞与水不溶性载体相结合，使其既不溶于水，又能保持微生物的活性。它在固相状态下作用于底物，具有离子交换树脂的特点，有一定的机械强度，可用搅拌或装柱形式与底物溶液接触。由于微生物被固定在载体上，使得它们在反应结束后，可反复使用，也可贮存较长时间，且微生物活性不变，并不断生长繁殖，从而大大加快了反应速度，使反应器生产能力大幅度提高。该项技术是近代工业微生物学上的重要革新。

目前，酵母细胞固定化方法常用的载体有：①多糖类（纤维素、琼脂、葡聚糖凝胶、藻酸钙、κ-卡拉胶、DEAE-纤维素等）；②蛋白质（骨胶原、明胶等）；③无机载体（氯化铝、活性炭、陶瓷、磁铁、二氧化硅、高岭土、磷酸钙凝胶等）；④合成载体（聚丙烯酰胺、聚苯乙烯、酚醛树脂等）。选择载体原则上以廉价、无毒、强度高为好。微生物固定的常用方法有 3 种，第一种是载体结合法；第二种是交联法；第三种是包埋法，即采用多聚体的载体直接将酵母细胞包埋在其中。包埋法是目前微生物细胞固定化技术中最有效和最常用的方法。本次试验也采用包埋法固定细胞。常用的包埋剂主要有：海藻酸盐、角叉胶、琼脂糖、环氧树脂、聚丙烯酰胺等。固定化酵母克服了传统游离酵母发酵工艺中酵母与产品分离困难、易流失、影响产品质量等问题，且具有生长快、反应迅速、抗污染能力强、可连续使用、产物分离方便等优点，目前越来越广泛地应用于食品与发酵工业中。

三、实验材料

（1）菌种：酿酒酵母。

（2）试剂和器材。

种子培养基（YPD）：葡萄糖 2g，胰蛋白胨 2g，酵母提取物 1g，蒸馏水 150mL，pH5.0～5.5，分装 30mL 于 250mL 锥形瓶中，共 4 瓶，0.1MPa 116℃灭菌 20min，备用。

乙醇发酵培养基（YG）：蔗糖 20g，$MgSO_4·7H_2O$ 1g，NH_4NO_3 1g，20%豆芽汁 4mL，$KH_2PO_4·3H_2O$ 1g，水 100mL，自然 pH。分装 200mL 于 300mL 锥形瓶中，共 4 瓶，0.1MPa 116℃灭菌 20min，备用。

海藻酸钠，琼脂，κ-卡拉胶，葡萄糖，蛋白质，酵母膏，明胶，戊二醛等。

培养皿，无菌 10mL 注射器外套及 $5^{\#}$头皮静脉针头或带喷嘴的小塑料瓶，移液管，小烧杯，玻璃棒，烧瓶，冷凝管等。

四、实验步骤

（1）酿酒酵母种子培养液的制备：挑取新鲜斜面菌种一环，接入装有 30mL YDP 培养基的锥形瓶中，30℃振荡培养，共接 4 瓶，培养至对数生长期。

（2）酿酒酵母固定化及连续发酵：采用包埋法固定化微生物细胞。

A. 方法一

琼脂凝胶固定化细胞的制备：称取 1.6g 琼脂于 100mL 小烧杯中，加水 40mL，加热熔化后，0.1MPa 116℃灭菌 20min，冷却至 50℃左右，加入 10mL 培养至对数生长期的酵母种子液，混合均匀，立即倒入直径 15cm 的无菌培养皿中，待充分凝固后用小刀切成大小为 3mm×3mm×3mm 的块状，装入 300mL 锥形瓶中，用无菌去离子水洗涤 3 次，加入 200mL YG 液体培养基，置 30℃培养 72h。另外，再取 10mL 未经固化的酵母种子液接入装有 200mL YG 液体培养基的无菌锥形瓶中作为对照，同样条件下培养 72h 后测定乙醇含量。

采用连续发酵法，可使用柱式反应器（图 3-6），即将固定化细胞放入 12.5cm×2.8cm 柱中，然后将 YG 培养基于 30℃、以 50mL/h 的速度通过反应柱。包埋细胞在凝胶柱中生长繁殖达到稳定状态。继续添加 YG 培养基可维持这种稳定状态。在这种情况下，以填充柱中凝胶柱体积和流加培养基速率比来表示滞留时间，温度维持在 30℃，为了防止填充柱被杂菌污染，通常在无菌条件下进行。

B. 方法二

海藻酸钠凝胶固定化细胞的制备：称取 1.6g 海藻酸钠于无菌的小烧杯中，加无菌去离子水少许，调成糊状，再加入其余的水（总量为 40mL），加温至熔化，冷却至 45℃左右，加入 10mL 酵母菌培养液，混合均匀，倒入一个无菌的小塑料瓶或滴定管中，通过 1.5～2.0mm 的小孔，以恒定的速度滴到盛有 10% $CaCl_2$ 溶液的培养皿中制成凝胶珠，浸泡 30min 后将凝胶珠转入 300mL 锥形瓶中，用无菌去离子水洗涤 3 次，加入 200mL YG

培养基，置 30℃培养 72h 后测定乙醇含量。

连续发酵方法同琼脂凝胶固定化细胞的方法。

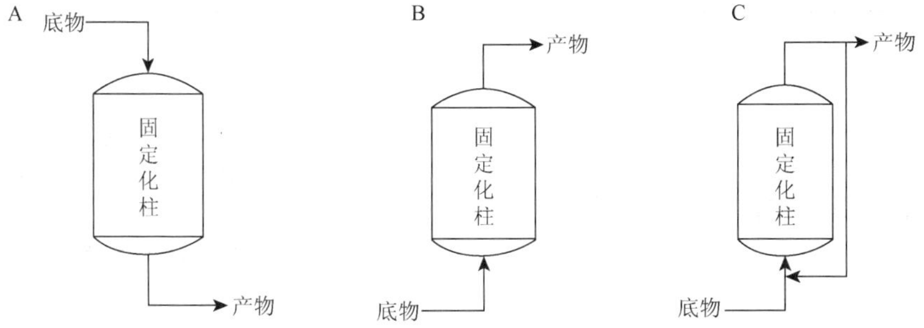

图 3-6　连续发酵示意图

A. 下向流动方法；B. 上向流动方法；C. 循环方法

C. 方法三

κ-卡拉胶（双称角叉莱胶）固定化细胞的制备：κ-卡拉胶是一种从海藻中分离出来的多糖，其化学组成为 β-D-半乳糖硫酸盐和 3，6-脱水-α-D-半乳糖交联而成。热 κ-卡拉胶可经冷却或经胶诱导剂如 K^+、NH_4^+、Ca^{2+}、Mg^{2+}、Fe^{3+}及水溶性有机溶剂诱导形成凝胶。κ-卡拉胶固定化微生物有很多优点，如凝胶条件粗放，凝胶诱生剂对酶活性影响很少，细胞回收方便。因此，目前多选用它作载体。称取 1.6g κ-卡拉胶于小烧杯中加无菌去离子水，调成糊状，再加入其余的水（总量为 40mL），加温至熔化，冷却至 45℃左右，加入 10mL 预热至 31℃左右酵母菌培养液，混合均匀后倒入带有小喷嘴的塑料瓶或滴定管中，通过 1.5～2.0mm 的小孔，以恒定的速度滴到装有已预热至 20℃且含 2% KCl 溶液的培养皿中制成凝胶珠；也可参考琼脂包埋法，切块浸泡 30min 后将凝胶珠转入 300mL 锥形瓶中，用无菌去离子水洗涤 3 次，加入 200mL YG 培养基，置 30℃培养 72h 后测定乙醇含量。同时取出两粒凝胶置于无菌生理盐水中浸泡，然后放 4℃冰箱保存，留作计算细胞活菌数。

连续发酵方法同琼脂凝胶固定化细胞的方法。

五、实验报告

1. 固定化细胞的回收与活菌计数。

（1）取培养 72h 的固定化细胞，如含酵母的 κ-卡拉胶包埋珠两粒，放入 5mL 无菌生理盐水中。培养前的凝胶珠同样处理。

（2）37℃轻振 15min，使胶珠溶解。

（3）适当稀释后涂布于 YDP 琼脂平板进行活菌计数，观察酵母菌在包埋块中的增殖。

2. 乙醇发酵液的蒸馏与酒精度的测定。

采用常规蒸馏法即可。

3. 试验结果记录。

将酿酒酵母细胞固定化经发酵培养后的结果填入表 3-6。

表 3-6 酿酒酵母细胞固定化及发酵结果

菌号	载体	取样时间/h	酒精度	活菌个数/（个/mL）

六、思考题

微生物细胞固定化在发酵工业上有何意义？

（兰州理工大学 王永刚）

实验 3-25 食品加工废水中化学需氧量的测定

一、目的要求

学习和理解食品加工废水中化学需氧量（chemical oxygen demand，COD）和水质的关系，并学会其测定原理和方法。

二、实验原理

食品加工过程产生的废水中含有大量的有机大分子成分，如果不予处理，直接排放，将对周围环境造成极大的影响。废水中含有的有机物的量常用化学需氧量和生物需氧量来表示。COD 是指使用强氧化剂使 1L 污水中的有机物质迅速进行化学氧化时所消耗氧的毫克数，一般使用高锰酸钾（$KMnO_4$）、重铬酸钾（$K_2Cr_2O_7$）等强氧化剂。目前常用方法有重铬酸盐法和碘化钾碱性高锰酸钾法。

在水样中加入已知量的重铬酸钾溶液，并在强酸介质下以银盐作催化剂，经沸腾回流后，以 1，10 - 邻菲罗啉溶液为指示剂，用硫酸亚铁铵滴定水样中未被还原的重铬酸钾，由消耗的硫酸亚铁铵的量换算成消耗氧的质量浓度。在重铬酸钾条件下，芳烃及吡啶难以被氧化，其氧化率较低，在硫酸银催化作用下，直链脂肪族化合物可有效地被氧化。

重铬酸钾法不适用于含氯化物浓度大于 1000mg/L（稀释后）的废水，由于高浓度氯离子对 COD 的测定造成严重的干扰，重铬酸钾法无法准确监测这类废水中的 COD。为此，采用碘化钾碱性高锰酸钾法来测定高氯废水化学需氧量，其原理是在碱性条件下，加一定量高锰酸钾溶液于水样中，并在沸水浴上加热反应一定时间，以氧化水中的还原性物质。加入过量的碘化钾还原剩余的高锰酸钾，以淀粉作指示剂，用硫代硫酸钠滴定释放出的碘，换算成氧的浓度，用 COD OH·KI 表示。碘化钾碱性高锰酸钾法可用于氯离子含量每升高达几万至十几万毫克高氯废水 COD 的测定，其最低检出限为 0.2mg/L，测定上限为 62.5mg/L。由于碱性高锰酸钾法与重铬酸钾法氧化条件不同，对同一样品的测定值也不相同，而我国污水综合排放标准中 COD 指标是指重铬酸钾法的测定结果，须将碱性高锰酸钾的测定结果换算成重铬酸钾法的 COD 值。

三、实验材料

1. 主要玻璃仪器

（1）回流装置：带有 24 号标准磨口的 250mL 锥形瓶的全玻璃回流装置。回流冷凝管长度为 300～500mm。若取样量在 30mL 以上，可采用带 500mL 锥形瓶的全玻璃回流装置。

（2）其他仪器：加热装置，25mL 或 50mL 酸式滴定管，沸水浴装置，250mL 碘量瓶，25mL 棕色酸式滴定管，G-3 玻璃砂芯漏斗等。

2. 重铬酸钾法主要试剂

（1）0.25mol/L 重铬酸钾溶液：精确称取在 105℃条件下烘干至恒重的分析纯重铬酸钾 12.2576g，溶于蒸馏水中，转移至 1000mL 容量瓶中，稀释至刻度。

（2）1，10－邻菲罗啉指示剂溶液（试亚铁灵指示剂）：称取 1.485g 化学纯邻菲罗啉（$C_{12}H_8N_2 \cdot H_2O$）与 0.695g 化学纯硫酸亚铁（$FeSO_4 \cdot 7H_2O$）溶于蒸馏水中，稀释至 100mL。

（3）0.25mol/L 硫酸亚铁铵溶液：称取 98.0g 分析纯硫酸亚铁铵[（NH_4）$_2SO_4$ $FeSO_4 \cdot 6H_2O$]溶于蒸馏水中，加 20mL 浓硫酸，冷却后，用水稀释至 1L，使用前用重铬酸钾标定。

标定法：吸取 25.0mL 重铬酸钾标准溶液置于 500mL 锥形瓶中，稀释至 250mL，加 20mL 硫酸，冷却后加 2～3 滴试亚铁灵指示剂，用硫酸亚铁铵滴定。当溶液的颜色由黄色经蓝绿色变为红褐色时即终点，记录下硫酸亚铁铵的消耗量（mL）。

（4）浓硫酸（化学纯）：ρ=1.84g/mL。

（5）硫酸银（化学纯）。

（6）硫酸汞（化学纯）。

3. 碘化钾碱性高锰酸钾法主要试剂

（1）不含有机物蒸馏水：向 2000mL 蒸馏水中加入适量碱性高锰酸钾溶液，进行重蒸馏，蒸馏过程中，溶液应保持浅紫红色。弃去前 100mL 馏出液，然后将馏出液收集在具塞磨口玻璃瓶中。待蒸馏器中剩下约 500mL 溶液时，停止收集馏出液。

（2）50%氢氧化钠溶液：称取 50g NaOH 溶于水中并稀释至 100mL，贮于聚乙烯瓶中。

（3）0.05mol/L 高锰酸钾溶液：称取 1.6g 高锰酸钾溶于 1.2L 水中，加热煮沸，使体积减少到约 1L，放置 12h，用 G-3 玻璃砂芯漏斗过滤，滤液定容到 1L 贮于棕色瓶中。

（4）10%碘化钾溶液：称取 10.0g 碘化钾溶于水中并稀释至 100mL，贮于棕色瓶中。

（5）0.025mol/L 重铬酸钾标准溶液：称取于 105～110℃烘干 2h 并冷却至恒重的优级纯重铬酸钾 1.2258g，溶于水，移入 1000mL 容量瓶中，用水稀释至刻度。

（6）1%淀粉溶液：称取 1.0g 可溶性淀粉，用少量水调成糊状，再用刚煮沸的水冲稀至 100mL。冷却后，加入 0.4g 氯化锌防腐或临用时现配。

（7）0.025mol/L 硫代硫酸钠溶液（$Na_2S_2O_3$）：称取 6. 2g 硫代硫酸钠（$Na_2S_2O_3·5H_2O$）溶于煮沸放冷的水中，加入 0.2g 碳酸钠，用水稀释至 1000mL，贮于棕色瓶中。使用前用 0.0250mol/L 重铬酸钾标准溶液标定。

（8）30%氟化钾溶液：称取 48.0g 氟化钾（$KF·2H_2O$）溶于水中，用水稀释至 100mL，贮于聚乙烯瓶中。

（9）4%叠氮化钠溶液：称取 4.0g 叠氮化钠（NaN_3）溶于水中，稀释至 100mL，贮于棕色瓶中，暗处存放。

四、实验步骤

1. 重铬酸钾法

（1）测定：吸取 50mL 水样（污染严重的水可以少取些），置于 250mL 磨口烧瓶中，用蒸馏水稀释至 50mL。加入 25mL 重铬酸钾溶液，慢慢地加入 75mL 浓硫酸，随加随摇，加 1g 硫酸银作消化剂，数粒玻璃珠，加热回流 2h。

若水样中含氯化物过高时，取 50mL 水样，先加 1g 硫酸汞，5mL 浓硫酸，待硫酸汞完全溶解后，再加 25mL 0.25mol/L 重铬酸钾溶液，70mL 浓硫酸，1g 硫酸银，然后加热回流 2h。

待冷却后，先用 25mL 水冲洗冷凝管，然后取下烧瓶，将溶液移入 500mL 烧瓶中，冲洗烧瓶 4～5 次，再用水稀释至约 350mL。加 2～3 滴 1，10－邻菲罗啉指示剂，用硫酸亚铁铵标准溶液滴定至溶液由黄色到蓝绿色，终点变成红褐色。记录硫酸亚铁铵标准溶液毫升数（V_1），同时做空白实验，即取 50mL 蒸馏水代替水样，其他步骤同样品操作。记录消耗硫酸亚铁铵标准溶液毫升数（V_0）。

（2）计算。

$$\text{耗氧量}(O_2\text{mg/L})=\frac{(V_0-V_1)\times M\times 8}{V_2}\times 1000$$

式中，M 为硫酸亚铁铵标准溶液的摩尔浓度；V_0 为空白试验消耗的硫酸亚铁铵标准溶液的量，mL；V_1 为试样消耗硫酸亚铁铵标准溶液的量，mL；V_2 为水样体积，mL。

注意事项：

（1）加硫酸后必须使其充分混匀才能加热回流。

（2）滴定前必须将溶液体积稀释至 350mL 左右，以控制溶液的酸度，酸度太大则终点不明显。

2. 碘化钾碱性高锰酸钾法

（1）取 30mL 待测水样，10 000r/min 离心 5min。

（2）取 20mL 上清液（若水样 COD OH·KI 高于 12.5mg/L，则酌情稀释）于 250mL 碘量瓶中，稀释至 100mL，加入 0.5mL 50% NaOH 溶液，摇匀。

（3）加入 10mL 0.05mol/L 高锰酸钾溶液，摇匀。将碘量瓶立即放入沸水浴中加热

60min。沸水浴液面要高于反应溶液的液面。

（4）取出碘量瓶冷却至室温后，加入 0.5mL 4%叠氮化钠溶液，摇匀。

（5）加入 1mL 30%氟化钾溶液，摇匀。

（6）加入 10mL 10%碘化钾溶液，摇匀。加入 5mL 硫酸，加盖摇匀，置暗处 5min。

（7）用 0.025mol/L 硫代硫酸钠溶液滴定至溶液呈淡黄色，加入 1mL 淀粉溶液，继续滴定至蓝色刚好消失，尽快记录硫代硫酸钠溶液的用量 V_1。

（8）用 100mL 水代替试样，做空白对照，记录滴定消耗的硫代硫酸钠溶液的体积 V_0。

（9）结果表示：水样的 COD OH·KI 按下式计算。

$$\text{COD OH·KI}（mgO_2/L）=（V_1-V_0）\times C\times 8\times 1000/V$$

式中，V_0 为空白试验消耗的硫代硫酸钠溶液的体积，mL；V_1 为试样消耗的硫代硫酸钠溶液的体积，mL；C 为硫代硫酸钠溶液浓度，mol/L；V 为试样体积，mL；8 为氧（1/2 O_2）的摩尔质量，g/mol。

五、实验报告

按实验步骤操作完成实验，记录实验结果，计算两种方法测定的结果，并予以比较。

六、思考题

1. 哪些因素影响重铬酸钾法测定食品加工废水中化学需氧量的测定结果？为什么？
2. 可以采用哪些方法避免废水中 Cl^- 对测定结果的影响？

（内蒙古农业大学　胡炜东）

实验 3-26　食品加工废水中生物需氧量的测定

一、目的要求

学习和理解食品加工废水中生物需氧量（biological oxygen demand，BOD）与水质的关系，并学会其测定原理和方法。

二、实验原理

生物需氧量也是衡量水质污染的重要指标之一，是指在一定条件下，由于好氧微生物的繁殖或呼吸作用，使水中有机物质被分解所需要消耗溶解氧的量。通常规定，在 20℃时培养好氧菌 5d 需要的氧量表示生物需氧量，以 mgO_2/L 表示，缩写为 BOD_5。

对于某些地面水及大多数工业废水、生活污水，因含较多的有机物，需要稀释后再培养测定，以降低其浓度，保证降解过程在有足够溶解氧的条件下进行。具体水样稀释倍数可借助于高锰酸钾指数或化学需氧量（COD）推算。

对于不含或少含微生物的工业废水，在测定 BOD_5 时应进行接种，以引入能分解废水中有机物的微生物。当废水中存在难于被一般生活污水中的微生物以正常速度降解的有机物或含有剧毒物质时，应接种经过驯化的微生物。

如生化需氧量小于 $7mgO_2/L$ 时，可直接测定水样在20℃培养5d前后的溶解氧减少量，即 BOD_5。如生化需氧量大于 $7mgO_2/L$ 时，由于水中有机物含量多、溶解氧有限，则在培养之前必须用含有一定养分和饱和溶解氧的水（稀释水）稀释，使培养后减少的DO至少是2mg/L，水中剩余的DO最好在1mg/L以上，这样的稀释量才能得到可靠的结果。

本方法适用于测定 BOD_5 大于或等于2mg/L，最大不超过6000mg/L的水样。当水样 BOD_5 大于6000mg/L时，会因稀释带来一定的误差。

具体测定时，常用碘量法。其原理是：水样中加入硫酸锰和碱性碘化钾，水中溶解氧将低价锰氧化成高价锰，生成四价锰的氢氧化物棕色沉淀。加酸后，氢氧化物沉淀溶解并与碘离子反应，释出游离碘。以淀粉作为指示剂，用硫代硫酸钠滴定释出的碘，可计算出溶解氧的含量。

三、实验材料

1. 主要器材

（1）（20±1）℃恒温培养箱。

（2）5～20L玻璃瓶。

（3）1000mL量筒。

（4）玻璃搅棒：棒的长度应比所用量筒高度长200mm。在棒的底端固定一个直径比量筒底小、并带有几个小孔的硬橡胶板。

（5）溶解氧瓶：250～300mL，带有磨口玻璃塞并具有供水封用的钟形口。

（6）虹吸管：供分取水样和添加稀释水用。

2. 主要试剂

（1）硫酸锰溶液：将480g $MnSO_4 \cdot 4H_2O$ 或400g $MnSO_4 \cdot 2H_2O$ 溶于蒸馏水中，过滤后稀释成100mL。

（2）碱性碘化钾溶液：溶解500g氢氧化钠于300～400mL蒸馏水中，冷至室温。另外，溶解300g碘化钾于200mL蒸馏水中，慢慢加入已冷却的氢氧化钠溶液，摇匀后用蒸馏水稀释至1000mL，如有沉淀，则放置过夜取上清液，贮藏于塑料瓶或棕色试剂瓶中。

（3）浓硫酸：ρ=1.84g/mL。

（4）1%淀粉指示液：称取2g可溶性淀粉，溶于少量蒸馏水中，用玻璃棒调成糊状，慢慢加入（边加边搅拌）刚煮沸的200mL蒸馏水中，冷却后加入0.25g水杨酸或0.8g $ZnCl_2$

防腐剂。此溶液遇碘应变为蓝色，如变成紫色表示已有部分变质，要重新配制。

（5）（1∶1）硫酸溶液：将浓硫酸（ρ=1.84g/mL）与水等体积混合。

（6）0.025mol/L 硫代硫酸钠溶液（$Na_2S_2O_3$）：称取 6.2g 硫代硫酸钠（$Na_2S_2O_3·5H_2O$）溶于煮沸放冷的蒸馏水中，加入 0.2g 碳酸钠，用水稀释至 1000mL。贮于棕色瓶中，使用前用 0.025mol/L 重铬酸钾（1/6 $K_2Cr_2O_7$）标准溶液标定，标定方法如下。

于 250mL 碘量瓶中，加入 100mL 蒸馏水和 1g 碘化钾，加入 10.00mL 0.025mo1/L 重铬酸钾标准溶液、5mL 2mol/L（1/2 H_2SO_4）硫酸溶液，密塞，摇匀，于暗处静置 5min 后，用待标定的硫代硫酸钠溶液滴定至溶液呈淡黄色，加入 1mL 淀粉指示剂，继续滴定至蓝色刚好褪尽为止，记录用量。

$$C=10.00\times 0.0250/V$$

式中，C 为硫代硫酸钠溶液浓度，mol/L；V 为硫代硫酸钠溶液消耗量，mL。

（7）磷酸盐缓冲溶液：将 8.5g 磷酸二氢钾（KH_2PO_4）、21.75g 磷酸氢二钾（K_2HPO_4）、33.4g 七水合磷酸氢二钠（$Na_2HPO_4·7H_2O$）和 1.7g 氯化铵（NH_4Cl）溶于蒸馏水中，稀释至 1000mL，此溶液的 pH 应为 7.2。

（8）硫酸镁溶液：将 22.5g 七水合硫酸镁（$MgSO_4·7H_2O$）溶于蒸馏水中，稀释至 1000mL。

（9）氯化钙溶液：将 27.5g 无水氯化钙溶于蒸馏水，稀释至 1000mL。

（10）氯化铁溶液：将 0.25g 六水合氯化铁（$FeCl_3·6H_2O$）溶于蒸馏水，稀释至 1000mL。

（11）盐酸溶液（0.5mol/L）：将 40mL（ρ=l.18g/mL）盐酸溶于蒸馏水，稀释至 1000mL。

（12）氢氧化钠溶液（0.5mol/L）：将 20g 氢氧化钠溶于蒸馏水，稀释至 1000mL。

（13）0.025mol/L 亚硫酸钠溶液（1/2 Na_2SO_3）：将 1.575g 亚硫酸钠溶于蒸馏水，稀释至 1000mL。此溶液不稳定，现用现配。

（14）稀释水：在 5～20L 玻璃瓶内装入一定量的蒸馏水，控制水温在 20℃左右。然后用无油空气压缩机、薄膜泵或抽水曝气装置，将吸入的空气先后经活性炭吸附管及水洗涤管后，导入瓶内曝气 2～8h，使瓶中水的溶解氧接近于饱和。曝气也可导入适量纯氧。瓶口盖以两层经洗涤晾干的纱布，置于 20℃培养箱中放置数小时，使水中溶解氧含量达 8mg/L 左右。临用前每升水中加入氯化钙溶液、氯化铁溶液、硫酸镁溶液、磷酸盐缓冲溶液各 1mL，混合均匀。稀释水的 pH 应为 7.2，其 BOD_5 应小于 0.2mg/L。

（15）接种液：可选择以下任一方法，以获得适用的接种液。①表层土壤浸出液。取 100g 花园或植物生长土壤，加入 1L 水，混合并静置 10min。取上清液待用。②污水处理厂的水。③当分析含有难于降解物质的废水时，在其排污口下游适当距离处取水样作为废水的驯化接种液。如无此种水源，可取中和或经适当稀释后的废水进行连续曝气，每天加入少量该种废水，同时加入适量表层土壤或生活污水，使能适应该种废水的微生物大量繁殖。当水中出现大量絮状物或化学需氧量去除率有较大提高时，表明适用的微生物已进行繁殖，可用作接种液。一般驯化过程需要 3～8d。

（16）接种稀释水：分取适量接种液，加于稀释水中，混匀。每升稀释水中接种液加入量为生活污水 1～10mL；或表层土壤浸出液 20～30mL。接种稀释水的 pH 应为 7.2，

BOD_5值以 0.3～1.0mg/L 为宜。配制后应立即使用。

四、实验步骤

1. 水样的预处理

（1）水样的 pH 若不在 6.5～7.5 时，可用盐酸或氢氧化钠稀溶液调节 pH 近于 7，但用量不要超过水样体积的 0.5%。若水样的酸度或碱度很高，可改用浓度高的碱或酸液进行中和。

（2）水样中含有铜、铅、锌、镉、铬、砷、氰等有毒物质时，可使用经驯化的微生物接种液的稀释水进行稀释，或提高稀释倍数以减少毒物的浓度。

（3）含有少量游离氯的水样，一般放置 1～2h，游离氯即可消失。对于游离氯在短时间不能消散的水样，可加入亚硫酸钠溶液除去。其加入量确定方法为：取已中和好的水样 100mL，加入（1∶1）硫酸 10mL，10%碘化钾溶液 1mL，混匀。以淀粉溶液为指示剂，用亚硫酸钠溶液滴定游离碘。由亚硫酸钠溶液消耗的体积，计算出水样中应加亚硫酸钠溶液的量。

（4）从水温较低的水域或富营养化的湖泊中采集的水样，可遇到含有过饱和溶解氧，此时应将水样迅速升温至 20℃左右，在不使满瓶的情况下，充分振摇，并时时开塞放气，以赶出过饱和的溶解氧。从水温较高的水域或废水排放口取得的水样，应迅速使其冷却至 20℃左右，并充分振摇，使其与空气中氧分压接近平衡。

2. 不经稀释水样的测定

（1）溶解氧含量较高、有机物含量较少的地表水，可不经稀释而直接以虹吸法将约 20℃的混匀水样转移入两个溶解氧瓶内，转移过程中应注意不产生气泡。以同样的操作使两个溶解氧瓶充满水样后溢出少许，加塞。瓶内不应留有气泡。

（2）其中一瓶随即测定溶解氧，另一瓶的瓶口进行水封后，放入培养箱中，在（20±1）℃培养 5d。在培养过程中注意添加封口水。

（3）从开始放入培养箱算起，经过 5d 后，弃去封口水，测定剩余的溶解氧。平行做两份水样，取其平均值。

3. 需经稀释水样的测定

（1）稀释倍数的确定。

可按下述计算方法计算稀释倍数。

地表水：由水样的高锰酸盐指数与一定的系数的乘积求得稀释倍数，见表 3-7。

表 3-7　由高锰酸盐指数与一系数的乘积求得的稀释倍数

高锰酸盐指数/（mol/L）	系数	高锰酸盐指数/（mol/L）	系数
＜5	—	10～20	0.4、0.6
5～10	0.2、0.3	＞20	0.5、0.7、1.0

注：表中的数据只是一个参考值

工业废水：由水样的 COD 值来确定，通常需做 3 个稀释比。使用稀释水时，用 COD 值分别乘以系数 0.075、0.15、0.225，即获得 3 个稀释倍数。使用接种稀释水时，则分别乘以 0.075、0.15 和 0.25 3 个系数。如无现成的高锰酸钾盐指数或 COD 值的资料，一般污染较严重的废水（如工业废水）可稀释成 0.1%～1%；对于普通和沉淀过的污水可稀释成 1%～5%；生物处理后的污水可稀释成 5%～25%；对污染的河水可稀释成 25%～100%。

（2）稀释操作。

一般稀释法：按照选定的稀释比例，用虹吸法沿量筒壁先引入部分稀释水（或接种稀释水）于 1000mL 的量筒中，加入需要量的均匀水样，再加入稀释水（或接种稀释水）至 800mL，用带胶板的玻璃棒小心上下搅匀。搅拌时勿使搅棒的胶板露出水面，防止产生气泡。按不经稀释水样的相同操作步骤进行装瓶、测定当天溶解氧和培养 5d 后的溶解氧。做两份平行样，取其平均值。另取两个溶解氧瓶，用虹吸法装满稀释水（或接种稀释水）作为空白试验。测定培养前后的溶解氧。

直接稀释法：直接稀释法是在溶解氧瓶内直接稀释。在已知两个容积相同的溶解氧瓶内，用虹吸法加入部分稀释水（或接种稀释水），再加入根据瓶容积和稀释比例计算出的水样量，然后加入稀释水（或接种稀释水）使刚好充满，加塞，勿留气泡于瓶内。其余操作与一般稀释法相同。

4. 溶解氧的测定

溶解氧的测定方法用碘量法，当水样 NO_2 浓度大于 0.1mg/L 时，可采用叠氮化钠改良法消除干扰。叠氮化钠改良法测溶解氧：用 1%叠氮化钠碱性碘化钾溶液（将 1g 叠氮化钠溶于 4mL 蒸馏水中，用碱性碘化钾溶液稀释至 100mL）代替碘量法中的碱性碘化钾溶液，其他同碘量法。

（1）采样：将取样管插入取样瓶（溶解氧瓶）底让水样慢慢溢出，装满后在溢出半瓶左右后，取出取样管，赶走瓶壁上可能存在的气泡，盖上瓶盖（盖下不能留有气泡）。

（2）溶解氧的固定：将移液管插入溶解氧瓶的液面下，加入 1mL 硫酸锰溶液，2mL 碱性碘化钾溶液，盖好瓶盖颠倒混合数次，静置。待棕色沉淀物降至半瓶时，再颠倒混合一次，待沉淀物降到瓶底。

（3）碘析出：轻轻打开瓶塞，立即将移液管插入液面下加入 1.5mL（1∶1）硫酸，小心盖好瓶塞，颠倒混合摇匀，至沉淀物全部溶解为止，放置暗处 5min。

（4）滴定：取 100.0mL 上述溶液于 250mL 锥形瓶中，用硫代硫酸钠滴定至溶液呈淡黄色，加 1mL 淀粉指示剂，继续滴定至蓝色刚好褪去为止，记录硫代硫酸钠用量。

（5）计算。

$$\text{溶解氧（}O_2\text{mg/L）} = C \times V_2 \times 8 \times 1000 / (100 \times f)$$

$$f = V_0 / (V_0 - V_1)$$

式中，C 为硫代硫酸钠溶液浓度，mol/L；V_2 为滴定时消耗硫代硫酸钠体积，mL；V_0 为 250，mL；V_1 为加入 $MnSO_4$、碱性碘化钾的体积之和，mL；8 为氧（1/2O）的摩尔质量，g/mol。

注意事项：

（1）一般规定要在取水样后立即进行溶解氧的测定，如果不能在取水样处完成，应该在水样采取后立即加入硫酸锰及碱性碘化钾溶液，使溶解氧“固定”在水中，其余的测定步骤可送往实验室进行。取样与进行的测定时间间隔不要太长，以不超过4h为宜。

（2）瓶中充满水样时，必须不留空气泡，不然空气泡中的氧也会氧化 $Mn(OH)_2$，使分析结果偏高。

（3）水中如果有亚硝酸盐存在，亚硝酸氮含量大于 0.1mg/L 时，由于亚硝酸盐与碘化钾作用能析出游离碘，在反应中析出的 NO 在滴定时受空气氧化而生成亚硝酸，亚硝酸又会从碘化钾中将碘析出，这样就使分析结果偏高。为了获得正确的结果，可在用浓硫酸溶解沉淀之前，在水样瓶中加入数滴 5%叠氮化钠溶液。

（4）当 Fe^{3+}的含量大于 1mg/L 时，溶液酸化后 Fe^{3+}将与 KI 作用而析出碘，这样就使分析结果偏高。为了使测定溶解氧获得正确的结果，可以在沉淀未溶解以前，加入 2mL 40%的氟化钾溶液，然后用 4mL 85%的 H_3PO_4 代替硫酸，此时沉淀溶解，同时所有的 Fe^{3+}与 F^-或 PO_4^{3-}络合成$[FeF_6]^{3-}$或$[Fe(PO_4)_2]^{3-}$，这样就抑制了 Fe^{3+}与 KI 的作用。

（5）如果水样中含有还原物质 Fe^{2+}、S^{2-}、SO_3^{2-}、NO_2^-和有机物等，则可采用在酸性条件下加高锰酸钾来去除，过量的高锰酸钾，用草酸还原去除。去除的具体步骤如下：取水样 250mL，在水样瓶中，用移液管沿瓶口壁加 0.7mL 浓硫酸，再加 1mL（0.6%）高锰酸钾溶液（移液管插入溶液），盖好瓶盖摇匀，溶液为淡红，如溶液中红色很快褪去，则再加 1mL 高锰酸钾溶液，摇匀，红色保持 5min 不退为止。5min 后，用移液管加 2%草酸液 1mL（移液管仍须插入液面之下），盖好盖子摇匀，红色褪尽。若红色未褪尽，则需再加草酸，草酸的用量要恰好为使高锰酸钾完全作用，否则造成测定结果偏低。过程中试剂的全部加入量要准确记录以便结果计算时校正，同时注意防止水中溶解氧的损失或大气氧溶入。去除还原物质后的水样，其溶解氧的测定按碘量法步骤进行。

（6）硫代硫酸钠标定中，用重铬酸钾作氧化剂，必须在高酸度条件下。而碘和硫代硫酸钠定量的反应要求在微酸性或中性溶液中进行。因为酸度高，会加快硫代硫酸钠的分解，因此，必须把高酸度的溶液稀释，与此同时，溶液稀释后也可减少碘分子在滴定过程中的损失。

5. 结果计算

1）不经稀释直接培养的水样

$$BOD_5\text{（mg/L）}=C_1-C_2$$

式中，C_1 为水样在培养前的溶解氧浓度，mg/L；C_2 为水样经 5d 培养后，剩余溶解氧浓度，mg/L。

2）经稀释后培养的水样

$$BOD_5(\text{mg/L})=\frac{(C_1-C_2)-(B_1-B_2)f_1}{f_2}$$

式中，B_1 为稀释水（或接种稀释水）在培养前的溶解氧，mg/L；B_2 为稀释水（或接种稀释水）在培养后的溶解氧，mg/L；f_1 为稀释水（或接种稀释水）在培养液中所占的比例；f_2 为水样在培养液中所占的比例。

f_1、f_2 的计算：例如，培养液的稀释比为 3%，即 3 份水样，97 份稀释水，则 f_1=0.97，f_2=0.03。

五、实验报告

将实验结果填入表 3-8。

表 3-8　原始水样和氧化后不同时间段的数值

不经稀释水样编号	1	2
5d 前溶解氧 C_1/（mgO_2/L）		
5d 后溶解氧 C_2/（mgO_2/L）		
水样 BOD_5/（mg/L）		
水样 BOD_5 平均值/（mg/L）		
稀释水样编号	1	2
5d 前溶解氧 C_1/（mgO_2/L）		
5d 后溶解氧 C_2/（mgO_2/L）		
稀释水培养前的溶解氧 B_1/（mgO_2/L）		
稀释水培养后的溶解氧 B_2/（mgO_2/L）		
稀释水在培养液中所占比例 f_1		
水样在培养液中所占比例 f_2		
水样 BOD_5/（mg/L）		
水样 BOD_5 平均值/（mg/L）		

注意事项：

（1）在两个或三个稀释比的样品中，凡消耗溶解氧大于 2mg/L 和剩余溶解氧大于 1mg/L，计算结果时，应取其平均值。若剩余的溶解氧小于 1mg/L，甚至为零时，应加大稀释比。溶解氧消耗量小于 2mg/L，有两种可能，一是稀释倍数过大，另一种可能是微生物菌种不适应，活性差，或含毒物质浓度过大。这时可能出现在几个稀释比中，稀释倍数较大的消耗溶解氧反而较多的现象。

（2）为检查稀释水和接种液的质量，以及实验人员的操作水平，可将 20mL 葡萄糖-谷氨酸标准溶液用接种稀释水稀释至 1000mL，按测定 BOD_5 的步骤操作。测得 BOD_5 的值应为 180～230mg/L。否则应检查接种液、稀释水的质量或操作技术是否存在问题。

（3）水样稀释倍数超过 100 倍时，应预先在容量瓶中用水初步稀释后，再取适量进行最后稀释培养。

（4）培养过程中经常检查溶氧瓶封口的水，要及时加满，勿使干涸。

（5）水样的 pH 应为 6.5～7.5，否则可用少量盐酸或氢氧化钠溶液调节 pH≈7。

（6）如生化处理后的水中有硝化细菌则干扰 BOD_5 的测定，可加硫脲或用酸处理消除干扰。

六、思考题

1. 生物化学需氧量与高锰酸盐指数、化学需氧量有何异同？
2. 在 BOD_5 的测定中应特别注意哪些问题？

（内蒙古农业大学　胡炜东）

第 4 篇　食品安全微生物学技术

实验 4-1　食品中细菌菌落总数的检验

一、目的要求

学习食品中细菌菌落总数的检验方法，强化理解检验食品中细菌菌落总数的食品安全学意义及食品加工中进行灭菌处理的重要性。

二、实验原理

食品中污染的微生物在适当培养条件下可长出菌落，食品样品经过处理，在一定的条件下（如合适的培养基、培养温度和培养时间等）培养后，所得单位质量样品中的细菌菌落总数，一般以每克（毫升）检样中的细菌菌落形成单位数表示，即 cfu/g（mL）。

三、实验材料

（1）待检试样：各类液态或固态食品，农产品。

（2）培养基及试剂：平板计数琼脂培养基，磷酸盐缓冲液，无菌生理盐水。

（3）仪器及其他用品：恒温培养箱，冰箱，恒温水浴箱，天平，拍击式均质器，振荡器，无菌吸管或微量移液器及吸头，无菌锥形瓶，无菌培养皿，pH 计或精密 pH 试纸，放大镜或（和）菌落计数器。

四、实验步骤

1. 检验流程

食品中细菌菌落总数检验的基本流程如图 4-1 所示。

2. 样品处理

（1）固体和半固体样品预处理：称取 25g 样品置于盛有 225mL 磷酸盐缓冲液或生理盐水的无菌均质杯内，8000～10 000r/min 均质 1～2min，或放入盛有 225mL 稀释液的无菌均质袋中，用拍击式均质器拍打 1～2min，制成 1∶10 的样品匀液。

（2）液体样品预处理：用无菌吸管吸取 25mL 样品置于盛有 225mL 磷酸盐缓冲液或生理盐水的无菌锥形瓶（瓶内预置适当数量的无菌玻璃珠）中，充分混匀，制成 1∶10 的样品匀液。

（3）10 倍系列稀释：用 1mL 无菌吸管或微量移液器吸取 1：10 样品匀液 1mL，沿管壁缓慢注于盛有 9mL 稀释液的无菌试管中（注意吸管或吸头尖端不要触及稀释液面），振摇试管或换用 1 支无菌吸管反复吹打使其混合均匀，制成 1：100 的样品匀液。按以上操作步骤，制备 10 倍系列稀释样品匀液。每递增稀释一次，换用 1 次 1mL 无菌吸管或吸头。

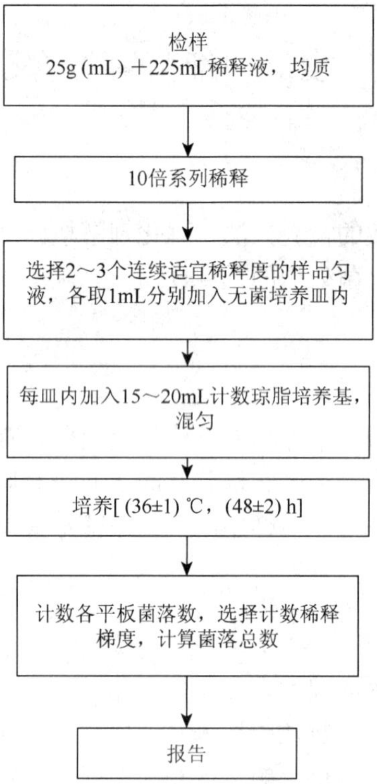

图 4-1　食品中细菌菌落总数检验的基本流程

3. 接种培养

根据对样品污染状况的估计，选择 2～3 个适宜稀释度的样品匀液（液体样品可包括原液）作为接种样。吸取 0.1mL 样品液，接种于营养琼脂平板培养基上，并用涂抹棒涂抹均匀，在（36±1）℃倒置培养（48±2）h［水产品（30±1）℃倒置培养（72±2）h］。观察菌落情况，选取合适的平板进行菌落计数，注意最好有两个以上重复。

食品微生物检验标准中规定的方法为：吸取 1mL 样品，混菌法接种，但考虑 1mL 太多，本实验采用 0.1mL 接种。

4. 菌落计数

可用肉眼观察，必要时用放大镜或菌落计数器，记录各稀释梯度和相应的菌落数。菌落计数以菌落形成单位（colony-forming unit，cfu）表示。

选取菌落数在 30～300cfu、无蔓延菌落生长的平板计数菌落总数。低于 30cfu 的平板记录具体菌落数，大于 300cfu 的可记录为多不可计。每个稀释度的菌落数应采用两个平板的平均数，但当平板有较大片状菌落生长时，则不宜采用，而应以无片状菌落生长的平板作为该稀释度的菌落数；若片状菌落不到平板的一半，而其余一半中菌落分布又很均匀，即可计算半个平板后乘以 2，代表整个平板菌落数；当平板上出现菌落间无明显界线的链状生长时，则将每条单链作为一个菌落计数。

5. 菌落总数的计算

（1）若只有一个稀释度平板上的菌落数在适宜计数范围内，计算两个平板菌落数的平均值，再将平均值乘以相应稀释倍数，作为每克（毫升）样品中菌落总数结果。

（2）若有两个连续稀释度的平板菌落数在适宜计数范围内时，按公式（4-1）计算。

$$N=\frac{\sum C}{(n_1+0.1n_2)d} \tag{4-1}$$

式中，N 为样品中菌落数；ΣC 为适宜计数范围内的平板菌落数之和；n_1 为第一适宜稀释度（低稀释倍数）平板个数；n_2 为第二适宜稀释度（高稀释倍数）平板个数；d 为稀释因子（第一适宜稀释度）。

例如，1∶100（第一稀释度）时菌落数分别为 232cfu/g（mL），244cfu/g（mL），1∶1000（第二稀释度）时菌落数分别为 33cfu/g（mL），35cfu/g（mL），则样品的菌落数为

$$N=\frac{\sum C}{(n_1+0.1n_2)d}$$

$$=\frac{232+244+33+35}{\left[2+(0.1\times 2)\right]\times 10^{-2}}=\frac{544}{0.022}=24\,727$$

上述数据修约后，表示为 25 000 或 2.5×10^4。

如果吸取 0.1mL 样品液，请给上述公式乘以 10 代表每克（毫升）样品的菌落数。

（3）若所有稀释度的平板上菌落数均大于 300cfu，则对稀释度最高的平板进行计数，其他平板可记录为多不可计，结果按平均菌落数乘以最高稀释倍数计算。

（4）若所有稀释度的平板菌落数均小于 30cfu，则应按稀释度最低的平均菌落数乘以稀释倍数计算。

（5）若所有稀释度（包括液体样品原液）平板均无菌落生长，则以小于 1 乘以最低稀释倍数计算。

（6）若所有稀释度的平板菌落数均不在 30～300cfu，其中一部分小于 30cfu 或大于 300cfu 时，则以最接近 30cfu 或 300cfu 的平均菌落数乘以稀释倍数计算。

6. 菌落总数报告

称重取样以 cfu/g 为单位报告，体积取样以 cfu/mL 为单位报告，根据如下情况报告具体结果。

（1）菌落数小于 100cfu 时，按“四舍五入”原则修约，以整数报告。

（2）菌落数大于或等于 100cfu 时，第 3 位数字采用“四舍五入”原则修约，取前 2 位数字，后面用 0 代替位数；也可用 10 的指数形式来表示，按“四舍五入”原则修约后，采用两位有效数字。

（3）若所有平板上为蔓延菌落而无法计数，则报告菌落蔓延。

（4）若空白对照上有菌落生长，则此次检测结果无效。

五、实验报告

总结实验过程，按实验结果写出报告，并判断所检食品细菌总数是否合格。

六、思考题

1. 食品中细菌总数对反映食品卫生质量有何意义？
2. 在细菌总数测定中，10 倍系列稀释的目的是什么？

（青海大学　王树林）

实验 4-2　食品及水中大肠埃希氏菌检测

一、目的要求

了解和学习食品及水中大肠埃希氏菌的测定原理、测定意义及检测方法。

二、实验原理

所谓大肠菌群（新修订的国标 GB 4789.38—2012，2012-05-17 发布，2012-07-17 实施，统一将大肠菌群更名为大肠埃希氏菌，*Escherichia coli*），是指在 37℃（GB 4789.38—2012 EC 肉汤中培养温度为 44.5℃）、24h 内能发酵乳糖产酸、产气，IMViC（靛基质试验、M. R.试验、V. P.试验、柠檬酸盐利用试验）生化试验为＋＋– –或–＋– –的兼性厌氧革兰氏阴性、无芽孢杆菌的总称，主要由肠杆菌科中 4 个属的细菌组成，即埃希氏杆菌属、柠檬酸杆菌属、克雷伯氏菌属和肠杆菌属。国标 GB 4789.38—2012 将“第二法大肠杆菌 VRBA[①]-MUG[②]平板计数法”改为“大肠埃希氏菌平板计数法（第二法）”，删除了“第三法大肠杆菌 PetrifilmTM 测试片计数法”，这两种方法主要用来检测食品样品中的大肠埃希氏菌，而水中因为含菌数少，常用多管发酵法和滤膜法。多管发酵法可运用于各种水样的检验，但操作繁琐，需要时间长。滤膜法仅适用于自来水和深井水，操作简单、快速，但不适用于杂质较多、易于阻塞滤孔的水样。滤膜法所使用的滤膜是一种微孔滤膜，将水样注入已灭菌的放有滤膜的滤器中，经过抽滤，细菌即被均匀地截留在膜上，将滤膜贴于大肠菌群选择性培养基上进行培养，再鉴定滤膜上生长的大肠菌群的菌落，计算出每单位水样中含有的大肠菌群最大可能数（most probable number，MPN）。

三、实验材料

（1）主要培养基：乳糖胆盐蛋白胨培养基，伊红亚甲蓝琼脂培养基，乳糖发酵管，品红亚硫酸钠培养基，乳糖蛋白胨半固体培养基，品红亚硫酸钠培养基，月桂基硫酸盐

① VRBA：结晶紫中性红胆盐琼脂
② MUG：4-甲基伞形酮-*β*-D 葡萄糖醛酸苷

胰蛋白胨（LST）肉汤等。

（2）仪器及其他用品：灭菌三角瓶，灭菌的具塞三角瓶，灭菌平皿，灭菌吸管，灭菌试管，3 号滤膜等。

四、实验步骤

（一）食品原料中大肠埃希氏菌的检测

1. *方法一　大肠埃希氏菌 MPN 计数*（GB 4789.38—2012）

1）检验程序

大肠埃希氏菌 MPN 计数法检验程序见图 4-2。

2）样品的稀释

（1）固体和半固体样品：称取 25g 样品，放入盛有 225mL 磷酸盐缓冲液的无菌均质杯内，8000～10 000r/min 均质 1～2min，制成 1∶10 样品匀液，或放入盛有 225mL 磷酸盐缓冲液的无菌均质袋中，用拍击式均质器拍打 1～2min 制成 1∶10 的样品匀液。

（2）液体样品：以无菌吸管吸取 25mL 样品置于盛有 225mL 磷酸盐缓冲液的无菌锥形瓶（瓶内预置适当数量的无菌玻璃珠）中，充分混匀，制成 1∶10 的样品匀液。

（3）样品匀液的 pH 应为 6.5～7.5，必要时分别用 1mol/L NaOH 或 1mol/L HCl 调节。

（4）用 1mL 无菌吸管或微量移液器吸取 1∶10 样品匀液 1mL，沿管壁缓缓注入 9mL 磷酸盐缓冲液的无菌试管中（注意吸管或吸头尖端不要触及稀释液面），振摇试管或换用 1 支 1mL 无菌吸管或吸头反复吹打，使其混合均匀，制成 1∶100 的样品匀液。

（5）根据对样品污染状况的估计，按上述操作，依次制成 10 倍递增系列稀释样品匀液。每递增稀释 1 次，换用 1 支 1mL 无菌吸管或吸头。从制备样品匀液至样品接种完毕，全过程不得超过 15min。

3）初发酵试验

每个样品，选择 3 个适宜的连续稀释度的样品匀液（液体样品可以选择原液），每个稀释度接种 3 管月桂基硫酸盐胰蛋白胨（LST）肉汤，每管接种 1mL（如接种量超过 1mL，则用双料 LST 肉汤），（36±1）℃培养（24±2）h，观察小倒管内是否有气泡产生，（24±2）h 产气者进行复发酵试验，如未产气则继续培养（48±2）h，产气者进行复发酵试验。如所有 LST 肉汤管均未产气，即可报告大肠埃希氏菌 MPN 结果。

4）复发酵试验

用接种环从产气的 LST 肉汤管中分别取培养物 1 环，移种于已提前预温至 45℃的 EC 肉汤管中，放入带盖的（44.5±0.2）℃水浴箱内。水浴的水面应高于肉汤培养基液面，培养（24±2）h，检查小倒管内是否有气泡产生，如未产气则继续培养至（48±2）h。记录在 24h 和 48h 内产气的 EC 肉汤管数。如所有 EC 肉汤管均未产气，即可报告大肠埃希氏菌 MPN 结果；如有产气者，则进行 EMB 平板分离培养。

5）伊红亚甲蓝平板分离培养

轻轻振摇各产气管，用接种环取培养物分别划线接种于 EMB 平板，（36±1）℃培养 18～24h。观察平板上有无具黑色中心有光泽或无光泽的典型菌落。

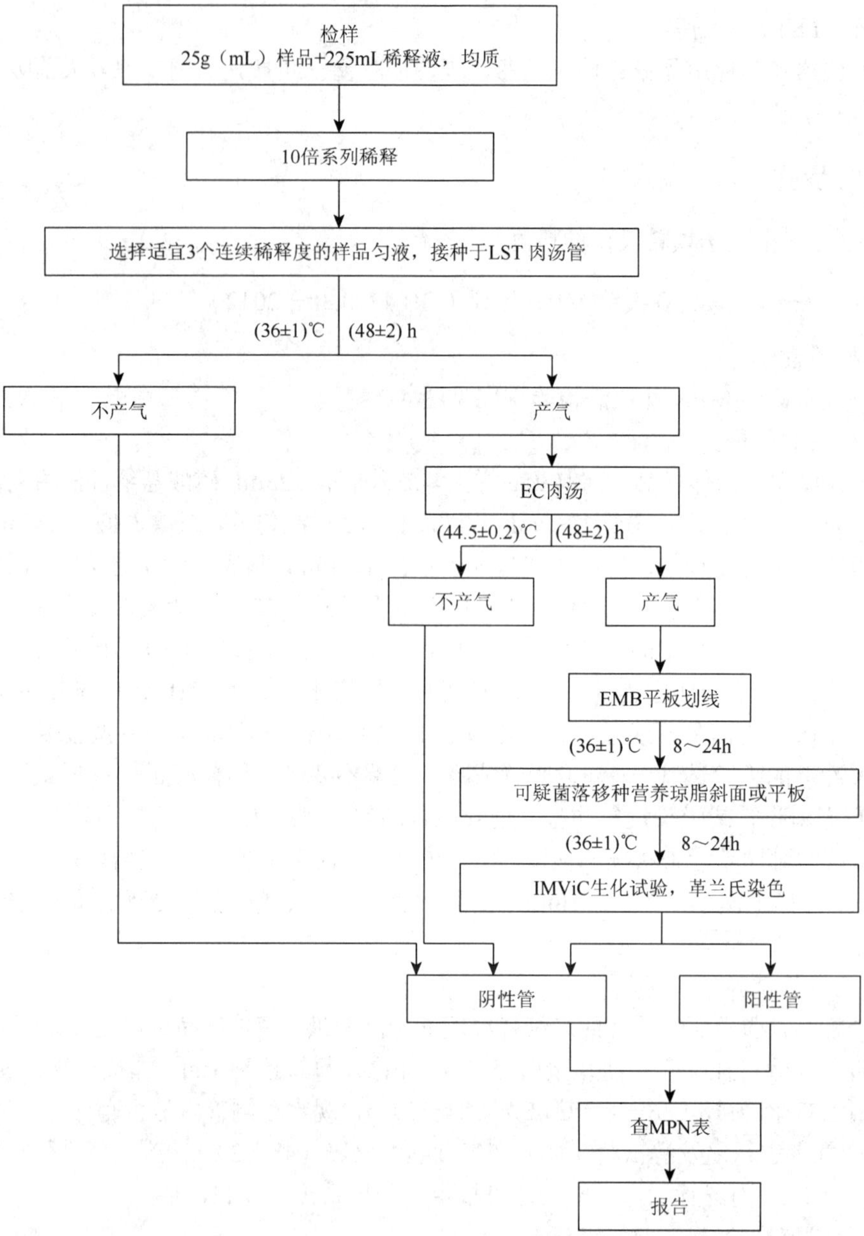

图 4-2 大肠埃希氏菌 MPN 计数法检验程序

6）营养琼脂斜面或平板培养

从每个平板上挑 5 个典型菌落，如无典型菌落则挑取可疑菌落。用接种针接触菌落中心部位，移种到营养琼脂斜面或平板上，（36±1）℃培养 18～24h。取培养物进行革兰氏染色和生化试验。

7）鉴定

取培养物进行靛基质试验、M. R.试验、V. P.试验和柠檬酸盐利用试验。大肠埃希氏菌与非大肠埃希氏菌的生化鉴别见表 4-1。

表 4-1　大肠埃希氏菌与非大肠埃希氏菌的生化鉴别

靛基质（I）	M. R. 试验	V. P. 试验	柠檬酸盐（利用试验）	鉴定（型别）
+	+	–	–	典型大肠埃希氏菌
–	+	–	–	非典型大肠埃希氏菌
+	+	–	+	典型中间型
–	+	–	+	非典型中间型
–	–	+	+	典型产气肠杆菌
+	–	+	+	非典型产气肠杆菌

注：如出现表以外的生化反应类型，表明培养物可能不纯，应重新划线分离，必要时做重复试验；生化试验也可以选用生化鉴定试剂盒或全自动微生物生化鉴定系统等方法，按照产品说明书进行操作

8）大肠埃希氏菌 MPN 计数的报告

大肠埃希氏菌为革兰氏阴性无芽孢杆菌，发酵乳糖、产酸、产气，IMViC 生化试验为＋＋－－或－＋－－。只要有 1 个菌落鉴定为大肠埃希氏菌，其所代表的 LST 肉汤管即大肠埃希氏菌阳性。依据 LST 肉汤阳性管数查 MPN 表，报告每克（毫升）样品中大肠埃希氏菌 MPN 值（表 4-2）。

表 4-2　大肠埃希氏菌最可能数（MPN）检索表

阳性管数			MPN	95%置信区间		阳性管数			MPN	95%置信区间	
0.1	0.01	0.001		下限	上限	0.10	0.01	0.001		下限	上限
0	0	0	<3.0	–	9.5	2	2	0	21	4.5	42
0	0	1	3	0.15	9.6	2	2	1	28	8.7	94
0	1	0	3	0.15	11	2	2	2	35	8.7	94
0	1	1	6.1	1.2	18	2	3	0	29	8.7	94
0	2	0	6.2	1.2	18	2	3	1	36	8.7	94
0	3	0	9.4	3.6	38	3	0	0	23	4.6	94
1	0	0	3.6	0.17	18	3	0	1	38	8.7	110
1	0	1	7.2	1.3	18	3	0	2	64	17	180
1	0	2	11	3.6	38	3	1	0	43	9	180
1	1	0	7.4	1.3	20	3	1	1	75	17	200
1	1	1	11	3.6	38	3	1	2	120	37	420
1	2	0	11	3.6	42	3	1	3	160	40	420
1	2	1	15	4.5	42	3	2	0	93	18	420
1	3	0	16	4.5	42	3	2	1	150	37	420
2	0	0	9.2	1.4	38	3	2	2	210	40	430
2	0	1	14	3.6	42	3	2	3	290	90	1000
2	0	2	20	4.5	42	3	3	0	240	42	1000
2	1	0	15	3.7	42	3	3	1	460	90	2000
2	1	1	20	4.5	42	3	3	2	1100	180	4100
2	1	2	27	8.7	94	3	3	3	>1100	420	–

注 1：本表采用 3 个稀释度[0.1g（mL）、0.01g（mL）和 0.001g（mL）]，每个稀释接种 3 管；表内所列检样量如改用 1g（mL）、0.1g（mL）和 0.01g（mL）时，表内数字理论上应相应降低 10 倍；如改用 0.01g（mL）、0.001g（mL）、0.0001g（mL）时，则表内数字理论上应相应增加 10 倍，其余类推。“—”表示无法判断，要么太多，要么太少

2. *方法二　大肠埃希氏菌平板计数法*（GB 4789.38—2012）

1）检验程序

大肠埃希氏菌平板计数法检验程序见图 4-3，但该法不适用于贝类产品检测大肠埃希氏菌（GB 4789.38—2012）。

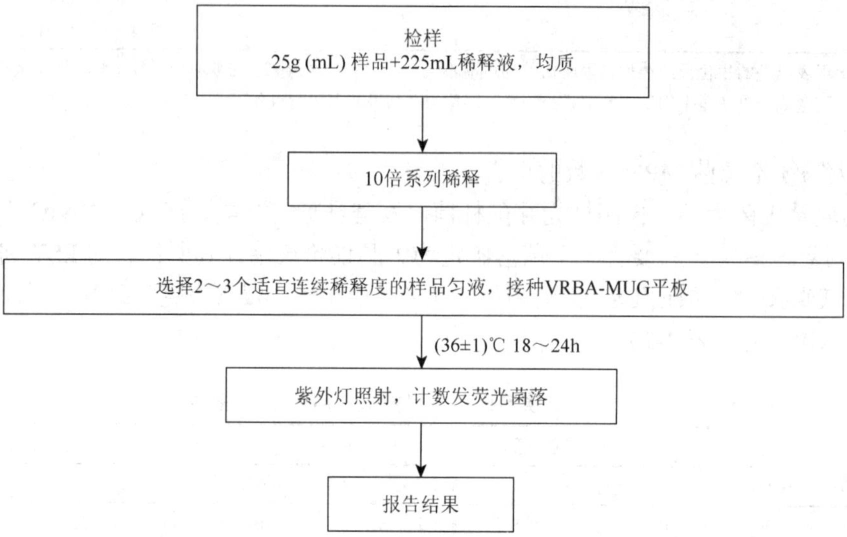

图 4-3　大肠埃希氏菌平板计数法检验程序

2）操作步骤

（1）样品的稀释：按上法进行。

（2）样品培养：选取 2～3 个适宜的连续稀释度的样品匀液，每个稀释度接种 2 个无菌平皿，每皿 1mL。同时取 1mL 稀释液加入无菌平皿作空白对照。将 10～15mL 冷至（45±0.5）℃的结晶紫中性红胆盐琼脂培养基倾注于每个平皿中，小心旋转平皿，将培养基与样品匀液充分混匀。待培养基凝固后，再加 3～4mL VRBA-MUG 覆盖平板表层。凝固后翻转平板，（36±1）℃培养 18～24h。

（3）平板菌落数的选择：选择菌落数在 10～100cfu 的平板，暗室中 360～366nm 波长紫外灯照射下，计数平板上发浅蓝色荧光的菌落。检验时用已知 MUG 阳性菌株（如大肠埃希氏菌 ATCC 25922）和产气肠杆菌（如 ATCC 13048）作阳性和阴性对照。

（4）大肠埃希氏菌平板计数的报告：两个平板上发荧光菌落数的平均数乘以稀释倍数，报告每克（毫升）样品中大肠埃希氏菌数，以 cfu/g（mL）表示。若所有稀释度（包括液体样品原液）平板均无菌落生长，则以小于 1 乘以最低稀释倍数报告。

（二）水中大肠埃希氏菌的检测

1. *方法一　多管发酵法*

1）水样采集

用灭菌三角瓶采集所需的水样以备分析。

2）初发酵试验

在 2 个各装有 50mL 的 3 倍浓缩乳糖胆盐蛋白胨培养液（可称为三倍乳糖胆盐）的三角瓶中（内有倒置杜氏管，注意小管放入时，顶部不能有空气），以无菌操作各加水样 100mL。在 10 支装有 5mL 的三倍乳糖胆盐的发酵试管中（内有倒置杜氏管），以无菌操作各加入水样 10mL。如果饮用水的大肠菌群数变异不大，也可以接种 3 份 100mL 水样。摇匀后，37℃培养 24h。

3）平板分离

经 24h 培养后，将产酸、产气及只产酸的发酵管，分别划线接种于伊红亚甲蓝琼脂平板（EMB 培养基）上，37℃培养 18～24h。大肠菌群在 EMB 平板上，菌落呈紫黑色，具有或略带有或不带有金属光泽，或者呈淡紫红色，仅中心颜色较深；挑取符合上述特征的菌落进行涂片，革兰氏染色，镜检。

4）复发酵试验

将革兰氏阴性无芽孢杆菌的菌落的剩余部分接种于单倍乳糖发酵管中，为防止遗漏，每管可接种来自同一初发酵管的平板上同类型菌落 1～3 个，37℃培养 24h，如果产酸又产气者，即证实有大肠菌群存在。

5）报告

根据证实有大肠菌群存在的复发酵管的阳性管数，查表 4-3，报告每升水样中的大肠菌群数（MPN）。

表 4-3　大肠埃希氏菌检索表（饮用水）（单位：个/L）

接种 10mL 水样的复发酵管的阳性管数（10 管）	接种 100mL 水样的复发酵管的阳性管数（2 管）			备注
	0	1	2	
0	<3	4	11	接种水样总量 300mL（100mL 2 份，10mL 10 份）
1	3	8	18	
2	7	13	27	
3	11	18	38	
4	14	24	52	
5	18	30	70	
6	22	36	92	
7	27	43	120	
8	31	51	161	
9	36	60	230	
10	40	69	>230	

2. *方法二　滤膜法*

1）水样采集

方法同前，本方法适用于自来水和深井水中大肠埃希氏菌的检查。

2）准备工作

（1）滤膜灭菌：将 3 号滤膜（需列入实验材料）放入烧杯中，加入蒸馏水，置于沸水浴中蒸煮灭菌 3 次，每次 15min。前两次煮沸后需换无菌水洗涤 2～3 次，以除去残留溶剂。

（2）滤器灭菌：准备容量为 500mL 的滤器，用点燃的酒精棉球火焰灭菌，也可用 121℃高压灭菌 20min。

（3）培养：将品红亚硫酸钠培养基放入 37℃培养箱内预温 30～60min。

3）过滤水样

（1）用无菌镊子夹取灭菌滤膜边缘部分，将粗糙面向上贴放于已灭菌的滤床上，轻轻地固定好滤器漏斗。水样摇匀后，取 333mL 注入滤器中，加盖，打开滤器阀门，在 50kPa 压力下进行抽滤。

（2）水样滤完后再抽气约 5s，关上滤器阀门，取下滤器，用无菌镊子夹取滤膜边缘部分，移放在品红亚硫酸钠培养基上，滤膜截留细菌面与培养基完全紧贴，两者间不得留有间隙或气泡（使滤膜上的菌接种于培养基上）。若有气泡需用镊子轻轻压实，倒放在 37℃培养箱内培养 16～18h。

4）结果判定

（1）挑选符合下列特征的菌落进行革兰氏染色，镜检。

A. 紫红色，具有金属光泽的菌落；

B. 深红色，不带或略带金属光泽的菌落；

C. 淡红色，中心颜色较深的菌落。

（2）凡是革兰氏阴性无芽孢杆菌，需再接种于乳糖蛋白胨半固体培养基，37℃培养 6～8h，产气者，则判定为大肠菌群阳性。

（3）1L 水样中大肠菌群数等于滤膜法生长的大肠菌群菌落数乘以 3。

五、实验报告

1. 将实验测出的样品数据以报表方式报告结果。
2. 对样品大肠埃希氏菌做出是否符合卫生要求的结论。

六、思考题

1. 试比较几种检测大肠埃希氏菌方法的异同。
2. 在乳糖复发酵试验中，成分比较复杂，各成分的作用是什么？
3. 取水量可以变化吗？变化后如何计算大肠埃希氏菌菌数？

（安康学院　杨薇）

实验 4-3　食品中霉菌和酵母菌总数的测定

一、目的要求

掌握食品中霉菌和酵母菌总数的测定方法，能根据被检样品中霉菌和酵母菌的污染情况评价其安全状况。

二、实验原理

霉菌和酵母菌总数主要作为判定食品被霉菌和酵母菌污染程度的标志，为被检样品的安全学评价提供依据。霉菌和酵母菌总数是指食品检样经过处理，在一定条件下培养后，所得 1g 或 1mL 检样中所含的霉菌和酵母菌菌落数。霉菌和酵母菌计数采用标准平板培养计数法，根据检样的污染程度，进行不同倍数稀释，选择其中的 2～3 个适宜的稀释度，与培养基混合、培养后，进行菌落计数。

三、实验材料

（1）待检试样：大米，小麦粉，蛋糕等。

（2）培养基及试剂：马铃薯葡萄糖琼脂培养基或孟加拉红培养基，配制法见附录一；无菌水（9mL 分装于试管中）。

（3）仪器及其他用品：恒温水浴锅，恒温振荡器，恒温培养箱，超净工作台，酒精灯，天平，吸管或微量移液器枪头，锥形瓶，试管，培养皿，均质器等。

四、实验步骤

1. 检验流程

食品中霉菌和酵母菌总数检验的基本流程如图 4-4 所示。

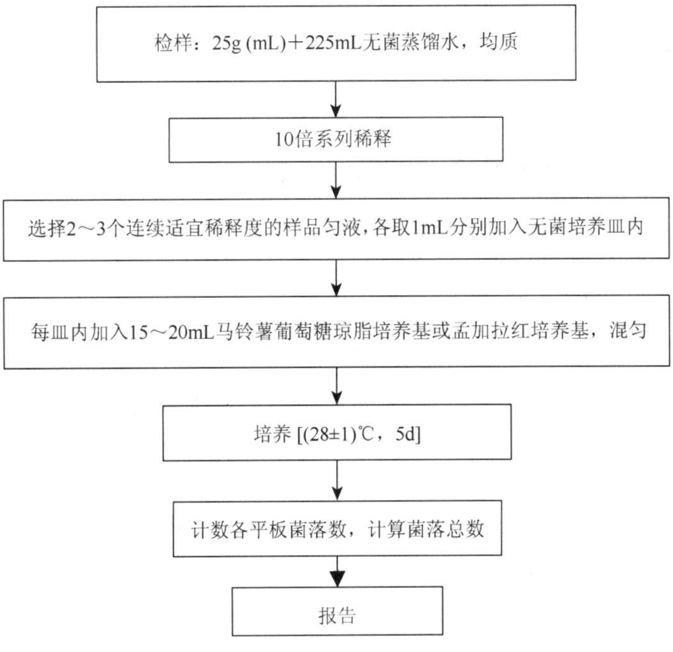

图 4-4　食品中霉菌和酵母菌总数检验的基本流程

2. 检样处理

（1）固体和半固体样品处理：称取 25g 检样，置于盛有 225mL 无菌蒸馏水的锥形瓶中，充分振摇，制备 1∶10（即 10^{-1}）的样品匀液。

（2）液体样品处理：以无菌吸管吸取 25mL 样品置于盛有 225mL 无菌蒸馏水的锥形瓶中，充分混匀，制备 1∶10（即 10^{-1}）的样品匀液。

（3）10 倍系列稀释：用 1mL 灭菌吸管或微量移液器吸取 1∶10 的稀释液 1mL，沿管壁缓慢注入盛有 9mL 灭菌蒸馏水的试管内，另换一支 1mL 灭菌吸管反复吹吸，制备 1∶100（即 10^{-2}）的稀释液。依此类推，制备 10 倍系列稀释样品匀液。注意每递增稀释一次，即换用 1 支灭菌吸管。

3. 平板接种与培养

（1）根据对样品污染情况的估计，选择 2～3 个适宜稀释度的样品匀液，吸取 1mL 于无菌培养皿内，每个稀释度做两个平皿。同时分别吸取 1mL 空白稀释液加入两个无菌平皿作空白对照。

（2）将 15～20mL 冷却至 46℃的马铃薯葡萄糖琼脂培养基或孟加拉红培养基（可放置于 46℃恒温水浴锅中保温）倾注于培养皿内，并转动培养皿使其混合均匀。

（3）待琼脂凝固后，将平板翻转，置于（28±1）℃培养 5d，观察并记录结果。

4. 霉菌和酵母菌总数的计数方法

（1）菌落计数方法：计数各稀释梯度及相应皿的霉菌和酵母菌数，可用肉眼观察，必要时可用放大镜。菌落计数以菌落形成单位（colony-forming units，cfu）表示。

（2）平板菌落数的选择：选取菌落数在 10～150cfu 的平板，根据菌落形态分别计数霉菌和酵母菌。霉菌蔓延生长覆盖整个平板的可记录为多不可计。求出同稀释度的各平板平均菌落数。

（3）如果只有一个稀释度平板上的平均菌落数在适宜计数范围内（10～150cfu），则将此平均菌落数乘以相应的稀释倍数报告结果。

（4）若有两个连续稀释度的平板菌落数在适宜计数范围内时，按下列公式计算。

$$N=\frac{\sum C}{(n_1+0.1n_2)d}$$

式中，N 为样品中菌落数；$\sum C$ 为适宜计数范围内的平板菌落数之和；n_1 为第一适宜稀释度（低稀释倍数）平板个数；n_2 为第二适宜稀释度（高稀释倍数）平板个数；d 为稀释因子（第一适宜稀释度）。

（5）若所有稀释度的平板上菌落数均大于 150cfu，则对稀释度最高的平板进行计数，其他平板可记录为多不可计，结果按平均菌落数乘以最高稀释倍数计算。

（6）若所有稀释度的平板菌落数均小于 10cfu，则应按稀释度最低的平均菌落数乘以稀释倍数计算。

（7）若所有稀释度的平板菌落数均无菌落生长，则以小于 1 乘以最低稀释倍数计算；

如为原液，则以小于 1 计数。

6. 数字修约原则

（1）菌落数小于 100cfu 时，按“四舍五入”原则修约，以整数报告；大于或等于 100cfu 时，第 3 位数字采用“四舍五入”原则修约后，取前 2 位数字，后面用 0 来表示结果，也可用 10 的指数表示，按“四舍五入”原则修约后，采用两位有效数字。

（2）称重取样以 cfu/g 为单位报告，体积取样以 cfu/mL 为单位报告，报告或分别报告霉菌和（或）酵母菌菌数。

五、实验报告

将检样进行霉菌和酵母菌计数的原始记录和结果填入表 4-4 中，并根据产品标准评价检样霉菌和酵母菌总数的安全状况。

表 4-4 某食品样品检验霉菌和酵母菌的结果

样品	样品稀释倍数				
	原液	10^{-1}	10^{-2}	10^{-3}	空白
重复 1					
重复 2					
平均值					
计数稀释度					

六、思考题

1. 结合课堂所学知识，分析霉菌和酵母菌主要污染哪些类型的食品？为什么？
2. 霉菌和酵母菌污染食品后主要产生哪些化合物？为什么？

（河南科技学院 焦凌霞）

实验 4-4 沙门氏菌的检验

一、目的要求

了解沙门氏菌在食品安全中的危害，掌握食品中沙门氏菌的基本检测方法。

二、实验原理

沙门氏菌为肠杆菌科沙门氏菌属的细菌，广泛分布于自然界，是人畜共患的肠道病原菌，常引起伤寒、肠炎、肠热症和食物中毒，危害人类健康。沙门氏菌可通过人类、畜、禽的粪便或带菌者直接或间接污染环境、食品及生产的各个环节，特别是以动物、脏器为原料的食品污染概率较高。受到污染的食品，不仅直接影响食用者的安全，并可造成沙门氏菌的传播和流行，故对某些食品必须检测沙门氏菌。

沙门氏菌在食品标本中常因含菌量少而影响检出率，需要增菌培养。采用特殊的培养基，可抑制沙门氏菌属以外的细菌，而使沙门氏菌得到增殖，便于后续的检验。不同的增菌培养基对不同血清型沙门氏菌的增菌效果不一，宜适当选择。亚硒酸盐增菌培养基对伤寒沙门氏菌、甲型副伤寒沙门氏菌效果好，而氯化镁-孔雀绿增菌培养基则不佳；四硫磺酸盐和氯化镁-孔雀绿增菌培养基对一般沙门氏菌（如都柏林沙门氏菌、肠炎沙门氏菌、猪霍乱沙门菌）的增菌效果较好，而亚硒酸盐增菌培养基则不适合。

沙门氏菌属革兰氏阴性无芽孢杆菌，需氧及兼性厌氧，最适生长温度为37℃，能发酵葡萄糖产生气体，但不发酵乳糖，在各种选择性培养基上的菌落形态不同，这可以作为辨别沙门氏菌的一个简单方法，但在实际工作中，还要配合生化实验及血清学试验做准确的鉴定。

三、实验材料

（1）待检试样：冻肉，蛋品，牛奶等。

（2）培养基和试剂：缓冲蛋白胨水（BPW 或 BP）[营养琼脂（NA）]，四硫磺酸钠煌绿（TTB）增菌液，亚硒酸盐胱氨酸（SC）增菌液，亚硫酸铋（BS）琼脂培养基，木糖-赖氨酸-脱氧胆酸（XLD）琼脂培养基（或用 HE 琼脂平板和沙门氏菌属显色培养基平板替代），三糖铁（TSI）琼脂培养基，赖氨酸脱羧酶试验培养基，尿素琼脂培养基，氰化钾（KCN）培养基，蛋白胨水和靛基质试剂，邻硝基酚 β-D-半乳糖苷（ONPG）培养基等，配方及制法见附录一。如需进一步分型，还需各种沙门氏菌因子血清：26 种（初步分型）、57 种（一般分型）、144 种（详细分型）。

（3）仪器及其他用品：恒温培养箱，拍击式均质器，天平，显微镜，广口瓶，移液管，锥形瓶，培养皿，酒精灯，试管架，试管篓，灭菌锅等。

四、实验步骤

沙门氏菌检验的基本流程如图 4-5 所示。

1. 前增菌

称取 25g（mL）样品放入盛有 225mL 缓冲蛋白胨水（BPW）的无菌均质杯中，以 8000～10 000r/min 均质 1～2min，或置于盛有 225mL BPW 的无菌均质袋中，用拍击式均质器拍打 1～2min。若样品为液态，不需要均质，振荡混匀。如需测定 pH，用 1mol/mL 无菌 NaOH 或 HCl 调 pH 至 6.8±0.2。无菌操作将样品转至 500mL 锥形瓶中，如使用均质袋，可直接进行培养，于（36±1）℃培养 8～18h。如为冷冻产品，应在 45℃以下不超过 15min，或 2～5℃不超过 18h 解冻。

2. 增菌

轻轻摇动培养过的样品混合物，移取 1mL，转接于 10mL 四硫磺酸钠煌绿（TTB）

增菌液内，于（42±1）℃培养 18～24h。同时，另取 1mL，转种于 10mL 亚硒酸盐胱氨酸（SC）增菌液中，于（36±1）℃培养 18～24h。

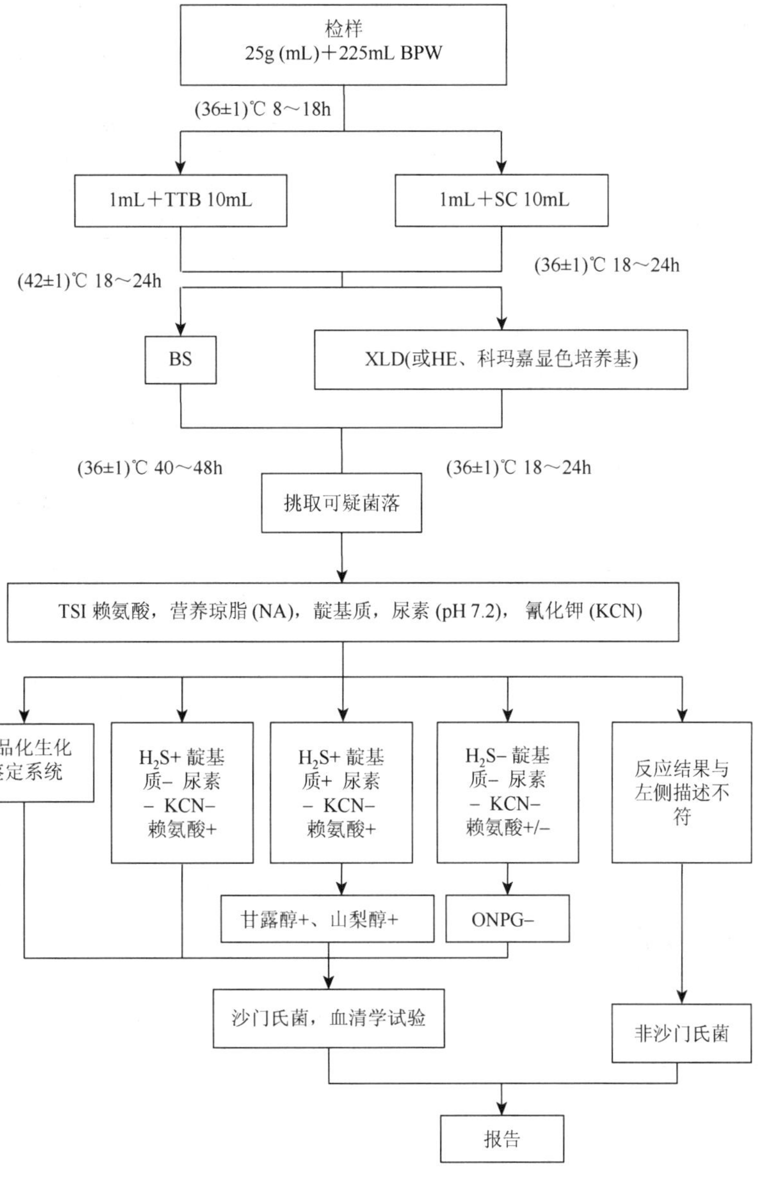

图 4-5　沙门氏菌检验的基本流程

3. 分离

分别用接种环取增菌液 1 环，划线接种于一个亚硫酸铋（BS）琼脂平板和一个木糖赖氨酸脱氧胆盐（XLD）琼脂平板（或 HE 琼脂平板或沙门氏菌属科玛嘉显色培养基），于（36±1）℃分别培养 18～24h（XLD 琼脂平板、HE 琼脂平板、沙门氏菌属科玛嘉显色培养基）或 40～48h（BS 琼脂平板），观察各个平板上生长的菌落，各个平板上的菌落特征见表 4-5。

表 4-5 沙门氏菌属在不同选择性琼脂平板上的菌落特征

选择性琼脂平板	沙门氏菌
BS 琼脂培养基	菌落为黑色有金色光泽、棕褐色或灰色，菌落周围培养基可呈黑色或棕色；有些菌株形成灰绿色的菌落，周围培养基不变
HE 琼脂培养基	蓝绿色或蓝色，多数菌落中心黑色或几乎全黑色；有些菌株为黄色，中心黑色或几乎全黑色
XLD 琼脂培养基	菌落呈粉红色，带或不带黑色中心，有些菌株可呈现大的带光泽的黑色中心，或呈现全部黑色的菌落；有些菌株为黄色菌落，带或不带黑色中心
科玛嘉显色培养基	菌落为紫红色（或参考培养基使用说明）

4. 生化试验

（1）自选择性琼脂平板上分别挑取 2 个以上典型或可疑菌落，接种三糖铁（TSI）琼脂培养基，先在斜面划线，再于底层穿刺；接种针不要灭菌，直接接种赖氨酸脱羧酶试验培养基和营养琼脂平板，于（36±1）℃培养 18～24h，必要时可延长至 48h。在三糖铁琼脂培养基和赖氨酸脱羧酶试验培养基内，沙门氏菌属的反应结果见表 4-6。

表 4-6 沙门氏菌属在三糖铁琼脂培养基和赖氨酸脱羧酶试验培养基内的反应结果

三糖铁琼脂培养基				赖氨酸脱羧酶试验培养基	初步判断
斜面	底层	产气	硫化氢		
–	+	+（–）	+（–）	+	可疑沙门氏菌属
–	+	+（–）	+（–）	–	可疑沙门氏菌属
+	+	+（–）	+（–）	+	可疑沙门氏菌属
+	+	+/–	+/–	–	非沙门氏菌属

注：“+”表示阳性；“–”表示阴性；“+（–）”表示多数阳性，少数阴性；“+/–”表示阳性或阴性

（2）接种三糖铁琼脂培养基和赖氨酸脱羧酶试验培养基的同时，可直接接种蛋白胨水（供做靛基质试验）、尿素琼脂培养基（pH7.2）、氰化钾（KCN）培养基，也可在初步判断结果后从营养琼脂平板上挑取可疑菌落接种，于（36±1）℃培养 18～24h，必要时可延长至 48h，按表 4-7 判定结果。将已挑菌落的平板储存于 2～5℃或室温至少保留 24h，以备必要时复查。

表 4-7 沙门氏菌属在不同基质中的生化反应

反应序号	硫化氢（H_2S）	靛基质	pH7.2 尿素	氰化钾（KCN）	赖氨酸脱羧酶
A1	+	–	–	–	+
A2	+	+	–	–	+
A3	–	–	–	–	+/–

注：“+”表示阳性；“–”表赤阴性；“+/–”表示阳性或阴性

A. 反应序号 A1：典型反应判定为沙门氏菌属。如尿素、KCN 和赖氨酸脱羧酶 3 项

中有 1 项异常，按表 4-8 可判定为沙门氏菌。如有 2 项异常为非沙门氏菌。

表 4-8　沙门氏菌属生化反应初步鉴别表

pH7.2 尿素	氰化钾（KCN）	赖氨酸脱羧酶	判定结果
−	−	−	甲型副伤寒沙门氏菌（要求血清学鉴定结果）
−	+	+	沙门氏菌Ⅳ和Ⅴ（要求符合本群生化特性）
+	−	+	沙门氏菌个别变体（要求血清学鉴定结果）

注：“+”表示阳性，“−”表示不生长

B. 反应序号 A2：沙门氏菌一般为靛基质试验阴性，若出现靛基质试验阳性时则需要补做甘露醇和山梨醇试验，该两项试验结果如均为阳性时则可以认为是靛基质阳性的沙门氏菌变种，但尚需要结合血清学鉴定结果进行判定。

C. 反应序号 A3：补做 ONPG。ONPG 阴性为沙门氏菌，同时赖氨酸脱羧酶阳性，甲型副伤寒沙门氏菌为赖氨酸脱羧酶阴性。必要时按表 4-9 进行沙门氏菌生化群的鉴别。

表 4-9　沙门氏菌属各生化群的鉴别

项目	Ⅰ	Ⅱ	Ⅲ	Ⅳ	Ⅴ	Ⅵ
山梨醇	+	+	+	+	+	−
ONPG	−	−	+	−	+	−
氰化钾（KCN）	−	−	−	+	+	−
卫矛醇	+	+	−	−	+	−
水杨苷	−	−	−	+	−	−
丙二酸盐	−	+	+	−	−	−

注：“+”表示阳性；“−”表赤阴性

（3）如选择生化鉴定试剂盒或全自动微生物生化鉴定系统，可根据三糖铁琼脂培养基鉴别实验的初步判断结果，从营养琼脂平板上挑取可疑菌落，用生理盐水制备成浊度适当的菌悬液，使用生化鉴定试剂盒或全自动微生物生化鉴定系统进行鉴定。

5. 血清学鉴定

（1）抗原的准备：一般采用 1.2%～1.5%琼脂培养物作为玻片凝集试验用的抗原。O 血清不凝集时，将菌株接种在琼脂量较高的（如 2%～3%）培养基上再检查；如果是由于 Vi 抗原的存在而阻止了 O 凝集反应时，可挑取菌苔于 1mL 生理盐水中做成浓菌液，于酒精灯火焰上煮沸后再检查。H 抗原发育不良时，将菌株接种在 0.55%～0.65%半固体琼脂平板的中央，待菌落蔓延生长时，在其边缘部分取菌检查；或将菌株通过装有 0.3%～0.4%半固体琼脂的小玻管 1～2 次，自远端取菌培养后再检查。

（2）多价菌体抗原（O）鉴定：在玻片上划出 2 个约 1cm×2cm 的区域，挑取 1 环待测菌，各放 1/2 环于玻片上的每一区域上部，在其中一个区域下部加 1 滴多价菌体（O）抗血清，在另一区域下部加入 1 滴生理盐水，作为对照。再用无菌的接种环或针分别将两个区域内的菌落研成乳状液。将玻片倾斜摇动混合 1min，并对着黑暗背景进行观察，任何程度的凝集现象均为阳性反应。

（3）多价鞭毛抗原（H）鉴定：同（2）。

（4）血清学分型（选做项目）。

A. O 抗原的鉴定：用 A～F 多价 O 血清做玻片凝集试验，同时用生理盐水作对照。在生理盐水中自凝者为粗糙形菌株，不能分型。

被 A～F 多价 O 血清凝集者，依次用 O4；O3、O10；O7；O8；O9；O2 和 O11 因子血清做凝集试验。根据试验结果，判定 O 群。被 O3、O10 血清凝集的菌株，再用 O10、O15、O34、O19 单因子血清做凝集试验，判定 E1、E2、E3、E4 各亚群，每一个 O 抗原成分的最后确定均应根据 O 单因子血清的检查结果，没有 O 单因子血清的要用两个 O 复合因子血清进行核对。不被 A～F 多价 O 血清凝集者，先用 9 种多价 O 血清检查，如有其中一种血清凝集，则用这种血清所包括的 O 群血清逐一检查，以确定 O 群。每种多价 O 血清所包括的 O 因子如下。

O 多价 1：A，B，C，D，E，F 群（并包括 6，14 群）。

O 多价 2：13，16，17，18，21 群。

O 多价 3：28，30，35，38，39 群。

O 多价 4：40，41，42，43 群。

O 多价 5：44，45，47，48 群。

O 多价 6：50，51，52，53 群。

O 多价 7：55，56，57，58 群。

O 多价 8：59，60，61，62 群。

O 多价 9：63，65，66，67 群。

B. H 抗原的鉴定：属于 A～F 各 O 群的常见菌型，依次用表 4-10 所述 H 因子血清检查第 1 相和第 2 相的 H 抗原。

表 4-10　A～F 群常见菌型 H 抗原表

O 群	第 1 相	第 2 相
A	a	无
B	g，f，s	无
B	i，b，d	2
C1	k，v，r，c	5，Z15
C2	b，d，r	2，5
D（不产气的）	d	无
D（产气的）	g，m，p，q	无
E1	h，v	6，w，x
E4	g，s，t	无
E4	i	无

不常见的菌型，先用 8 种多价 H 血清检查，如有其中一种或两种血清凝集，则再用这一种或两种血清所包括的各种 H 因子血清逐一检查，以确定是 H 抗原的第 1 相还是第 2 相。8 种多价 H 血清所包括的 H 因子如下。

H 多价 1：a，b，c，d，i。

H 多价 2：eh，enx，enz15，fg，gms，gpu，gp，gq，mt，gz51。

H 多价 3：k，r，y，z，z10，lv，lw，lz13，lz28，lz40。

H 多价 4：1，2；1，5；1，6；1，7；z6。

H 多价 5：z4z23，z4z24，z4z32，z29，z35，z36，z38。

H 多价 6：z39，z41，z42，z44。

H 多价 7：z52，z53，z54，z55。

H 多价 8：z56，z57，z60，z61，z62。

每一个 H 抗原成分的最后确定均应根据 H 单因子血清的检查结果，没有 H 单因子血清的要用两个 H 复合因子血清进行核对。

检出第 1 相 H 抗原而未检出第 2 相 H 抗原的或检出第 2 相 H 抗原而未检出第 1 相 H 抗原的，可在琼脂斜面上移种 1～2 代后再检查。如仍只检出一个相的 H 抗原，要用位相变异的方法检查其另一个相。单相菌不必做位相变异检查。位相变异试验方法如下。

a. 小玻管法：将半固体管（每管 1～2mL）在酒精灯上熔化并冷却至 50℃，取已知相的 H 因子血清 0.05～0.1mL，加入于熔化的半固体内，混匀后，用毛细吸管吸取分装于供位相变异试验的小玻管内，待凝固后，用接种针挑取待检菌，接种于一端。将小玻管平放在平皿内，并在其旁放一团湿棉花，以防琼脂中水分蒸发而干缩，每天检查结果，待另一相细菌解离后，可以从另一端挑取细菌进行检查。培养基内血清的浓度应有适当的比例，过高时细菌不能生长，过低时同一相细菌的动力不能抑制。一般按原血清（1：800）～（1：200）的量加入。

b. 小倒管法：将两端开口的小玻管（下端开口要留一个缺口，不要平齐）放在半固体管内，小玻管的上端应高出于培养基的表面，灭菌后备用。临用时在酒精灯上加热熔化，冷至 50℃，挑取因子血清 1 环，加入小套管中的半固体内，略加搅动，使其混匀，待凝固后，将待检菌株接种于小套管中的半固体表层内，每天检查结果，待另一相细菌解离后，可从套管外的半固体表面取菌检查，或转种 1%软琼脂斜面，于 37℃培养后再做凝集试验。

c. 简易平板法：将 0.35%～0.4%半固体琼脂平板烘干表面水分，挑取因子血清 1 环，滴在半固体平板表面，放置片刻，待血清吸收到琼脂内，在血清部位的中央点种待检菌株，培养后，在形成蔓延生长的菌苔边缘取菌检查。

C. Vi 抗原的鉴定：用 Vi 因子血清检查。已知具有 Vi 抗原的菌型有伤寒沙门氏菌、丙型副伤寒沙门氏菌、都柏林沙门氏菌。

D. 菌型的判定：根据血清学分型鉴定的结果，按照有关沙门氏菌属抗原表判定菌型。

五、实验报告

综合以上生化试验和血清学鉴定的结果，报告 25g（mL）样品中检出或未检出沙门氏菌。

六、思考题

1. 沙门氏菌检验有哪 5 个基本步骤？
2. 沙门氏菌在三糖铁培养基上的反应结果如何？为什么？
3. 食品中能否允许有个别沙门氏菌的存在？为什么？

（塔里木大学　郭东起）

实验 4-5　志贺氏菌的检验

一、目的要求

掌握志贺氏菌的生物学特性，熟悉检验该菌常用的生化试验操作方法及结果判断，初步掌握志贺氏菌属血清学试验方法。

二、实验原理

志贺氏菌属（*Shigella*）的细菌，又称为痢疾杆菌，属革兰氏阴性小杆菌，好氧或兼性厌氧。引起痢疾症状的病原微生物很多，如志贺氏菌属、沙门氏菌属、变形杆菌属、埃希氏菌属等，还有阿米巴原虫、鞭毛虫及病毒等，其中人类对志贺氏菌的易感性较高，易引起细菌性痢疾，因此在食物和饮用水的卫生检验时，常以是否含有志贺氏菌作为指标。

与肠杆菌科各属细菌相比较，志贺氏菌属的主要鉴别特征为不运动，对各种糖的利用能力较差，并且在含糖的培养基内一般不形成气体。除运动力与生化反应外，志贺氏菌的进一步分群分型有赖于血清学试验。

三、实验材料

（1）待检试样：肉与肉制品，蛋与蛋制品，乳与乳制品等。

（2）培养基和试剂：志贺氏菌增菌肉汤——新生霉素，麦康凯（MAC）琼脂培养基，三糖铁（TSI）琼脂培养基，木糖赖氨酸脱氧胆酸盐（XLD）琼脂培养基，志贺氏显色培养基，营养琼脂斜面，半固体琼脂培养基，葡萄糖铵培养基，葡萄糖半固体琼脂培养基，β-半乳糖苷酶培养基，缓冲葡萄糖蛋白胨水，糖发酵管（棉籽糖、甘露糖、甘油、七叶苷及水杨苷），蛋白胨水，尿素琼脂培养基。靛基质试剂，氰化钾，吲哚试剂，甲基红试剂，V. P.试剂，氧化酶试剂，志贺氏菌属诊断血清。

（3）仪器及其他用品：恒温培养箱，冰箱，膜过滤系统，厌氧培养装置，电子天平，显微镜，均质器，振荡器，无菌吸管，无菌均质杯或均质袋，无菌培养皿，pH 计，灭菌广口瓶，灭菌三角瓶，灭菌平皿，载玻片，试管架，酒精灯等。

四、实验步骤

1. 增菌

以无菌操作取检样 25g（mL），加入装有灭菌 225mL 志贺氏菌增菌肉汤的均质杯中，用旋转刀片式均质器以 8000～10 000r/min 均质 1min；或加入装有 225mL 志贺氏菌增菌肉汤的均质袋中，用拍击式均质器连续均质 1～2min，液体样品振荡混匀即可。将均质样品于（36±1）℃（可以适当高点）厌氧培养 16～20h。

2. 分离

取增菌后的志贺氏增菌液分别划线接种于 XLD 琼脂平板和 MAC 琼脂平板或志贺氏菌显色培养基平板上，于（36±1）℃培养 20～24h，观察各个平板上生长的菌落形态。宋内氏志贺氏菌的单个菌落直径大于其他志贺氏菌。若出现的菌落不典型或菌落较小不易观察，则继续培养至 48h 再进行观察。志贺氏菌在不同选择性琼脂平板上的菌落特征见表 4-11。

表 4-11　志贺氏菌在不同选择性琼脂平板上的菌落特征

选择性琼脂平板	志贺氏菌的菌落特征
MAC 琼脂培养基	无色至浅粉红色，半透明、光滑、湿润、圆形、边缘整齐或不齐
XLD 琼脂培养基	粉红色至无色，半透明、光滑、湿润、圆形、边缘整齐或不齐
志贺氏菌显色培养基	按照显色培养基的说明进行判定

3. 初步生化试验

自选择性琼脂平板上分别挑取 2 个以上典型或可疑菌落，分别接种 TSI、半固体和营养琼脂斜面各一管，置于（36±1）℃培养 20～24h，分别观察结果。在三糖铁琼脂中斜面产碱、底层产酸（发酵葡萄糖，不发酵乳糖、蔗糖）、不产气（福氏志贺氏菌 6 型可产生少量气体）、不产硫化氢、半固体管中无动力的菌株，挑取其中已培养的营养琼脂斜面上生长的菌苔，进行生化试验和血清学分型。

4. 生化试验

用步骤 3 中已培养的营养琼脂斜面上生长的菌苔，进行生化试验，即 β-半乳糖苷酶、尿素、赖氨酸脱羧酶、鸟氨酸脱羧酶及水杨苷和七叶苷的分解试验。除宋内氏志贺氏菌、鲍氏志贺氏菌 13 型的鸟氨酸阳性，宋内氏志贺氏菌、痢疾志贺氏菌 1 型、鲍氏志贺氏菌 13 型的 β-半乳糖苷酶为阳性以外，其余生化试验志贺氏菌属的培养物均为阴性结果。另外，由于福氏志贺氏菌 6 型的生化特性和痢疾志贺氏菌或鲍氏志贺氏菌相似，必要时还需加做靛基质、甘露醇、棉子糖、甘油试验，也可做革兰氏染色检查和氧化酶试验，应为氧化酶阴性的革兰氏阴性杆菌。生化反应不符合的菌株，即使能与某种志贺氏菌分型血清发生凝集，仍不得判定为志贺氏菌属。志贺氏菌属生化特性见表 4-12。生化试验符合志贺氏菌属生化特性的培养物还需另加葡萄糖胺、西蒙氏柠檬酸盐、粘液酸盐试验（36℃培养 24～48h）。志贺氏菌属和不活泼大肠埃希氏菌、A-D（碱性-异型）菌的生化特性区别见表 4-13。

表 4-12　志贺氏菌属 4 个群的生化特征

生化反应	A 群：痢疾志贺氏菌	B 群：福氏志贺氏菌	C 群：鲍氏志贺氏菌	D 群：宋内氏志贺氏菌
β-半乳糖苷酶	–[a]	–	–[a]	+
尿素	–	–	–	–
赖氨酸脱羧酶	–	–	–	–
鸟氨酸脱羧酶	–	–	–[b]	+
水杨苷	–	–	–	–
七叶苷	–	–	–	–
靛基质	–/+	(+)	–/+	–
甘露醇	–	+[c]	+	+
棉子糖	–	+	–/+	+
甘油	(+)	–	(+)	d

注：“+”表示阳性；“–”表示阴性；“–/+”表示多数阴性；“+/–”表示多数阳性；“(+)”表示迟缓阳性；“d”表示有不同生化型；[a] 痢疾志贺氏菌 1 型和鲍氏志贺氏菌 13 型为阳性；[b] 鲍氏志贺氏菌 13 型为鸟氨酸阳性；[c] 福氏志贺氏菌 4 型和 6 型常见甘露醇阴性变种

表 4-13　志贺氏菌属和不活泼大肠埃希氏菌、A-D 菌的生化特性区别

生化反应	A 群：痢疾志贺氏菌	B 群：福氏志贺氏菌	C 群：鲍氏志贺氏菌	D 群：宋内氏志贺氏菌	大肠埃希氏菌	A-D 菌
葡萄糖铵	–	–	–	–	+	+
西蒙氏柠檬酸盐	–	–	–	–	d	d
粘液酸盐	–	–	–	d	+	d

注：“+”表示阳性；“–”表示阴性；“d”表示有不同生化型；在葡萄糖铵、西蒙氏柠檬酸盐、粘液酸盐试验 3 项反应中志贺氏菌一般为阴性，而不活泼的大肠埃希氏菌、A-D 菌至少有一项反应为阳性

5. 血清学鉴定

志贺氏菌属没有动力，因此没有鞭毛抗原，但有菌体（O）抗原。菌体 O 抗原又可分为型和群的特异性抗原。一般采用 1.2%～1.5%琼脂培养物作为玻片凝集试验用的抗原。在玻片上划出 2 个约 1cm×2cm 的区域，挑取一环待测菌，各放 1/2 环于玻片上的每一区域上部，在其中一个区域下部加 1 滴抗血清，在另一区域下部加入 1 滴生理盐水，作为对照。再用无菌的接种环或针分别将两个区域内的菌落研成乳状液。将玻片倾斜摇动混合 1min，并对着黑色背景进行观察，如果抗血清中出现凝结成块的颗粒，而生理盐水中没有发生自凝现象，那么凝集反应为阳性。如果生理盐水中出现凝集，视作为自凝。这时，应挑取同一培养基上的其他菌落继续进行试验。如果待测菌的生化特征符合志贺氏菌属生化特征，而其血清学试验为阴性的话，则需进一步进行试验。

一些志贺氏菌如果因为 K 抗原的存在而不出现凝集反应时，可挑取菌苔于 1mL 生理盐水做成浓菌液，100℃煮沸 15～60min 去除 K 抗原后再检查。

D 群志贺氏菌既可能是光滑型菌株也可能是粗糙型菌株，与其他志贺氏菌群抗原不存在交叉反应。与肠杆菌科不同，宋内氏志贺氏菌粗糙型菌株不一定会自凝。宋内氏志贺氏菌没有 K 抗原。

五、实验报告

综合以上生化试验和血清学鉴定的结果，报告 25g（mL）样品中检出或未检出志贺氏菌。

六、思考题

1. 如何提高志贺氏菌检出的准确性？
2. 志贺氏菌在三糖铁培养基上的反应结果如何？怎样解释这些现象？
3. 志贺氏菌检验有哪几个基本步骤？

（西藏大学农牧学院　张国强）

实验 4-6　病原性大肠杆菌的检验

一、目的要求

了解病原性大肠杆菌的种类与非病原性大肠杆菌的区别，掌握病原性大肠杆菌检验的原理和方法。

二、实验原理

正常情况下，大肠杆菌不致病，而且还能合成维生素 B 和维生素 K，产生大肠菌素，对机体有利。但当机体抵抗力下降或大肠杆菌侵入肠外组织或器官时，可作为条件性致病菌引起肠道外感染，有些血清型可引起肠道感染。已知的引起致病性大肠杆菌有 4 类，即产肠毒素大肠杆菌、出血性大肠杆菌、肠道侵袭性大肠杆菌和肠道致病性大肠杆菌，后者主要引起新生儿的腹泻。带菌的牛肉和猪肉制品是引起病菌传播和导致食物中毒的主要原因。根据前面检验大肠杆菌的实验及致病性大肠杆菌的特性，检验病原性大肠杆菌。

三、实验材料

（1）菌种和食品检样：产不耐热肠毒素（LT）和产耐热肠毒素（ST）大肠杆菌标准菌株，食品检样。

（2）试剂和培养基：多粘菌素 B 纸片，0.1%硫柳汞溶液，2%伊文思蓝溶液，革兰氏染色液，乳糖胆盐发酵管，营养肉汤，肠道菌增菌肉汤，麦康凯琼脂培养基，伊红亚甲蓝琼脂（EMB）培养基，三糖铁（TSI）琼脂培养基，克氏双糖铁（KI）琼脂培养基，糖发酵管（乳糖、鼠李糖、木糖和甘露醇），赖氨酸脱羧酶试验培养基，尿素琼脂（pH7.2）培养基，氰化钾培养基，蛋白胨水，靛基质试剂，半固体琼脂培养基，Honda 产毒肉汤，Elek 培养基，氧化酶试剂。

（3）动物和血清：1～4 日龄小白鼠，致病性大肠杆菌诊断血清，侵袭性大肠杆菌诊断血清，产肠毒素大肠杆菌诊断血清，出血性大肠杆菌诊断血清，产肠毒素大肠杆菌 LT 和 ST 酶标诊断试剂盒，抗 LT 抗毒素。

（4）设备与材料：超净工作台，干热灭菌锅，高压灭菌锅，灯箱（观察血清试验用），天平，均质器或乳钵（能用于无菌操作），培养箱，水浴锅（能维持温差在±0.2℃以内），显微镜，离心机，酶标仪，细菌浓度比浊管，灭菌广口瓶（稀释和增菌用），灭菌三角烧瓶，灭菌平皿，灭菌试管，灭菌吸管（1mL 吸管应有 0.01 的刻度，5mL 及 10mL 应有 0.1 刻度），杜氏发酵管（外径 9mm×22mm，使用时倒置于 15mm×150mm 的试管内），橡胶乳头，载玻片，盖玻片，酒精灯，灭菌金属匙或玻璃棒，接种针及接种环，试管架，试管篓，冰箱，注射器，灭菌的刀子、剪子、镊子，无菌滤膜（孔径 0.45μm 或以下的亲水醋酸纤维滤膜），记号笔。

（5）药品：氯化钠，磷酸二氢钾，磷酸氢二钾，结晶紫，甲基红，伊红 Y，亚甲基蓝，磷酸氢铵钠，无水磷酸氢二钠，磷酸氢二钠，硫酸镁，柠檬酸钠，乳糖，蔗糖，葡萄糖，中性红，溴甲酚紫，无水硫酸镁，尿素，草酸铵，碘化钾，对-二甲胺基甲醛，戊醇，*α*-萘酚，氢氧化钾，95%乙醇，硝酸钾，乙酸钠，冰醋酸，硫代硫酸钠，酵母抽提物，牛肉抽提物，牛脑浸出物，牛心浸出物，蛋白胨，均为生物级。

（6）配制试剂。

A. 30%氢氧化钠溶液，1mol/L 氢氧化钠溶液，5mol/L 氢氧化钠溶液，5mol/L 乙酸溶液。

B. 1.0mol/L 磷酸二氢钠溶液：取磷酸二氢钠 6.9g，溶于 45mL 蒸馏水，徐徐注入 30%氢氧化钠溶液 3mL 至 pH 为 7.0，再加入蒸馏水使成 50mL，贮存于 4℃冰箱中备用。

C. 50%葡萄糖溶液：称取葡萄糖 5g，溶于蒸馏水 10mL，以无菌滤膜过滤。

D. 柯瓦克试剂：取对二甲胺基甲醛 5g，溶于 75mL 戊醇，再徐徐加入盐酸，混合均匀后应成黄色，保存于 4℃冰箱中。

E. 欧普试剂。溶液 A：取 *α*-萘酚 5g，溶于无水乙醇 100mL。溶液 B：取氢氧化钾 40g，溶于蒸馏水定容至 100mL。

F. 0.5%生理盐水，0.85%生理盐水。

G. 甲基红指示剂：取甲基红 0.1g，溶于 95%乙醇 300mL，再加蒸馏水定容至 500mL。

四、实验步骤

1. 样品处理

样品采集后应尽快检验。

（1）固态样品：以无菌操作称取检样 25g，加入 225mL 营养肉汤中，以均质器打碎 1min 或用乳钵加灭菌砂磨碎，作为 10 倍稀释检液。

（2）粉状、粒状或其他易于粉碎的样品：使用已灭菌的药勺将样品粉碎，并混合均匀，取 25g，加入已灭菌的营养肉汤 225mL，作为 10 倍稀释检液。

（3）液态样品：用振荡方式将样品混合均匀，取 25mL，加入已灭菌的营养肉汤 225mL，作为 10 倍稀释检液。

2. 增菌

取出适量，接种于乳糖胆盐培养基，以测定大肠菌群 MPN（most probable number），其余的移入 500mL 广口瓶内，于（36±1）℃培养 6h。挑取 1 环，接种于 1 管 30mL 肠道菌增菌肉汤内，于 42℃培养 18h。

3. 分离

将乳糖发酵阳性的乳糖胆盐发酵管和增菌液分别划线接种于麦康凯或伊红亚甲蓝琼脂平板；污染严重的检样，可将检样匀液直接划线接种于麦康凯或伊红亚甲蓝平板，于（36±1）℃培养 18～24h，观察菌落。不但要注意乳糖发酵的菌落，同时也要注意乳糖不发酵和迟缓发酵的菌落。

4. 生化试验

（1）自鉴别平板上直接挑取数个菌落分别接种于三糖铁（TSI）琼脂培养基或克氏双糖铁（KI）琼脂培养基。同时将这些培养物分别接种蛋白胨水、半固体、pH7.2 尿素琼脂培养基、KCN（氰化钾）肉汤和赖氨酸脱羧酶试验培养基。以上培养物均在 36℃培养过夜。

（2）三糖铁（TSI）琼脂斜面产酸或不产酸，底层产酸，H_2S 阴性，KCN 阴性和尿素阴性的培养物为大肠杆菌。TSI 底层不产酸或 H_2S、KCN、尿素有任一项为阳性的培养物，均非大肠杆菌。必要时做氧化酶试验或革兰氏染色镜检。

5. 血清学试验

（1）假定试验：挑取经生化试验证实为大肠杆菌的琼脂培养物，用致病性大肠杆菌、侵袭性大肠杆菌、产肠毒素大肠杆菌多价 O 血清和出血性大肠杆菌 O157 血清做玻片凝集试验。当与某一种多价 O 血清凝集时，再与该多价血清所包含的单价 O 血清做试验。致病性大肠杆菌所包括的 O 抗原群如与某一个单价 O 血清呈现强凝集反应，即假定试验阳性。

（2）证实实验：制备 O 抗原悬液，稀释至与 Mac Farland 3 号比浊管相当的浓度。原效价为（1∶320）～（1∶160）的 O 血清，用 0.5%盐水稀释至 1∶40。稀释血清与抗原悬液在 10mm×75mm 试管内等量混合，做试管凝集试验。混匀后放于 50℃水浴箱内，经 16h 后观察结果。如出现凝集，可证实为该 O 抗原。

6. 肠毒素试验

1）酶联免疫吸附试验检测 LT 和 ST

（1）产毒培养：将试验菌株和阳性及阴性对照菌株分别接种于 0.6mL CAYE 培养基（此培养基附在肠毒素诊断试剂盒内），37℃振荡培养过夜。加入 20 000 IU/mL 的多粘菌素 B 0.05mL，于 37℃培养 1h，4000r/min 离心 15min，分离上清液，加入 0.1%硫柳汞（thimerosal，是一种局部杀菌剂，约含有50%水银的有机物质）0.05mL，于4℃保存待用。

（2）LT检测方法（双抗体夹心法）。

包被：先在产肠毒素大肠杆菌CT和ST酶标诊断试剂盒中取出包被用LT抗体管，加入包被液0.5mL，混匀后全部吸出于3.6mL包被液中混匀，以每孔100μL量加入到40孔聚苯乙烯硬反应板中，第一孔留空作对照，于4℃冰箱湿盒中过夜。

洗板：将板中溶液甩去，用洗涤液Ⅰ洗3次，甩尽液体，翻转反应板，在吸水纸上拍打，去尽孔中残留液体。

封闭：每孔加100μL封闭液，于37℃水浴孵育1h。

洗板：用洗涤液Ⅱ洗3次，操作同上。

加样本：每孔分别加多种试验菌株产毒培养液100μL，37℃水浴孵育1h。

洗板：用洗涤液Ⅱ洗3次，操作同上。

加酶标抗体：先在酶标LT抗体管中加0.5mL稀释液，混匀后全部吸出于3.6mL稀释液中混匀，每孔加100μL，37℃水浴孵育1h。

洗板：用洗涤液Ⅱ洗3次，操作同上。

酶底物反应：每孔（包括第一孔）各加基质液100μL，室温下避光作用5～10min，加入终液50μL。

结果判定：以酶标仪在波长492nm下测定吸光度OD值，待测标本OD值大于阴性对照3倍以上为阳性，目测颜色为橘黄色或明显高于阴性对照为阴性。

（3）ST检测方法（抗原竞争法）。

包被：先在包被用ST抗原管中加0.5mL包被液，混匀后全部吸出于1.6mL包被液中混匀，以每孔50μL加于40孔聚苯乙烯软反应板中。加液后轻轻敲板，使液体布满孔底。第一孔留空作对照，置4℃冰箱湿盒中过夜。

洗板：用洗涤液Ⅰ洗3次，操作同上。

封闭：每孔加100μL封闭液，37℃水浴。

洗板：用洗涤液Ⅱ洗3次，操作同上。

加样本及ST单克隆抗体：每孔分别加各试验菌株产毒培养液50μL、稀释的ST单克隆抗体50μL（先在ST单克隆抗体管中加0.5mL稀释液，混匀后全部吸出于1.6mL稀释液中，混合），37℃水浴1h。

洗板：用洗涤液Ⅱ洗3次，操作同上。

加酶标记兔抗鼠Ig复合物：先在酶标记兔抗鼠Ig复合物管中加0.5mL稀释液，混匀后全部吸出于3.6mL稀释液中混匀，每孔加100μL，37℃水浴1h。

洗板：用洗涤液Ⅱ洗3次，操作同上。

酶底板反应：每孔（包括第一孔）各加基质液100μL，室温下避光5～10min，再加入终止液50μL。

结果判定：以酶标仪在波长492nm测定吸光度OD值，待测标本OD值大于阴性对照3倍以上为阳性，目测无色或明显淡于阴性对照为阴性。

2）双向琼脂扩散试验检测LT

将被检菌株按五点环形接种于Elek培养基上。以同样操作，共做两份，于36℃培养 48h。在每株菌苔上放多粘菌素 B 纸片，于 36℃经 5～6h，使肠毒素渗入琼脂中，在距五点环形菌苔各 5mm 处的中央，挖一个直径 4mm 的圆孔，并用一滴琼脂垫底。在平板的中央孔内滴加 LT 抗毒素 30μL，用已知产 LT 和不产毒菌作对照，经 15～20h 观察结果。在菌斑和抗毒素孔之间出现白色沉淀带者为阳性，无沉淀带者为阴性。

3）乳鼠灌胃试验检测 ST

将被检菌株接种于 Honda 产毒肉汤内，于 36℃培养 24h，以 3000r/min 离心 30min，取上清液经薄膜滤器过滤，60℃加热 30min，每毫升滤液内加入 2%伊文思蓝溶液 20μL。将此滤液用塑料小管注入 1～4 日龄的乳鼠胃内 0.1mL，同时接种 3～4 只，禁食 3～4h 后用三氯甲烷麻醉，取出全部肠管，称量肠管（包括积液）质量及剩余体重。肠管质量与剩余体重之比大于 0.09 为阳性，0.07～0.09 为可疑。

五、实验报告

1. 通过实验，在所采样品中有否检出致病性大肠杆菌？
2. 综合以上生化试验、血清学试验、肠毒素试验做出报告。

六、思考题

1. 简述对食品进行致病性大肠杆菌检验的意义。
2. 致病性大肠杆菌有哪几种？主要引起哪几种症状的疾病？怎样预防？

（塔里木大学　王文华）

实验 4-7　金黄色葡萄球菌的检验

一、目的要求

学习金黄色葡萄球菌的基本特性，掌握食品中检验该菌的方法。

二、实验原理

葡萄球菌在自然界分布极广，空气、土壤、水、饲料、食品（剩饭、糕点、牛奶、肉品等）及人和动物的体表黏膜等处均可能存在，大部分是不致病的，但也有一些致病的球菌。金黄色葡萄球菌是葡萄球菌属的一个种，可引起皮肤组织炎症，还能产生肠毒素。如果在食品中大量生长繁殖，产生毒素，人误食了含有毒素的食品，就会发生食物中毒。

典型的金黄色葡萄球菌为球形，直径 0.8μm 左右，无芽孢、鞭毛，大多数无荚膜，革兰氏染色阳性，显微镜下排列成葡萄串状。金黄色葡萄球菌营养要求不高，在普通培养基上生长良好，需氧或兼性厌氧，最适生长温度为 37℃，最适生长 pH 为 7.4。平板上菌落厚、有光泽、圆形凸起，直径 1～2mm。有较高的耐盐性，可在 10%～15% NaCl 肉汤中生长。能分解葡萄糖、麦芽糖、乳糖、蔗糖，产酸不产气。M. R.反应阳性，V. P. 反应弱阳性。许多菌株可分解精氨酸，水解尿素，还原硝酸盐，液化明胶。还能产生凝固酶，使血浆凝固，多数致病菌株能产生溶血毒素，使血琼脂平板菌落周围出现溶血环，在试管中出现溶血反应，这些是鉴定致病性金黄色葡萄球菌的重要依据。

三、实验材料

（1）待检试样：牛奶，肉，鱼制品和饮料等。

（2）培养基及试剂：10%氯化钠胰酪胨大豆肉汤，血琼脂平板，Baird-Parker 琼脂平板，7.5%氯化钠营养肉汤，灭菌 0.85%生理盐水，兔血浆，革兰氏染色剂等。

BHI（Brain Heart Infusion）培养基：蛋白胨 10g，脱水小牛脑浸粉 12.5g，脱水牛心浸粉 5g，葡萄糖 2g，NaCl 5g，$Na_2HPO_4 \cdot 2H_3O$ 2.5g，蒸馏水 1000mL，pH 7.0～7.2。

（3）仪器及其他用品：显微镜，恒温培养箱，均质器，振荡器，冰箱，移液管，试管，锥形瓶，培养皿，L 型涂布棒，酒精灯，接种环，试管架，试管篓，灭菌锅，小试管等。

四、实验步骤

1. 检验流程

金黄色葡萄球菌检验流程如图 4-6 所示。

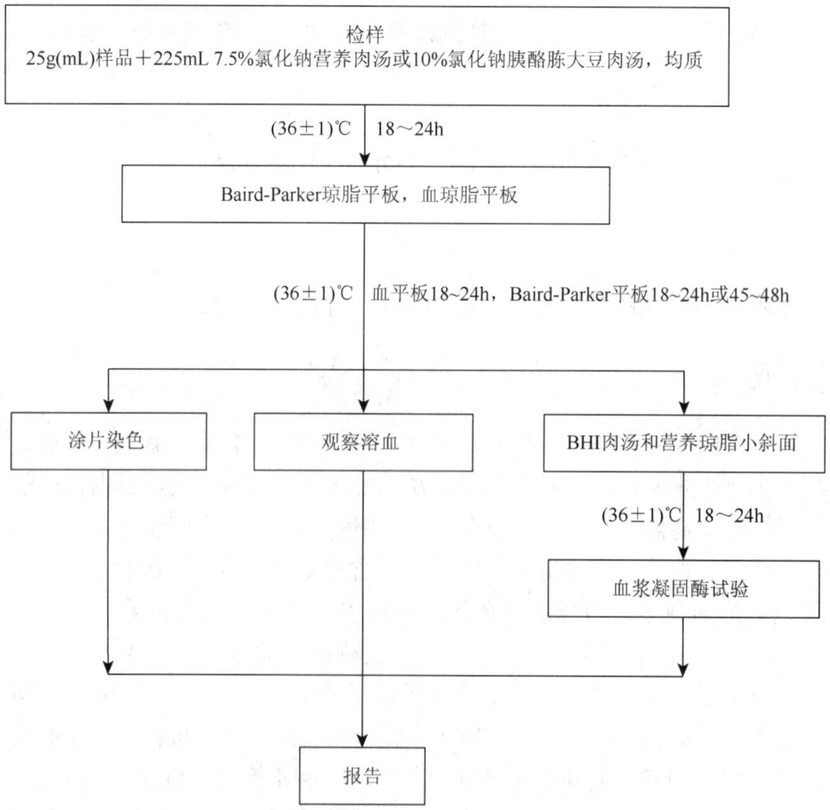

图 4-6　金黄色葡萄球菌检验流程

2. 样品处理

称取 25g（mL）样品至盛有 225mL 7.5%氯化钠营养营养肉汤或 10%氯化钠胰酪胨大豆肉汤的无菌均质杯内，8000～10 000r/min 均质 1～2min，或放入盛有 225mL 7.5%氯化钠肉汤或 10%氯化钠胰酪胨大豆肉汤的无菌均质袋中，用拍击式均质器拍打 1～2min。若样品为液态，吸取 25mL 样品至盛有 225mL 7.5%氯化钠营养肉汤或 10%氯化钠胰酪胨大豆肉汤的无菌锥形瓶（瓶内可预置适当数量的无菌玻璃珠）中，振荡混匀。吸取 25mL 液体样品，加入 225mL 灭菌生理盐水，置均质器中制成混悬液。

3. 增菌和分离培养

（1）将上述样品匀液于（36±1）℃培养 18～24h。金黄色葡萄球菌在 7.5%氯化钠营养肉汤中呈混浊生长，污染严重时在 10%氯化钠胰酪胨大豆肉汤内呈混浊生长。

（2）将上述培养物，分别划线接种到 Baird-Parker 琼脂平板和血琼脂平板，血琼脂平板（36±1）℃培养 18～24h。Baird-Parker 琼脂平板（36±1）℃培养 18～24h 或 45～48h。

（3）金黄色葡萄球菌在 Baird-Parker 琼脂平板上，菌落直径为 2～3mm，颜色呈灰色到黑色，边缘为淡色，周围为一混浊带，在其外层有一透明圈。用接种针接触菌落有似奶油至树胶样的硬度，偶然会遇到非脂肪溶解的类似菌落，但无混浊带及透明圈。长期保存的冷冻或干燥食品中所分离的菌落比典型菌落所产生的黑色较淡些，外观可能粗糙且干燥。在血琼脂平板上，形成菌落较大，圆形、光滑凸起、湿润、金黄色（有时为白色），菌落周围可见完全透明溶血圈。挑取上述菌落进行革兰氏染色镜检及血浆凝固酶试验。

4. 鉴定

（1）染色镜检：金黄色葡萄球菌为革兰氏阳性球菌，排列呈葡萄球状，无芽孢，无荚膜，直径为 0.5～1μm。

（2）血浆凝固酶试验：挑取 Baird-Parker 琼脂平板或血琼脂平板上可疑菌落 1 个或以上，分别接种到 5mL BHI 培养基和营养琼脂小斜面，（36±1）℃培养 18～24h。取新鲜制备兔血浆 0.5mL，放入小试管中，再加入 BHI 培养物 0.2～0.3mL，振荡摇匀，置（36±1）℃恒温培养箱或水浴锅内，每半小时观察一次，观察 6h，如呈现凝固（即将试管倾斜或倒置时，呈现凝块）或凝固体积大于原体积的一半，被判定为阳性结果。同时以血浆凝固酶试验阳性和阴性的葡萄球菌菌株的肉汤培养物作为对照。也可用商品化的试剂，按说明书操作，进行血浆凝固酶试验。结果如可疑，挑取营养琼脂小斜面的菌落到 5mL BHI 培养基中，（36±1）℃培养 18～48h，重复试验。

5. 葡萄球菌肠毒素的检验

1）从分离菌株培养物中检测葡萄球菌肠毒素方法

待测菌株接种营养琼脂斜面（试管 18mm×180mm）37℃培养 24h，用 5mL 生理盐水洗下菌落，倾入 60mL 产毒培养基中，每个菌种种一瓶，37℃振荡培养 48h，振速为 100 次/min，吸出菌液离心，8000r/min 20min，100℃加热 10min，取上清液，取 100μL

稀释后的样液进行试验。

2）从食品中提取和检测葡萄球菌毒素方法

（1）乳和乳粉。将 25g 乳粉溶解到 125mL、0.25mol/L、pH 8.0 的 Tris 缓冲液中，混匀后同液体乳一样按以下步骤制备。将乳于 15℃，3500*g* 离心 10min。将表面形成的一层脂肪层移走，变成脱脂乳。用蒸馏水对其进行稀释（1∶20）。取 100μL 稀释后的样液进行试验。

（2）脂肪含量不超过 40%的食品。称取 10g 样品绞碎，加入 pH 7.4 的磷酸盐缓冲液（PBS）15mL 进行均质。振摇 15min。于 15℃，3500*g* 离心 10min。必要时，移去上面脂肪层。取上清液进行过滤除菌。取 100μL 的滤出液进行试验。

（3）脂肪含量超过 40%的食品。称取 10g 样品绞碎，加入 pH 7.4 的 PBS 15mL 进行均质。振摇 15min。于 15℃，3500*g* 离心 10min。吸取 5mL 上层悬浮液，转移到另外一个离心管中，再加入 5mL 的庚烷，充分混匀 5min。于 15℃，3500*g* 离心 5min。将上部有机相（庚烷层）全部弃去（注意该过程中不要残留庚烷）。将下部水相层进行过滤除菌。取 100μL 的滤出液进行试验。

（4）其他食品可酌情参考上述食品处理方法。

3）检测

（1）所有操作均应在室温（20～25℃）进行，A、B、C、D、E 型金黄色葡萄球菌肠毒素分型 ELISA 检测试剂盒中所有试剂的温度均应回升至室温方可使用。测定中吸取不同的试剂和样品溶液时应更换吸头，用过的吸头及废液要浸泡到 10%次氯酸钠溶液中过夜。

（2）将所需数量的微孔条插入框架中（一个样品需要一个微孔条）。将样品液加入微孔条的 A～G 孔，每孔 100μL。H 孔加 100μL 的阳性对照，用手轻拍微孔板充分混匀，用粘胶纸封住微孔以防溶液挥发，置室温下孵育 1h。

（3）将孔中液体倾倒至含 10%次氯酸钠溶液的容器中，并在吸水纸上拍打几次以确保孔内不残留液体。每孔用多通道加样器注入 250μL 的洗液，再倾倒掉并在吸水纸上拍干。重复以上洗板操作 4 次。本步骤也可由自动洗板机完成。

（4）每孔加入 100μL 的酶标抗体，用手轻拍微孔板充分混匀，置室温下孵育 1h。

（5）加 50μL 的 3′，3′，5′，5′-四甲基联苯胺（TMB）底物和 50μL 的发色剂至每个微孔中，轻拍混匀，室温黑暗避光处孵育 30min。

（6）加入 100μL 的 2mol/L 硫酸终止液，轻拍混匀，30min 内用酶标仪在 450nm 波长条件下测量每个微孔溶液的 *OD* 值。

（7）每一个微孔条的 F 孔和 G 孔为阴性质控，两个阴性质控 *OD* 值的平均值加上 0.15 为临界值。示例：阴性质控 1=0.08，阴性质控 2=0.10，平均值=0.09，临界值=0.09+0.15=0.24。

（8）*OD* 值小于临界值的样品孔判为阴性，表述为样品中未检出某型金黄色葡萄球菌肠毒素；*OD* 值大于或等于临界值的样品孔判为阳性，表述为样品中检出某型金黄色葡萄球菌肠毒素。

五、实验报告

根据形态特征、血琼脂平板情况及血浆凝固酶试验，判别样品有否检出金黄色葡萄球菌，报告在 25g（mL）样品中检出或未检出金黄色葡萄球菌。

六、思考题

1. 金黄色葡萄球菌在 Baird-Parker 琼脂平板上的菌落特征如何？为什么？
2. 鉴定致病性金黄色葡萄球菌的重要指标是什么？

（塔里木大学　郭东起）

实验 4-8　食品中副溶血性弧菌的检验

一、目的要求

了解副溶血性弧菌的基本特性，掌握副溶血性弧菌检验的基本原理，熟悉食品中副溶血性弧菌检验的基本方法。

二、实验原理

副溶血性弧菌（*Vibrio parahaemolyticus*）为革兰氏阴性、无芽孢、嗜盐性的弧菌（杆菌），广泛分布于海水、海底泥沙、浮游生物和鱼贝类中，为海产食品引起急性胃肠炎的重要病原菌之一。在不含 NaCl 培养基中不生长，而在硫代硫酸盐-柠檬酸盐-胆盐-蔗糖琼脂平板上菌落大小约为 2.0mm，且因不发酵蔗糖而呈绿色或蓝绿色。根据副溶血性弧菌的上述特性，可对其进行定性或定量检验，以便鉴别诊断。

三、实验材料

（1）待检试样：鱼类，贝类或其他海产品。

（2）培养基及试剂：3%氯化钠碱性蛋白胨水（APW），硫代硫酸盐-柠檬酸盐-胆盐-蔗糖琼脂（TCBS）培养基，3%氯化钠胰蛋白胨大豆琼脂（TSA）培养基，3%氯化钠三糖铁（TSI）琼脂培养基，嗜盐性试验培养基，3%氯化钠甘露醇试验培养基，3%氯化钠赖氨酸脱羧酶试验培养基，3%氯化钠 M.R-V.P 培养基，3%氯化钠溶液，我妻氏血琼脂培养基，氧化酶试剂，革兰氏染色液，ONPG 试剂，Voges-Proskauer（V. P.）试剂，弧菌显色培养基（选用），微生物生化鉴定试剂盒（选用）。

（3）仪器及其他用品：高压蒸汽灭菌锅，恒温培养箱，冰箱，恒温水浴箱，均质器或无菌乳钵，天平，无菌试管，无菌吸管或微量移液器及吸头，无菌锥形瓶，无菌培养皿，无菌手术剪，镊子，全自动微生物生化鉴定系统（选用）等。

四、实验步骤

食品中副溶血性弧菌检验基本流程如图 4-7 所示。

1. 样品制备

（1）样品预处理：非冷冻样品采集后应立即置 7～10℃冰箱保存，尽可能及早检验；冷冻样品应在 45℃以下不超过 15min 或在 2～5℃不超过 18h 解冻。

（2）检样分取：鱼类和头足类动物取表面组织、肠或鳃；贝类取全部内容物，包括贝肉和体液；甲壳类取整个动物，或者动物的中心部分，包括肠和鳃。带壳贝类或甲壳类，则应先在自来水中洗刷外壳并甩干表面水分，然后以无菌操作打开外壳，按上述要求取相应部分。

（3）检样制备：以无菌操作取样品 25g（mL），加入 3%氯化钠碱性蛋白胨水 225mL，用旋转刀片式均质器以 8000r/min 均质 1min，或拍击式均质器拍击 2min，制备成 1∶10 的样品匀液。如无均质器，则将样品放入无菌乳钵，自 225mL 3%氯化钠碱性蛋白胨水中取少量稀释液加入无菌乳钵，样品磨碎后放入 500mL 无菌锥形瓶中，再用少量稀释液冲洗乳钵中的残留样品 1～2 次，洗液放入锥形瓶，最后将剩余稀释液全部放入锥形瓶，充分振荡，制备 1∶10 的样品匀液。

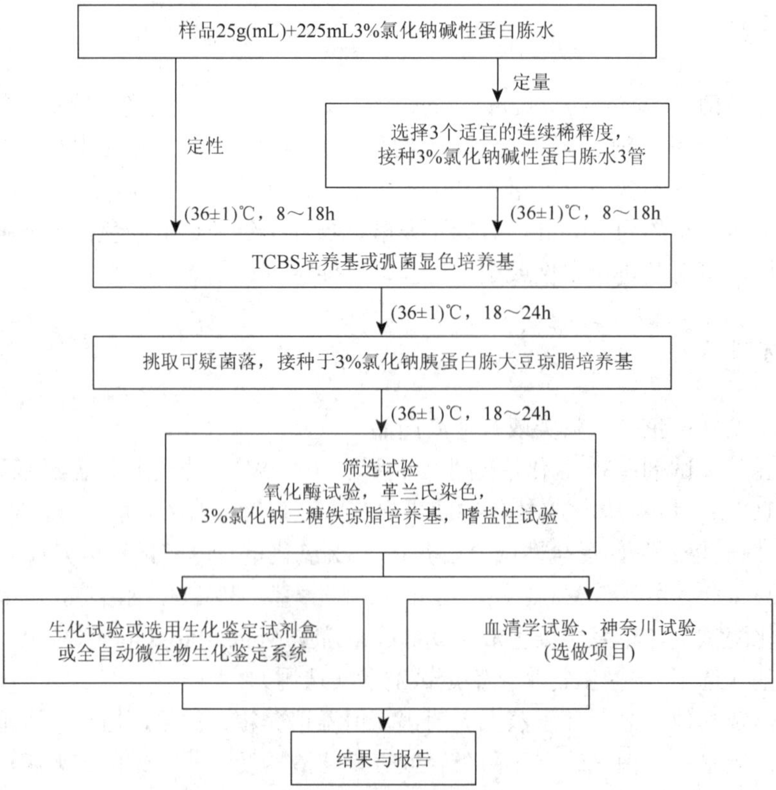

图 4-7　副溶血性弧菌检验基本流程

2. 增菌

（1）定性检测：将所制备的1：10样品匀液于（36±1）℃培养8～18h。

（2）定量检测：用无菌吸管吸取1：10样品匀液1mL，注入含有9mL 3%氯化钠碱性蛋白胨水的试管内，振摇试管混匀，制备1：100的样品匀液；另取1mL无菌吸管，按相同方法，依次制备10倍系列稀释样品匀液，每递增稀释一次，换用一支1mL无菌吸管。根据对检样污染情况的估计，选择3个适宜的连续稀释度，每个稀释度接种3支含有9mL 3%氯化钠碱性蛋白胨水的试管，每管接种1mL。置（36±1）℃恒温培养箱内，培养8～18h。

3. 分离

对所有显示生长的增菌液，用接种环在距离液面以下1cm内蘸取一环增菌液，于TCBS平板（或弧菌显色培养基平板）上划线分离。每支试管划线接种一块平板，于（36±1）℃培养18～24h。

典型的副溶血性弧菌在TCBS培养基上呈圆形、半透明、表面光滑的绿色菌落，用接种环轻触，有类似口香糖的质感，直径2～3mm。从培养箱取出TCBS平板后，应尽快（不超过1h）挑取菌落或标记要挑取的菌落。典型的副溶血性弧菌在弧菌显色培养基上的特征按照产品说明进行判定。

4. 纯培养

挑取3个或3个以上可疑菌落，划线接种至3%氯化钠胰蛋白胨大豆琼脂平板，（36±1）℃培养18～24h。

5. 初步鉴定（筛选试验）

（1）氧化酶试验：用细玻璃棒或一次性接种针挑取纯培养平板上的新鲜（24h）菌落，涂布在氧化酶试剂湿润的滤纸上，如果滤纸在10s之内呈现粉红或紫红色，即氧化酶试验阳性，阳性初步判断为该菌。不变色为氧化酶试验阴性。副溶血性弧菌为氧化酶阳性。

（2）涂片镜检：将纯培养平板上的可疑菌落涂片，进行革兰氏染色，镜检观察形态。副溶血性弧菌为革兰氏阴性，呈棒状、弧状、卵圆状等多形态，无芽孢，有鞭毛。

（3）3%氯化钠三糖铁琼脂培养基试验：挑取纯培养平板上的单个可疑菌落，转种3%氯化钠三糖铁琼脂培养基斜面并穿刺底层，（36±1）℃培养24h观察结果。副溶血性弧菌在3%氯化钠三糖铁琼脂培养基中的反应为底层变黄不变黑，无气泡，斜面颜色不变或红色加深，有动力。

（4）嗜盐性试验：挑取纯培养平板上的单个可疑菌落，分别接种含有0%、6%、8%和10%氯化钠的胰蛋白胨水，（36±1）℃培养24h，观察液体混浊情况。副溶血性弧菌在无氯化钠和10%氯化钠的胰蛋白胨水中不生长或微弱生长，在6%和8%氯化钠的胰蛋白胨水中生长旺盛。

6. 确定鉴定（生化试验）

取纯培养物进行如下 4 项生化鉴定试验。此外，也可刮取纯培养平板上的单菌落，用生理盐水制成浊度适当的细胞悬浮液，然后选择生化鉴定试剂盒或全自动微生物生化鉴定系统进行确证鉴定。

（1）甘露醇试验：取纯培养物接种于 3%氯化钠的甘露醇试验培养基，于（36±1）℃培养不少于 24h，观察结果。甘露醇阳性者培养物呈黄色，阴性者为绿色或蓝色。

（2）赖氨酸脱羧酶试验：取纯培养物接种于赖氨酸脱羧酶试验培养基，于（36±1）℃培养不少于 24h，观察结果。赖氨酸脱羧酶阳性者由于产碱中和葡萄糖所产的酸，故培养基仍应呈紫色；阴性者无碱性产物，因葡萄糖产酸而使培养基变为黄色；对照管应为黄色。

（3）V. P.试验：取纯培养物接种于 3%氯化钠 MR-VP 培养基，于（36±1）℃培养 48h；取 1mL 培养物，转移到无菌试管内，加 0.6mL V. P.试剂甲液，摇动，再加 0.2mL V. P.试剂乙液，摇动；最后加入 3mg 肌酸结晶，4h 后观察结果；阳性结果呈现伊红的粉红色。

（4）ONPG 试验：将待检培养物接种于 3%氯化钠三糖铁琼脂培养基，（36±1）℃培养 18h；挑取 1 满环新鲜培养物接种于 0.25mL 3%氯化钠溶液，再滴加 1 滴甲苯（在通风橱中操作），摇匀后 37℃水浴 5min；加 0.25mL ONPG 溶液，（36±1）℃培养观察 24h。阳性结果呈黄色，阴性结果则 24h 不变色。

7. 血清学分型（选做项目）

（1）菌液制备：取纯培养平板上的单菌落，接种两管 3%氯化钠胰蛋白胨大豆琼脂试管斜面，（36±1）℃培养 18～24h。用含 3%氯化钠的 5%甘油溶液冲洗斜面培养物，获得较浓的菌悬液。

（2）K 抗原的鉴定：取一管制备好的菌悬液，先用多价 K 抗血清进行检测，出现凝集反应时再用单个的抗血清进行检测。用蜡笔在一张玻片上划出适当数量的间隔，每个间隔内各滴加一滴上述菌悬液。其中一个为对照间隔，内再加一滴 3%氯化钠溶液；其余间隔中分别再对应加入一滴 K 抗血清。轻微倾斜玻片，使各成分相混合，再前后倾动玻片 1min。阳性凝集反应可以立即观察到。

（3）O 抗原的鉴定：将另外一管菌悬液转移到离心管内，121℃灭菌 1h。灭菌后 4000r/min 离心 15min，弃去上层液体，沉淀用生理盐水洗涤 3 次，每次 4000r/min 离心 15min，最后一次离心后留少许上层液体，混匀制成菌悬液。同法，用蜡笔在一张玻片上划出适当数量的间隔，每个间隔内各滴加一滴上述菌悬液。其中一个间隔内加一滴生理盐水作为自凝对照；其余间隔中分别再对应加入一滴 O 群血清。轻微倾斜玻片，使各成分相混合，再前后倾动玻片 1min。阳性凝集反应可以立即观察到。如果未见到与 O 群血清的凝集反应，将菌悬液 121℃再次高压 1h 后，重新检测。如果仍为阴性，则培养物的 O 抗原属于未知。根据表 4-14 报告血清学分型结果。

表 4-14　副溶血性弧菌的抗原

O 群	K 型
1	1，5，20，25，26，32，38，41，56，58，60，64，69
2	3，28
3	4，5，6，7，25，29，30，31，33，37，43，45，48，54，56，57，58，59，72，75
4	4，8，9，10，11，12，13，34，42，49，53，55，63，67，68，73
5	15，17，30，47，60，61，68
6	18，46
7	19
8	20，21，22，39，41，70，74
9	23，44
10	24，71
11	19，36，40，46，50，51，61
12	19，52，61，66
13	65

8. 神奈川试验（Kanagawa 试验，选做项目）

用接种环将培养了 18h 的纯培养平板上的单菌落点接于表面干燥的我妻氏血琼脂平板，每个平板上可以环状点种几个菌，（36±1）℃培养不超过 24h，并立即观察。阳性结果为菌落周围呈半透明环的 β 溶血。神奈川试验测试菌株是否存在特定溶血素，其阳性结果与副溶血性弧菌分离株的致病性显著相关。

9. 结果与报告

当所检可疑菌落的生化性状符合表 4-15 项目时，报告 25g（mL）样品中检出副溶血性弧菌。若为定量检测，则根据证实为副溶血性弧菌阳性的试管管数，查最大可能数（MPN）检索表（表 4-16），报告每克（毫升）检样中副溶血性弧菌的 MPN 值。

表 4-15　副溶血性弧菌的生化性状

试验项目	结 果
革兰氏染色镜检	阴性，无芽孢
氧化酶	+
动力	+
蔗糖	−
葡萄糖	+
甘露醇	+
分解葡萄糖产气	−
乳糖	−
硫化氢	−
赖氨酸脱羧酶	+
V.P.试验	−
ONPG	−

注：“＋”表示阳性；“－”表示阴性

表 4-16　副溶血性弧菌最大可能数（MPN）检索表

阳性管数			MPN	95%置信区间		阳性管数			MPN	95%置信区间	
0.10	0.01	0.001		下限	上限	0.10	0.01	0.001		下限	上限
0	0	0	<3.0	—	9.5	2	2	0	21	4.5	42
0	0	1	3.0	0.15	9.6	2	2	1	28	8.7	94
0	1	0	3.0	0.15	11	2	2	2	35	8.7	94
0	1	1	6.1	1.2	18	2	3	0	29	8.7	94
0	2	0	6.2	1.2	18	2	3	1	36	8.7	94
0	3	0	9.4	3.6	38	3	0	0	23	4.6	94
1	0	0	3.6	0.17	18	3	0	1	38	8.7	110
1	0	1	7.2	1.3	18	3	0	2	64	17	180
1	0	2	11	3.6	38	3	1	0	43	9	180
1	1	0	7.4	1.3	20	3	1	1	75	17	200
1	1	1	11	3.6	38	3	1	2	120	37	420
1	2	0	11	3.6	42	3	1	3	160	40	420
1	2	1	15	4.5	42	3	2	0	93	18	420
1	3	0	16	4.5	42	3	2	1	150	37	420
2	0	0	9.2	1.4	38	3	2	2	210	40	430
2	0	1	14	3.6	42	3	2	3	290	90	1000
2	0	2	20	4.5	42	3	3	0	240	42	1000
2	1	0	15	3.7	42	3	3	1	460	90	2000
2	1	1	20	4.5	42	3	3	2	1100	180	4100
2	1	2	27	8.7	94	3	3	3	>1100	420	—

注：本表表示的是每克（毫升）检样中副溶血性弧菌最大可能数（MPN）；

本表采用 3 个稀释度[0.1g（mL）、0.01g（mL）和 0.001g（mL）]，每个稀释度接种 3 管表内所列检样量如改用 1g（mL）、0.1g（mL）和 0.01g（mL）时，表内数字理论上应相应降低 10 倍；如改用 0.01g（mL）、0.001g（mL）、0.0001g（mL）时，则表内数字理论上应相应增加 10 倍，其余类推；“—”表示无法判断，要么太多，要么太少

五、实验报告

用相机拍摄或文字描述记录每步检测的实验现象，自行设计表格报告检验结果。

六、思考题

1. 副溶血性弧菌在 TCBS 平板上的菌落有何特征？为什么？
2. 鉴定致病性副溶血性弧菌的重要指标是什么？

（湖南文理学院　贺江）

实验 4-9　溶血性链球菌的检验

一、目的要求

了解溶血性链球菌的生物学特性和食品安全学意义，掌握溶血性链球菌的检验原理和检验方法。

二、实验原理

溶血性链球菌在自然界分布较广，存在于水、空气、尘埃、粪便，以及健康人和动物的口腔、鼻腔及咽喉中，人畜化脓性感染部位常成为食品污染的污染源，可通过食品加工或销售人员的口腔、鼻腔等造成食品的污染。

按溶血能力不同，溶血性链球菌可分为甲型（α）、乙型（β）和丙型（γ）溶血性链球菌。形态为球形或卵圆形，呈链状排列，革兰氏染色阳性，无芽孢，无鞭毛，多数无荚膜；培养特性为需氧或兼性厌氧，最适温度为 37℃，最适 pH 为 7.4～7.6；在液体培养基中，溶血菌株呈絮状或颗粒状沉淀生长（上清下浊），不溶血球菌，均匀混浊生长；在血琼脂平板上，形成灰白色、半透明、表面光滑、圆形凸起的菌落，直径 0.5～0.75μm，甲型溶血性链球菌在菌落周围出现 1～2mm 的溶血环，乙型菌落周围有 2～3mm 的透明溶血环，丙型菌落周围没有溶血环。溶血链球菌均能分解葡萄糖产酸，对乳糖、甘露醇、水杨苷等的分解因菌株而异，能使牛奶产酸而不凝固，不液化明胶，乙型溶血链球菌山梨醇阳性，不被胆汁溶解，不分解葡萄糖，奥普托辛试验阴性，可与肺炎双球菌区别，触酶阳性，可与葡萄球菌区别。致病性溶血链球菌可产生溶血素、致热外毒素、透明质酸酶、链激酶、杀白细胞素。抵抗力一般不强，60℃、30min 即被杀死，对常用消毒剂敏感。

三、实验材料

（1）待检试样：各类固体、液态食品。

（2）菌种：在营养琼脂培养基（LB 培养基）上培养 24～48h 的溶血性链球菌。

（3）培养基及试剂：葡萄糖肉浸液肉汤，肉浸液肉汤，匹克氏肉汤，血琼脂平板，配方及制法见附录一。草酸钾人血浆，0.25%氯化钙，灭菌生理盐水，杆菌肽药敏纸片（含 0.04 单位）。

（4）仪器和其他用品：恒温培养箱，恒温水浴锅，离心机，试管架，灭菌平皿，灭菌小试管，载玻片，灭菌吸管，灭菌镊子，均质器，酒精灯，接种环，普通光学显微镜，超净工作台等。

四、实验步骤

1. 检验流程

溶血性链球菌检验基本程序如图 4-8 所示。

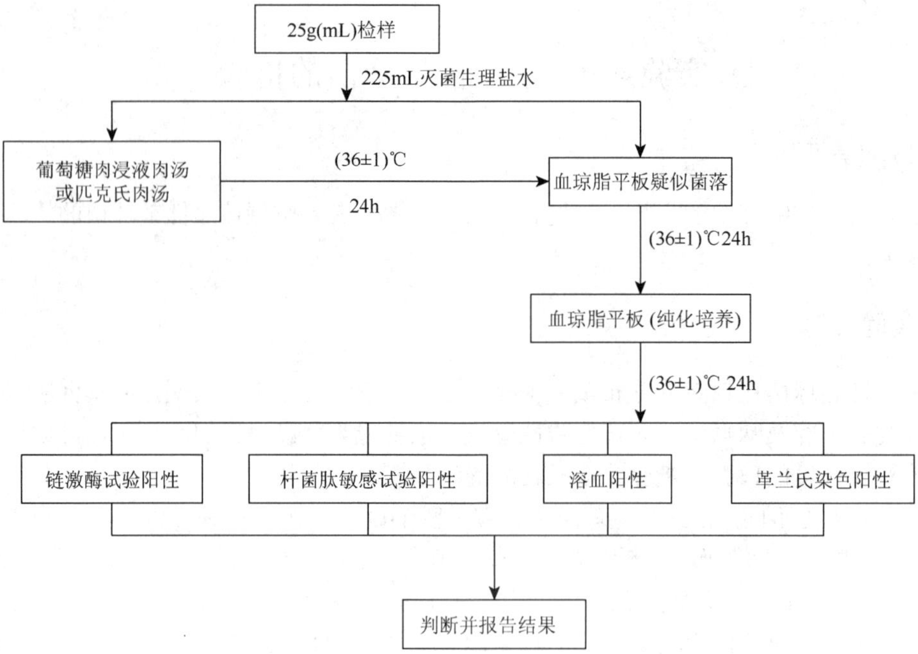

图 4-8　溶血性链球菌检验基本程序

2. 样品处理

固体检样称取 25g（液体检样吸取 25mL），加入 225mL 灭菌生理盐水，研成匀浆混悬液。

3. 增菌培养

吸取上述混悬液 5mL，接种于 50mL 葡萄糖肉浸液肉汤，（36±1）℃条件下增菌培养 24h；污染严重时，可按上述接种量用匹克氏肉汤进行增菌培养。

4. 分离培养

取增菌培养液一环划线于血琼脂平板上，（36±1）℃条件下培养 24h（也可不经增菌培养直接划线接种于血琼脂平板后培养）。

5. 纯化培养

挑取血琼脂平板上灰白色、半透明或不透明，表面光滑、有透明溶血环的菌落再次划线于血琼脂平板上，（36±1）℃条件下培养 24h，观察溶血情况并进行革兰氏染色试验。

6. 鉴定

（1）镜检：挑取经分离纯化的疑似菌落进行革兰氏染色，于显微镜下观察，革兰氏染色阳性且呈链状排列为疑似阳性，需进行生化鉴定。

（2）链激酶试验（溶血纤维蛋白酶试验）：吸取草酸钾人血浆 0.2mL，加 0.8mL 灭菌生理盐水，混匀，再加入于 36℃条件下培养 18～24h 的肉浸液链球菌培养物 0.5mL 及

0.25%氯化钙 0.25mL，混匀，36℃水浴 10min，血浆混合物自行凝固，观察凝块重新完全溶解的时间，完全溶解为阳性，如 24h 后不溶解为阴性。同时用肉浸液肉汤作阴性对照，用已知的链激酶阳性的菌株作阳性对照。

（3）杆菌肽敏感试验：将分离纯化的乙型溶血性链球菌接种于血琼脂平板，在划线处贴附杆菌肽纸片，36℃培养 18h，出现抑菌带为阳性，据此可推测为乙型溶血性链球菌。

五、实验报告

根据培养后的形态、菌落特征及生化试验结果进行报告。将溶血性链球菌定性检验时的原始记录填入表 4-17 中，并判断有无溶血性链球菌检出。

表 4-17　溶血性链球菌实验的观察结果

<table>
<tr><td colspan="4">增菌</td></tr>
<tr><td colspan="4">5mL 样品混悬液加入 50mL 葡萄糖肉浸液肉汤，培养温度____℃，时间____h，培养后（是、否）生长。</td></tr>
<tr><td colspan="2">血琼脂平板分离</td><td colspan="2">血琼脂平板纯化</td></tr>
<tr><td colspan="2">血琼脂平板上（培养温度____℃，时间____h）
菌落特征：
判定：</td><td colspan="2">血琼脂平板上（培养温度____℃，时间____h）
菌落特征：
溶血情况：
判定：</td></tr>
<tr><td colspan="4">初步鉴定</td></tr>
<tr><td>试验项目</td><td>可疑菌落 1</td><td>可疑菌落 2</td><td>可疑菌落 3</td></tr>
<tr><td>革兰氏染色</td><td></td><td></td><td></td></tr>
<tr><td>菌体形态观察</td><td></td><td></td><td></td></tr>
<tr><td colspan="4">生化鉴定</td></tr>
<tr><td>链激酶试验</td><td></td><td></td><td></td></tr>
<tr><td>杆菌肽敏感试验</td><td></td><td></td><td></td></tr>
<tr><td>综合上述结果报告</td><td colspan="3"></td></tr>
</table>

六、思考题

简述食品中进行溶血性链球菌检验的意义。

（河南科技学院　焦凌霞）

第5篇　微生物育种与分子生物学技术

实验 5-1　微生物的紫外线诱变技术

一、目的要求

学习并掌握微生物紫外线诱变育种的原理与方法，观察紫外线对枯草芽孢杆菌产生淀粉酶的诱变效应。

二、实验原理

紫外线具有诱变和杀菌的双重生物学效应，紫外线辐射是微生物诱变育种使用最普遍的物理方法，其主要原理是DNA对紫外线有强烈的吸收作用而导致其结构发生变化，如DNA链的断裂、碱基破坏、阻碍碱基正常配对等，其中最主要的作用是使同链DNA的相邻嘧啶间形成胸腺嘧啶二聚体，阻碍碱基间正常配对，从而引起微生物突变或死亡。紫外灯发射的紫外线波长为254nm，其诱变和杀菌作用既强又稳定。

经紫外线损伤的DNA能被可见光复活，因此，紫外线诱变处理过程只能在红光下进行，要避免可见光的照射，经过紫外线照射后的样品需用黑纸或黑布包裹后，置培养箱中培养。此外，照射处理后的样品也不易存放太久，以避免突变在黑暗下的暗修复。

三、实验材料

（1）菌种：枯草芽孢杆菌（*Bacillus subtilis*）。

（2）培养基和器材：牛肉膏蛋白胨培养基（液体、固体），淀粉培养基，生理盐水，紫外线诱变箱，磁力搅拌器，磁力搅拌棒，离心管，三角瓶，玻璃珠，培养皿，涂布器，细胞计数板，显微镜等。

四、实验步骤

1. 菌悬液制备

（1）细菌液体培养物：取已活化、用牛肉膏蛋白胨液体培养基培养至对数生长期的枯草芽孢杆菌菌液20mL，3000r/min离心10～15min，弃上清，沉淀用生理盐水洗涤2～3次，最后制成菌悬液，用细胞计数板或平板涂布法计数。调整细胞浓度约为10^8个/mL。

（2）细菌固体培养物：取已活化、用牛肉膏蛋白胨固体培养基培养至对数生长期的枯草芽孢杆菌斜面一支，用10mL生理盐水将菌苔洗下，倒入盛有玻璃珠的三角瓶中，强烈振荡 10min，将菌块打碎；3000r/min 离心 10～15min，弃上清，将菌体用无菌生理盐水洗涤 2～3 次，最后制成菌悬液，用细胞计数板或平板涂布法计数。调整细胞浓度约为 10^8 个/mL。

2. 诱变处理

（1）在黑暗条件下进行紫外线照射，先开紫外灯 20min，使灯的功率稳定（如灯的功率为 15W，则照射距离为 15～30cm；灯的功率为 30W，则照射距离为 30～50cm）。

（2）分别取制备好的菌悬液 5mL 加入 60mm 培养皿中，放入无菌磁力搅拌棒，置于紫外灯正下方的磁力搅拌器上，打开皿盖，开动磁力搅拌器，边照射边搅拌，时间分别为 1min、2min、3min，可以累积照射，也可以分别照射不同时间。

2. 测定处理液中活菌数

在红灯下，分别取未照射的菌悬液（作为对照）和不同时间诱变处理的菌悬液 1mL 进行 10 倍系列稀释，分别取后 3 个稀释度菌液 0.1mL 置于淀粉琼脂平板上，用无菌涂布器涂匀，每个稀释度涂 3 个平板，置 37℃培养 48h（用黑布或黑纸包好平板），注意每个平板背面要标明照射时间与稀释度。取出平板，进行菌落计数。

4. 计算存活率与致死率

存活率＝（处理后 1mL 菌悬液中活菌数 / 对照 1mL 菌悬液中的活菌数）×100%

致死率＝（对照 1mL 菌悬液中活菌数－处理后 1mL 菌悬液中活菌数）/对照 1mL 菌悬液中活菌数×100%

5. 观察诱变效应

平板计数后，向菌落数在 5～6 个的平板内分别加碘液数滴，菌落周围将出现透明圈（该菌淀粉酶活性高）；分别测量透明圈直径与菌落直径，并计算其比值（HC 值），并与对照平板进行比较，说明紫外线诱变对枯草芽孢杆菌产生的效果，选取 HC 值大的菌落接种到新鲜的牛肉膏蛋白胨固体培养基斜面上培养，以备复筛。

五、实验报告

1. 请将不同时间处理的菌悬液中的活菌数填入表 5-1，并计算其存活率与致死率。

表 5-1 紫外线对枯草芽孢杆菌存活率的影响

照射时间/min	3 个接种稀释度平板菌落数/（个/mL）			存活率/%	致死率/%
	10^4	10^5	10^6		
0					
1					
2					
3					

2. 请将不同时间处理的菌悬液的诱变效应结果填入表 5-2，并比较诱变效应差异。

表 5-2 紫外线处理后枯草芽孢杆菌淀粉酶活性的变化［透明圈和菌落直径大小（mm）及 HC 比值］

照射时间/min	0			1			2			3		
	透明圈	菌落	HC 比值	透明圈	菌落	HC 比值	透明圈	菌落	HC 比值	透明圈	菌落	HC 比值

六、思考题

1. 简述紫外线诱变作用机制及其在具体诱变中的注意事项。
2. 为什么在诱变时要尽可能选用处于对数生长期的细胞？

（河南科技大学　秦翠丽）

实验 5-2　微生物的化学诱变剂诱变技术

一、目的要求

了解化学诱变剂作用的基本原理，掌握化学诱变剂诱变育种的基本操作方法。

二、实验原理

用化学物质对微生物进行处理，引起基因突变或真核生物染色体的畸变称为化学诱变。化学诱变剂很多，但只有少数几种效果明显，如烷化剂、吖啶类化合物等。化学诱变剂的使用剂量主要取决于其浓度和处理时间。

常用的烷化剂有 *N*-甲基-*N'*-硝基-*N*-亚硝基胍（NTG）、甲基磺酸乙酯（EMS）等。烷化剂主要是通过烷化基团使 DNA 分子上的碱基及磷酸部分烷化，DNA 复制时导致碱基配对错误而引起突变。碱基中容易发生烷化作用的是嘌呤类。另外，烷化剂也能造成磷酸和核糖之间的共价键断裂，而造成突变。

常用的吖啶类化合物有吖啶黄、吖啶橙等。吖啶类化合物主要是与 DNA 相互结合引起碱基增添或缺失而造成移码突变。

三、实验材料

（1）菌种：枯草芽孢杆菌（*Bacillus subtilis*）。

（2）培养基：牛肉膏蛋白胨培养基，淀粉培养基（见附录一）。

（3）试剂和器材：*N*-甲基-*N'*-硝基-*N*-亚硝基胍，NaOH，NaCl，K_2HPO_4，KH_2PO_4，丙酮，碘液，高压蒸汽灭菌锅，恒温培养箱，培养皿，三角瓶，涂布棒，酒精灯，天平等。

四、实验步骤

（1）菌悬液制备：取 37℃培养 24h 的枯草芽孢杆菌试管 4 支，倒入无菌的三角瓶中，充分振荡以分散细胞。然后将上述菌液 3500r/min 离心 10min，弃去上清，再用无菌 pH7.2 的磷酸缓冲液洗涤两次，制成菌悬液。用细胞计数板直接计数，调整细胞浓度为 10^7～10^8 个/mL。

（2）NTG 母液配制：精确称取 50mg NTG，加丙酮少许助溶，然后加 pH 7.2 的磷酸缓冲液，其比例为缓冲液：NTG 丙酮溶液为 9：1（体积比），终浓度为 NTG 1mg/mL。

（3）平板制作：将淀粉培养基熔化并冷却至 50℃倒平板，凝固待用。

（4）NTG 诱变处理：取 3 个 100mL 三角瓶，每瓶 NTG 母液 5mL+菌悬液 25mL，NTG 终浓度为 200μg/mL。35℃作用 30min、40min 和 50min。另取一个 250mL 三角瓶，装 30mL 菌悬液作对照。

（5）终止反应：用冷生理盐水稀释 50 倍，处理完毕后，马上把接触过 NTG 的器皿用大量自来水冲洗或用 1～2mol/L NaOH 浸泡处理。

（6）平板涂布：将终止反应的菌液用生理盐水 10 倍稀释成 10^{-7}～10^{-2}。然后分别取 10^{-5}、10^{-6}、10^{-7} 和对照组菌液涂布平板，每个平板 0.1mL，每个稀释度重复 3 个平板，并用记号笔在平板背面标注对照平板、稀释度和相应的作用时间。

（7）培养：将上述平板倒置于 37℃恒温培养箱培养 48h。

（8）计数：将培养好的平板取出进行菌落计数。根据平板上的菌落数分别计算经 NTG 诱变处理及未处理对照组中活菌数和经 NTG 诱变处理的致死率。

$$存活率(\%)=\frac{处理后1mL菌液中活菌数}{对照1mL菌液中活菌数}\times 100\%$$

$$致死率(\%)=\frac{对照1mL菌液中活菌数-处理后1mL菌液中活菌数}{对照1mL菌液中活菌数}\times 100\%$$

（9）观察诱变效果：选取菌落数在 5～6 个的平板，并在每个平板中滴加数滴碘液，菌落周围将出现透明水解圈。分别测量透明圈与菌落直径并计算其比值（HC 值）。与对照平板相比较，说明诱变效果。选取 HC 值大的菌落移接到牛肉膏蛋白胨培养基斜面上培养。此斜面菌种可作复筛用。

五、实验报告

将上述实验结果填入表 5-3 和表 5-4 中。

表 5-3　NTG 处理后枯草芽孢杆菌的存活率及致死率

处理时间/min	菌液细胞浓度			平均存活率/%	平均致死率/%
	10^{-5}	10^{-6}	10^{-7}		
30					
40					
50					

表 5-4　NTG 处理和对照组枯草芽孢杆菌的透明圈和菌落直径大小及 HC 值

处理时间/min	0			20			30			40		
	透明圈/cm	菌落大小/cm	HC 值	透明圈/cm	菌落大小/cm	HC 值	透明圈/cm	菌落大小/cm	HC 值	透明圈/cm	菌落大小/cm	HC 值
30												
40												
50												
对照组												

六、思考题

1. NTG 的诱变机制是什么？
2. 使用化学诱变剂应该注意什么安全问题？
3. 除了化学诱变剂，你还知道哪些诱变因素？

（南阳理工学院　李霞）

实验 5-3　枯草芽孢杆菌抗药性标记（抗利福平突变型）的筛选

一、目的要求

了解 *N*-甲基-*N′*-硝基-*N*-亚硝基胍（NTG）对枯草芽孢杆菌的诱变效应，学习用平板诱变法进行枯草芽孢杆菌抗药性标记筛选的方法。

二、实验原理

NTG 是一种强烈的诱变剂和致癌剂，其作用机制主要是引起 DNA 链中 GC→AT 的转换，从而引起 DNA 链中核酸序列的变化，导致变异。

诱变剂以溶液形式来处理菌株进行诱变时，对操作者也构成一定危险。而通过直接在固体平板上添加 NTG 结晶颗粒进行诱变，或使用含 NTG 溶液的滤纸片进行诱变，则对操作者要安全得多。诱变后的菌株涂在含浓度梯度药物的平板上，进行抗药性突变株的筛选。

三、实验材料

（1）菌种：枯草芽孢杆菌 T_{80} 的营养体。

（2）试剂和器材：装有 20mL 液体完全培养基（CM）（见附录一）的 50mL 灭菌三

角瓶 2 个，CM 琼脂培养基，NTG，利福平溶液（100μg/mL、750μg/mL），无菌吸管，无菌培养皿，无菌刮铲，无菌滤纸片或 1cm 长的灭菌牙签。

四、实验步骤

1. 菌种活化

（1）将冰箱中保存的枯草芽孢杆菌 T_{80} 接种于 20mL 液体 CM 培养基中，37℃振荡过夜培养（14～20h）。

（2）按 5%接种量接种上述培养液于新鲜的 20mL 液体 CM 培养基中，37℃培养至对数生长期（约 4h，因对数生长期的微生物对药剂最为敏感，最容易发生变异）。

（3）取 0.1～0.2mL 上述培养的新鲜菌液加在已凝固的 CM 培养基平板上（2 个重复），用无菌刮铲涂匀，置 37℃条件下培养 3～4h。

2. 诱变处理

（1）固体诱变剂处理：在上述涂布均匀的培养皿中数处位置各加少许 NTG 结晶，继续将培养皿置 37℃条件下培养 24h。

（2）液体诱变剂处理：将直径 0.5cm 或更小的无菌滤纸片浸泡于液体诱变剂中，取出后，分散置于涂菌培养皿中数处位置，继续于 37℃条件下培养 24h。

3. 突变型的检测

（1）突变体增殖培养：在诱变剂结晶和含有诱变剂的滤纸片位置及紧邻周围将出现透明圈，再外缘则开始有菌落生长，离药剂越远的位置生长圈越密集。用接种环挑取少许紧邻透明圈生长的菌体（离透明圈再远位置的菌，则发生变异的可能性变小），接种于新鲜培养液中，37℃条件下振荡培养 24h，使突变株增殖。

（2）制备含药的梯度平板：取含有 100μg/mL 的利福平溶液 1mL 和 50℃保温的 10mL CM 琼脂培养基混合，制备含药的梯度平板。先将平板的一边垫起大约两个载玻片的厚度，之后将培养基倒入，使垫起边缘刚好有培养基即可，凝固后将平板放平，再注入 CM 培养基（约 10mL，注意：不含药物）刚好平齐含药物的厚层培养基，这样可制成梯度浓度药物平板（图 5-1）。

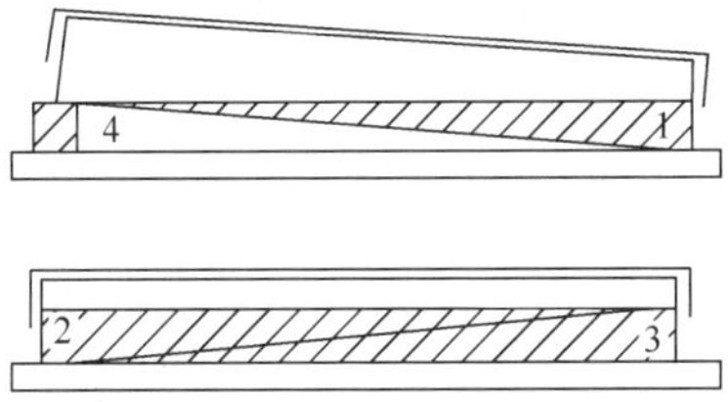

图 5-1　梯度平板制作示意图

1. 下层平板；2. 上层平板；3. 下层培养基中含 100μg/mL 的利福平；4. 上层培养基中不含利福平。
注意：皿底作一个记号表示药物浓度梯度方向

（3）检测：取突变体增殖液 0.1mL，均匀涂布于上述利福平浓度梯度的平板上，置 37℃条件下培养 24～36h，培养皿表面上低浓度药物处出现密集的菌落，而在高浓度药物处可见稀疏的几个或几十个菌落。高浓度处的菌落可挑至斜面上保存，备用。

4. 抗药程度的测定

（1）制备不同浓度药物平板：取 1000μg/mL 的利福平溶液 0.2mL、0.3mL、0.4mL 和 0.5mL 分别加入 20mL 熔化并保温在 50℃的 CM 琼脂培养基中，迅速摇匀，倒平板，凝固后即得终浓度分别约为 10μg/mL、15μg/mL、20μg/mL、25μg/mL 的含药平板（可调整药物浓度）。

（2）接种：将保存的菌株活化后，用划线法接种在上述药物平板上，37℃培养约 24h，观察各菌株在上述 4 种浓度药物平板上的生长情况。若在哪个浓度下生长，说明该突变体可抗该浓度的药物。NTG 诱变抗药性菌株的筛选程序如图 5-2 所示。

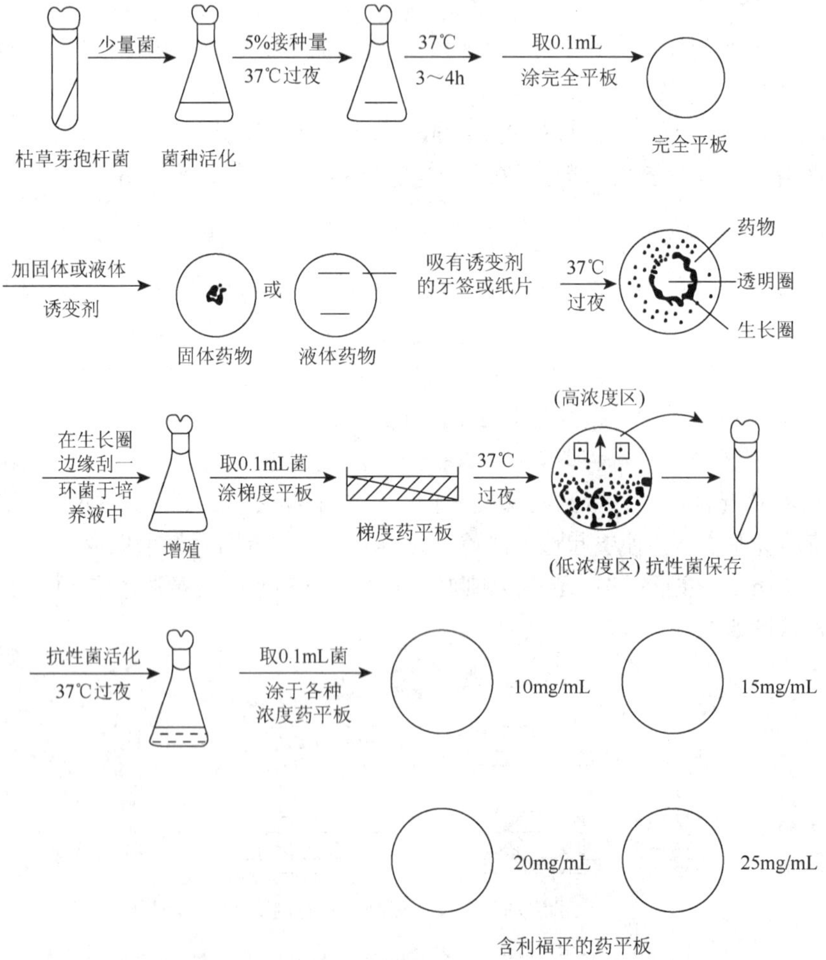

图 5-2　NTG 诱变抗药性菌株的筛选程序

五、实验报告

1. 记录经 NTG 诱变后各抗性菌株抗利福平的程度（若在 25μg/mL 上能生长的菌，可继续提高药物浓度，做进一步测定），并填表 5-5。

表 5-5　NTG 诱变后菌株的抗药性能

菌株编号	药物浓度/(μg/mL)				
	0	10	15	20	25
1					
2					
3					

注：“+”表示能生长；“−”表示不生长

2. 在用 NTG 诱变出发菌后，你是否得到抗药物的突变株？抗性程度有差异吗？

注意事项：①NTG 是强诱变剂和致癌药物，使用时需带好防护手套。②凡粘有 NTG 的器皿，先在 0.1mol/L HCl 中浸泡 3～4h，才能清洗。③芽孢对诱变剂不敏感，用其营养体细胞进行诱变。

六、思考题

1. 诱变育种实践中，如何掌握 NTG 的合理使用浓度？
2. 该方法是否能用于定向诱变而达到特殊的目的？

（西北农林科技大学　魏新元）

实验 5-4　大肠杆菌营养缺陷型筛选

一、目的要求

学习利用紫外线诱变、结合抗生素的选择性筛选大肠杆菌营养缺陷型菌株的原理和方法。

二、实验原理

营养缺陷型即野生型的突变菌株，是指某些微生物不具有或丧失合成某些在其生长过程必需的营养物质的能力，不能在基础培养基上生长，必须向培养基中补充该类营养物质才能生长的菌株。营养缺陷型既可能通过野生型菌株自发突变产生，也可由物理、化学或生物因素处理（诱变）产生。自发突变产生营养缺陷型的频率较低，而诱发突变产生营养缺陷型的频率较高。营养缺陷型的筛选程序一般包括诱变、筛选和鉴定 3 个主要步骤。诱变即使用诱变剂处理，与一般诱变处理相同。筛选主要指淘汰野生型，检出缺陷型，即通过抗生素法或菌丝过滤法淘汰为数众多的野生型菌株，得到少数营养缺陷型菌株，然后通过逐个检出法或影印平板法得到相应的营养缺陷型菌株。鉴定主要是通过对筛选得到的营养缺陷型菌株进行营养生长谱测定，鉴定是否为营养缺陷型菌株及营养缺陷型的种类。

三、实验材料

（1）菌种：大肠杆菌（*Escherichia coli*）K12。

（2）培养基和试剂。

A. 完全培养基（CM），Luria-Bertani（LB）培养基（见附录一）。

B. 基础培养基：葡萄糖 1g，柠檬酸钠 0.5g，$MgSO_4 \cdot 7H_2O$ 0.1g，KH_2PO_4 2g，$(NH_4)_2SO_4$ 1g，蒸馏水 1000mL，pH 7.2。

C. 补充培养基：在基础培养基中加入所需的补充物质即可。各补充物质的一般含量为氨基酸 20μg/mL，碱基 10μg/mL，维生素 0.2μg/mL，生物素 0.002μg/mL。

D. 无菌生理盐水，无菌醋酸纤维膜或硝酸纤维膜，20 种氨基酸等。

（3）仪器：紫外诱变仪，培养皿，接种环等。

四、实验步骤

（1）将 *E. coli* K12 自斜面菌种或选择一单菌落接种到 10mL LB 培养液，37℃振荡培养 12～14h。

（2）吸取培养好的大肠杆菌培养物 1mL 于一无菌培养皿中，打开皿盖紫外照射 2～5min（可用功率为 15W 的紫外灯，距离为 20～30cm；或由紫外诱变仪功率确定辐照剂量）。

（3）吸取（2）中经紫外线照射诱变后的菌液 0.5mL，加入到装有 15～20mL 完全培养基的 100mL 无菌三角瓶中，37℃振荡过夜培养。

（4）吸取步骤（3）得到的培养液 3mL 于一离心管中，10 000r/min 离心 5min，弃去上清液，用无菌生理盐水洗涤菌体后再次离心洗涤，共洗剂两次后，将菌体溶在 5mL 生理盐水中，取出 0.2～0.5mL 接种到 5mL 基本培养基中，37℃振荡培养 2～5h。

（5）向步骤（4）中的培养液中加入青霉素（终浓度为 2000U/mL）后，于 37℃静止培养。待原生质体（青霉素阻止细菌细胞壁的形成，用显微镜，最好是相差显微镜观察到变成球状的细菌）占群体的 50%时（需 90～120min），快速冷却，终止青霉素的作用。

（6）离心步骤（5）得到的培养物，使用同体积的基础培养基或生理盐水重悬菌体，取出经适当稀释的菌液 0.1mL 涂布在完全培养基或补充培养基平板上，37℃条件下培养 2～3d，用影印培养法进行突变型检出与鉴定。

（7）使用一直径略小于培养皿直径的醋酸纤维膜或硝酸纤维膜将生长在完全培养基上的野生型和突变型菌落分别原位影印在基础培养基、补充培养基和完全培养基的培养皿中。

（8）影印好的培养皿在 37℃条件下培养后，比较这 3 个培养皿中所生长的菌落。凡在含完全培养基和补充培养基的培养皿中生长良好，而在基本培养基中不生长的菌落，即需要补充营养物质的营养缺陷型菌株（图 5-3）。

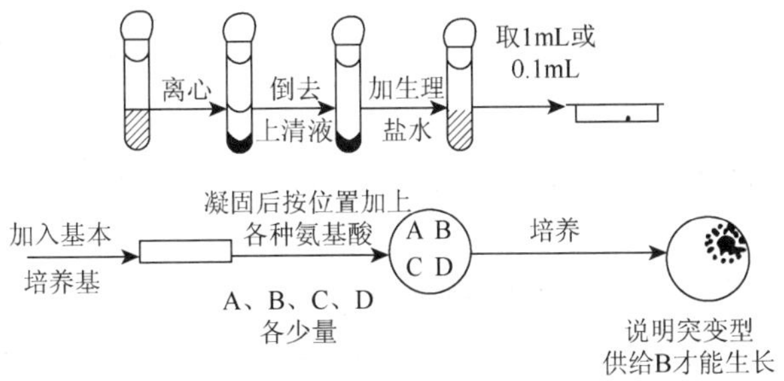

图 5-3　突变型初步检出示意图

（9）进一步确定，将初步确定的缺陷型菌落挑出，分别接种于各种培养基，观察该菌落在培养基上的生长情况，分析是否为该物质的营养缺陷型菌株。

五、实验报告

记录实验获得的营养缺陷型的菌株数及相应的营养需求。

六、思考题

1. 微生物营养缺陷型菌株在工业生产上有什么用途？筛选的原理和程序是什么？

2. 结合大肠杆菌营养缺陷型菌株筛选的原理和程序，试设计一抗生素抗性突变型菌株的筛选方案和实验流程。

（西北农林科技大学　杨保伟）

实验 5-5　酵母菌营养缺陷型筛选

一、目的要求

学习和掌握酵母营养缺陷型筛选的原理、方法，掌握实际筛选的实验步骤。

二、实验原理

能产生子囊孢子的酵母菌有单倍体和双倍体两种细胞。一般常以单倍体细胞筛选营养缺陷型，双倍体细胞即使一条染色体上某一基因发生突变，另一条染色体上的等位基因仍能表现正常，使其变成营养缺陷型的概率降低。酵母菌在筛选营养缺陷型的方法和步骤方面与其他微生物没有原则上的差别，主要是用某种物理或化学诱变剂处理目标微生物，使其基因发生突变，丧失了合成某一物质（如氨基酸、维生素、核苷酸等）的能力，因而它们在基本培养基上不能生长（或生长较差），必须在基本培养基中补充某些物质或在完全培养基上才能生长。经过诱变处理，从变异的菌株中，利用夹层培养可以筛选到营养缺陷型。

三、实验材料

（1）菌种：酿酒酵母（*Saccharomyces cerevisiae*）的单倍体菌株。

（2）试剂。

A. 完全培养基：蛋白胨 2%，酵母提取物 1%，葡萄糖 2%。

B. 基本培养基：KH_2PO_4 0.875g，K_2HPO_4 0.125g，$MgSO_4 \cdot 7H_2O$ 0.5g，$CaCl_2 \cdot 2H_2O$ 0.1g，$(NH_4)_2SO_4$ 1g，KI 0.001g，NaCl 0.1g，葡萄糖 10g，微量元素溶液 1mL，维生素溶液 1mL，定容至 1000mL。

微量元素溶液：$Na_2B_4O_7 \cdot 10H_2O$ 176mg，$CuSO_4 \cdot 5H_2O$ 786mg，$Fe_2(SO_4)_3 \cdot 6H_2O$ 1.82mg，$MnCl_2 \cdot 4H_2O$ 144mg，$(NH_4)_6Mo_7O_{24} \cdot 4H_2O$ 73.6mg，$ZnSO_4 \cdot 7H_2O$ 17.62mg，蒸馏水 2000mL，加入 5mL 浓硫酸使 pH 调至 2 左右。

维生素溶液：生物素 0.2mg，泛酸 20mg，吡哆醇 20mg，蒸馏水 100mL。

C. 无氮基本培养基和 2 倍氮源基本培养基：在基本培养基不加入$(NH_4)_2SO_4$和琼脂，即无氮基本培养。在基本培养基中加入两倍$(NH_4)_2SO_4$，不加琼脂，即 2 倍氮源基本培养基。

D. 盐酸羟胺（hydroxylamine hydrochloride，化学诱变剂，会使碱基对中 A 改变为 G、C 或 T，用于观察基因突变的后果）溶液的配制。

a. 5mol/L $NH_2OH \cdot HCl$ 和 4mol/L NaOH 等体积混合（此药存放不超过一周）。

b. 取 a 液 5mL+0.38mol/L Na_2HPO_4 2mL+0.1mol/L $MgSO_4$ 0.2mL，用 NaOH 调 pH 至 7.5。

c. 将 b 液加水至 10mL，羟胺最终浓度为 1.25mol/L。

（3）制霉菌素（是具有共轭多烯大环内酯结构的抗生素，能抑制真菌和皮藓菌的活性，但对细菌的作用小或没有作用）。

（4）器材：振荡机，离心机，三角瓶，离心管，培养皿，吸管，三角玻璃棒等。

四、实验步骤

（1）将酿酒酵母的单倍体接种于基本培养液中，在 30℃振荡培养 40h，非缺陷型能够很好地生长。

（2）离心洗涤，菌体悬于 pH 7.5 磷酸缓冲液中。吸取菌液 2mL、羟胺溶液（pH 7.5）8mL 混合，在 30℃处理 4h，促使菌体发生突变。

（3）离心洗涤，接种菌体于基本培养基，在 30℃振荡培养 6h，离心洗涤两次，加生理盐水 5mL。

（4）吸取上述处理的菌液 0.2mL，加 5mL 无氮基本培养基（菌液最终浓度约为 10^4 个/mL），在 30℃振荡培养 12h，加制霉菌素（先以 95%乙醇溶解），使其最终浓度约为 3μg/mL，加 5mL 2 倍氮基本培养基，在 30℃静止培养 18h。

（5）离心洗涤，将细胞部分转入 5mL 基本培养基，待用。

（6）用夹层法制备双层培养基。即先倒一层 5mL 基本培养基，待凝固后，加一层含酵母菌的基本培养基（约 0.5mL，用三角玻璃棒涂匀，根据长菌数的多少，需要调整体积），待凝固后，再加一层 5mL 基本培养基，30℃条件下培养 3d。

（7）在培养皿底都，用钢笔点上已出现的菌落（这些菌没有发生突变，在基本培养基上能生长），然后加一层完全培养基，30℃条件下培养 4d。

（8）挑出新出现的菌落（初步判断为突变菌），接种到含基本培养基的小试管中，30℃条件下培养 2d，将在基本培养基中不生长的试管中接种的菌落再加入到完全培养液中，30℃培养 2d，看是否长出菌落，如长出，应该是突变菌，但还需要鉴定。

（9）将待鉴定的菌液离心，洗涤两次，加生理盐水，制成悬液，吸取 0.5mL，用基本培养基倒皿，待其凝固后，将所要测验物质的小滴或小颗粒放在培养基表面，在 30℃条件下培养 2d，结果可见在这一突变型所需要的物质周围出现混浊的生长圈。如果这是一个双重突变型，将看到在两种物质的交叉处出现凸镜状的生长区。其操作过程如图 5-4 所示。

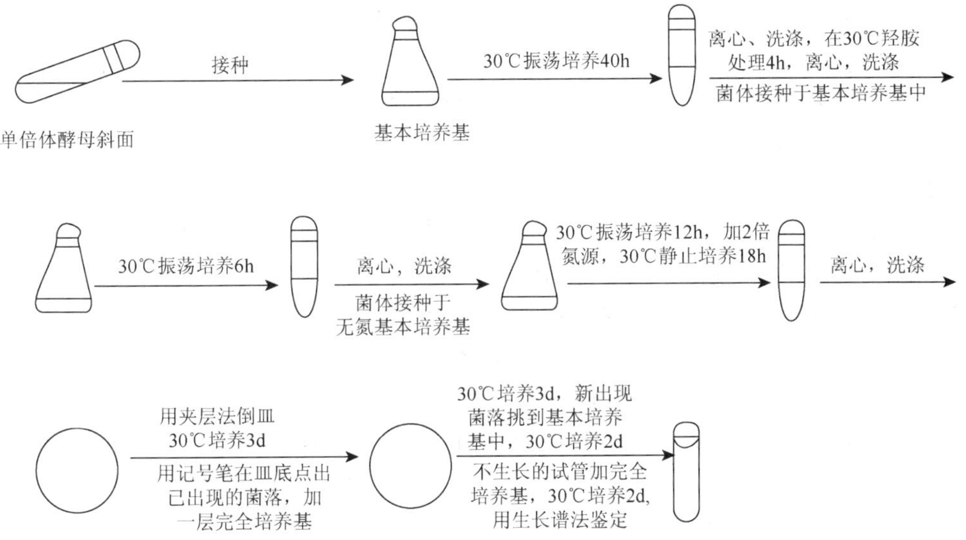

图 5-4　筛选酵母菌营养缺陷型菌株的筛选流程

五、实验报告

1. 简要说明营养缺陷型微生物筛选的原理和步骤。
2. 记录选得的营养缺陷型的类型、菌株数并说明其营养要求。

六、思考题

1. 营养缺陷型菌种在生产上有什么用途?
2. 分析用制霉菌素处理时，菌液浓度不宜太高的原因。

（兰州理工大学　王永刚）

实验 5-6　细菌总 DNA 提取技术

一、目的要求

学习细菌总 DNA 提取的原理和方法，掌握几种常见提取细菌总 DNA 的操作流程，对比不同的提取方法所获得 DNA 的纯度与浓度。

二、实验原理

DNA 是大多数细菌的主要遗传物质，为了研究 DNA 分子在生命代谢过程中的作用，常常需要从不同的生物材料中提取 DNA。由于 DNA 分子在生物体内的分布及含量不同，因此要选择适当的材料提取 DNA。动植物中，小牛胸腺、动物肝脏、鱼类精子、植物种子的胚中都含有丰富的 DNA。微生物中 DNA 含量也因种类的不同而存在差异，谷氨酸生产菌菌体含 7%～10%，面包酵母含 4%，啤酒酵母含 6%，大肠杆菌含 9%～10%。不同的试验材料提取 DNA 的方法不同，并且分离提取的难易程度也不同。对于低等生物，如从病毒中提取 DNA 比较容易，多数病毒 DNA 分子质量较小，提取时易保持其结构完整性；而从细菌及高等动植物中提取 DNA 难度大一些，细菌 DNA 分子质量较大，因此易被机械张力剪断。细菌 DNA 主要存在于细胞核的染色体中，核外也有少量 DNA，如质粒 DNA 等。细胞中的 DNA 绝大多数以 DNA-蛋白质复合物（DNP）的形式存在于细胞核内，因此提取出 DNP 复合物后，必须将其中的蛋白质去除。

DNA 的提取包括裂解和纯化两大步骤。裂解是使细胞中的 DNA 游离在裂解体系中的过程，纯化则是使 DNA 与裂解体系中的其他成分，如蛋白质、盐及其他杂质彻底分离的过程。经典的裂解液几乎都含有去污剂［如 SDS（十二烷基磺酸钠，sodium dodecyl sulfate）、Triton X-100、Tween 20 等］和盐［如 Tris、EDTA（乙二胺四乙酸）、NaCl 等］。盐的作用，除了提供一个合适的裂解环境，还包括抑制细胞中的 DNA 酶在裂解过程中对 DNA 的破坏（如 EDTA）、维持 DNA 结构的稳定（如 NaCl）等。去污剂则是通过使蛋白质变性，破坏膜结构及解开与 DNA 相连接的蛋白质，从而使 DNA 游离在裂解体系中。裂解体系中还可以加入蛋白酶，利用蛋白酶将蛋白质消化成小的片段，促进 DNA 与蛋白质的分离；同时，也便于后续的纯化操作及获得更纯的 DNA。提取 DNA 一般遵循以下几点：①总的原则是要在保证 DNA 一级结构完整的同时排除其他分子的污染；②DNA 样品中不应存在对酶有抑制作用的有机溶剂和过高浓度的金属离子，其他生物大分子的污染应降低到最低程度，并且还要排除其他核酸分子的污染；③简化操作步骤，缩短提取过程；④尽量减少物理因素（如机械剪切力和高温等）及化学因素对 DNA 的降解，同时还要防止 DNA 的生物降解。

DNA 提取过程中常用的两种去污剂是 SDS 和 CTAB，其特点分别如下：利用高浓度的阴离子去污剂 SDS 能够使 DNA 与蛋白质分离，在高温（55～65℃）条件下裂解细胞，使染色体离析，蛋白质变性，释放出核酸，然后采用提高盐浓度及降低温度的方法使蛋白质及多糖杂质沉淀，离心后除去沉淀，上清液中的 DNA 用酚/氯仿抽提，反复抽提后用乙醇沉淀水相中的 DNA。CTAB 是一种阳离子去污剂，可溶解细胞膜，它能与核酸形成复合物，在高盐溶液中（0.7mol/L NaCl）是可溶的，当盐溶液的浓度降低到一定程度时（0.3mol/L NaCl），DNA 就会从溶液中沉淀出来，通过离心就可将 CTAB 与 DNA 的复合物同蛋白质、多糖类物质分开，然后将 CTAB 与核酸的复合物沉淀溶解于高盐溶液中，再加入乙醇使核酸沉淀，CTAB 能溶解于乙醇中。

不同细菌的总 DNA 提取方法有所不同。常见的细菌总 DNA 提取方法包括煮沸裂解法、反复冻融法、碱裂解法、CTAB 法、SDS 法、DNA 提取试剂盒等。由于提取的方法步骤存在差异，因此所获得的 DNA 的纯度及浓度也各不相同。

三、实验材料

（1）菌种：大肠杆菌（*Escherichia coli*）或金黄色葡萄球菌（*Staphylococcus aureus*）在 LB 液体培养基中 37℃过夜培养。

（2）仪器：冷冻离心机，水浴锅，涡旋振荡仪，–20℃冰箱，1.5mL 离心管，计时器，移液器，恒温培养箱等。

四、实验步骤

1. DNA 的提取

1）方法一　煮沸裂解法

（1）取 1mL 37℃培养过夜的菌液至 1.5mL 离心管中，12 000r/min 离心 2min（如果菌体量过少，可重复操作一次）。

（2）弃上清，离心管中加入 500μL 无菌水洗涤菌体，充分混匀后 12 000r/min 离心 2min。

（3）弃上清，加入 100μL 无菌水至离心管，充分混匀。

（4）在 100℃水浴锅煮沸 20min，12 000r/min 离心 5min。

（5）将上清转移至另一无菌 1.5mL 离心管中，–20℃保存备用。

2）方法二　反复冻融法

所用试剂：液氮、无菌水。

（1）吸取 1mL 37℃培养过夜的菌液至 1.5mL 离心管中，12 000r/min 离心 2min（如果菌体量过少，可重复操作一次）。

（2）弃上清，离心管中加入 500μL 无菌水重悬菌体。

（3）采用液氮将离心管快速冷冻后（可将离心管置于液氮罐中 10s 左右），取出置于 100℃水浴 5min。

（4）涡旋振荡 30s，重复上述操作 3 次，最后 12 000r/min 离心 5min。

（5）将上清转移至另一无菌 1.5mL 离心管中，–20℃保存备用。

3）方法三　碱裂解法

所用试剂：0.5mol/L NaOH 溶液、0.1mol/L Tris（pH 8.0）溶液。

（1）吸取 1mL 37℃培养过夜的菌液至 1.5mL 离心管中，12 000r/min 离心 2min（如果菌体量过少，可重复操作一次）。

（2）弃上清，菌体沉淀中加入 50μL 0.5mol/L NaOH 溶液。

（3）涡旋振荡 30s，12 000r/min 离心 5min。

（4）取 5μL 液体用无菌的 0.1mol/L Tris（pH 8.0）溶液稀释 100 倍。

（5）以稀释液作为模板，–20℃保存备用。

4）方法四　CTAB 法

所用试剂：10% SDS、蛋白酶 K、酚/氯仿/异戊醇（25∶24∶1）、异丙醇、70%乙醇、TE 缓冲液［10mmol/L Tris·HCl，0.1mmol/L EDTA（pH 8.0）］、CTAB/NaCl 溶液（5%，*m*/*V*）（5g CTAB 溶于 100mL 0.5mol/L NaCl 溶液中，需要加热到 65℃使之溶解，然后室温保存）。

（1）吸取 1mL 37℃培养过夜的菌液至 1.5mL 离心管中，12 000r/min 离心 2min（如果菌体量过少，可重复操作一次）。

（2）弃上清，沉淀物中加入 567μL 的 TE 缓冲液，反复吹打使之重新悬浮。

（3）加入 30μL 10% SDS 和 15μL 的蛋白酶 K，混匀，于 37℃温育 1h，每隔 10min 颠倒几次离心管，使其充分反应，破碎细胞。

（4）加入 100μL 5mol/L NaCl，充分混匀，再加入 80μL 5% CTAB/NaCl 溶液，混匀后在 65℃温育 10min。

（5）加入等体积（约 700μL）的酚/氯仿/异戊醇（25∶24∶1）混匀，12 000r/min 离心 5min（离心后的水层如混浊则说明仍含有蛋白质，则需将上清液转入新的离心管，重复上述步骤约 2 次直到水层透明，水层和酚层之间不再有白色沉淀物为止）。

（6）将上清液（约 700μL）转入一支新的无菌离心管中，加入 0.6～0.8 倍体积的异丙醇，轻轻混合直到 DNA 沉淀下来，此时可见 DNA 呈絮状沉淀，12 000r/min 离心 5min。

（7）弃上清，得到 DNA 粗提物，将离心管倒置于滤纸上干燥。

（8）向离心管中加入 1mL 70%乙醇洗涤，12 000r/min 离心 5min，弃上清液，再次加入 70%的乙醇（500μL），12 000r/min 离心 5min，充分弃上清液，倒置干燥。

（9）加入 50～100μL 的无菌水或 TE 缓冲液（若长期储存建议使用 TE 缓冲液溶解，TE 中的 EDTA 能螯合 Mg^{2+}或 Mn^{2+}，抑制 DNA 酶；另外 TE 缓冲液 pH 为 8.0，可防止 DNA 发生酸解），充分溶解离心管底部的 DNA，–20℃保存备用。

5）方法五　SDS 法

所用试剂：TE 缓冲液、溶菌酶、20% SDS、5mol/L $NaClO_4$、氯仿/异戊醇（24∶1）、无菌水、无水乙醇、70%乙醇等。

（1）取 1mL 新鲜培养的菌液至 1.5mL 离心管中，12 000r/min 离心 5min 收集菌体。

（2）弃上清，将菌体重悬于 360μL TE 缓冲液中，然后加 50mg/mL 的溶菌酶储液 100μL，上下颠倒混匀，37℃水浴 4～5h。

（3）加入 40μL 20% SDS，上下颠倒混匀，60℃水浴 15min。

（4）取出，加入 125μL $NaClO_4$（5mol/L）混匀，再加入氯仿/异戊醇（24∶1）625μL，混匀。12 000r/min 离心 10min，小心吸出上清液，加入 2 倍体积无水乙醇，混匀后 12 000r/min 离心 10min。

（5）弃上清，加入 70%乙醇 600μL，混匀后 12 000r/min 离心 5min。

（6）弃去乙醇，吸出多余液体，室温自然晾干，加入 40μL 无菌水吹打沉淀，12 000r/min 离心 30s 后–20℃保存。

6）方法六　DNA 提取试剂盒

细菌 DNA 提取试剂盒（Bacterial DNA kit）可以快速简便地从大量不同种类的细菌中提取高质量的总 DNA。有些试剂盒采用硅胶柱代替酚/氯仿进行抽提，不同公司所生产的试剂盒中的试剂有所不同，操作步骤也存在一定的差异，但所遵循的细菌 DNA 提取的原理基本一致（图 5-5）。

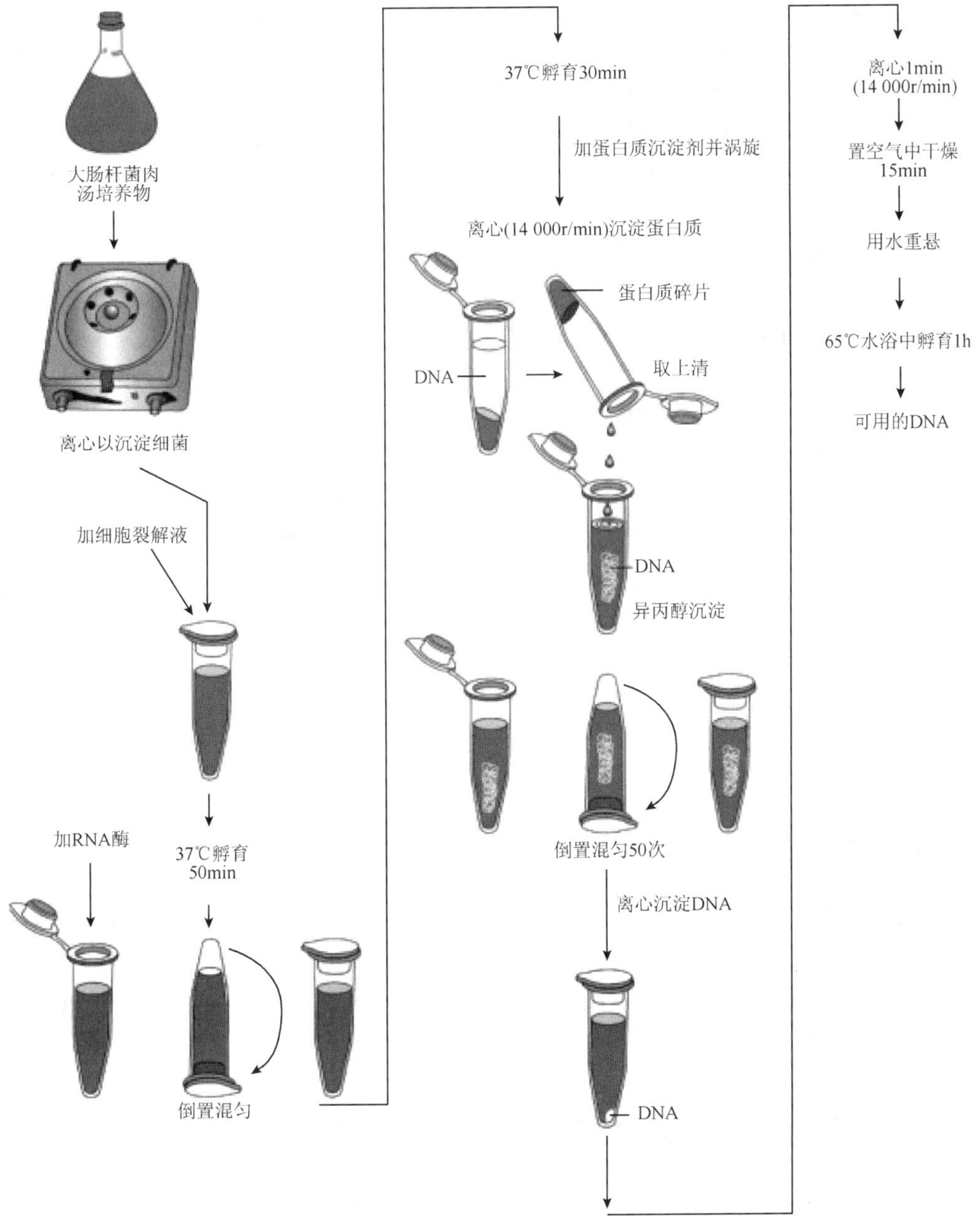

图 5-5　细菌总 DNA 的分离过程图解

2. DNA 浓度和纯度的检测

DNA 含量的检测通常采用两种方法，琼脂糖凝胶电泳法和分光光度法。琼脂糖凝胶电泳法是通过凝胶电泳的方法检测 DNA 的含量：取 2～5μL DNA 溶解液与 0.4μL 6×载样缓冲液（loading buffer）混合，用 0.75%琼脂糖凝胶（含溴化乙锭 0.5μg/mL）检测。溴化乙锭（ethidium bromide，EB）可迅速嵌于 DNA 双螺旋结构中，嵌入 DNA 中的溴化乙锭受紫外光激发而发出荧光，荧光强度与 DNA 总质量数成正比，通过比较样品与标准品的荧光强度，对样品中的 DNA 进行定量。另外一种方法是分光光度法，组成 DNA 的碱基具有一定的吸收紫外线的特性，其最大吸收值在波长 250～270nm。这些碱基与戊糖、磷酸形成核苷酸后，其吸收紫外线的特性没有改变，核酸的最大吸收波长为 260nm，利用 DNA 的这个物理特性来测定 DNA 的浓度。

分光光度法的具体操作如下：

（1）取两只清洁的比色杯，各加入 2mL 0.1mol/L NaOH 校正零点。

（2）以其中的一只比色杯作为空白对照，在另一只比色杯中加入 4μL DNA 溶液，再加入 0.1mol/L NaOH 至 2mL 混匀。

（3）并测定波长为 260nm 时的 OD 值，再将波长调至 280nm 测其 OD 值。

（4）根据 OD_{260}=1 时，双链 DNA 浓度为 50μg/mL，单链 DNA 浓度为 40μg/mL，按计算公式：样品 DNA 浓度（μg/mL）=OD_{260}×40μg/mL×稀释倍数，计算样品的 DNA 浓度。

注意：A_{260}/A_{280} 较低的原因一般是 DNA 样品中有蛋白质残留，但如果操作过程中使用了苯酚，则更可能是苯酚残留。A_{260} 提示的含量与电泳检测时提示的含量有可见的误差，这种现象的原因可能是苯酚残留。

五、实验报告

采用分光光度法计算不同方法提取所得细菌总 DNA 的浓度，并进行对比分析 DNA 浓度存在差异的可能原因。

六、思考题

1. 简要叙述 CTAB 法提取 DNA 过程中，采用酚/氯仿抽提 DNA 体系后出现的现象及其成因。

2. 在 CTAB 法及 SDS 法提取 DNA 过程中，沉淀 DNA 时为什么要用无水乙醇？

（塔里木大学　任晓镤）

实验 5-7　琼脂糖凝胶电泳

一、目的要求

学习琼脂糖凝胶电泳分离 DNA 的原理和方法。

二、实验原理

核酸分子在琼脂糖凝胶中泳动时有电荷效应和分子筛效应。核酸分子在高于其等电点的电泳缓冲液（pH8.0～8.3）中磷酸基团全部解离，带负电荷，在电场中向正极迁移。由于糖-磷酸骨架在结构上的重复性质，相同数量的双链 DNA 几乎具有等量的净电荷，因此它们能以同样的速度向正极方向移动。琼脂糖是一种线性多糖聚合物，可以形成具有刚性的滤孔，凝胶孔径的大小取决于琼脂糖的浓度，浓度越高，孔隙越小，其分辨能力就越强。使用琼脂糖凝胶作为电泳支持介质，发挥分子筛功能，使得不同大小、不同构象的核酸分子迁移率出现较大差异，从而达到分离的目的。DNA 分子的迁移速率与核酸相对分子质量对数值成反比，分子质量大的核酸跑得慢。对于同一种质粒 DNA 的 3 种不同构象具有不同的电泳迁移率，跑在最前沿的是超螺旋共价闭合环状 DNA，其后依次是线性 DNA 和开环 DNA。凝胶中的 DNA 可与荧光染料溴化乙锭（EB）结合，在紫外灯下可看到荧光条带，以此可分析实验结果。

琼脂糖凝胶电泳操作简单快速，已经成为分离、纯化和鉴定核酸分子的常用方法。

三、实验材料

（1）仪器：天平，琼脂糖凝胶电泳系统（包括电泳仪、水平电泳槽、梳子），凝胶成像仪，微波炉等。

（2）药品和器材：三羟甲基氨基甲烷（Tris base），硼酸，乙二胺四乙酸（EDTA），溴酚蓝，蔗糖，琼脂糖，溴化乙锭（或染料 SYBR），DNA marker，TE 缓冲液，微量移液器，吸头，锥形瓶，无菌培养容器封口膜，皮筋等。

（3）试剂。

A. 5×TBE 电泳缓冲液（5 倍体积的 TBE 贮存液）1000mL：Tris base 54g，硼酸 27.5g，0.5mol/L EDTA（pH 8.0）20mL。

B. 6×上样缓冲液（loading buffer）：溴酚蓝 0.25%，蔗糖 40%；或者 0.25%溴酚蓝，二甲苯青，50%甘油（*m*/*V*）。

C. EB（溴化乙锭）贮存液 10mg/mL 50mL：称 0.5g 溴化乙锭，加入 50 mL ddH_2O，磁力搅拌数小时以确保其完全溶解，室温避光保存（注意：溴化乙锭是一种致癌物，操作时戴上乳胶或塑料手套，不要沾到手上）。

四、实验步骤

1. 制备琼脂糖凝胶

按照被分离 DNA 的大小，确定凝胶中琼脂糖的百分含量。可参照表 5-6。

表 5-6　琼脂糖浓度和分离 DNA 片段大小关系

琼脂糖凝胶浓度/%	分离线状 DNA 分子的有效范围/kb
0.3	5～60
0.6	1～20
0.7	0.8～10
0.9	0.5～7
1.2	0.4～6
1.5	0.2～3
2.0	0.1～2

称取 0.8g 琼脂糖放入锥形瓶中，加入 100mL 0.5×TBE 电泳缓冲液，盖上封口膜，用皮筋捆住，置微波炉中加热使琼脂糖颗粒完全溶解，取出摇匀，则为 0.8%的琼脂糖凝胶液。

2. 胶板的制备

（1）将胶槽置于制胶板上，插上样品梳子，梳子齿下缘应与胶槽底面保持 1mm 左右的间隙。

（2）待胶溶液冷却至 55℃左右时，加入 EB 至终浓度为 0.5μg/mL，摇匀，缓缓倒入电泳制胶板内，直至形成一层均匀的胶面（注意不要形成气泡）。有些操作者在凝胶中不加 EB，在电泳结束后用 EB 染色液浸泡 15～30min 也可。

（3）待凝胶凝固后，垂直轻拔出梳子，将凝胶转入电泳槽内。

（4）在电泳槽内加入 0.5×TBE 电泳缓冲液，以电泳液高出胶面 1～2mm 为宜。

3. 加样

在点样板或薄膜上混合 DNA 样和上样缓冲液（如取 2μL PCR 产物，加 3μL TE 缓冲液和 1μL 6×loading buffer 混合），用 10μL 微量移液器分别将样品加入凝胶的样品孔内（注意：加样前要先记下加样的顺序和点样量；上样缓冲液的最终稀释倍数应不小于 1；加样时勿碰坏样品孔周围的凝胶面；每加完一个样品，应更换一个吸头，以防污染）。

4. 电泳

（1）接通电泳槽和电泳仪的电源，注意正负极，DNA 从负极（黑色）向正极（红色）方向移动。DNA 的迁移速度与电压成正比，最高电压不超过 5V/cm。电压升高，琼脂糖凝胶的有效分离范围降低。

（2）根据指示剂泳动的位置，判断是否终止电泳（一般来说，当溴酚蓝染料移动到距凝胶前沿 1～2cm 时，停止电泳）。

5. 凝胶成像观察

已染色的凝胶置于紫外凝胶成像仪内观察，照相并保存。

五、实验报告

不同大小和不同构象的 DNA 琼脂糖凝胶电泳结果见图 5-6～图 5-8。

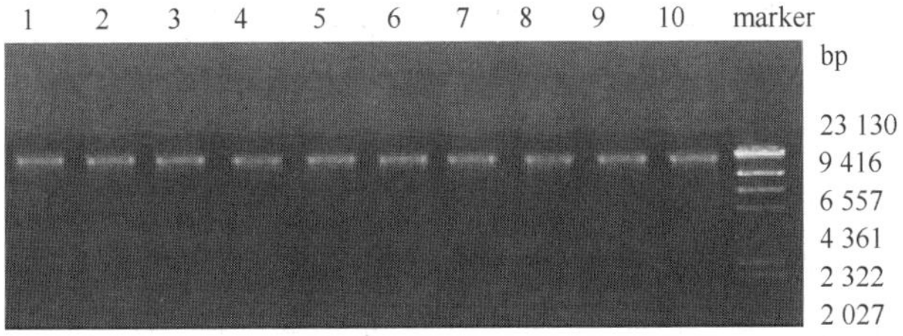

图 5-6　0.8%琼脂糖凝胶检测细菌基因组 DNA 电泳图

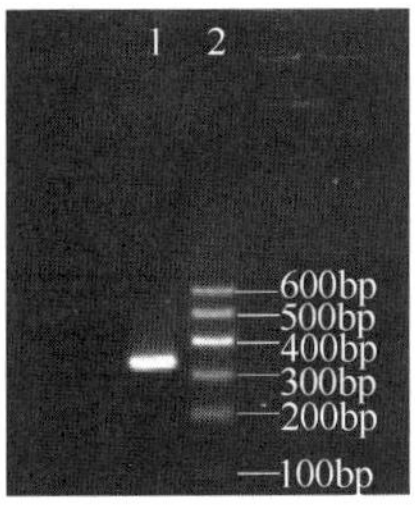

图 5-7　1.5%琼脂糖凝胶检测 PCR 产物电泳图

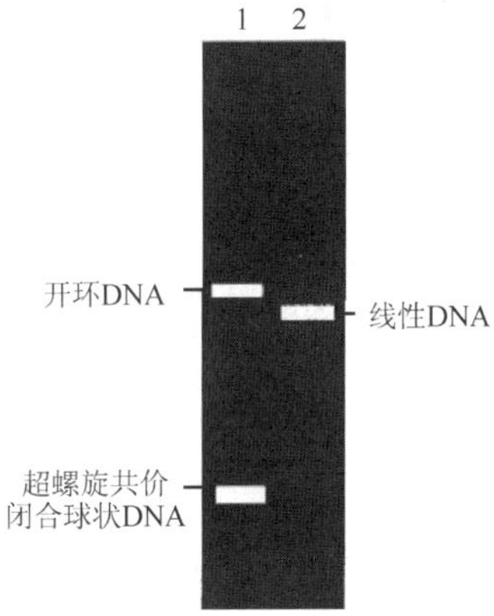

图 5-8　琼脂糖凝胶电泳检测质粒的 3 种 DNA 构象模式图

六、思考题

1. 琼脂糖凝胶电泳的步骤有哪些？
2. 琼脂糖凝胶电泳应注意的事项有哪些？

（内蒙古农业大学　包秋华）

实验 5-8　细菌 16S rDNA 的 PCR

一、目的要求

通过本实验，了解 PCR 反应的基本原理，了解利用 16S rDNA 对细菌进行分类鉴定的原因，掌握 PCR 扩增目的片段的实验技术。

二、实验原理

1. PCR 原理

聚合酶链反应（polymerase chain reaction，PCR）的原理类似于 DNA 的天然复制过程，PCR 是在模板 DNA、引物和 4 种脱氧核苷酸存在的条件下依赖于 DNA 聚合酶的一种体外扩增 DNA 片段的技术。PCR 技术的特异性取决于引物和模板 DNA 结合的特异性。PCR 反应分 3 步：①高温变性。模板 DNA 在 94～95℃高温下变性，双链 DNA 解离成两条单链。②低温退火。将反应体系的温度降至 50～60℃，使得一对引物分别与变性后的两条模板链按碱基配对原则互补结合。③中温延伸。将反应体系温度升高到 72℃，耐热 DNA 聚合酶以单链 DNA 为模板，在引物的引导下利用反应液中 4 种 dNTP，按 5′→3′方向复制出互补 DNA。上述 3 步为一个循环（图 5-9），经过 25～30 个循环后获得大量的目的基因。因此，PCR 能使极其微量的目的基因在短时间内迅速扩增数百万倍。

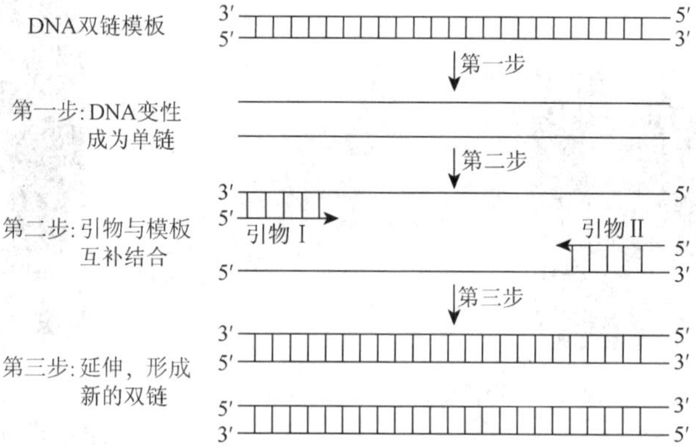

图 5-9　PCR 原理示意图

PCR 技术因其具有特异性强、灵敏度高、快速和准确等优点，在食品、农业、医药、分子生物学等领域得到广泛的应用。

2. 16S rDNA 介绍

细菌 rRNA 按沉降系数分为 3 种，分别为 5S、16S 和 23S rRNA。16S rDNA 是细菌染色体上编码 16S rRNA 相对应的 DNA 序列。其种类少，含量大（约占细菌 RNA 含量的 80%），存在于所有细菌染色体基因中，在很多细菌中是多拷贝的。16S rRNA 在相当长的进化过程中相对保守，素有“细菌化石”之称，是测量细菌进化和亲缘关系的良好工具。16S rDNA 的相对分子质量大小适中，约 1540 个核苷酸，其内部结构既含有高度保守的序列区，又有中度保守和高度变化的序列区，其中可变区存在于保守区之间，有 9～10 个，分别命名为 V1～V10。因此，可以根据保守区序列设计引物，通过 PCR 技术把 16S rDNA 片段扩增出来，利用可变区序列的差异来对不同菌属、菌种的细菌进行分类鉴定。

三、实验材料

（1）仪器：PCR 扩增仪，离心机，琼脂糖凝胶电泳系统等。

（2）试剂与器材：细菌基因组 DNA，16S rDNA 引物，*Taq* DNA 聚合酶，dNTP Mix，PCR buffer，灭菌 ddH_2O，琼脂糖，DNA marker 缓冲液，TE，电泳缓冲液，染色液（EB），加样缓冲液，碎冰，微量移液器，吸头，离心管，PCR 管等。

其中 16S rDNA 引物相关信息介绍如下。

如果扩增细菌 16S rDNA 全长，选择通用引物为 27F/149R，上游引物 27F：5′-AGA GTT TGA TCC TGG CTC AG-3′，下游引物 149R：5′-GGT TAC CTT GTT ACG ACT T-3′。另外，也可以选择或设计其他引物扩增细菌 16S rDNA 的部分片段。例如，扩增细菌 16S rDNA V3 区的通用引物为 F341/R518，上游引物 F341：5′-CCT ACG GGA GGC AGC AG-3′，下游引物 R518：5′-ATT ACC GCG GCT GCT GG-3′。

四、实验步骤

（1）稀释引物（按合成单上的稀释说明书进行）：稀释前将引物离心数秒，使引物 DNA 干粉聚集管底→小心开启瓶盖，加适量 TE 缓冲液或灭菌 ddH_2O→盖好瓶盖，涡旋振荡混匀→–20℃保存。

（2）稀释模板：根据紫外分光光度计检测的细菌基因组 DNA 浓度，用 TE 缓冲液稀释到 100ng/μL 左右。

（3）配制反应液：在 PCR 管中按下述比例建立 PCR 反应体系，表 5-7 为 25μL 的 PCR 扩增反应体系。

表 5-7　PCR 扩增细菌 16S rDNA 的反应体系

组分	用量/μL
10×PCR buffer（$MgCl_2$ free）	2.5
dNTP Mix（2.5mmol/L each）	2
引物 27F（10pmol/μL）	1
引物 149R（10pmol/μL）	1
Taq DNA 聚合酶（5U/μL）	0.2～0.3
细菌基因组 DNA 模板（100ng/μL）	1
ddH_2O	补充至 25

混匀反应液，低速离心数秒使液体不挂壁。

注：如果配制多管反应体系，可以先在一个离心管中混合共同组分，混匀后分装到

各个 PCR 管中，最后加差异组分。此过程最好把试剂放于冰上操作。

（4）PCR 扩增：将带有反应液的 PCR 管放入 PCR 扩增仪，设置 PCR 扩增程序。本实验 PCR 扩增循环参数如下：94℃预变性 3min；94℃变性 1min，58℃退火 1min，72℃延伸 1～2min，循环 30 次；最后一轮循环结束后，72℃末端延伸 5～10min，4℃保温。

（5）琼脂糖凝胶电泳检测：取 2μL PCR 产物进行 1%琼脂糖凝胶电泳检测，分析 PCR 产物电泳结果。

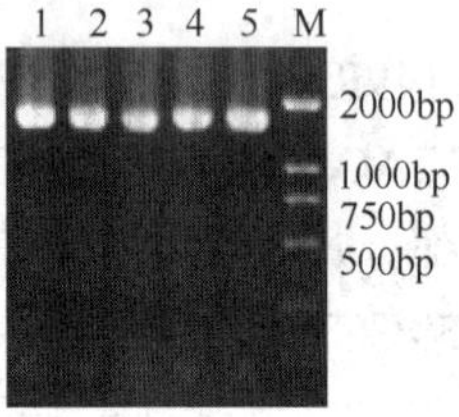

图 5-10　细菌 16S rDNA PCR 扩增产物电泳图

1～5. 细菌 16S rDNA 的 PCR 产物；M. DL 2000 DNA marker

五、实验报告

本实验扩增片段长约 1600bp，见图 5-10。

从图5-10中可以观察到所有泳道在大约1600bp 的位置均出现了一条亮带，没有弥散现象，无明显非特异扩增，表明采用 PCR 技术成功扩增了细菌的16S rDNA 基因。

六、思考题

1. PCR 扩增原理是什么？
2. 16S rDNA 能对细菌进行分类鉴定的原因是什么？
3. PCR 实验过程中应注意的事项有哪些？

（内蒙古农业大学　包秋华）

实验 5-9　大肠杆菌质粒 DNA 提取技术

一、目的要求

学习并掌握碱裂解法制备质粒 DNA 的原理、方法和技术，为质粒 DNA 的转化实验提供样品。

二、实验原理

细菌质粒 DNA 是一类双链、闭环的 DNA，大小为 1～200kb 甚至以上。各种质粒都是存在于细胞质中、独立于细胞染色体之外的自主复制的遗传成分，通常情况下可持续稳定地处于染色体外，但在一定条件下也会可逆地整合到寄主染色体上，随着染色体的复制而复制，并通过细胞分裂传递到后代。

质粒 DNA 已成为目前最常用的基因克隆的载体分子，目前已有许多方法可用于质粒 DNA 的提取，主要包括碱裂解法、煮沸法、氯化铯-溴化乙锭梯度平衡超速离心法及各种改良的方法。本实验以大肠杆菌的 pUC19 质粒为例来阐述碱裂解法提取质粒 DNA 的方法和技术，基本原理为：碱裂解法利用宿主菌线状染色体 DNA 与闭环双链质粒 DNA 的结构状态的差异来提取质粒 DNA。当碱变性时，线状基因组 DNA 变性充分而质粒 DNA 处于拓扑缠绕的自然状态而不能彼此分开。当条件恢复时（酸中和），质粒 DNA 迅速准确配置重新形成完全天然超螺旋分子，而线状 DNA 则与破裂的细胞壁、细菌蛋白质相互缠绕成大型复合物，被 SDS 包盖。当 K^+取代 Na^+时这些复合物会从溶液中沉淀下来，附在细胞碎片上一起被离心除去，而质粒 DNA 处于溶液之中，再通过酚/氯仿/异戊醇（25：24：1）抽提，无水乙醇沉淀，70%乙醇洗涤，获得相对较纯的质粒 DNA。

三、实验材料

（1）菌株：含有 pUC19 质粒的大肠杆菌 DH5α。

（2）培养基：含氨苄西林（Amp）的 LB 液体培养基和固体培养基。

（3）试剂。

A. 溶液Ⅰ：50mmol/L 葡萄糖，25mmol/L Tris-HCl（pH 8.0），10mmol/L EDTA（pH 8.0）。115℃高压灭菌 30min，贮存于 4℃。

B. 溶液Ⅱ：0.2mol/L NaOH，1% SDS。使用前临时配置。

C. 溶液Ⅲ（500mL）：乙酸钾（KAc）缓冲液，pH 4.8。5mol/L KAc 300mL，冰醋酸 57.5mL，加 ddH_2O 至 500mL。121℃高压灭菌 20min，贮存于 4℃。

D. TE（100mL）：10mmol/L Tris-HCl（pH 8.0），1mmol/L EDTA（pH 8.0）。121℃高压灭菌 20min，贮存于 4℃。

E.酚/氯仿/异戊醇（体积比 25：24：1）。

F. 乙醇（预冷无水乙醇、75%乙醇）。

（4）试剂和器材：接种环，无菌吸管，酒精灯，微量加样器，涡旋振荡器等。

四、实验步骤

1. 细菌培养

在无菌条件下挑选一个 1～2mm 大小的大肠杆菌 DH5α/pUC19 单菌落，接种于含有 100μg/mL 氨苄西林的 LB 液体培养基中。在 37℃条件下，180～220r/min，振荡培养。

2. 小量抽提（碱裂解法）方法

（1）将上述培养好的含质粒的大肠杆菌 1.5mL LB 液体培养基转移至 1.5mL 离心管中，12 000r/min 离心 1.0min。

（2）倒掉上清液，收集菌体，滤纸吸干。

（3）菌体加入预冷的 100μL 溶液Ⅰ，涡旋振荡，充分混合，冰浴 5min。

（4）加入 200μL 溶液Ⅱ，轻轻翻转混匀，冰浴 5min。

（5）加入 150μL 预冷溶液Ⅲ，轻轻翻转混匀，冰浴 3min。

（6）以 12 000r/min 离心 5min，取上清液于另一新的离心管中。

（7）按上清液体积加入等体积的酚/氯仿/异戊醇（25：24：1）溶液，涡旋混合，12 000r/min 离心 10min，取上层液体于另一 1.5mL 离心管中，尽可能避免吸入下层液体。

（8）按上清液体积加入 2 倍体积预冷的无水乙醇沉淀，–20℃放置 20min。

（9）12 000r/min 离心 5min，弃上清。

（10）用等体积 70%乙醇洗涤一次，12 000r/min 离心 5min，弃上清液，滤纸吸干。室温干燥 15～20min，或者真空抽干乙醇 2min，或者在 65℃条件下干燥 2min。

（11）将沉淀溶于 20～40μL 无菌蒸馏水（或 TE 缓冲液）中，–20℃保存备用。用于后续的酶切鉴定和质粒转化等试验。

（12）参考琼脂糖凝胶电泳方法，电泳检测质粒 DNA 的完整性和质量。

五、实验报告

1. 记录质粒提取过程中各种试剂加入后的反应现象。
2. 绘制质粒 DNA 的电泳检测图谱，并分析提取质粒的完整性。

六、思考题

1. 简述质粒提取的不同方法及碱裂解法的原理。
2. 简述碱裂解法中用到的溶液Ⅰ、Ⅱ和Ⅲ的作用。

（兰州理工大学　王雅）

实验 5-10　大肠杆菌感受态细胞的制备

一、目的要求

了解感受态细胞生理特性及制备条件，掌握几种制备大肠杆菌感受态细胞的原理、方法及操作。

二、实验原理

分子生物学实验中，DNA 重组技术和外源基因的表达是最为常用的研究手段之一。体外构建的 DNA 重组子必须导入合适的受体细胞，才可能复制、增殖和表达。载体与外源目的基因构成的重组载体可以通过转化直接导入受体细胞，从而实现基因在异源细胞的表达。感受态细胞的制备是实现上述目标的一个重要环节，其制备质量的好坏直接影响后续工作的进行。所谓感受态（competence），即指受体（或者宿主）最易接受外源DNA 片段并实现其转化的一种生理状态，它是由受体菌的遗传性状所决定的，只有某一生长阶段中的细菌才能作为转化的受体，较易接受外源 DNA 而不将其降解。感受态细胞应具备如下特点：①细胞表面暴露出一些可接受外来 DNA 的位点（以溶菌酶处理，可促使受体细胞的接受位点充分暴露）；②细胞膜通透性增加（用钙离子处理，在冰浴时，外源 DNA 容易以钙磷-DNA 复合物的形成存在于细胞表面，使 DNA 直接穿过质膜进入细胞，见图 5-11）。③受体细胞的修饰酶活性最高，而限制酶活性最低，使转入的 DNA 分子不易被切除或破坏。能否形成感受态细胞受许多因素的影响，如菌龄、外界环境因子等。

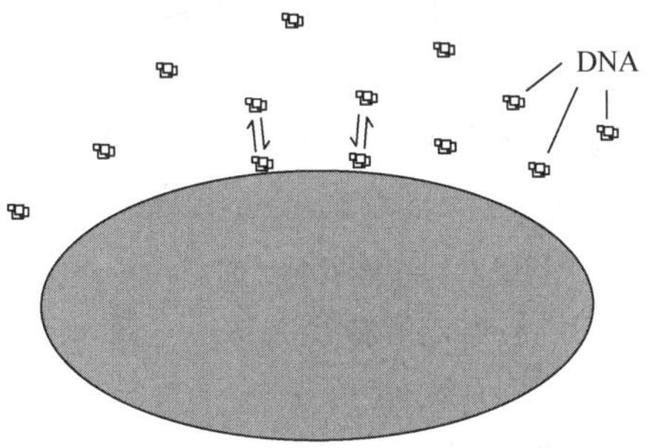

图 5-11　细菌感受态细胞模型

在细菌中，能形成感受态的细胞占极少数。而且，细菌的感受态时期很短暂。目前对感受态细胞容易接受外来 DNA 分子的看法不一。主要有两种假说。局部原生质体化假说——细胞表面的细胞壁结构发生变化，即局部失去细胞壁或局部细胞壁溶解，使DNA 分子能通过质膜进入细胞。证据有：①发芽的芽孢杆菌容易转化；②适量的溶菌酶能提高转化率。酶受体假说——感受态细胞的表面形成一种能接受 DNA 酶的位点，使DNA 分子能进入细胞。证据有：①蛋白质合成的抑制剂如氯霉素，可以抑制转化作用；②细胞分裂过程中，一直有局部原生质化，但感受态只在对数生长期的中早期出现；③分离到感受态因子，能使非感受态细胞转变为感受态细胞（competent cell）。

细胞的感受态一般出现在对数生长期，新鲜幼嫩的细胞是制备感受态细胞和进行成功转化的关键。制备出的感受态细胞暂时不用时，可加入占总体积约 15%的无菌甘油，置于–80℃保存（有效期为 6 个月）。

三、实验材料

（1）菌种：大肠杆菌 DH5α（*Escherichia coli*）。

（2）材料：离心管（50mL 及 1.5mL），洗净，灭菌，干燥，冰上预冷。LB 液体培养基，LB 固体培养基（每升 LB 液体培养基中加 15g 琼脂粉）121℃灭菌 20min。甘油或二甲亚砜（DMSO）（灭菌，预冷）。

（3）仪器：恒温摇床，电热恒温培养箱，电热恒温水浴锅，超净工作台，分光光度计，高速冷冻离心机，低温冰箱，制冰机，微量移液枪等。

四、实验步骤

1. *方法一　氯化钙法*

所用试剂：$CaCl_2$-$MgCl_2$ 混合液（$CaCl_2$ 20mmol/L，$MgCl_2$ 80mmol/L）；0.1mol/L 氯化钙（使用前置于冰浴中预冷，称取 $CaCl_2·2H_2O$ 0.37g，定容至 25mL）。

（1）受体菌的培养：从 LB 平板上挑取新活化的 *E. coli* DH5α 单菌落，接种于 3～5mL LB 液体培养基中，37℃条件下振荡培养 12h 左右，直至对数生长后期。将该菌悬液以（1∶100）～（1∶50）的比例接种于 100mL LB 液体培养基中，37℃振荡培养 2～3h 至 OD_{600} 为 0.3～0.5，菌液呈云雾状。

（2）将培养好的菌液倒入预冷的 50mL 离心管中（每管装约 25mL，共 4 管），冰浴 10min。

（3）在 4℃条件下以 4500r/min 离心 10min，弃上清。

（4）每管加入 15mL 预冷的 $CaCl_2$-$MgCl_2$ 混合液，重悬细胞，把 4 管合并到 2 管，冰浴 10min。

（5）在 4℃条件下以 4500r/min 离心 10min，弃上清。

（6）每管加入 2mL 预冷的 $CaCl_2$ 溶液，重悬细胞，冰浴 10min。

（7）每管加入 0.5mL 预冷的无菌甘油，冰浴 10min，分装，每管 100μL，放于–80℃冰箱中备用。

注意：第（7）步可以加入 DMSO 替换甘油作为保护剂。每管加入 0.14mL 预冷的 DMSO，冰浴 10min，分装到 40 个 1.5mL 离心管中，放置于–80℃冰箱中，备用。

2. *方法二　氯化铷法*

所用试剂如下。

TFBⅠ：将 5g RbCl、1mol/L KAc 12.3mL、1mol/L $CaCl_2$ 4.1mL、1mol/L $MnCl_2$ 20.5mL、61.5mL 甘油混匀后，用 0.1mol/L 乙酸调 pH 至 5.8，加入双蒸水定容至 410mL，0.45mm 滤膜过滤除菌，每份 100mL 分装备用。配制的 TFBⅠ中所含成分为：30mmol/L KAc、100mmol/L RbCl、10mmol/L $CaCl_2$、50mmol/L $MnCl_2$、15%甘油。

TFBⅡ：将 1mol/L 丙磺酸（MOPS）1.5mL、1mol/L $CaCl_2$ 11.25mL、1mol/L RbCl 1.5mL、甘油 22.5mL 混匀后，1mol/L 氢氧化钾调 pH 至 6.5，加入双蒸水定容至 150mL，过滤除菌，每份 10mL 分装备用。配制的溶液 TFBⅡ中所含成分为：10mmol/L MOPS、75mmol/L $CaCl_2$、10mmol/L RbCl、15%甘油。

（1）受体菌的培养：挑取单克隆细菌至 5mL LB 液体培养基中，37℃摇床培养过夜，按 1%比例接种至 100mL LB 液体培养基中（含 20mmol/L $MgSO_4$），剧烈振荡 2～3h，OD_{600} 值为 0.3～0.5。

（2）4℃下 4500r/min 离心 15min，弃上清，收集菌体。

（3）用 40mL 预冷的 TFBⅠ重悬细菌，冰上孵育 25min。

（4）4℃下 4500r/min 离心 15min，弃上清，收集菌体。

（5）用 4mL 预冷的 TFBⅡ重悬细菌，冰浴 15～60min，分装试管，每管 100μL，–80℃贮存备用。

RbCl 法对于同一种质粒，不同的菌种和冻存时间对转化效率无影响，其转化效率要高于 $CaCl_2$ 法，是一种可以长期保存而不影响转化效率的感受态细胞制备方法。

3. 方法三　一步制备法（TSS 法）

所用试剂为 1×TSS 致敏缓冲液：10%聚乙二醇（PEG）（相对分子质量为 3350～8000），5% DMSO，0.4%胰蛋白胨，0.25%酵母粉，0.25% NaCl，0.6% $MgCl_2$，调节 pH 至 6.2～6.8，121℃高温灭菌 20min，4℃保存。

（1）受体菌的培养：新鲜的过夜培养物按 1%接种量接种于事先温育至 37℃的 LB 液体培养基中，37℃摇床培养至 OD_{600} 为 0.3～0.5。

（2）吸取 1mL 菌液到 1.5mL 离心管里，4℃下 4500r/min 离心 15min。

（3）弃上清，根据菌体量加入 LB 液体培养基重悬，轻轻混匀，冰浴 5min（50mL 菌液加入 2mL LB 液体培养基）。

（4）将菌体重悬于等体积的预冷 1×TSS 中，冰浴 5min，分装试管，每管 100μL，–80℃贮存备用。

此法的特点是只加一种试剂即可，且不需要另加保护剂就可直接冻存，转化时不需要热激。但一步法对实验操作要求较高，如所用器具一定要清洁，OD_{600} 值不要高于 0.6，制备感受态细胞时所有操作尽量保证在冰上操作等。其转化效率相对较低，适用于对转化率要求不高的实验。

4. 方法四　甘油-聚乙二醇法

（1）受体菌的培养：平板挑取单菌落于 5mL LB 液体培养基管中，37℃摇床培养过夜，取种子菌 1mL 于 100mL LB 液体培养基（10mmol/L $MgCl_2$，2g/L 葡萄糖）中继续保温培养至对数生长期，菌液 OD_{600} 为 0.3～0.5。

（2）菌液冰浴后 4℃、4500r/min 离心 15min。

（3）弃上清，菌体沉淀中加入 1mL 预冷的 LB 液体培养基轻轻重悬。

（4）再加入 5mL LB 液体培养基（含 360mL/L 甘油、120g/L PEG 6000、12mmol/L $MgSO_4$），轻轻混匀，–80℃贮存备用，3 个月内转化效率无明显降低。

常规 $CaCl_2$ 法制备的感受态细胞维持其感受态时间往往较短，而甘油-聚乙二醇（glycerin-PEG）法较常规 $CaCl_2$ 法为优，在–30℃条件下其感受态维持时间至少为 180d，可能与该细胞储存液中含有一定浓度的甘油和葡萄糖等保护剂有关。储存液中含有一定浓度的 Mg^{2+}和葡萄糖可以增强转化。此外，聚乙二醇为多糖类物质，这里可能有促使质粒 DNA 与感受态细胞膜结合的作用，与 Mg^{2+}及葡萄糖共同促进质粒转化。

注意事项：感受态细胞制备是一个很繁琐的过程，操作中需要注意的细节很多，否则很容易影响下一步转化或其他实验的效率。

（1）试剂的质量：所用的 $CaCl_2$ 等试剂均需是最高纯度的（GR），并用双蒸水配制，最好分装保存于 4℃。

（2）最好从–80℃或–20℃甘油保存的菌种中直接转接用于制备感受态细胞的菌液，不要用已经多次转接，或贮存于 4℃的细菌培养液。细胞生长密度以每毫升培养液中的细胞数在 5×10^7 个左右为佳，即应用对数生长期或对数生长前期的细菌，可通过测定培养液的 OD_{600} 值控制。

（3）防止杂菌和杂 DNA 的污染：整个操作过程均应在无菌条件下进行，所用器皿，如离心管、移液枪头等最好是新的，并经高温高压灭菌处理，痕量的去污剂或其他化学物质可能就会大大降低细菌的转化效率。所有的试剂都要灭菌，且注意防止被其他试剂、DNA 酶或杂 DNA 所污染，否则会影响转化效率或杂 DNA 的转入（但 $CaCl_2$ 尽量不要高温高压灭菌，最好采用过滤除菌）。

（4）培养基装量要适中，这与菌体生长出来的能量代谢是有氧生长还是无氧生长密切相关。无氧状态生长出来的大肠杆菌做不出高效率的感受态细胞，建议装量不要超过容器的 1/5 体积。

（5）整个操作均需在冰上进行，一定要保持 0℃条件。

（6）培养基的 pH 要控制好，一般来说，接种前 pH 为 6.8～7.2；摇菌结束后，pH 为 6.5 以上，使细菌实现有氧生长。

（7）菌液 OD_{600} 值要在 0.3～0.5，这是制备感受态细胞的最适 OD_{600} 值，如过大（超过 0.6），菌体总量变大，感受态细胞的绝对数量随之变大，但细菌死亡数量也随之增多，感受态细胞的制备效率降低。

五、实验报告

对比几种不同的制备大肠杆菌感受态方法对转化效率的影响。

六、思考题

1. 感受态细胞制备的原理是什么？
2. 制备过程中为什么所有的操作尽可能在冰上进行？目的是什么？

（塔里木大学　任晓镤）

实验 5-11　大肠杆菌转化技术

一、目的要求

通过本实验，掌握质粒转化到大肠杆菌的方法和技术。

二、实验原理

细菌经过一些特殊方法（如 $CaCl_2$ 法、电击法、RbCl 法、KCl 等化学试剂）的处理后，细胞膜的通透性发生了暂时性的改变，处于容易吸收外源 DNA 的状态，通常把这一时期称为细菌的感受态。转化是指一种细菌细胞直接吸收另一细菌细胞部分遗传物质的过程，通常进入宿主细胞的是质粒 DNA 或以它为载体构建的重组子。以 $CaCl_2$ 法为例，其原理是：在 0℃条件下的 $CaCl_2$ 低渗溶液中，细菌细胞膨胀成球形。缓冲液中的 DNA 形成不易被 DNA 酶所降解的羟基-钙磷酸复合物，此复合物黏附于细菌细胞表面。42℃短时间热处理（热休克），可以促进细胞吸收 DNA 复合物。将处理后的细菌放置在非选择性培养液中保温一段时间，促使在转化过程中获得的新的表型（如氨苄西林抗性）得以表达，然后再涂布于含有氨苄西林的选择性固体培养基上，37℃培养过夜，筛选并证实是否发生了转化。

三、实验材料

（1）仪器：恒温摇床，恒温培养箱，无菌工作台，–70℃冰箱，制冰机等。

（2）药品和器材：大肠杆菌 DH5α，质粒 pUC19，胰蛋白胨，酵母提取物，NaCl，琼脂，氨苄西林（Amp），微量移液器，吸头，培养皿，冰块等。

（3）试剂：LB 液体培养基，LB 固体培养基（每升 LB 液体培养基中加 15g 琼脂），121℃高压灭菌 20min。氨苄西林（Amp）（用无菌水配制成 100mg/mL 溶液，分装成小份置–20℃冰箱保存）。

四、实验步骤

（1）取新制备的或–80℃冰箱保存的 100μL 大肠杆菌 DH5α 的感受态细胞置于冰上，缓慢解冻后立即加入 1～5μL 质粒溶液（含量不超过 50ng，体积不超过 10μL），轻轻混匀。

（2）冰浴 30min，42℃水浴热处理 60～90s，冰浴 2min。

（3）加 800～1000μL LB 液体培养基（不含 Amp），放入恒温摇床内，37℃慢速振荡培养 0.5～1h，使细菌恢复正常生长状态，并表达质粒编码的抗生素抗性基因（Amp）。

（4）取适量体积（50～100μL）已转化的感受态细胞，分别涂布在含有 Amp（50～100μg/mL）的 LB 固体培养基上。

（5）在 37℃恒温培养箱正向放置 0.5～1h，待接种的液体被吸收后将培养皿倒置，37℃培养过夜（12～16h），出现菌落，证实确实发生了转化作用。

五、实验报告

在含有氨苄西林的固体培养基上生长的菌落为含有 pUC19 质粒的大肠杆菌（图 5-12，图 5-13）。

图 5-12　质粒 pUC19 转化 *E. coli* DH5α的实验结果

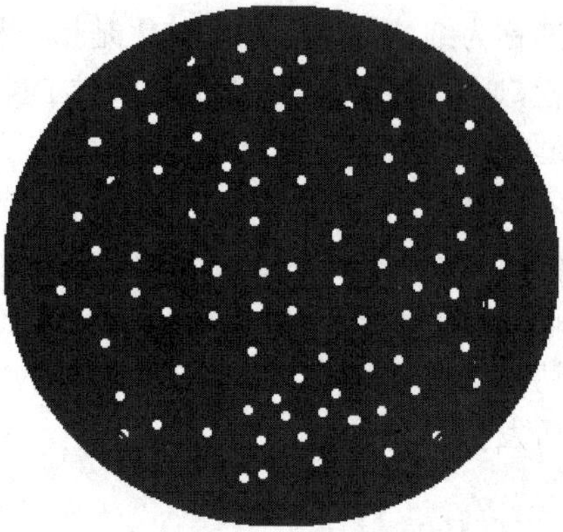

图 5-13　质粒转化大肠杆菌模式图

六、思考题

1. 质粒转化到大肠杆菌的原理是什么？
2. 质粒转化感受态细胞的步骤有哪些？
3. 为什么 *E. coli* DH5α常作为基因克隆的受体菌？

（内蒙古农业大学　包秋华）

实验 5-12　原生质体融合

一、目的要求

学习和了解原生质体融合的原理与作用，掌握放线菌原生质体制备、再生和融合的实验方法和基本过程。

二、实验原理

在外力的作用下，将两个亲本菌株的细胞质和细胞核融合在一起，有可能发生基因重组，获得新性状。一般过程是，在高渗溶液中，将亲本微生物细胞壁通过溶菌酶的作用而裂解，制成原生质体，然后通过融合剂聚乙二醇（PEG）促融，从而使两个亲本菌株的原生质发生融合。首先是细胞质融合，形成双核细胞，进而细胞核融合，这时两个细胞的基因之间发生接触、交换、重组，并通过细胞壁再生而获得重组子。理论上，原生质体融合技术可以突破物种间的亲缘关系，克服远缘杂交的困难，从而大大提高远缘基因重组的频率。

三、实验材料

（1）菌株：用放线菌进行原生质体融合实验一般都是利用其营养细胞——菌丝，而不是孢子。选用的两个亲本菌株必须带有不同的基因标记，如链霉菌 WNF-2-1-135（Arg^-、Leu^+）和 WNF-2-1-90（Leu^-、Arg^+），便于融合后的筛选。

（2）试剂。

A. 营养菌丝生长培养液：牛肉膏 0.3%，蛋白胨 0.5%，葡萄糖 1.0%，氯化钠 0.5%，蔗糖 10.3%，pH 7.2。

B. 完全培养基（CM）：可溶性淀粉 1%，硫酸铵 0.2%，胰蛋白胨 0.2%，碳酸钙 0.2%，氯化钠 0.1%，磷酸氢二钾 0.1%，硫酸镁 0.2%，无机盐溶液 1mL/L（无机盐溶液：七水硫酸亚铁 0.1g，氯化锰 0.1g，一水硫酸锌 0.1g，蒸馏水 100mL），pH 自然。

C. 基本培养基（MM）：在完全培养基中去掉胰蛋白胨即成。

D. 高渗培养溶液：蔗糖 10.3g，硫酸钾 0.025g，氯化镁 0.203g，微量元素溶液 0.2mL（微量元素溶液组成：$ZnCl_2$ 40mg，$FeCl_3 \cdot 6H_2O$ 200mg，$CuCl_2 \cdot 2H_2O$ 10mg，$MnCl_2 \cdot 4H_2O$ 10mg，$Na_2B_2O_7 \cdot 10H_2O$ 10mg，$(NH_4)_6Mo_7O_{24} \cdot 4H_2O$ 10mg，蒸馏水定容到 1000mL），蒸馏水 80mL，pH 7.5～7.8。灭菌后增补 0.5%磷酸二氢钾 1mL，3.68%氯化钙 10mL，0.25mol/L pH 7.2 的 TES（Tris-EDTA-SDS）缓冲液 10mL。

E. 0.3mol/L 蔗糖溶液。

F. 溶菌酶：种类多，应咨询有关公司，选用合适的酶系。

G. 融合剂 PEG，相对分子质量 4000～6000，浓度 50%。

（3）器材：恒温培养箱，离心机，离心管，无菌培养皿，无菌吸管，无菌滴管，灭菌牙签等。

四、实验步骤

1. 原生质体制备

（1）分别接种两种具不同营养缺陷型的链霉菌菌株的斜面孢子于营养菌丝生长培养液中，28℃振荡培养 48h，从中取出部分，再转接到新鲜培养液中，继续培养 48h。

（2）4000r/min 高速离心收集菌丝体，用 0.3mol/L 蔗糖溶液洗涤一次，离心，得菌丝体。

（3）菌丝体用高渗溶液复洗一次，离心，最后每克湿菌丝大约加 10mL 高渗溶液制成菌丝悬浮液。

（4）根据菌丝悬浮液的量，按 4mg/L 的量加入溶菌酶（或按说明书的量加入），32℃慢速摇床保温 1.5h，使细胞壁发生溶解。

（5）将（4）获得的原生质体以 5000r/min 离心 10min，去上清液。

（6）在沉淀中加入 5mL 的高渗溶液，以 500r/min 低速离心 5min，去除里边的碎片及杂质，使原生质体留存于上清液中。

（7）将上清液转移入另一无菌离心管中，再次以 500r/min 低速离心 5min，如此反复离心 2～3 次，最后用纱布过滤，可获较纯的原生质体。

2. 原生质体融合

（1）将制备好的两个亲本的原生质体按 1∶1 充分混合，5000r/min 离心 10min，弃上清，沉淀即两个亲本的原生质体。

（2）沉淀加入 1～2mL PEG 轻轻摇匀，于 32℃水浴 5～10min。

（3）5000r/min 离心 10min 去上清，打匀沉淀，用高渗溶液洗涤一次，最后用一定量的高渗溶液定容。

3. 融合子检出与鉴定

（1）取 0.1mL 经 PEG 处理的原生质体融合液，涂布于 CM 平板上，30℃恒温培养 4～5d，直到孢子成熟。

（2）用无菌接种针挑取（1）平板上的单菌落，分别点种到 MM 和 CM 平板上（注意：CM 和 MM 平板的点种数量一定要一致，否则无法计算融合率），30℃保温培养 4～5d，观察两个平板上菌落的生长情况。

（3）凡能在 MM 和 CM 上同时生长的菌落为融合子，在 MM 上不能生长的菌落为缺陷型。

（4）分别计数 CM 和 MM 培养基平板上的菌落数，计算融合率。

$$\text{融合率（\%）} = \frac{\text{基本培养基上再生菌落数}}{\text{完全培养基上再生菌落数}} \times 100\%$$

（5）将 MM 平板上长出的菌落，经多次转接至 MM 平板复证是否生长，确证后转接至 MM 斜面保存。

（6）根据出发亲本的性状，进一步对融合子的性状进行分析，若出现亲本所没有的新“杂种”类型，表明是菌株间的融合子。

五、实验报告

根据自己的实验，简述原生质体融合的基本步骤，并结合自己实验的结果予以分析，计算原生质体的融合率。

六、思考题

1. 和其他杂交方法相比，原生质体融合育种有什么优势？
2. 实际工作中，如何利用原生质体融合技术获得优势互补的融合子？

（西北农林科技大学　魏新元）

第 6 篇　食用与药用真菌实验技术

实验 6-1　食用菌子实体的形态观察

一、目的要求

观察食用菌子实体的形态特征，认识几种常见的食用菌。

二、实验原理

食用菌子实体是食用菌的繁殖器官，由已经组织化了的菌丝体组成。由于食用菌的种类很多，食用菌子实体形态比较复杂，有伞状、笔状、耳状、头状、舌状、球状和花朵状等，其中以伞状菌最为常见。伞状菌子实体一般形态可分为菌盖和菌柄两部分。菌盖由表皮、菌肉和菌褶（菌管）组成，在表皮层菌丝中常含有不同色素而赋予菌盖不同颜色。菌柄有长有短，形态各异，与菌盖的着生关系可分为中生、偏生或侧生，形状有圆柱形、棒形和纺锤形等，有的菌柄上还有菌环和菌托等。耳状菌以黑木耳为代表，子实体似耳状、叶状或杯状，边缘波浪状，胶质、半透明、富弹性，黑褐色。猴头菌属是齿菌科菌类，子实体表面长有刺状物，子实体圆形或“猴头”状，新鲜时白色，干后为浅黄色或白色。本实验通过实物或标本观察它们的形态特征。

三、实验材料

（1）菌材：新鲜食用菌，包括平菇、香菇、金针菇、黑木耳和猴头菌的子实体，或相应的食用菌子实体标本。

（2）试剂和器材：显微镜，放大镜，载玻片，盖玻片，镊子，刀片或解剖刀，瓷盘，无菌水，吸水纸，镊子等。

四、实验步骤

（一）伞状菌子实体观察

（1）外形观察：选取新鲜平菇、香菇和金针菇的子实体，观察外形、色泽、菌盖、菌柄、表面结构和边缘状况；用尺子测量菌盖直径，菌柄长度、直径，注意有无菌环。

（2）剖面观察：用刀片或解剖刀沿菌柄基部中轴线自上而下将子实体纵剖为相等的两半，仔细观察纵断面的结构。观察菌盖厚度，菌褶片形状、大小和色泽，菌褶着生方式及菌柄质地与表面状况。

（二）猴头菌观察

主要观察猴头菌子实体的形状、大小、颜色、菌刺。

（三）耳类菌子实体观察

将新鲜黑木耳放置于干净的白瓷盘中，观察其形状、色泽、质地（手感）等。用放大镜观察子实体腹面与背面特征，有无茸毛、脉纹等。

（四）子实层、担子及担孢子观察

（1）取样：选取新鲜成熟的子实体，从菌盖下侧取一小片菌褶组织。

（2）切片：将取下的菌褶组织切片，切片要求薄而均匀，并将其放入盛有蒸馏水的培养皿中。

（3）制片：取干净的载玻片一张，在其中央加 1 滴蒸馏水，再用镊子小心地将切片挑起，放入载玻片上的水滴中，加盖玻片，加盖时不能有气泡产生。

（4）镜检：将制好的切片标本置显微镜下，先用低倍镜、再用高倍镜观察菌褶两侧子实层及担子和担孢子形态。

五、实验报告

1. 绘制实验观察食用菌担孢子及子囊孢子的形态图。
2. 结合表 6-1 内容描述实验观察的食用菌子实体的构造特征。

表 6-1　食用菌子实体的形态特征

菌名	菌盖或耳片				菌柄或耳根				
	形状	大小/mm	厚度/mm	色泽	长度/mm	粗细/mm	色泽	有无菌环	菌环位置

六、思考题

1. 描述所观察的几种食用菌子实体各有何特征。
2. 不同食用菌担孢子形态有什么不同？

（西北农林科技大学　杨保伟）

实验 6-2　食用菌的显微特征观察

一、目的要求

学习观察食用菌显微特征的制片方法，了解常见食用菌菌丝和子实层的形态特征。

二、实验原理

在食用菌中 90%左右为担子菌，担孢子萌发后形成的菌丝为单核菌丝，单核菌丝经质配后形成双核菌丝，只有双核菌丝才能形成子实体。双核菌丝具有锁状联合。在双核菌丝的无性繁殖过程中偶尔会发生单核化现象，产生单核菌丝，单核菌丝不能形成子实体，会对食用菌生产造成巨大的影响，因此在科学研究及食用菌生产中经常要检查锁状联合。

在担子菌菌褶的表面着生有许多棒状的担子，每个担子顶端有 2 个或 4 个担子小梗，每个梗上着生 1 枚担孢子。担孢子呈椭圆形至圆柱形，其大小为（5～7）μm×（3.4～4）μm，表面平滑，薄壁，内含一个细胞核，无色。将担子菌新鲜菌盖从菌柄顶端切开，菌盖扣在纸上，担孢子自然落在纸上形成的印迹称孢子印。通过徒手切片可观察到担子菌子实体的显微形态特征。石蜡切片或火棉胶切片可以观察子囊菌的子囊及子囊孢子。

三、实验材料

（1）菌种：培养 7～10d 的斜面香菇、银耳、猴头菌、灵芝、平菇等菌种。

（2）试剂和器材：马铃薯葡萄糖琼脂平板，石炭酸复红液，乳酸石炭酸棉蓝液，小烧杯，玻璃棒，解剖针，小剪刀，镊子，刀片，胡萝卜块、接种钩、显微镜等。

四、实验步骤

1. 菌丝体形态观察

（1）制片：在载玻片上，滴一滴乳酸石炭酸棉蓝液，用接种钩取少量菌丝体分散其中，盖上盖玻片，镜检。

A. 水浸片法：同于霉菌的制片法，一定注意不要将菌丝体弄断，必要时可用小剪刀将菌丝剪断，便于用镊子夹取。

B. 插片法：同于放线菌的插片法。先将各斜面母种分别接于马铃薯蔗糖琼脂平板上，用无菌镊子取无菌盖玻片 3～5 片以 45°插入培养基内，距接种块约 2mm，插入深度约为培养基厚度的一半，然后置 25℃条件下培养 3～5d，当菌丝长到盖玻片上时，可以用锋利的刀片沿盖玻片与培养基界面切断菌丝，再用镊子取出盖玻片，擦净另一面，制片观察。

（2）镜检：于高倍镜下观察比较不同食用菌菌丝的宽度，有无锁状联合，注意观察锁状联合的大小和多少，不同食用菌菌丝的锁状联合特征有一定的差异。黑木耳的锁状联合不如平菇、毛头鬼伞的锁状联合明显，只是一个骨节状的结构。

2. 子实层的形态观察

1）方法一

（1）切片：先用刀片将胡萝卜块沿横断面切成一个光滑圆面，然后在这个圆面的垂直方向沿直径线划开 2～3mm 的小缝，将菌褶取下，夹在胡萝卜块裂缝中间，用左手呈水平方向紧握胡萝卜，右手沿裂缝垂直方向从上到下横切胡萝卜（连菌褶一起切下），直接将切片掉入盛有蒸馏水的小烧杯中。切得越薄越好（一般为 20～30μm）。

（2）制片：在干净载玻片中央滴少许蒸馏水，用镊子小心夹取菌褶切片，放入水滴中，用解剖针拨平、盖上盖玻片，用吸水纸将水吸净。

（3）镜检：于低倍、高倍镜下观察担子、担孢子的形态。

2）方法二

（1）制片：在干净载玻片中央滴少许石炭酸复红液，取菌褶一小段置于石炭酸复红液中，盖上盖玻片，在盖玻片上再放上一个载玻片，用力压载玻片，压碎菌褶并使其平展，去掉载玻片，用吸水纸吸取多余的石炭酸复红液。

（2）镜检：同上。

五、实验报告

绘出你所观察到的食用菌菌丝的锁状联合形态、食用菌的担子和担孢子的形态。

六、思考题

1. 观察食用菌菌丝体和子实层的显微特征有什么意义？
2. 制作食用菌子实体切片时应注意什么？

（西北农林科技大学　刘变芳）

实验 6-3　黑木耳纯种分离与菌种制备

一、目的要求

掌握黑木耳纯种分离及菌种制备的基本理论与操作技能。

二、实验原理

黑木耳属于有隔担子菌纲（Phragmobasidiomycetidae）、木耳科（Auriculariaceae）、木耳属（*Auricularial*）真菌，不仅具有丰富的营养价值，还具有一定的药用及保健功能，是我国传统的珍稀食用菌之一。食用菌的菌种分为母种、原种和栽培种。菌种的分离纯化是母种来源及科学研究的基础工作。原种由母种扩繁而成，栽培种是由原种扩繁而制成的生产用种。

三、实验材料

（1）菌种：鲜黑木耳或干黑木耳。

（2）分离培养基：鲜松针 200g，蛋白胨 5g，葡萄糖 10g，KH_2PO_4 1.0g，$MgSO_4·7H_2O$ 0.5g，琼脂粉 12g，自来水 1000mL。

配制方法：摘取鲜松针 200g，用水冲洗清洁后，剪成长 1cm 小段，放入不锈钢锅或大烧杯中，加水 800mL，煮沸 1h。在此过程中，不断补充蒸发掉的水分。煮好后用双层纱布过滤，取滤液，加入含 0.1%高锰酸钾溶液 20mL，混匀。称取葡萄糖 10g，蛋白胨 50g，KH_2PO_4 10g，$MgSO_4·7H_2O$ 0.5g，放入 200mL 水中加热溶化，与上述松针煮汁混匀，放入琼脂粉 12g，加热溶化。用 NaOH 或 HCl 溶液调 pH 至 7，分装于三角瓶或试管中灭菌，冷却后倒平板或摆斜面。

母种培养基：马铃薯 200g，葡萄糖 20g，蛋白胨 3g，KH_2PO_4 1g，$MgSO_4·7H_2O$ 0.5g，琼脂粉 12g，自来水 1000mL。

原种及栽培种培养基：阔叶木屑 78%，米糠或麦麸 20%，生石膏 1%，葡萄糖 1%。

配制方法：将阔叶木屑、米糠或麦麸、石膏粉充分拌匀，葡萄糖溶解于水，将葡萄糖溶液加入上述混合料中，充分拌匀。再用自来水调节含水率为 62%～65%。检测含水率的经验方法为：用手捏紧培养基可以成团，指缝间有水渗出但不滴下为适度。要求培养基的初始 pH 在 6.5～7.0。在制备培养基之前，测定原料及用水的 pH，做适当的调整。原种及栽培种一般分装在无色玻璃瓶或聚丙烯塑料袋，121℃灭菌 2h，冷却后备用。

四、实验步骤

1. 纯种分离与培养

（1）发泡黑木耳：用干净的冷水将干木耳浸泡 6h 左右。

（2）清洗：将鲜黑木耳或发泡黑木耳用流水充分冲洗。

（3）表面消毒：用挤干的酒精棉球轻轻擦拭耳片表面后，再用无菌水冲洗 5～6 遍。

（4）拭干：在无菌条件下，用无菌纸吸干耳片表面水分。

（5）剪切：用无菌剪刀将耳片剪切成边长 1～2mm 小块，按一定距离放在松针培养基平板上，每皿 3～4 块。

（6）培养：在 20～22℃条件下培养，定期检查，去除有霉菌及细菌污染的平板，挑取气生菌丝洁白、均匀、边缘整齐的菌落，进行锁状联合检查，有锁状联合的菌落即黑木耳菌落，对分离得到的菌种需进一步进行栽培试验测定其生产性能，切忌直接用于生产。

2. 接种练习

（1）练习母种的接种方法。

（2）练习原种及栽培种的接种方法。

3. 培养与检查

母种的培养温度为 25℃左右。原种及栽培种通常在温度 22～25℃、空气相对湿度 50%～70%、黑暗及通气良好的条件下培养。母种的检查一般在接种后的第 2、5、7、9、

12 天进行；原种及栽培种的检查一般在接种后的第 5、7、9、12 天进行。检查时发现杂菌污染应及时捡出处理。原种一般 40d 可长满全瓶，栽培种一般 40～50d 可长满全袋。

五、实验报告

描述黑木耳分离纯化过程中的各种现象并分析原因。

六、思考题

1. 黑木耳耳片分离的原理是什么？
2. 怎样提高黑木耳耳片分离的效果？

（西北农林科技大学　赵旭博）

实验 6-4　平菇的袋料栽培

一、目的要求

了解平菇生长过程，掌握平菇栽培的关键技术。

二、实验原理

平菇，又名糙皮侧耳，属担子菌亚门（Basidiomycotina）、层菌纲（Hymenomycetes）、伞菌目（Agaricales）、侧耳科（Pleurotaceae）、侧耳属（*Pleurotus*）的真菌。平菇的栽培过程即人为创造平菇生长发育的适宜条件，让其完成菌丝生长及子实体发育、成熟的过程。首先要选择合适的营养料，能够使菌丝大量生长，之后进入生殖生长，最后分化形成子实体。子实体发育可分为 5 个时期，即原基分化期、桑葚期、珊瑚期、伸长期和成熟期，每个阶段的管理也特别重要，否则达不到优质高产的目的。

依据平菇子实体形成的温度可将平菇分为低温型、中温型及高温型 3 类。生产中需依据栽培的季节选择适当的品种。

三、实验材料

（1）菌种：糙皮侧耳（*Pleurotus ostreatus*）或其他平菇栽培种。

（2）栽培原料：棉籽壳、玉米芯、木屑、稻草、麦草等，其中棉籽壳最好，各地可因地制宜选用。

（3）栽培配方：可选用以下任一配方。

配方 1：棉籽壳 82%，麸皮 15%，过磷酸钙 2%，生石膏 1%，另加尿素约 0.25%。

配方 2：棉籽壳 43%，玉米芯 44%，麸皮 10%，过磷酸钙 2%，生石膏 1%。

注意：栽培用水的 pH 小于 5.5 时可加适量的石灰。

（4）其他用品：接种钩，聚丙烯塑料袋，线绳，灭菌锅等。

四、实验步骤

（1）原料处理：对用于栽培的原料进行过筛，除去杂质及变质的块状物。

（2）计算及称量：可选用上述任一栽培配方，按总栽培量计算每种原料的用量，准确称量。注意：主要原料的称量误差应小于 5%，辅助料的称量误差应小于 1%。

（3）拌料：在生产中采用三级拌料（采用三台拌料机，第一台拌完后，自动输送到下一台拌料机），每级搅拌时间不少于 10min。实验室栽培一般采用母料法拌料。原料搅拌均匀后加水，使其含水率达 65%～67%。注意：①在配方中有可溶性物质时，应将其溶于水中均匀加入。②拌好的栽培基质 pH 以 7～8 为宜。

（4）装袋：栽培平菇一般采用规格（200～240）mm×（400～450）mm×0.04mm 的塑料袋。装袋分为机械装袋及手工装袋，手工装袋的原则是所装的料袋两端紧，中间松，周围紧，内部松，整个料袋松紧适宜，均匀光滑，具体松紧度注意教师的示范。料装好后套上套环，盖上盖子。

（5）灭菌与冷却：采用高压蒸汽灭菌，温度 121℃灭菌 2h。灭菌之后，让其自然冷却，待压力表指针下降到“0”时缓慢打开高压锅，取出料袋，最好在无菌条件下冷却。在料袋中心温度降至 28℃以下后可进行接种。

（6）接种：严格按照无菌操作规程进行接种，接种方式依据栽培种的类型有所差异，可根据菌种类型具体选择。枝条菌种要插在料袋中间，两端断面也要接种一些木屑菌种，以利于提早封面，减少污染。另外，也有侧面多点接种的，该方式发菌点数多，发菌周期短。每瓶菌种可接 20 袋左右。

（7）菌丝体培养：培养室温度由 25℃逐渐降到 22℃，保持菌袋中心温度 25℃为宜，空气相对湿度 50%～70%，空气 CO_2 浓度低于 0.2%，黑暗。

（8）出菇管理：①菌丝发满后继续保持菌丝体培养条件，使菌丝体达到生理成熟；②温度调整至栽培品种的最适出菇温度，保持昼夜温差 10℃以上；③空气相对湿度保持在 85%～95%，有适宜的风速；④出菇室光照强度 500lx 以上，6～8h/d。

（9）采收：菌盖展开后，边缘向上平展时采收。

五、实验报告

记录子实体发育的形成过程，总结栽培过程的管理要点。

六、思考题

1. 试述影响平菇产量的关键因素。
2. 平菇袋料栽培的关键环节是什么？如何管理能获得高产？

（西北农林科技大学　傅虹飞）

实验 6-5　香菇的袋料栽培

一、目的要求

学习食用菌香菇的袋料栽培技术，掌握实际栽培过程中的关键技术。

二、实验原理

香菇隶属担子菌亚门（Basidiomycotina）、层菌亚纲（Hymenomycetidae）、伞菌目（Agaricales）、侧耳科（Pleurotaceae）、香菇属（*Lentinus*）真菌，其子实体单生、丛生或群生，菌盖直径 5～12cm，幼时半球形，后呈扁平至稍扁平，表面浅褐色、深褐色至深肉桂色，中部往往有深色鳞片，而边缘常有灰白色毛状或絮状鳞片。香菇袋料栽培是以塑料袋为栽培容器，采用各种原料配合为香菇提供营养物质，人为创造香菇生长发育的适宜条件，让其形成子实体。香菇袋料栽培已经成为现代农业的一种重要的生产模式。

三、实验材料

（1）菌种：香菇栽培种。

（2）栽培原料：阔叶木屑，麸皮，生石膏，玉米粉，硫酸镁，磷酸二氢钾等。

（3）栽培配方：可选用以下任一配方。

A. 阔叶木屑 79%，麸皮（细米糠）20%，生石膏 1%。

B. 阔叶木屑 78%，麸皮 16%，玉米面 2%，生石膏 2%～2.5%。

C. 阔叶木屑 80%，麸皮 18%，生石膏 2%，磷酸二氢钾 0.2%，硫酸镁 0.1%。

（4）其他用品：接种钩，聚丙烯塑料袋，线绳，灭菌锅等。

四、实验步骤

1. 原料选择与加工

香菇袋料栽培的原料很多，大体可分为 3 类，即木屑类、农作物秸秆类和野草类，其中木屑类以壳斗科、桦木科、漆树科、胡桃科、杜英科、金缕梅科等阔叶树材最为理想，松、杉、柏等针叶树种及安息香科和樟科的木屑不宜栽培香菇。对所选原料要适当粉碎加工，辅助原料通常有麦麸、米糠、石膏粉、碳酸钙等。

2. 栽培季节

香菇袋料栽培分为春季栽培、秋季栽培及周年栽培等，选择不同的栽培季节应根据各地的海拔高度、农业耕作制度、香菇的市场情况灵活掌握。选择不同的栽培季节应选用不同温型的菌种才能取得良好的经济效益，在此以秋栽香菇为例，简要叙述栽培管理方法。

3. 配方的选择

根据各地的具体情况，选择上述任一配方即可。

4. 配料

配料可分为拌料、测定水 pH、加水混合 3 个阶段。拌料之前应根据配方的比例计算各物质的用量。准确称量之后，将不溶于水的物质以最少量者为基数与次少量物质等量、逐级混合，搅拌均匀之后，再将可溶性物质溶于水中拌入，使混合料的含水率保持在 55%左右。在加水之前，要测定拌料用水的 pH，并做适当调节，使拌好的混合料 pH 在 7 左右。

5. 装袋

装袋分手工装袋与机械装袋，本实验采用手工装袋，装料时，一手扶袋，一手装料，边装边压，尽量压实。且使培养料松紧一致，袋的表面光滑、不留沟纹。装满后，先扎紧袋口，然后袋头折回再扎一次，即所谓双道拆扎，防止杂菌侵入。

6. 灭菌与冷却

装袋结束后，应迅速装锅灭菌。在装锅时，料袋之间应留有一定间隙，以便蒸汽流动，传热均匀。灭菌时要注意排出高压锅内的空气，具体灭菌条件为：温度 121℃，时间 2～3h。在灭菌的同时要对冷却室进行消毒处理，灭菌结束后将料袋放入冷却室进行冷却。

7. 接种

香菇的接种一般在无菌室进行，按无菌操作方法，可以几人配合将香菇菌种接入料袋。香菇料袋栽培多采用侧面打孔接种，依据栽培季节及料袋的直径，均匀地在料袋侧面接种 3～9 孔。接种后套上无菌保护袋移入培养室。

8. 菌丝体培养

菌丝体培养管理分以下 3 个时期。

（1）发菌期管理：从接种到菌丝发满袋的整个过程称为发菌期，具体管理参数如下。

温度：保持袋内中心温度 20～26℃。发菌前期，菌丝体量较少，产生的生物热量相对也少，此时袋温较低，随着菌丝的生长，产生的热量也逐渐增加，袋温逐渐高于气温，此时采取一定的措施降低气温，以利散热。

湿度：保持培养室空气相对湿度 60%～70%。

光照：尽量保持培养室黑暗。

通风：控制通风量，保持培养室 CO_2 浓度 0.2%以下。

在接种后的第 4～5d 进行第一次翻堆检查，检出杂菌污染的菌袋。在香菇菌丝体生长过程中，一般 7～10d 翻堆一次，通常与通风及调节温度同时进行。在菌落直径 3～4cm 时，打开保护袋的扎口；在菌落直径 5～6cm 时，在菌落中部用牙签刺孔透气；在菌落直径 10cm 左右时进行第二次刺孔通气，同时防止刺孔后代谢增强，不能及时散热影响菌丝生长；在各接种点的菌落相连或即将相连时，要再次刺孔增氧，促进菌丝生长。通常经过 30d 左右，完成发菌过程。

（2）营养积累期管理：在菌丝长满袋后到转色之前称为营养积累期。菌丝长满袋后，菌丝在袋内继续生长、分枝，形成大量的菌丝体，积累营养物质，此阶段管理的重点是通气增氧，降温增湿，避光促长，每隔 10d 左右刺孔一次，每次每袋 10～20 孔，同时进行通风降温，此阶段刺孔 3～4 次，每袋共刺 80～100 个孔；刺孔要逐渐加大，加深，第一次用牙签，第二次用毛衣针，第三次用筷子粗刺孔工具。总之刺孔增氧要结合发菌室的通风情况、室内的菌袋量、菌袋的大小、发菌室的温度、菌袋的含水率、天气情况综合考虑，没有固定的模式。一般菌丝生长旺盛，出现的瘤状物多，而且比较均匀，气温较高时，不宜多刺孔，反之菌丝长势差，原料粒度小，含水率偏高，菌袋瘤状物生成慢，不均匀，应结合翻堆多刺孔，促进菌丝营养生长，积累营养物质。

（3）转色期管理：菌袋培养 50～60d，菌袋表面出现大量瘤状物，是菌丝生理成熟的特征，标志着香菇菌袋由营养生长向生殖生长转化。香菇菌丝生理成熟之后，在适宜条件下，菌棒表面的气生菌丝逐渐倒伏，形成较薄的菌膜，同时分泌出一些褐色素，使菌膜逐渐变为红棕色的过程称为转色。良好的转色，菌被为红棕色，有光泽，厚度适当，具有较强的韧性。良好的转色，香菇出菇正常，稀密适当，菇体中等，质量好，产量高。反之会造成出菇不正常，产量低，质量差。

转色管理有脱袋转色与不脱袋转色两种方式，现在北方生产中普遍采用不脱袋转色。其促使转色常见的方法如下。

A. 增加光照：转色时必须给予至少 200lx 光照强度的散色光，才能对转色及出菇产生一定的诱导作用。

B. 保持菌袋内温度 20～22℃。

C. 保持空气相对湿度 80%～90%。

D. 适当通风，转色时菌丝代谢旺盛，需要充足的氧气。

E. 菌袋含水率 50%～55%。

在适宜的环境条件下，转色一般需要 10～20d。

9. 催蕾

香菇属变温结实菌类。菌袋适度转色之后，在适宜条件下，菌丝开始组织化，形成原基，进而形成菇蕾。具体的催蕾条件如下。

（1）白天温度 15～18℃，昼夜温差 10℃以上。

（2）空气相对湿度 80%～90%，湿度差 15%以上。

（3）增加通风量，保持空气新鲜。

（4）保证有充足的散射光或较弱的直射光。

（5）培养料水分 50%～55%。

10. 出菇管理

香菇菌袋经过催蕾之后，便进入了生殖生长阶段，为了达到高产、优质的目的，应在不同的发育阶段采取不同的管理措施。因地制宜，因时制宜，处理好水分、温度、湿度、光照、通风等环境因子间的关系。根据香菇的出菇期可分为秋菇、冬菇和春菇，各栽培时期所对应的气候条件不同，管理方法也不一样。

（1）秋菇管理：秋末冬初，雨量较少，土壤和空气都比较干燥，气温日趋下降，且不稳定，因此秋菇管理的重点是：①保持香菇不同生长阶段要求的空气相对湿度。可采取空间喷雾等措施，促使子实体提早形成。②调节温度，以 15℃左右为宜。若遇到高温天气要注意通风、喷雾、遮荫。遇到低温时采取适当的保温措施。③第一潮香菇采收之后，可以大通风，使菌袋表面适当干燥，菌袋内菌丝体恢复生长。约一星期左右，采菇留下的凹陷处菌丝会逐渐长满，表明菌丝基本复壮，此时应加强保湿保温，增加温差及散射光，促进下一批菇蕾形成。④防止杂菌污染。采菇后，菌丝处于恢复阶段，抵抗杂菌侵染的能力较弱，若遇高温、高湿，很易引起霉变。

（2）冬菇管理：秋菇采收 1～2 潮菇后，已经进入冬季，天气较寒冷，因此主要是做好保温。同时，由于菌袋已出过几潮菇，养分消耗较大，水分散失较多，在管理上也要让其“休养生息，养菌复壮”。这个季节温度低，菌丝生长缓慢，呼吸强度较低，出菇较少，但花菇率高，质量好，可以利用冬天的特殊气候多出花菇。

（3）春菇管理：春菇一般发生在 3～6 月，产量占总产量的 40%～60%，因此春菇的管理非常重要。香菇菌袋度过了秋、冬两个季节，生产了几潮秋菇和冬菇，菌棒内水分严重损失，有的质量减少 1/2，含水率降至 30%左右，因此春菇管理应以增加水分、养分为主。常用营养液含磷酸二氢钾（0.1%～0.2%）、硫酸镁（0.05%～0.1%）等，依据菌袋失水情况，在营养液中浸泡 4～6h 让菌袋充分吸水。

一般秋菇栽培可出 5～7 潮菇，每袋可出 2～3kg 鲜菇。

五、实验报告

简述香菇袋料栽培管理的技术要点。

六、思考题

1. 保证香菇袋料栽培成功的关键步骤都有哪些？
2. 香菇袋料栽培和其他食用菌袋料栽培有什么区别？

（西北农林科技大学　罗勤贵）

实验 6-6　灵芝的袋料栽培

一、目的要求

了解灵芝的生物学特性，学习灵芝栽培的生产技术。

二、实验原理

灵芝（*Ganoderma lucidum*），又名红芝、赤芝、还阳草、万年蕈、神仙草、灵芝草，全世界有 120 多个种类，我国有 87 个。灵芝属担子菌纲、多孔菌目、多孔菌科、灵芝属，是我国医药宝库中的一味珍贵药物，其主要成分为灵芝多糖及萜类化合物。灵芝的子实体由菌盖和菌柄组成，为一年生的木栓质，菌盖呈肾形、半圆形或接近圆形，红褐、红紫或紫色，表面有一层漆样光泽，有环状同心棱纹及辐射状皱纹。灵芝为木腐性真菌，对木质素、纤维素、半纤维素等复杂的有机物质具有较强的分解能力，根据这些特性，灵芝可用椴木栽培，也可用木屑、作物秸秆、棉籽壳、甘蔗渣、玉米芯等配料后袋料栽培。

三、实验材料

（1）菌种：灵芝栽培种。

（2）原料及材料：棉籽壳，木屑，麸皮，玉米芯，生石膏，蔗糖，聚丙烯或高密聚乙烯袋等。

（3）配方：可以选用以下任一配方。

A. 木屑 50%，棉籽壳 38%，麸皮 10%，生石膏 1%，食用蔗糖 1%。

B. 玉米芯 29%，木屑 50%，麸皮 20%，生石膏 1%。

C. 杂木屑 73%，麸皮 25%，糖 1%，生石膏 1%。

E. 杂木屑 75%，麸皮 23%，糖 1%，生石膏 1%。

F. 棉籽壳 28%，木屑 50%，麸皮 20%，糖 1%，生石膏 1%。

四、实验步骤

1. 选料及配制

选上述任一配方，参考香菇袋料栽培的工艺流程进行拌料、装袋、灭菌、料袋冷却、接种及菌丝体培养，所不同的是：①栽培基质的含水率为 65%左右。②装袋时比香菇的料袋要松一些。③栽培袋的规格通常为 170mm×330mm×0.04mm。④灵芝的接种通常从袋口接种，很少从侧面接种，菌丝体的培养不刺孔。⑤培养温度以 26～28℃为宜。

2. 出芝管理

目前灵芝生产中主要有袋式和床畦式两种出芝方式。

（1）袋式出芝管理：灵芝菌丝长满袋后，再经过 10～15d 的生理成熟期，即可进入子实体培养室进行出芝管理，培养架以网式床架为最佳。如果不具备网式床架，可将菌袋墙式摆放，一般以高为 6～7 层为宜，菌袋摆放好后，去除袋口的封口盖，按以下条件进行管理。①培养室温度保持在 27～32℃。②空气相对湿度为 85%～90%。③光照强度大于 500lx。④CO_2 浓度小于 0.2%。⑤保持室内有一定的风速。

（2）床畦式出芝管理：开沟建畦，一般畦宽 1～1.2m、深 0.3m，长度依据具体条件而定，床畦进行消毒及杀虫处理后，将发好的菌袋移入床畦，去除塑料袋，竖立在畦内，菌柱之间留出 10cm 左右间隙，用湿砂壤土填充，在床畦上搭建小拱棚，上覆塑料薄膜及遮阳网，参考袋式出芝管理条件进行管理。一般覆土后 7～10d 即可形成原基，半个月之后原基陆续长出地面，灵芝的子实体的生长期一般为 30～50d，不同品种有所差异。

3. 采收

当灵芝子实体边缘颜色变红变深，菌盖木栓化时，灵芝的菌管会弹射出大量的孢子粉，此时，可采用孢子粉收集器收集孢子，或采用在地面及菌袋上覆盖塑料薄膜，使其孢子粉附着在薄膜上以便收集。

在灵芝的子实体不再增大增厚时即可采收。采收后的灵芝及时晒干或烘干，防止虫蛀，保证商品质量。

五、实验报告

简述灵芝的袋料栽培技术要点。

六、思考题

1. 灵芝子实体同其他食用菌子实体有何异同?
2. 灵芝栽培管理上应注意哪些方面?

（西北农林科技大学　张强）

实验 6-7　金针菇的瓶栽

一、目的要求

学习并了解金针菇的生物学特性，掌握金针菇的栽培技术。

二、实验原理

金针菇（*Flammulina velutipes*），又名冬菇、朴菇，分类上属于担子菌纲（Basidiomycetes）、伞菌目（Agaricales）、白蘑科（Tricholomataceae）、小火焰菌属（*Flammulina*）或金钱菌属（*Collybia*）的真菌。金针菇盖小柄细长，色泽乳黄或白色，营养丰富，尤其是赖氨酸和精氨酸含量高。金针菇还含有朴菇素（flammulin），具有显著的抗癌功能，是一种珍贵的保健食用菌。目前，金针菇栽培主要有瓶栽及袋栽两种形式，瓶栽的机械化程度较高，培养料主要是棉籽壳、木屑等。

三、实验材料

（1）菌种：金针菇栽培种。
（2）原料及器材：棉籽壳，木屑，麸皮，石膏，蔗糖，栽培瓶等。

四、实验步骤

1. 工艺流程

母种→原种→栽培种
↓
配料→装瓶→灭菌→冷却、接种→菌丝体培养→出菇管理→采收加工

2. 配方

选用以下任一配方即可。
（1）棉籽壳 78%，麦麸（或米糠）20%，蔗糖 1%，碳酸钙 1%。
（2）棉籽壳 85%，麦麸（或米糠）10%，蔗糖 1%，碳酸钙 1%，玉米粉 3%。
（3）玉米芯 63%，豆干粉 20%，麦麸 15%，蔗糖 1%，生石膏 1%。
（4）稻草粉 75%，麦麸 23%，蔗糖 1%，碳酸钙 1%。
（5）杂木屑 39%，玉米芯 39%，麦麸 20%，蔗糖 1%，碳酸钙 1%。

3. 栽培技术要点

（1）配料：选择上述任一配方，参考香菇袋料栽培进行配料、装料、灭菌、冷却、接种及菌丝体培养。所不同的是：①金针菇的瓶栽采用机械装瓶、清洁瓶口及盖盖子。学生实习采用手工装瓶。②基质的含水率一般控制在 65%左右，依据原料不同有所差异。

（2）搔菌处理：菌丝长满瓶后，要进行搔菌、瓶口冲洗及培养料补水，在生产中，一般由同一台设备来完成。人工搔菌时用不锈钢勺将培养料料面轻轻刮去 0.5cm，再用湿毛巾擦干净瓶口，每瓶补水 10～15mL 即可。搔菌的目的是为了出菇整齐，便于管理。

（3）催蕾：保持温度 13～14℃，空气相对湿度 85%～90%，CO_2 浓度控制在 0.2%以下，光照强度 200～300lx，2～3h/d，经过 8～10d 后即可现蕾。

（4）缓冲处理：原基形成后需要进行缓冲处理，目的是让抵抗力弱的子实体增强抵抗力，不使其在随后的低温时出现枯死。具体处理温度为 8～10℃，空气相对湿度为 85%～90%，一般经过 2～3d 达到缓冲处理的目的。

（5）抑制管理：抑制的目的是抑大促小，生长快的子实体受抑制较为明显，从而达到出菇整齐的目的。抑制温度为 3～5℃，湿度为 70%～80%，CO_2 浓度 0.15%以下。抑制的方法主要为光照抑制和吹风抑制两种。光照抑制是每天分几次用 200lx 左右的光照射，每天 2～3h；吹风抑制的步骤是前两天吹 15～20cm/s 的弱风，后两天吹 40～50cm/s

的较强的风，最后两天吹 80～100cm/s 的强风，这样经一周后就能达到出菇整齐的目的。

（6）生长管理：幼菇经抑制后保持环境温度 7～9℃，空气相对湿度 75%～80%，环境 CO_2 浓度控制在 0.15%以下。待幼菇长出瓶口 2～3cm 时，及时套上纸筒或塑料筒，以使其小范围内的 CO_2 浓度增加，从而起到促柄抑盖的效果，经一周左右金针菇的子实体可长到 13～15cm。

（7）采收及包装：金针菇子实体长出瓶口 13～15cm 时，即可采收。采收后即做保鲜处理。

（8）挖瓶：金针菇采收后由挖瓶机挖去废料，即可进入下一轮装料生产。

五、实验报告

记录金针菇各时期的生长情况，并总结金针菇栽培的关键环节。

六、思考题

1. 金针菇栽培时套筒的目的及意义是什么？
2. 子实体抑制的作用是什么？

（塔里木大学　朱丽霞）

主要参考文献

车振明. 2011. 微生物学实验. 北京：科学出版社.

程丽娟，薛泉宏. 2012. 微生物学实验技术. 2 版. 北京：科学出版社.

杜连祥，路福平. 2005. 微生物学实验技术. 北京：中国轻工业出版社.

樊明涛，赵春燕，雷晓凌. 2011. 食品微生物学. 郑州：郑州大学出版社.

房功思. 2008. 浅谈大肠杆菌感受态细胞的几种制备方法. 安徽卫生职业技术学院学报，7（2）：96-97.

冯广达，陈美标，羊宋贞，等. 2013. 用于 PCR 扩增的细菌 DNA 提取方法比较. 华南农业大学学报，34（3）：439-442.

何文兵，刘雪莲，马冬雪. 2012. 自然发酵的葡萄皮醋中醋酸菌的分离鉴定. 中国酿造，31（4）：79-81.

洪坚平，来航线. 2005. 应用微生物学. 北京：中国林业出版社：319-320.

洪献梅.2009.香菇的菌种分离技术试验. 中国食用菌，28（5）：64-65.

侯红漫. 2010. 食品微生物检验技术. 1 版. 北京：中国农业出版社.

胡开辉. 2004. 微生物学实验. 北京：中国林业出版社.

胡昭庚. 2001.食用菌菌种分离制作与贮藏. 北京：中国农业出版社.

贾士儒. 2004. 生物工程专业实验. 北京：中国轻工业出版社：168-170.

贾士儒.2002. 生物工艺与工程实验技术. 北京：中国轻工业出版社.

姜天笑，肖冬光，王振. 2008.面包酵母发酵力测定方法的探讨.食品科技，（7）：199-202.

兰进，徐锦堂，贺秀霞. 2001.药用真菌栽培实用技术. 北京. 中国农业出版社.

李长文，肖冬光，李志勇. 2002.面包酵母发酵力测定方法的探讨.食品与发酵工业，28（11）：25-27.

李阜棣，喻子牛，何绍江. 1996. 农业微生物学实验技术. 北京：中国农业出版社.

李华，王华，袁春龙. 2007. 葡萄酒工艺学. 北京：科学出版社.

李平兰，贺稚非. 2010. 食品微生物学实验原理与技术. 2 版. 北京：中国农业出版社.

李振宇，徐开林，潘秀英，等. 2004. 氯化铷法制备感受态细胞. 徐州医学院学报，24（4）：315-316.

梁志宏. 2013. 食品微生物学实验. 北京：中国林业出版社.

刘慧. 2006. 现代食品微生物学实验技术. 北京：中国轻工业出版社.

马俪珍，刘金福. 2011. 食品工艺学实验. 北京：化学工业出版社：158-162.

牛天贵. 2011. 食品微生物学实验技术. 北京：中国农业大学出版社.

钱存柔，黄仪秀. 2008. 微生物学实验教程. 2 版. 北京：北京大学出版社.

秦翠丽，李松彪. 2008. 微生物学实验技术. 北京：兵器工业出版社.

沈德新，封志纯，杜江. 2004. 细菌 DNA 提取方法比较. 中原医刊，31（10）：20-22.

沈萍，陈向东. 2007. 微生物学实验. 4 版. 北京：高等教育出版社.

孙万里. 2011. 醋酸菌的分离纯化及初步鉴定. 中国调味品，36（12）：72-75.

王宪泽. 2002. 生物化学实验技术原理和方法. 北京：中国农业出版社.

魏群. 2007. 分子生物学实验指导. 北京：高等教育出版社，2007.

吴经纶. 2002.中国香菇生产. 北京：中国农业出版社.

夏青，阚翠姝.2009.食品厂用酵母发酵力测定方法. 粮食与食品工业，16（4）：44-45.

肖冬光，刘青，李静.2004.面包酵母发酵力测定方法的研究. 食品工业科技，25（11）：61-63.

岳春. 2008. 食品发酵技术. 北京：化学工业出版社：241-246.

张卫东，陈秀珠. 1997. 两种感受态细胞制备方法的比较. 同济医科大学学报，26（5）：43-50.

赵斌，何绍江. 2002. 微生物学实验. 北京：科学出版社.

赵征. 2009. 食品工艺学实验技术. 北京：化学工业出版社：121-125.

郑维，权春善，朴永哲，等. 2006. 一种快速提取细菌总 DNA 的方法研究. 中国生物工程杂志，26（4）：75-80.

周德庆，徐德强. 2013. 微生物学实验教程. 3 版. 北京：高等教育出版社.

Alexander S K. 2014. Laboratory Exercises in Organism and Molecular Microbiology. New York：Mcgraw-Hill companies Inc.

Cheng H R，Jiang N. 2006. Extremly rapid extraction of DNA from bacteria and yeasts. Biotechnol Lett，28（1）：55-59.

Cohen S N，Chang A C Y，Hsu L. 1972. Nonchromosomal antibiotic resistance in bacteria：Genetic transformation of *Escherichia coli* by R-fssactor DNA. Proc Nati Acad Sci USA，69（8）：2110-2114.

GB 4789.5—2012. 2012. 食品微生物学检验-志贺氏菌检验. 北京：中国标准出版社.

GB 4789.28—2013. 中华人民共和国国家标准　微生物学检验.

Gussow D，Clackson T. 2009. Direct clone characterization from plaques and colonies by the polymerase chain reaction. Nucleic Acids Res，17（10）：4000.

Harley J P. 2012. 图解微生物实验指南. 谢建平等译. 北京：科学出版社.

Mazzola P G，Penna T C，Martins A M. 2003. Determination of decimal reduction time（D value）of chemical agents used in hospitals for disinfection purposes. BMC Infectious Diseases，3：24.

Mellick A S，Rodgers L. 2008. 分子生物学实验参考手册. 赵宗江等译. 北京：化学工业出版社.

QB1501—1992. 中华人民共和国轻工行业标准　面包酵母.

Sambrook J，Russell D W. 2002. 分子克隆实验指南. 3 版. 黄培堂等译. 北京：科学出版社.

附　　录

附录一　常用培养基配方

在微生物培养和研究中，培养基显得特别重要，以下是一些常用的培养基，根据情况，可以在这个基础上做一定的成分调整。下列各种培养基除特殊注明外，一般灭菌条件为0.1MPa（121℃）30min。在下列培养基中，有些比较特殊，讲解详细一些，常用培养基仅仅给出了成分，特此说明。

1. 牛肉膏蛋白胨琼脂培养基（培养细菌）

牛肉膏 3.0g，蛋白胨 10.0g，食盐 5.0g，琼脂 18～20g，自来水 1000mL，调 pH 7.2～7.4 即可。

2. 牛肉膏蛋白胨麦芽汁琼脂培养基（分离土壤芽孢细菌）

Ⅰ：牛肉膏蛋白胨琼脂培养基。

Ⅱ：7°波林麦芽汁琼脂培养基。

7° 波林麦芽汁 1000mL，琼脂 18～20g，临用时，将Ⅰ、Ⅱ等量混合。

3. 高氏 1 号（Gause's 1）培养基（培养放线菌，孢子生长好）

可溶性淀粉 20.0g，KNO_3 1.0g，K_2HPO_4 0.5g，$MgSO_4 \cdot 7H_2O$ 0.5g，NaCl 0.5g，$FeSO_4 \cdot 7H_2O$（100g/L）0.1mL（2 滴），琼脂 18～20g，蒸馏水 1000mL，调 pH 7.2～7.4。

4. 高氏 2 号培养基（培养放线菌，菌丝生长好）

蛋白胨 5.0g，葡萄糖 10.0g，NaCl 5.0g，琼脂 18～20g，蒸馏水 1000mL，调 pH 7.2～7.4。

5. 淀粉铵琼脂培养基（培养放线菌）

可溶性淀粉 10g，$(NH_4)_2SO_4$ 2.0g，K_2HPO_4 1.0g，$MgSO_4 \cdot 7H_2O$ 1.0g，NaCl 1.0g，$CaCO_3$3.0g，琼脂 18～20g，自来水 1000mL。

6. 察贝克氏（Czapek's，俗称察氏培养基，培养放线菌、真菌）

蔗糖 30.0g，$NaNO_3$ 2.0g，K_2HPO_4 1.0g，KCl 0.5g，$MgSO_4 \cdot 7H_2O$ 0.5g，$FeSO_4 \cdot 7H_2O$（100g/L）0.1mL（2 滴），蒸馏水 1000mL，0.05MPa 灭菌 20min。如果长得不好，可以加一些番茄汁等，以强化营养。

7. 马丁氏（Martin's）培养基（分离土壤真菌）

葡萄糖 10.0g，蛋白胨 5.0g，KH_2PO_4 1.0g，$MgSO_4 \cdot 7H_2O$ 0.5g，琼脂 20.0g，水 900mL，孟加拉红（1/300 水溶液）10mL，0.05MPa 灭菌 20min。使用时，每 100mL 加 1%链霉素溶液 0.3mL，使培养基中含链霉素 30μg/mL。待培养基融化并冷却至 50℃左右时，加入链霉素。剩余链霉素溶液于箱内可保存 4 个月；但每过一个月，在 1L 培养基中需多加 0.1mL 1%链霉素溶液。该培养基上易分离到种类更多的土壤真菌，菌落一般较小。

8. 酸性麦芽汁琼脂培养基（分离、培养真菌）

2° 波林麦芽汁 1000mL，琼脂 18～20g，临用时按 0.3%加入灭菌浓乳酸，pH 约 5.0。

麦芽汁制备法：大麦芽粉 1kg，加 3000～4000mL 水，于 55～65℃条件下，保温糖化 6～8h。用碘液测试糖化液无蓝色反应时，表明糖化完全。过滤，加 1～2 个鸡蛋清，充分搅拌，进行澄清，煮沸，再过滤，即得麦芽汁。用糖度计 Brix 或波林（Balling）测定，即可知含糖的质量百分比，也可用波美度（°Bé）比重计测定，查表换算成含糖浓度。麦芽汁宜在 0.05MPa 下灭菌 20min。也可自制麦芽汁，即在室温下，培养大麦发芽大约到 1cm 长，加入适量水研磨，放置一定时间让其自然沉淀，取上清过滤即可。

9. 豆芽汁蔗糖琼脂培养基（分离培养真菌）

豆芽汁 1000mL，蔗糖 20.0g，琼脂 18～20g，pH 7.2。豆芽汁制备法：称黄豆芽 100g，加水煮沸 30min，用两层纱布过滤，取汁液补足水分至 1000mL，即得。分离时于临用前按 0.3%用量加入灭菌乳酸，使 pH 降为 5.0 左右。也可将豆芽直接加水研磨，之后过滤，滤液补水到 1000mL 即可。

10. 马铃薯葡萄糖琼脂培养基（PDA）（培养真菌、放线菌）

马铃薯汁 1000mL，葡萄糖（或蔗糖）20.0g，琼脂 18～20g。如果微生物长得不好，可适量加些番茄汁补充营养。马铃薯汁制法：去皮、挖芽眼、洗净、切片。称 200g 放入 1000mL 自来水中用文火煮沸 30min，双层纱布过滤，滤液加水补至 1000mL。

11. 麦芽汁琼脂培养基（培养酵母菌）

10°波林麦芽汁 1000mL，琼脂 18～20g，调 pH 5.4，0.05MPa 灭菌 20min，若调 pH 至 3.8，可用于酵母增殖培养液。

12. 马铃薯浸汁琼脂培养基（观察酵母假菌丝体）

马铃薯浸汁 1000mL，琼脂 18～20g，称取马铃薯 350g 加水 1000mL 冷浸一昼夜（置冰箱最好）。

13. 蛋白胨葡萄糖琼脂培养基（观察酵母假菌丝体）

蛋白胨 10.0g，葡萄糖 20.0g，琼脂 18～20g，自来水 1000mL。

14. 玉米粉浸汁琼脂培养基（观察酵母假菌丝体、子囊孢子）

玉米粉浸汁 1000mL，琼脂 18～20g。玉米粉浸汁制法：称取黄玉米面 40g，加水 1000mL，于 60℃水浴保温 1h，用粗滤纸过滤，滤液加水至 1000mL。

15. 高尔德库娃氏（Gorodkowa’s）培养基（观察酵母子囊孢子）

蛋白胨 10.0g，葡萄糖 0.25g，NaCl 5.0g，琼脂 18～20g，蒸馏水 1000mL，0.07MPa 灭菌 20min。

16. 乙酸钠琼脂培养基（观察酵母子囊孢子）

葡萄糖 0.02g，蛋白胨 0.25g，乙酸三钠 0.5g，琼脂 18～20g，蒸馏水 1000mL。

17. 水生 105 无氮培养基（用于固氮蓝藻）

过磷酸钙 0.3g，$MgSO_4 \cdot 7H_2O$ 0.2g，KCl 0.1g，$NaHCO_3$ 0.1g，$FeCl_2$（1%）1 滴，H_2MoO_4（1%）1 滴，蒸馏水 1000mL。

18. 水生 111 无氮培养基（用于固氮蓝藻）

K_2HPO_4 0.075g，$MgSO_4 \cdot 7H_2O$ 0.125g，$CaCO_3$ 0.1g，柠檬酸铁（1%）0.5mL，柠檬酸（1%）0.5mL，钼酸（1%）5 滴，蒸馏水 1000mL。

19. 朱氏培养基（用于硅藻）

$Ca(NO_3)_2$ 0.04g，过磷酸钙 0.1g，$MgSO_4 \cdot 7H_2O$ 0.025g，Na_2CO_3 0.02g，$Na_2SiO_3$0.025g，K_2HPO_4 0.01g，自来水 1000mL。

20. Fogg 培养基（用于硅藻）

$Ca(NO_3)_2$ 0.08g，K_2HPO_4 0.01g，$MgSO_4 \cdot 7H_2O$ 0.025g，Na_2CO_3 0.02g，Na_2SiO_3 0.025g，柠檬酸铁 0.0008g，土壤浸提液 20mL，蒸馏水 1000mL。土壤浸提液：取肥沃的菜园土 1 份+2 份水混匀，静置，取上清液即可。

21. 土壤浸出液琼脂培养基（用于原生动物）

肥沃土壤 500g，加自来水 1000mL，煮沸 1h 过滤。滤液中加 1.8%琼脂。

22. 兔粪琼脂培养基（用于原生动物）

兔粪若干加入 1000mL 水中，静置 2～3d，上清液过滤，加水稀释至 1000mL，按 1.8%～2%加琼脂即可。

23. 甘露醇土壤浸液琼脂培养基（用于原生动物）

甘露醇 5.0g，K_2HPO_4 1.0g，天冬氨酸 0.1g，土壤浸提液（同上）500mL，自来水 500mL，琼脂 18～20g。

24. 明胶琼脂培养基（明胶水解试验）

蛋白胨 5.0g，明胶 120g，蒸馏水 1000mL，调 pH 7.2～7.4。分装试管，高度 4～5cm（穿刺法），0.06MPa 灭菌 20min。根据培养基的软硬可以适当增加或减少明胶的使用量。

25.Frazier 氏明胶培养基（水解试验）

明胶 4.0g，牛肉膏 5.0g，NaCl 5.0g，蛋白胨 0.1g，K_2HPO_4 1.5g，$KH_2PO_4$0.5g，葡萄糖 0.05g，蒸馏水 1000mL，琼脂 20g，调 pH 7.2，0.05MPa 灭菌 20min。配法：明胶于 400mL 水中加热熔化；NaCl、K_2HPO_4、KH_2PO_4溶于 100mL 水中；两液混合后，再加入牛肉膏、蛋白胨、葡萄糖，加热数分钟。另将琼脂融化在 500mL 水中，最后混合即成。

26. 酵母膏蛋白胨琼脂培养基（用于芽孢细菌形成芽孢的鉴定）

酵母膏 0.7g，蛋白胨 1.0g，葡萄糖 1.0g，$(NH_4)_2SO_4$ 0.2g，$MgSO_4 \cdot 7H_2O$ 0.2g，$K_2HPO_4$1.0g，琼脂 18～20g，蒸馏水 1000mL。

27. 土壤浸汁琼脂培养基（产生芽孢用）

蛋白胨 5.0g，牛肉膏 3.0g，土壤浸汁 250mL，自来水 750mL，琼脂 18～20g。土壤浸汁制备：菜园土 1kg，加水 2500mL，0.1MPa 灭菌 1h，静置澄清，取上清液。

28. 葡萄糖牛肉膏蛋白胨琼脂培养基（细菌与氧的关系试验）

葡萄糖 10.0g，牛肉膏 3.0g，蛋白胨 5.0g，NaCl 5.0g，自来水 1000mL，琼脂 10g，pH 7.2～7.4。装试管时，应适当装高一些，否则看不到应有的现象。

29. 糖发酵基础培养液

蛋白胨 10.0g，NaCl 5.0g，蒸馏水 1000mL。糖液调 pH7.4 后，每 1000mL 培养基中加入 1.6%溴甲酚紫（BCP）1mL，混匀，使培养基呈蓝色。常规灭菌。糖液可分别是葡萄糖、蔗糖、乳糖、甘露醇等，分别配成 10%浓度，于 0.06MPa 灭菌 20min。使用前以无菌操作法按 1%加入培养基中。也可将糖直接加入培养基中，于 0.06MPa 灭菌 20min。

30. 博德和霍尔丁（Board and Holding）培养基（柱形半固体，葡萄糖氧化发酵测定）

$NH_4H_2PO_4$ 0.5g，K_2HPO_4 0.5g，酵母膏 0.5g，葡萄糖（10%水溶液）10mL，琼脂 5～6g，溴百里酚蓝*（1%水溶液）3mL，蒸馏水 1000mL。调 pH7.2，分装试管，高度约 4.5cm，0.06MPa 灭菌 20min（放成柱形）。

*溴百里酚蓝（B、T、B，pH 5.8→7.6 由黄→蓝，先用少量 95%乙醇溶解，再加水配成 1%。

31. 乙醇发酵培养液（任选一种）

（1）红糖 100g，KH_2PO_4 1.0g，$(NH_4)_2SO_4$ 2.0g，自来水 1000mL。

（2）蔗糖 150.0g，蛋白胨 5.0g，KH_2PO_4 3.0g，$MgSO_4 \cdot 7H_2O$ 1.0g，酵母粉 10.0g，蒸馏水 1000mL。

（3）蔗糖 100g，NH_4NO_3 5.70g，$MgSO_4 \cdot 7H_2O$ 5.0g，KH_2PO_4 5.0g，豆芽汁（20%）20mL，自来水 1000mL。

32. 淀粉牛肉膏蛋白胨琼脂培养基（淀粉水解）

可溶性淀粉 2.0g，牛肉膏 3.0g，蛋白胨 5.0g，琼脂 18g，蒸馏水 1000mL，调 pH 7.2～7.4。

33. 石蕊牛奶培养基

（1）脱脂牛奶的制备：新鲜牛奶煮沸后，稍冷，取掉表层奶油，再离心脱脂（3500r/min 10min）；或脱脂奶粉 100g/L 水溶液，调 pH 中性。

（2）石蕊液制备：石蕊 2.5g，蒸馏水 100mL。将石蕊浸泡在蒸馏水中过夜，使石蕊变软易于溶解。必要时用研钵研磨，过滤，取上清液，补足失去的水分，即 25g/L 石蕊液。

（3）石蕊牛奶配制：脱脂牛奶 100mL，加 25g/L 石蕊液 4mL。混合后呈紫丁香色为适度，分装试管约 4cm 高。间歇灭菌 3 次或 0.06MPa 灭菌 20min。

34. 葡萄糖蛋白胨培养基（M. R.与 V. P.试验）

蛋白胨 5.0g，葡萄糖 5.0g，KH_2PO_4 5.0g，蒸馏水 1000mL，调 pH 7.0～7.2，分装试管，每管 4～5mL，0.06MPa 灭菌 20min。蛋白胨提供碳氮源、维生素和生长因子；葡萄糖为可发酵的糖类；KH_2PO_4 的渗透基压是缓冲剂，也可以维持均衡的渗透压。甲基红（M. R.）试验：肠杆菌科的细菌在糖代谢过程中，分解葡萄糖，产生丙酮酸，丙酮酸再被分解，生成甲酸、乙酸、乳酸、琥珀酸。大肠杆菌分解丙酮酸，次生的酸类较多，pH 为 4.5 或更低，甲基红呈现红色（阳性）。在产气杆菌的培养液中一部分丙酮酸变为中性的乙酰甲基甲醇，生成的酸类较少，pH 在 5.4 以上，甲基红呈现橘黄色（阴性）。乙酰甲基甲醇试验（V. P.试验）：细菌发酵葡萄糖生成丙酮酸，某些细菌可使丙酮酸脱羧形成乙酰甲基甲醇。在碱性溶液中，乙酰甲基甲醇可在空气中氧化成二乙酰（丁二酮）。二乙酰再与蛋白胨中精氨酸的胍基作用，生成红色化合物。试验中加入的 α-萘酚是作催化剂，使反应的颜色加深，提高反应的敏感性。

35. 吖啶黄麦芽汁琼脂培养基（诱发酵母菌呼吸缺陷型）

10°波林麦芽汁 100mL，琼脂 1.8g，灭菌后加入吖啶黄，浓度为 2.0g/L。

36. 甘油培养基（用来筛选呼吸缺陷型菌株用，呼吸缺陷型不能在甘油为唯一碳源的培养基上生长）

甘油 30g，$MgSO_4 \cdot 7H_2O$ 0.5g，$(NH_4)_2SO_4$5.0g，酵母膏 0.1g，NaCl 0.1g，$CaCl_2$ 0.1g，KH_2PO_4 0.01g，蒸馏水 1000mL，调 pH 5.0，0.06MPa 灭菌 30min。

37. 1%葡萄糖和 1%琼脂培养基（用来筛选酵母呼吸缺陷型）

葡萄糖 10g，琼脂 10g，蒸馏水 1000mL，灭菌后临用前按 0.05%加入 5%三苯基四氮唑盐酸盐（TTC）母液。TTC 是一种氧化还原染料，野生型酵母生理活性强，能还原 TTC 而变成红色，而缺陷型菌却没有这种还原能力，菌落仍为白色。

38. 完全培养基（CM）

牛肉膏 5.0g，蛋白胨 10g，NaCl 5.0g，蒸馏水 1000mL，pH 7.2～7.4，培养一般细菌用。

39. LB（Luria-Bertani）培养基

蛋白胨 10g，酵母膏 10g，NaCl 5.0g，蒸馏水 1000mL，pH 7.2，此培养基类似于完全培养基。

此培养基是一种近年来用于培养基因工程受体菌（大肠杆菌）的常用培养基。LB 一般被解释为 Luria-Bertani 培养基，然而根据其发明人贝尔塔尼（Giuseppe Bertani）的说法，这个名字来源于英语的 lysogeny broth，即溶菌肉汤。LB 培养基是一种应用最广泛和最普通的细菌基础培养基，有时又称为普通培养基。

40. 酪蛋白琼脂培养基

酪蛋白 4.0g，KH_2PO_4 0.36g，$Na_2HPO_4 \cdot 7H_2O$ 1.0g，$CaCl_2 \cdot 2H_2O$ 0.002g，$MgSO_4 \cdot 7H_2O$ 0.5g，NaCl 0.16g，$ZnCl_2$ 0.014g，琼脂 18g，蒸馏水 1000mL。Trypticase（TC）（胰蛋白酶解酪蛋白）0.05g。

配法：①按需称取酪素放于烧杯中，加入少量（1∶10）的 0.1mol/L NaOH，稍加热溶解后加入适当温水，过滤，备用；②将需要量小的无机盐配成母液；③称取磷酸盐放入烧杯，加蒸馏水溶解后，依次加入其他盐、酪素和 TC 等，定容至需要量；④调 pH 后加入琼脂即成。

41. 含氨苄西林牛肉膏蛋白胨琼脂培养基（筛选抗性因子）

牛肉膏 10.0g，蛋白胨 10.0g，NaCl 5.0g，蒸馏水 1000mL，pH 7.0～7.2。临用时，加氨苄西林 100μg/mL。营养上类似于完全培养基。

42. 赫奇逊氏（Hutchison's）培养基（好氧性纤维素分解细菌）

KH_2PO_4 1.0g，NaCl 0.1g，$MgSO_4 \cdot 7H_2O$ 0.3g，$NaNO_3$ 0.1g，$FeCl_3$ 0.01g，$CaCl_2$ 0.1g，琼脂 18～20g，蒸馏水 1000mL，pH 7.2～7.4。

43. 奥曼梁斯基培养基（厌氧性纤维素分解细菌）

$(NH_4)_2SO_4$ 1.0g，K_2HPO_4 1.0g，$MgSO_4 \cdot 7H_2O$ 0.5g，NaCl 0.2g，$CaCO_3$ 2.0g，自来水 1000mL，每管装培养基 10～15mL，加入滤纸碎片 10～20 片，灭菌，备用。

44. 好热性纤维素分解细菌培养基

$Na(NH_4)HPO_4$ 1.0g，NaCl 0.1g，$MgSO_4 \cdot 7H_2O$ 0.4g，$MnSO_4$（1%）1 滴，KH_2PO_4 0.5g，$FeSO_4$（1%）1 滴，K_2HPO_4 0.5g，$CaCO_3$ 0.5g，蛋白胨 0.5g，自来水 1000mL。每管先装 1cm×10cm 滤纸条 1 片，再装培养基 10～15mL，灭菌，备用。

45. 阿须贝（Ashby）无氮琼脂培养基（固氮菌、硅酸盐细菌用）

甘露醇（或甘油）10.0g，K_2HPO_4 0.2g，$MgSO_4 \cdot 7H_2O$ 0.2g，NaCl 0.2g，$CaSO_4 \cdot 7H_2O$

0.1g，$CaCO_3$ 5.0g，琼脂 18～20g，蒸馏水 1000mL，可加 0.5%刚果红溶液 10mL，以鉴别杂菌。

46. 钾铝硅酸盐培养基（硅酸盐细菌）

蔗糖 5.0g，$FeCl_3$（1%）数滴，$NaNO_3$ 2.0g，$MgSO_4 \cdot 7H_2O$ 0.5g，铝硅酸钾*2.0g，自来水 1000mL，琼脂 18～20g。

*可用土壤矿物代替，1 份土壤加 10 份 6mol/L HCl，煮沸 30min，以蒸馏水淋洗至无氯离子反应为止。

47. 蒙吉娜卵磷脂培养基（有机磷细菌）

蔗糖（葡萄糖）10.0g，$(NH_4)_2SO_4$ 0.5g，NaCl 0.3g，KCl 0.3g，$MgSO_4 \cdot 7H_2O$ 0.3g，$FeSO_4 \cdot 7H_2O$ 0.03g，$MnSO_4 \cdot 7H_2O$ 0.03g，$CaCO_3$ 5.0g，卵磷脂*0.025g，自来水 1000mL，琼脂 18～20g，pH 7.2～7.4，0.05MPa 灭菌 20min。

*卵磷脂制法：新鲜蛋黄烘干（50℃）磨碎，用乙醇反复抽出数次，过滤。然后将此乙醇液浓缩（50℃），以丙酮沉淀。再反复用丙酮洗涤到沉淀呈淡黄色为止。用时先溶于75%乙醇中。

另法：先用消毒注射器从新鲜鸡蛋中抽取蛋黄，加入等量 0.85%生理盐水，然后加入熔化并保温在 50℃的 100 mL 培养基内 5mL，保湿 5min。用力摇匀后倒皿，使冷凝成平板（或用市售卵磷脂成品）。

48. 无机磷细菌培养基

葡萄糖（蔗糖）10g，$(NH_4)_2SO_4$ 0.5g，KCl 0.3g，$MgSO_4 \cdot 7H_2O$ 0.3g，NaCl 0.3g，$CaCO_3$ 5.0g，$FeSO_4 \cdot 7H_2O$ 微量，$Ca_3(PO_4)_2$ 5g，$MnSO_4 \cdot 7H_2O$ 0.03g，自来水 1000mL，琼脂 8～20g。

49. 甘露醇氯化钠琼脂培养基（mannitol salt agar medium）

蛋白胨 10.0g，牛肉膏 1g，甘露醇 10.0g，氯化钠 75g，酚磺酞 0.025g，琼脂 14g，pH 7.2～7.4。主要用于金黄色葡萄球菌的选择性分离培养（中国药典），蛋白胨和牛肉膏提供碳源、氮源、维生素和矿物质；甘露醇为可发酵的糖类；较高含量的氯化钠提供较高的渗透压，抑制大多数非葡萄球菌的微生物；酚磺酞为 pH 指示剂。典型致病性葡萄球菌（凝固酶阳性）发酵 D-甘露醇产酸而产生黄色带有黄晕的菌落，典型非致病性葡萄球菌不发酵 D-甘露醇而形成红色菌落。

50. 伊红亚甲蓝琼脂培养基（培养大肠杆菌）

半乳糖 10.0g，胰蛋白胨 5.0g，NaCl 5.0g，K_2HPO_4 2.0g，伊红 Y 0.4～0.6g（伊红，曙红，Eosin Y，一种红色的酸性染料。微生物学实验中，用于鉴别产酸性细菌的一种培养基添加剂，组织学用于上皮细胞、肌肉纤维和细胞核染色），美蓝 0.065～0.1g，琼脂 18～20g，蒸馏水 1000mL，pH 自然或 7.2，0.07MPa 灭菌 20min。

51. 乳糖胆盐发酵液（培养大肠杆菌）

乳糖 10.0g，蛋白胨 20.0g，猪胆盐（牛、羊胆盐）5.0g，0.04%溴甲酚紫水溶液 25mL，蒸馏水 1000mL。

52. 乳糖发酵液（培养大肠杆菌）

乳糖 10.0g，蛋白胨 20.0g，蒸馏水 1000mL，调 pH 7.2～7.4，0.04%溴甲酚紫水溶液

25mL。

53. 伊红亚甲蓝琼脂培养基（培养大肠杆菌）

乳糖 10.0g，蛋白胨 10.0g，K_2HPO_4 2.0g，琼脂 18～20g，2%伊红溶液 20mL，0.5%亚甲蓝 13mL，蒸馏水 1000mL，pH7.2～7.4。

54. 美康凯琼脂培养基（可代替 53）

乳糖 10.0g，蛋白胨 10.0g，猪胆盐（牛胆盐）5.0g，琼脂 18～20g，0.5%中性红水溶液 5mL，蒸馏水 1000mL，pH 7.2～7.4。

55. 远藤氏琼脂培养基（Endo's culture-medium，又称远藤氏复红亚硫酸盐琼脂，用于分离肠道革兰氏阴性杆菌，可代替 53）

乳糖 10.0g，蛋白胨 10.0g，酵母浸膏 5.0g，琼脂 18～20g，无水亚硫酸钠 0.8～1.0g，5%碱性品红乙醇溶液*16mL，蒸馏水最后补足 1000mL。

*称取无水亚硫酸钠 0.8～1.0g，加蒸馏水 30mL 煮沸，吸取 5%碱性品红乙醇溶液 16mL 逐滴加在无水亚硫酸钠溶液中，即成品红亚硫酸钠溶液，应用时要新配。取上述培养基 95mL，加热熔化，冷却至 60℃，加入品红亚硫酸钠溶液 5mL，摇匀后倒平板。

56. 醋酸细菌培养基（'中科 1.41'，'沪酿 1.01'）。

（1）葡萄糖 100.0g，酵母膏 10.0g，$CaCO_3$ 20.0g，琼脂 18～20g，蒸馏水 1000mL，调 pH 6.8。

（2）乙醇（95%）*20mL，葡萄糖 10.0g，酵母膏 10.0g，$CaCO_3$（干热灭菌）15.0g，琼脂 18～20g，自来水 1000mL。

*乙醇于培养基灭菌后加入。

57. 苹果汁培养基

粗滤新鲜果汁（蔗糖调至 13°Bé，酸度 0.5%以下）1000mL，K_2HPO_3 0.1g，$MgSO_4 \cdot 7H_2O$ 0.1g，配好后，加热煮沸 3～5min，静置 10h 以上，过滤、分装，0.07MPa 灭菌 20min。

58. 番茄酵母培养基（分离乳酸细菌）

番茄汁 400mL，葡萄糖 10.0g，盐液 A*5mL，盐液 B**5mL，酵母膏 10.0g，琼脂 18～20g，蒸馏水 600mL，$CaCO_3$***（干热灭菌）20.0g，调 pH6.9，间歇灭菌。

*盐液 A：K_2HPO_4 25.0g，KH_2PO_4 25.0g，蒸馏水 250mL。

盐液 B：$MgSO_4 \cdot 7H_2O$ 10.0g，NaCl 0.5g，$FeSO_4 \cdot 7H_2O$ 0.5g，$MnSO_4$ 0.5g，蒸馏水 250mL。* $CaCO_3$ 干热灭菌，倒皿时加入。

59. 番茄酵母吐温 80 乙酸盐培养基（分离乳酸细菌）

蛋白胨 10.0g，葡萄糖 10.0g，牛肉膏 10.0g，番茄汁 200mL，酵母汁（10%）50mL，吐温 800mL，琼脂 18～20g，自来水加至 500mL。0.4mol/L、pH 5.4 乙酸盐乙酸缓冲液 500mL（缓冲液分别灭菌，用时混合）。

60. 曲汁培养基（培养酵母菌）

将米曲霉接种于大米饭上，28℃条件下培养 4d，即成大米曲，风干保存。称干曲 100g 于 300mL 水中，保温 60℃糖化，至无淀粉反应为止。过滤，取滤液 0.05MPa 灭菌 20min，即得曲汁。

61. 豆豉葡萄糖豆芽汁琼脂培养基

将 10g 豆豉置于 250mL 三角瓶中，加 100mL 豆芽汁，0.1MPa 灭菌 30min，用纱布过滤；向滤液中加水至 100mL，加葡萄糖 5.0g、琼脂 2.0g、5.0g/L 亚甲蓝液 0.5mL，0.07MPa 灭菌 20min。

62. 溴甲酚紫液体培养基

2，4-D 300mg，溴甲酚紫 16mg，K_2HPO_4 20mg，KH_2PO_4 5.0mg，酵母膏 50mg，蒸馏水 1000mL，用 NaOH 调 pH 至 7.0。

63. 伊红亚甲蓝培养基

2，4-D 300mg，伊红 B 80mg，亚甲蓝 13mg，酵母膏 50mg，琼脂 20g，蒸馏水 1000mL，用 NaOH 调 pH 至 7.0。

64. PYE 培养基（蛋白胨酵母浸膏培养基，peptone yeast extract medium）

蛋白胨 3.0g，酵母膏 3.0g，琼脂 20g，蒸馏水 1000mL。

65. EC 培养液（EC 是 *E.coli* 的缩写，本培养基用于粪大肠菌群、大肠杆菌的测定）

蛋白胨 20.0g，乳糖 5.0g，胆盐混合物或 3 号胆盐 1.5g，K_2HPO_4 4.0g，KH_2PO_4 1.5g，NaCl 5.0g，分装于内有玻璃小倒管的试管中，每管 10mL，115℃灭菌 20min，灭菌后 pH 应为 6.9。

66. 乳糖蛋白胨培养液（培养大肠杆菌）

蛋白胨 10g，牛肉膏 3.0g，乳糖 5.0g，NaCl 5.0g，1.6%溴甲酚紫乙醇液 1mL，蒸馏水 1000mL，调 pH 至 7.2，分装于置有玻璃小倒管的试管中，每管 10mL，0.07MPa 灭菌 20min。

67. mTEC 培养基

蛋白胨 5.0g，酵母膏 3.0g，乳糖 10.0g，NaCl 7.5g，K_2HPO_4 3.3g，KH_2PO_4 1.0g，十二烷基磺酸钠（或月桂基硫酸钠）0.2g，脱氧胆酸钠 0.1g，溴甲酚紫 80mg，溴酚红 80mg，琼脂 20g，蒸馏水 1000mL，调 pH 至 7.3，0.1MPa 高压蒸汽灭菌 15min。

此培养基主要用于检验水中的大肠杆菌，用 0.45 μm 孔径的滤膜过滤水样，检测水中大肠杆菌（*Escherichia coli*）。水样过滤后置于 mTEC 培养基（membrane-thermotolerant *Escherichia coli* agar，缩写为 mTEC agar）上，于（35±1）℃培养 2h，再以（44.5±0.5）℃培养 22～24h，大肠杆菌会形成红色或紫红色菌落。也可以将其中的溴甲酚紫、溴酚红换成 5-溴-6-氯-3-吲哚-*β*-D-尿甘酸（5-bromo-6-chloro-3-indolyl-*β*-D-glucuronide），被大肠杆菌的尿甘酸化酶（*β*-D-glucuronidase）催化而产生红色或紫红色菌落。

68. KF 链球菌培养基（KF *Streptococcus* agar）

蛋白胨 10.0g，酵母膏 10.0g，NaCl 5.0g，甘油磷酸钠（$C_3H_7Na_2O_6P_5H_2$）10.0g，麦芽糖 20.0g，乳糖 1.0g，叠氮化钠 0.4g，溴甲酚紫 0.015g，蒸馏水 1000mL，1% 2，3，5-三苯基四唑化氯水溶液 10mL。

上述各成分加热溶解后，再煮沸 5min 以灭菌。冷却至 50～60℃时加入 1% 2，3，5-三苯基四唑化氯水溶液，混匀。用 10%碳酸钠水溶液调 pH 至 7.2。倒平板备用。

69. 高盐察氏培养基（salt Czapek-dox agar，分离霉菌）

$NaNO_3$ 2.0g，NaCl 60g，KH_2PO_4 1.0g，蔗糖 30g，$MgSO_4 \cdot 7H_2O$ 0.5g，琼脂 20g，KCl 0.5g，$FeSO_4$ 0.01g，蒸馏水 1000mL。

70. 孟加拉红培养基（分离霉菌及酵母菌）

蛋白胨 5.0g，琼脂 20g，葡萄糖 10g，1/3000 孟加拉红水溶液 100mL，KH_2PO_4 1.0g，蒸馏水 1000mL，$MgSO_4 \cdot 7H_2O$ 0.5g，氯霉素 0.1g。

上述各成分加入蒸馏水中溶解后，再加孟加拉红溶液。另用少量乙醇溶解氯霉素，加入培养基中。0.05MPa 灭菌 20min。

71. 缓冲蛋白胨水（BP）（用于食品中沙门氏菌、阪崎肠杆菌的前增菌培养，BP 为 buffered peptone 的缩写）

蛋白胨 10g，KH_2PO_4 1.5g，NaCl 5.0g，蒸馏水 1000mL，$Na_2HPO_4 \cdot 12H_2O$ 9.0g，pH7.2，121℃灭菌 15min。

72. 氯化镁孔雀绿增菌液（MM）[又称为 Rappaport 10（R）增菌液]

甲液：胰蛋白胨 5.0g，磷酸二氢钾 1.6g，氯化钠 8.0g，蒸馏水 1000mL；乙液：氯化镁（CP）40g，水 100mL；丙液：0.4%孔雀绿水溶液。制法：分别按上述成分配好后，高压 121℃灭菌 15min 备用。临用时取甲液 90mL、乙液 9mL、丙液 1mL，以无菌操作混合即可。用于食品和环境样本中沙门氏菌（伤寒沙门氏菌除外）的选择性增菌培养，MM 分别是氯化镁和孔雀绿（malachite green）的英文缩写。胰蛋白胨提供碳源和氮源满足细菌生长的需求；氯化钠可维持均衡的渗透压；磷酸二氢钾是缓冲剂；氯化镁增加培养基的渗透压；孔雀绿抑制非沙门氏菌的细菌；较低的 pH 结合氯化镁和孔雀绿使培养基具有较高的选择性。

73. 四硫磺酸钠煌绿增菌液（tatra thionate broth base，缩写 TTB，用于沙门氏菌选择性增菌培养）

成分（g/约 1080mL）：蛋白胨 9.0，牛肉粉 4.5，氯化钠 2.7，碳酸钙 40.5，胆盐 5.0，硫代硫酸钠 50.0，pH 7.0±0.1，称取本品 93.55g，溶解于 1050mL 蒸馏水中，加热煮沸，以上可以认为是基础培养基。临用前加入 20%碘液 20mL，0.1%煌绿 10mL，现配现用，不宜久置。

74. 亚硒酸盐胱氨酸增菌液（selenite cystine broth，SC）

蛋白胨 5.0g，$KH_2PO_4$4.5g，乳糖 4.0g，L-胱氨酸 0.01g，亚硒酸氢钠 4.0g，Na_2HPO_4 5.5g，蒸馏水 1000mL。

制法：将除亚硒酸氢钠和 L-胱氨酸以外的各成分溶解于 900mL 蒸馏水中，加热煮沸，待冷备用。另将亚硒酸氢钠溶解于 100mL 蒸馏水，加热煮沸，待冷，以无菌操作与上液混合。再加入 1%L-胱氨酸氢氧化钠溶液 1.0mL，分装于灭菌瓶中，每瓶 100mL，pH 应为 7.0±0.1。1% L-胱氨酸氢氧化钠溶液的配法：称取 L-胱氨酸 0.1g 或 DL-胱氨酸 0.2g，加 1mol/L NaOH1.5mL，使之溶解，再加入蒸馏水 8.5mL 即成。用于沙门氏菌前增菌培养，也可用于李氏菌前增菌培养。

75. 亚硫酸铋琼脂（bismuth sulfite agar，BS）

基础培养基：蛋白胨 10g，牛肉膏 5.0g，葡萄糖 5.0g，硫酸亚铁 0.3g，磷酸氢二钠 4.0g，琼脂 18～20g，混合为基础培养基。亚硫酸铋指示剂：亚硫酸钠 6.0g，柠檬酸铋铵 2.0g，煌绿 0.025g，混合为指示剂。蒸馏水 1000mL，pH 7.5。

制法：①称取基础培养基（BS）39.3g，加入 950mL 蒸馏水或去离子水，搅拌加热煮沸至完全溶解；称取亚硫酸铋指示剂 8g，加入 50mL 蒸馏水或去离子水，隔水加热至 50℃左右溶解，在无菌环境中，将 50mL 亚硫酸铋指示剂溶液加入已冷至 50℃左右的 950mL 亚硫酸铋基础培养基中，倾注灭菌培养皿，待凝固后，备用。②用接种环取增菌液一环，划线接种于平板上。③将平板放入恒温培养箱中，(36±1)℃培养 40～48h。④观察结果。原理：蛋白胨、牛肉膏提供碳源、氮源、维生素和矿物质；葡萄糖提供能源；亚硫酸铋指示剂抑制革兰氏阳性细菌和大肠菌群，但不影响沙门氏菌的生长；磷酸氢二钠是缓冲剂；硫酸亚铁用于产生硫化氢，并与铁产生沉淀，使阳性培养物为具有金属光泽的棕色到黑色菌落。用于沙门氏菌的选择性分离。

76. 胆硫乳琼脂（deoxycholate hydrogen sulfide lactose agar，DHL）

蛋白胨 20g，硫代硫酸钠 2.3g，牛肉膏 3.0g，柠檬酸钠 1.0g，乳糖 10g，中性红 0.03g，蔗糖 10g，琼脂 18～20g，去氧胆酸钠 1.0g，蒸馏水 1000mL，pH 7.3。主要用于沙门氏菌的选择性分离。

77. HE 琼脂（Hektoen Enteric agar，用于沙门氏菌选择性分离培养）

蛋白胨 2.0g，牛肉膏 3.0g，乳糖 12.0g，蔗糖 12.0g，水杨素 2.0g，胆盐 20g，氯化钠 5.0g，琼脂 18～20g，溴麝香草酚兰 0.065g，硫代硫酸钠 6.8g，柠檬酸铁铵 0.8g，去氧胆酸钠 2.0g，酸性复红 0.1g，pH 7.5 ± 0.2。

称取本品 95.8g,加热溶解于 1000mL 蒸馏水中,常压灭菌，冷至 50～55℃时，倾入无菌平皿,本培养基不能高压灭菌。

蛋白胨、牛肉膏提供碳源、氮源、维生素和矿物质；乳糖、蔗糖和水杨素为可发酵的糖类；胆盐、去氧胆酸钠、溴麝香草酚兰和酸性复红抑制革兰氏阳性菌；氯化钠维持均衡的渗透压；硫代硫酸钠和柠檬酸铁铵用于检测硫化氢的产生，使菌落中心呈黑色；溴麝香草酚兰和酸性复红为 pH 指示剂，发酵糖产酸的菌落呈红色，不发酵糖的菌落为蓝绿色。在 36±1℃培养 18～24h 观察结果。

78. SS 琼脂培养基（SS 是 *Salmonella* 和 *Shigella* 的缩写，用于这两种菌的分离培养）

（1）基础培养基：牛肉膏 5.0g，蛋白胨 5.0g，琼脂 17g，3 号胆盐 3.5g，蒸馏水 1000mL，将牛肉膏、蛋白胨和胆盐溶解于 400mL 蒸馏水中；将琼脂加入 600mL 蒸馏水中，煮沸使其溶解，再将二液混合，121℃灭菌 15 min 保存备用。

（2）完全培养基：基础培养基 1000mL，1%柠檬酸铁溶液 10mL，乳糖 10g，1%中性红溶液 2.5mL，柠檬酸钠 8.5g，0.1%煌绿溶液 0.33mL，硫代硫酸钠 8.5g，加热熔化基础培养基，按比例加入上述染料以外的各成分，充分混合均匀，校正 pH 至 7.0，加入中性红和煌绿溶液，倾注平板。

*注意事项：①制好的培养基宜当日使用，或保存于冰箱内于 48h 内使用；②煌绿溶液配好后应在 10d 以内使用；③可以购买 SS 琼脂的干燥培养基。

3 号胆盐、煌绿抑制革兰氏阳性细菌及大多数的大肠菌群和变形杆菌，但不影响沙门氏菌的生长；硫代硫酸钠和柠檬酸铁用于检测硫化氢的产生，使菌落中心呈黑色；中性红为 pH 指示剂，发酵糖产酸的菌落呈红色，不发酵糖的菌落为无色；琼脂是培养基的凝固剂。

79. 三糖铁琼脂（triple sugar iron agar，TSI，主要用于肠杆菌科细菌的生化反应筛选）

蛋白胨 20.0g，牛肉膏 3.0g，乳糖 10.0g，蔗糖 10.0g，葡萄糖 1.0g，硫酸亚铁铵（含

6 个结晶水）0.5g，酚红 0.025g 或 5g/L 溶液 5mL，氯化钠 5.0g，硫代硫酸钠 0.5g，琼脂 12.0g，蒸馏水 1000.0mL，pH 7.4。

除酚红和琼脂外，将其他成分加入 400mL 蒸馏水中，搅拌均匀，静置约 10min，加热煮沸至完全溶解，调至 pH 7.4±0.1。另将琼脂加入 600mL 蒸馏水中，搅拌均匀，静置约 10min，加热煮沸至完全溶解。将上述两溶液混合均匀后，再加入酚红指示剂，混匀，分装试管（12mm×100mm），每管 2～4mL，高压灭菌（121℃ 10 min 或 115℃ 15 min），灭菌后制成高层斜面，呈橘红色。

斜面部分暴露于空气中，为有氧环境。而下部与空气隔绝是相对厌氧的环境。因此，配 TSI 时，最重要的是斜面部分和管下部琼脂的长度，两者均为 3cm，以保证两部分相对应的有氧或厌氧环境。用针穿刺时，取单个菌落，穿刺至距底部 3～5mm 处，然后在斜面上往复划线，放置于 35℃下培养 18～24h。

本培养基适合于肠杆菌科的鉴定。用于观察细菌对糖的利用和硫化氢（变黑）的产生。该培养基含有乳糖、蔗糖和葡萄糖的比例为 10∶10∶1，只能利用葡萄糖的细菌，葡萄糖被分解产酸可使斜面先变黄，但因量少，生成的少量酸因接触空气而氧化，加之细菌利用培养基中含氮物质，生成碱性产物，故使斜面后来又变红，底部由于是在厌氧状态下，酸类不被氧化，因此仍保持黄色。而发酵乳糖的细菌（*E. coli*），则产生大量的酸，使整个培养基呈现黄色。如培养基接种后产生黑色沉淀，是因为某些细菌能分解含硫氨基酸，生成硫化氢，硫化氢和培养基中的铁盐反应，生成黑色的硫化亚铁沉淀。沙门氏菌、志贺氏菌能分解葡萄糖产酸，大多不发酵乳糖，培养基先变黄后变红；大肠杆菌，能分解葡萄糖、乳糖产酸，培养基变黄。

80. 蛋白胨水（靛基质试验用）

蛋白胨（或胰蛋白胨）20g，氯化钠 5g，蒸馏水 1000mL，pH 7.4。制法：按上述成分配制，分装小试管，121℃高压灭菌 15min。

靛基质试剂：①柯凡克试剂。将 5g 对二甲氨基苯甲醛溶解于 75mL 戊醇中，然后缓慢加入浓盐酸 25mL。②欧-波试剂。将 1g 对二甲氨基苯甲醛溶解于 95mL 95%乙醇内，然后缓慢加入浓盐酸 20mL。试验方法：挑取小量培养物接种，在（36±1）℃培养 1～2d，必要时可培养 4～5d。加入柯凡克试剂约 0.5mL，轻摇试管，阳性者于试剂层呈深红色；或加入欧-波试剂约 0.5mL，沿管壁流下，覆盖于培养液表面，阳性者于液面接触处呈玫瑰红色。注：蛋白胨中应含有丰富的色氨酸。每批蛋白胨买来后，应先用已知菌种鉴定后方可使用。

81. 尿素琼脂

蛋白胨 1.0g，0.4%酚红溶液 3mL，NaCl 5.0g，琼脂 20g，葡萄糖 1.0g，KH_2PO_4 2.0g，2%尿素溶液（后加）100mL，蒸馏水 1000mL，pH 7.2±0.1。检测细菌的尿素酶活性，阳性者由于产碱而使培养基变为红色。

82. KCN 培养基（抑制细菌生长）

蛋白胨 10g，Na_2HPO_4 5.6g，NaCl 5.0g，KH_2PO_4 0.225g，蒸馏水 1000mL，0.5% KCN 溶液 20mL（后加），pH 7.6。将除氰化钾以外的成分配好后分装烧瓶，121℃高压灭菌 15min。放在冰箱内使其充分冷却。每 100mL 培养基加入 0.5%氰化钾溶液 2.0mL（最后

浓度为 1∶10 000)，分装于 12mm×100mm 灭菌试管，每管约 4mL，立刻用灭菌橡皮塞塞紧，放在 4℃冰箱内，至少可保存两个月。同时，将不加氰化钾的培养基作为对照培养基，分装试管备用。接种培养基于（36±1）℃培养 1～2d，观察结果。如有细菌生长即阳性（不抑制），经 2d 细菌不生长为阴性（抑制）。

注：氰化钾是剧毒药物，使用时应小心，切勿沾染，以免中毒。夏天分装培养基应在冰箱内进行。试验失败的主要原因是封口不严，氰化钾逐渐分解，产生氢氰酸气体逸出，以致药物浓度降低，细菌生长，因而造成假阳性反应。

83．氨基酸脱羧酶试验培养基

蛋白胨 5.0g，酵母膏 3.0g，葡萄糖 1.0g，1.6%溴甲酚紫乙醇溶液 1mL，蒸馏水 1000mL，pH 6.8。制法：将上述成分加热溶解后，分装小瓶，每瓶 100mL，之后分别加入赖氨酸、精氨酸和鸟氨酸（L-氨基酸按 0.5%加入，DL-氨基酸按 1%加入），再校正 pH 至 6.8。对照培养基不加氨基酸。分装于灭菌的小试管内，每管 0.5mL，上面滴加一层液体石蜡，115℃高压灭菌 10min。接种后于 36±1℃培养 18～24h，观察结果。

具有氨基酸脱羧酶的细菌，能分解氨基酸使其脱羧生成碱性胺（赖氨酸→尸胺，精氨酸→精胺，鸟氨酸→腐胺）和 CO_2，使培养基变碱，指示剂显示紫色。阴性菌因不生成碱性产物，但因葡萄糖产酸而使培养基变为黄色。对照管也为黄色。

本培养基主要用于肠杆菌科细菌的鉴定。如沙门氏菌属中除伤寒和鸡沙门氏菌外，其余沙门氏菌的赖氨酸和鸟氨酸脱羧酶均为阳性；志贺菌属除宋内和鲍氏志贺菌外，其他志贺菌均为阴性。

84. 糖发酵管

牛肉膏 5.0g，Na_2HPO_4 2.0g，蛋白胨 10g，0.2%溴麝香草酚蓝溶液 12mL，NaCl 3.0g，蒸馏水 1000mL，pH 7.4。配制好后，按 0.5%加入葡萄糖，分装于有小套管的发酵试管内，121℃灭菌 15min。其他各种糖发酵管，糖类配成 10%溶液，高压灭菌后，取 5mL 加入于 100mL 含上述成分的培养基内。

85. ONPG 培养基（邻硝基 *β*-D 半乳糖苷，ortho-Nitrophenyl-β-galactoside，ONPG）

邻硝基酚 0.01mol/L（pH 7.5），*β*-D-半乳糖苷 60mg，磷酸钠缓冲液 10mL，1%蛋白胨水（pH 7.5）30mL。制法：将 ONPG 溶于缓冲液内，加入蛋白胨水，以过滤法除菌，分装于无菌的小试管内，每管 0.5mL，用橡皮塞塞紧，自琼脂斜面上挑取培养物 1 满环接种，于（36±1）℃ 培养 1～3h 和 24h 观察结果。如果产生 *β*-半乳糖苷酶，则于 1～3h 变黄色，如无此酶则 24h 不变色。

86. 半固体琼脂（供动力观察、菌种保存、H 抗原位相变异试验等用）

蛋白胨 1.0g，琼脂 0.35～0.4g，牛肉膏 0.3g，蒸馏水 100mL，氯化钠 0.5g，pH7.4。制法：照以上成分配好，煮沸使溶解，校正 pH 并分装小试管，高压灭菌 15min（121℃）。注意直立凝固备用。

87. 丙二酸钠培养基

酵母浸膏 1.0g，NaCl 2.0g，$(NH_4)_2SO_4$ 2.0g，丙二酸钠 3.0g，K_2HPO_4 0.6g，0.2%溴麝香草酚蓝溶液 12mL，KH_2PO_4 0.4g，蒸馏水 1000mL，pH 6.8。用于细菌丙二酸盐利用试验，用新鲜的琼脂培养物接种，于（36±1）℃培养 48h，观察结果。阳性者颜色由

绿色变为蓝色。

88. GN 增菌液（gram negative enrichment broth）

胰蛋白胨 20g，葡萄糖 1g，甘露醇 2g，柠檬酸钠 5g，去氧胆酸钠 0.5g，磷酸氢二钾 4g，磷酸二氢钾 1.5g，氯化钠 5g，蒸馏水 1000mL，pH 7.0。主要用于革兰氏阴性细菌的选择性培养，特别是志贺氏菌和沙门氏菌的增菌培养。

89. 麦康凯（Macconkey）琼脂培养基

蛋白胨 20g，3 号胆盐 1.5g，NaCl 5.0g，乳糖 10g，0.5%中性红水溶液 5mL，琼脂 17g，0.1%结晶紫溶液 1mL，蒸馏水 1000mL。制法：①称取蛋白胨、3 号胆盐、NaCl 及琼脂于 1000mL 蒸馏水中，加热溶解，调 pH 至 7.1。在 0.07MPa 下灭菌 15min，静置。次日切去其下层沉淀部分，熔化后绒布过滤。再调节 pH 至 7.1。②量其容积，1000mL 培养基中加乳糖 10g、0.5%中性红水溶液 5mL、0.1%结晶紫溶液 1mL，充分摇匀后，分装于三角瓶中，于 0.07MPa 下灭菌 15min 备用。

麦康凯琼脂培养基主要通过乳糖发酵鉴别肠道致病菌，还能抑制革兰氏阳性细菌生长，发酵乳糖的细菌能使培养基变红，这是因为细菌发酵乳糖产酸而使培养基的 pH 变成酸性。不发酵乳糖的细菌没有颜色的变化。用于肠道致病菌的分离培养。

90. 伊红亚甲蓝（EMB）琼脂培养基（这个培养基目的和 53 基本相同）

普通肉汤琼脂（无糖，pH7.6）100mL，20%乳糖溶液 2mL，2%伊红溶液 2mL，0.5%亚甲蓝溶液 1mL。制法：先将肉汤琼脂培养基于 0.1MPa 灭菌 20min，待冷至 60℃时，以无菌操作法加入已灭菌的乳糖、伊红和亚甲蓝溶液，混匀后倒平板。也可以用下列配方：蛋白胨 10g，乳糖 10g，磷酸氢二钾 2g，2%伊红 Y 20mL，0.5%亚甲蓝溶液 5mL，蒸馏水 1000mL，pH 7.2。

伊红亚甲蓝琼脂培养基用以鉴别大肠杆菌和沙门氏菌。培养基中，伊红与亚甲蓝为指示剂，做成的培养基呈淡紫色。大肠杆菌能分解培养基中的乳糖而产生酸，能使伊红与亚甲蓝结合成黑色化合物，有时还带有荧光，沙门氏菌不能分解乳糖，故菌落颜色与培养基相同，伊红与亚甲蓝还有抑制革兰氏阳性细菌生长的作用。

91. 肠道菌增菌肉汤培养基

蛋白胨 10g，磷酸二氢钾 2.0g，葡萄糖 5.0g，煌绿 0.015g，牛胆盐 20g，磷酸氢二钾 8.0g，蒸馏水 1000mL，pH 7.2。

92. 苯丙氨酸培养基

DL-苯丙氨酸 2g（或 L-苯丙氨酸 1g），氯化钠 5g，酵母膏 3g，磷酸氢二钠 1g，琼脂 15～18g，蒸馏水 1000mL。苯丙氨酸脱氨酶是变形杆菌属、普罗威登斯菌属和摩根菌属所特有，可与肠杆菌科及其他细菌区别。也有助于种的鉴别，如苯丙氨酸莫拉菌呈阳性，其他莫拉菌属的菌种呈阴性。自琼脂斜面上挑取大量培养物，接种于苯丙氨酸琼脂，在（36±1）℃培养 18～24h。滴加 10%三氯化铁溶液 2～3 滴，自斜面培养物上流下，苯丙氨酸脱氨酶阳性者呈深绿色。

93. 西蒙氏柠檬酸盐培养基（simmons citrate agar）

氯化钠 5g，硫酸镁 · $7H_2O$ 0.2g，磷酸二氢铵 1g，磷酸氢二钾 1g，柠檬酸钠 5g，琼脂 20g，蒸馏水 1000mL，0.2%溴麝香草酚蓝溶液 40mL，pH 6.8。用于肠道菌的柠檬酸盐利用试验。

制法：先将盐类溶解于水内，校正 pH，再加琼脂，加热溶化。然后加入指示剂，混合均匀后分装于试管，121℃高压灭菌 15min。放成斜面待冷却后，挑取少量琼脂培养物接种，于（36±1）℃培养 4d，每天观察结果。阳性者斜面上有菌落生长，培养基从绿色转为蓝色。

94. 葡萄糖铵培养基（ammonium dextrose medium）

NaCl 5.0g，葡萄糖 2.0g，$MgSO_4 \cdot 7H_2O$ 0.2g，琼脂 20g，$NH_4H_2PO_4$ 1.0g，蒸馏水 1000mL，K_2HPO_4 1.0g，0.2%溴麝香草酚蓝溶液 40mL，pH 6.8，用于志贺氏菌的葡萄糖铵试验（GB 标准）。培养基本身为黄色，培养阳性细菌后，表面上有红色斑点，底部变蓝色。

95. 克氏双糖铁琼脂（Kligler iron agar，KI 或 KIA，用于细菌复合生化试验，如葡萄糖，乳糖）

（1）上层培养基：血消化汤（pH 7.6）500mL，硫酸亚铁铵 0.1g，乳糖 5.0g，硫代硫酸钠 0.1g，0.2%酚红溶液 5mL，琼脂 6.5g。

（2）下层培养基：血消化汤（pH 7.6）500mL，葡萄糖 0.5g，琼脂 2.0g，0.2%酚红溶液 5mL。

制法：①取血消化汤按上层和下层的琼脂用量，分别加入琼脂，加热溶解；②分别加入其他各种成分。将上层培养基分装于烧瓶内，将下层培养基分装于灭菌的 12mm×100mm 试管内，每管约 2mL，115℃灭菌 10min；③将上层培养基在 56℃水浴箱内保温，将下层培养基直立放在室温内，使其凝固；④待下层培养基凝固后，以无菌操作将上层培养基分装于下层培养基的上面，每管约 1.5mL，放成斜面（一般上下层的长度基本一样，都不超过 3cm，以保证两部分相对应的有氧或厌氧环境。斜面部分暴露于空气中，为有氧环境，而下部与空气隔绝是相对厌氧的环境。用针穿刺接种时，取单个菌落，可于多处穿刺至距底部 3～5mm 处，而在斜面上往复划线。放于 35℃培养 18～24h 观察实验结果）。

KIA 常用于观察微生物发酵葡萄糖和乳糖的能力，只用 KIA 一种就可以把肠杆菌科细菌和其他科细菌区别出来。KIA 成分中含有葡萄糖和乳糖，二者比例为 1∶10，指示剂为酚红，其在 $pH<6.8$ 时变为黄色，而 KIA 的 pH 为 7.4（橙色），产少量的酸就可导致颜色变化。如果细菌只分解葡萄糖，不分解乳糖，则斜面上产生少量的酸，且易被氧化产生氨，呈弱碱性，故斜面变为红色，底层变酸呈黄色，如沙门氏菌。如果细菌分解葡萄糖和乳糖，产生大量的酸，底层和斜面均呈黄色，如大肠埃希氏菌。如果细菌既不分解葡萄糖，也不分解乳糖，则底层和斜面均不变色，如铜绿假单胞菌。

96. 克氏双糖铁琼脂培养基（换用方法）

蛋白胨 20g，葡萄糖 1.0g，牛肉膏 3.0g，氯化钠 5.0g，酵母膏 3.0g，柠檬酸铁铵 0.5g，乳糖 10g，硫代硫酸钠 0.5g，琼脂 12g，蒸馏水 1000mL，酚红 0.025g，pH 7.4。

制法：将除琼脂和酚红以外的各成分溶解于蒸馏水中，校正 pH，加入琼脂，加热煮沸以溶化琼脂，加入 0.2%酚红水溶液 12.5mL，摇匀、分装试管，装量宜多些，以便得到比较高的底层，121℃灭菌 15min，放置高层斜面备用。

97. Elek 氏培养基（毒素测定用）

蛋白胨 20g，琼脂 15g，麦芽糖 3.0g，4%氢氧化钠溶液 1.5mL，乳糖 0.7g，蒸馏水 1000mL，氯化钠 5.0g，pH 7.8。制法：用 500mL 蒸馏水溶解除琼脂以外的成分，煮沸并用滤纸过滤。用 1mol/L NaOH 校正 pH。用另外 500mL 蒸馏水加热溶解琼脂。将两液混合。分装于试管，每管 10mL 或 20mL。于 121℃灭菌 15min。临用时加热熔化琼脂倾注平板。用于致泻大肠埃希氏菌的产毒培养，阳性，有白色沉淀带。

98. 氯化钠结晶紫增菌液（sodium chloride violet purple enrichment broth）

蛋白胨 20g，0.01%结晶紫溶液 5mL，氯化钠 40g，蒸馏水 1000mL，pH 9.0。制法：除结晶紫外，其他成分溶于蒸馏水中，加热溶解。约加 30%氢氧化钾溶液 4.5mL，校正 pH，加热煮沸，过滤。再加入结晶紫溶液，混合后分装试管。121℃灭菌 15min。氯化钠结晶紫增菌液用于副溶血性弧菌的选择性增菌培养（GB 标准）。

99. 氯化钠蔗糖琼脂培养基（sodium chloride sucrose agar medium）

蛋白胨 10g，氯化钠 50g，牛肉膏 10g，蔗糖 10g，琼脂 18g，蒸馏水 1000mL，0.2%溴麝香草酚蓝溶液 20mL。制法：将牛肉膏、蛋白胨及氯化钠溶解于蒸馏水中，校正 pH 为 7.8，加入琼脂，加热溶解，过滤。加入指示剂，分装烧瓶，高压灭菌 15min（121℃）备用。临用前在 100mL 培养基内加入蔗糖 1.0g，加热溶化并冷至 50℃，倾注平板。用于副溶血性弧菌的分离培养。

100. 嗜盐菌选择性琼脂培养基（halophilic bacteria selective agar）

蛋白胨 20g，0.01%结晶紫溶液 5mL，氯化钠 40g，蒸馏水 1000mL，琼脂 17g，pH 7.8。

制法：除结晶紫和琼脂外，其他成分溶于蒸馏水中，校正 pH，加入琼脂，加热溶解琼脂，再加入结晶紫溶液，分装于烧瓶中，每瓶 100mL。主要用于副溶血性弧菌的选择性分离培养（GB 标准），结晶紫抑制革兰氏阳性细菌，也可用于霍乱弧菌非 O1 群、溶藻弧菌、梅氏弧菌的分离培养。

101. 嗜盐性试验培养基（halophilic experimental medium）

蛋白胨 2.0g，蒸馏水 1000mL，氯化钠按不同量加，pH 7.7。用于副溶血性弧菌的嗜盐试验。制法：配制 2%蛋白胨水，校正 pH，共配制 5 瓶，每瓶 100mL。每瓶分别加入不同量的氯化钠：①不加；②2g；③4g；④6g；⑤8g；⑥10g。待溶解后分装于试管，高压灭菌 15min（121℃）。

102. 氯化镁孔雀绿肉汤培养基（MM，RV medium）

胰蛋白胨 4.5g，氯化钠 7.2g，磷酸二氢钾 1.44g，氯化镁 36g，孔雀绿 0.036g。称取上述混合物 30g，加水到 1000mL 溶解，高压灭菌即可。**用途：**用于沙门氏菌的选择性增菌培养（GB 标准）。孔雀绿抑制非沙门氏菌的细菌；较低的 pH 结合氯化镁和孔雀绿使培养基具有较高的选择性。

103. 肉浸液肉汤培养基（meat infusion broth）

绞碎牛肉 500g，K_2HPO_4 2.0g，NaCl 5.0g，蒸馏水 1000mL，蛋白胨 10g。制法：选用绞碎去筋膜无油脂牛肉 500g，加蒸馏水 1000mL，混合后放冰箱过夜，除去液面沸油，煮沸 30min，使肉渣完全凝结成块，纱布过滤。取滤液加水补足原量，再加入其他成分。校正 pH 7.5。或者牛肉粉 3.0g，氯化钠 5.0g，蛋白胨 12.0g，磷酸氢二钾 2.0g，pH 7.5。

加热溶解于 1000mL 蒸馏水中，pH7.5，121℃高压灭菌 15min，备用。用于溶血性链球菌、蜡样芽孢杆菌和金黄色葡萄球菌的增菌培养（GB 标准）。

104. 血琼脂培养基（blood agar base）

胰蛋白胨 15.0g，大豆蛋白胨 5.0g，氯化钠 5.0g，琼脂 13.0g，pH 7.3。加热溶解于 1000mL 蒸馏水中，121℃高压灭菌 15min，冷却至 50～55℃时无菌操作加入 5%～10%（*V*/*V*）预温至 37℃的无菌脱纤维羊血，混匀，倾入无菌平皿，制成血琼脂培养基，用于营养要求较高的细菌的培养及溶血试验（GB 标准），如一般病原菌的分离培养和溶血性鉴别及保存菌种。

105. Baird-Parker 氏培养基

胰蛋白胨 10g，甘氨酸 12g，牛肉膏 5.0g，氯化锂·$6H_2O$ 5.0g，酵母膏 1.0g，琼脂 20g，丙酮酸钠 10g，蒸馏水 950mL，pH 7.0±0.2。制法：将各成分加到蒸馏水中，加热煮沸至完全溶解。冷至 25℃，校正 pH。每瓶分装 95mL，高压灭菌 15min（121℃）。临用时加热熔化琼脂，冷至 50℃，每 95mL 加入预热至 50℃的卵黄亚碲酸钾增菌剂 5mL，摇匀后倾注平板。培养基应是致密不透明的，使用前在冰箱储存不得超过 48h。用于金黄色葡萄球菌的选择性分离培养。胰蛋白胨、牛肉膏和酵母膏提供碳氮源、维生素和卵黄生长因子；丙酮酸钠和甘氨酸刺激葡萄球菌的生长；氯化锂和卵黄碲酸钾抑制非葡萄球菌的微生物。含有卵磷脂酶的葡萄球菌降解卵黄使菌落产生透明圈，而脂酶作用则产生不透明的沉淀环；凝固酶阳性的葡萄球菌还能还原亚碲酸钾而形成黑色菌落。

106. 7.5%氯化钠肉汤培养基（sodium chloride broth）

蛋白胨 10g，氯化钠 75g，牛肉膏 3.0g，蒸馏水 1000mL，pH 7.4。用于金黄色葡萄球菌的增菌培养（GB 标准），较高含量的氯化钠提供较高的渗透压，抑制大多数非葡萄球菌的微生物。

107. 匹克氏肉汤培养基（Pick's broth base）

含 1%胰蛋白胨的牛心浸液（无牛心用牛肉代替）200mL，1∶25 000 结晶紫盐水溶液 10mL，1∶800 三氮化钠溶液 10mL，脱纤维兔血（或羊血）液 100mL。用于溶血性链球菌的增菌培养，脱纤维兔血（或羊血）为溶血性链球菌提供大量生长因子，结晶紫和三氮化钠为选择性抑菌剂。

108. 疱肉培养基（cooked meat medium base）

牛肉浸液 1000mL，葡萄糖 3.0g，蛋白胨 30g，可溶性淀粉 2.0g，酵母膏 5.0g，碎肉渣 2.0g，磷酸二氢钠 5.0g，pH 7.8。制法：称取新鲜除脂肪和筋膜的碎牛肉 500g，加蒸馏水 1000mL 和 1mol/L 氢氧化钠溶液 25mL，搅拌煮沸 15min，充分冷却后除去表层脂肪，澄清，过滤，加水补足至 1000mL。加入除碎肉渣外的各种成分，校正 pH。用于肉毒梭菌及厌氧梭状芽孢杆菌的检验（GB 标准）。现在有专门销售的牛肉浸粉，用量大约 3g。

109. 卵黄琼脂培养基（egg yolk agar base）

蛋白胨 15.0g，牛肉粉 3.0g，氯化钠 5.0g，琼脂 15.0g，葡萄糖 10.0g。制法：称取本品 48.0g，加热搅拌溶解于 1000mL 蒸馏水中，121℃高压灭菌 15min，冷至 50℃左右时，加入 50%卵黄乳液 100mL，摇匀，倾入无菌平皿，pH 7.5。用于肉毒梭菌、产气荚膜梭菌的分离培养。

110. BIGGY 培养基（Bismuth sulfite glucose glycine yeast agar，用于念珠菌的分离培养和计数）

配方（g/L）：柠檬酸铋铵 5.0，亚硫酸钠 3.0，葡萄糖 10.0，甘氨酸 10.0，酵母浸粉 1.0，琼脂 16.0，pH 6.8±0.2，培养温度 25℃。酵母粉提供氮源，葡萄糖提供碳源，柠檬酸铋铵和亚硫酸钠组成指示剂抑制杂菌生长。

111. WLN 培养基（Wallerstein laboratories nutrient agar）

配方（g/L）：Wallerstein 营养培养基 75.0；或酵母膏 4.0，胰蛋白胨 5.0，葡萄糖 50.0，磷酸二氢钾 0.55，氯化钾 0.425，氯化钙 0.125，硫酸镁 0.125，氯化铁 0.025，硫酸锰 0.025，溴甲酚绿 0.022，琼脂 20.0，pH 5.5～5.8。

此培养基主要用于鉴别野生酵母、酵母菌种和细菌。以往此培养基专门用来区分啤酒酵母（2036）和某些酚类啤酒酵母。总体来说，酚类啤酒酵母不能够还原培养基中的溴甲酚绿染料，从而形成深绿色的菌落。而 2036 则形成白色、浅绿色或蓝绿色菌落。灭菌前必须把培养基的 pH 调到 5.8（灭菌过程 pH 会降低 0.1～0.2），因为如不这样做，会出现异形非典型菌落。此培养基也有助于大多数细菌的生长。必须强调的是要绝对熟悉在此培养基上生长的酵母菌种的颜色和形态，这样才可成功地检出污染野生酵母和细菌。

112. WLD 培养基

此培养基主要用于检测含酵母样品中的杂菌总数。通过向 WLN 培养基中添加放线菌酮，抑制培养酵母的生长，WLD 更具选择性，用于检测含酵母样品中的杂菌总数，需要注意的是某些耐受放线菌酮的野生酵母也能在此培养基上生长，通过菌落形态可鉴别出来。放线菌酮是一种抗生物质，对于培养酵母的致死量为 0.2mg/L。但非酵母属野生酵母对它有较大的抵抗力，最高可达 100mg/L，在 WLD 中添加 3mg/L，可抑制酵母属的生长，因此用于检测含酵母样品中的杂菌总数。

113. WLN-A

成分（g/L）：WLN 75，结晶紫 0.018～0.020，氯霉素 0.5～0.8（如果细菌污染较轻可以下调氯霉素含量为 0.3）。此培养基主要用于检测酵母属野生酵母。通过向 WLN 培养基中添加结晶紫和氯霉素，抑制培养酵母和细菌的生长，此培养基可选择性的检测酵母属野生酵母。结晶紫能阻止培养酵母的生长，但能让巴氏酵母、葡萄酒酵母及糊精酵母等酵母属野生酵母生长，这些是赖氨酸试验中无法检出的，因此，交替使用这两种鉴别基质，可以检出所有常见的野生酵母。氯霉素能够抑制细菌的生长，添加到 A 液中使其更具选择性。

114. NBB（nachwei smedium bierschaedliche baklerien，用于啤酒有害菌检测）

成分（g/L）：葡萄糖 15，麦芽糖 15，酵母提取物 5，肉类浸膏 2，酪蛋白胨 5，L-苹果酸 0.5，吐温 80 0.5，磷酸氢二钠 2，KAc 6，L-半胱氨酸盐酸盐 0.2，啤酒 500mL，pH 5.5～5.8。此培养基是一种能生长啤酒有害菌和多种野生酵母的具有选择性和鉴别性的培养基，可通过添加 25%的啤酒加强对啤酒有害菌特别是乳酸菌的选择性。还可选择添加放线菌酮抑制酵母的生长。如果不加放线菌酮，NBB 也能支持一大部分野生酵母的生长。加入氯酚红指示酸碱的变化，遇酸变黄，遇碱变红。NBB 的全称为啤酒有害细菌培养基，成品

NBB 培养基是德国生产的。常见的成品培养基有 NBB-A 固体的、NBB-B 液体的、NBB-C 浓缩型液体的 3 种。还有 NBB-P 粉末的合成培养基，使用时需要现配制。

115. UBA 培养基（universal beer agar，通用啤酒培养基，希望检出啤酒有害菌，如果胶杆菌、巨球菌等）

配方（g/L）：酵母浸粉 6.1，蛋白胨 15.0，番茄汁 244mL，葡萄糖 16，磷酸氢二钾 0.31，磷酸二氢钾 0.31，硫酸镁 0.12，氯化钠 0.006，亚硫酸 0.006，硫酸锰 0.006，琼脂 12，蒸馏水 750mL，pH 6.3±0.2。上述成分溶解后，趁热加入啤酒 250mL（不需脱气），混合均匀，分装适当容器，121℃高压灭菌 10min 备用。

116. LMDA（Lees multi-differential agar，用于啤酒污染菌的检测）

配方（g/L）：葡萄糖 50，酵母提取物 10，蛋白胨 20，番茄汁 120mL，吐温 80 0.5，磷酸氢二钾 1.1，硫酸铁 0.5，$MgSO_4 \cdot 7H_2O$ 0.02，硫酸锰 0.01，*D*-泛酸钙 2，碳酸钙 5，柠檬酸 1.1，pH 5.5～5.8。

附录二　常用染色剂、封片剂的配制

1. 齐氏（Ziehl）石炭酸复红染色液

A 液：碱性复红（basic fuchsin）0.3g（用玛瑙研钵研磨后配制），95%乙醇 10mL。B 液：石炭酸（phenoecrystals CP）5.0g，蒸馏水 95mL。将 A、B 两液混合即得原液。染色时，将原液稀释 5～10 倍，染色效果好。或根据具体情况稀释。

2. 吕氏（Loeffler）亚甲蓝染色液

A 液：亚甲蓝（methylene blue，也称为亚甲基、甲烯蓝）30mL，95%乙醇 30mL。B 液：氢氧化钾 0.01g，蒸馏水 100mL。将 A、B 两液混合，过滤使用。

3. 结晶紫染色液（Hucker 氏配方）

A 液：结晶紫（crystal violet）2.5g（用玛瑙研钵研磨后配制），95%乙醇 25mL。B 液：乙二酸铵[（NH_4）$_2C_2O_4 \cdot H_2O$]1.0g，蒸馏水 100mL，A、B 两液混合、过滤即成，棕色瓶保存。

4. 卢戈氏（Lugol）碘液

碘 1.0g，碘化钾 2.0g，蒸馏水 300mL。先将碘化钾溶于少量蒸馏水中，再将碘溶于碘化钾溶液中，可稍加热，最后加足蒸馏水，棕色瓶保存。

5. 番红（沙黄）染色液

番红 O（safranin O）2.0g，蒸馏水 100mL，棕色瓶保存，使用时再稀释。

6. 孔雀绿染色液

孔雀绿（malachite green）5.0g（用玛瑙研钵研究后配制），蒸馏水 100mL。

7. 杜氏黑色素液（Dorner）

黑色素（nigrosin）10.0g，蒸馏水 100mL，40%甲醛 0.5mL，将黑色素在蒸馏水中煮沸 5min，冷却后加 40%甲醛防腐，用玻璃棉过滤。

8. 鞭毛染色剂——Blenden's 银浸渍法

A 液：丹宁酸 5.0%（先溶于水中），$FeCl_3$ 1.5g（先溶于水中），NaOH（1%）1.0mL，甲醛（15%）2.0mL，蒸馏水 100mL。B 液：$AgNO_3$ 2.0g，蒸馏水 100mL。A、B 两液配好后，向 90mL B 液中加浓氢氧化铵溶液，即形成很浓厚沉淀，再继续滴加氢氧化铵到沉淀溶解并成为澄清溶液，再取剩余的 10mL B 液小心地逐滴加入澄清液中，则出现薄雾，边滴边摇动直至薄雾状沉淀不再消失为止。若雾浓，则不宜使用。此液当日有效，随用随配。

9. 鞭毛染色剂——Leifson's 法

A 液：饱和钾明矾水溶液（200g/L）20mL（加热促溶），20%单宁酸（鞣酸）20mL，蒸馏水 10mL，5%石炭酸 40mL。B 液：碱性复红的乙醇（95%）饱和液 10mL。A、B 液配好后，分别保存，使用时 9 份 A 液与 1 份 B 液混合，滤纸过滤后放置 2～3d，使用效果更好。

10. 溴酚蓝（MBB）染色液（伴孢晶体染色）

$HgCl_2$ 10.0g，95%乙醇 100mL，溴酚蓝 100mg，先将 $HgCl_2$ 溶于乙醇中，再加入溴

酚蓝，摇匀即成。

11. 乳酸石炭酸棉蓝液

石炭酸 20g，甘油 40mL，乳酸（密度 1.21g/mL）20mL，棉蓝（cotton blue）0.05g（最后加入），蒸馏水 40mL。

12. 5%伊红（曙红 B）水溶液（多角体病毒染色）

伊红（eosin）5g，蒸馏水 100mL。

13. 质型多角体病毒染色液Ⅰ

天青Ⅱ曙红（azurⅡeosin）3.0g，天青Ⅱ0.8g，甲醇（CP）250mL，甘油（CP）250mL。

14. 质型多角体病毒染色液Ⅱ

萘酚蓝黑（氨基黑）0.1g，蒸馏水 20mL，甲醇（CP）50mL，冰醋酸 30mL。

15. 吉姆萨（Giemsa）染色液（多角体病毒染色）

Giemsa 染粉 1.0g，甘油（CP）20mL，甲醇（CP）30mL。先将 Giemsa 染粉研细，逐滴加入甘油继续研磨，然后将甲醇加入，在 60℃水浴放置 1h，过滤，保存备用。使用时，取 1mL 原液加 19mL pH7.4 的磷酸缓冲液，或 1 份原液加 4 份甲醇液。

16. 孔雀绿石炭酸液（酵母菌子囊孢子染色）

孔雀绿 1.0g，石炭酸 1.0g，蒸馏水 100mL。

17. 加拿大树胶（Canada balsame）封片剂

加拿大树胶以二甲苯溶解，浓度以玻璃棒端头形成小滴滴下，而不生成丝状物为佳。避光保存。长期存放能逐渐变酸，使标本片随之褪色，故应随配随用。为防止变酸，可在其中投入洁净的大理石块以中和酸性。

18. 达马树胶（Dammar balsame）封片剂

达马树胶 25g，氯仿 250mL，二甲苯 250mL，溶解后，过滤，待蒸发到 100mL，即可应用。该封片剂能长久保持中性。

19. 阿拉伯树胶（Arabian balsame）封片剂

水合氯醛 100g，甘油 20mL，阿拉伯树胶 30g，蒸馏水 50mL。配制时，先用水溶解树胶，再加水合氯醛，待溶解，再加甘油，混匀即可。

20. 乳酸-石炭酸封片剂（适于藻类、菌类）

石炭酸 1 份，乳酸 1 份，甘油 1 份或 2 份，蒸馏水 1 份。

21. 甘油胶冻封片剂（适用于半永久性片子）

明胶 5g（1 份），蒸馏水 30mL（6 份），石炭酸 0.5g（或每 100mL 加 1g），甘油 35mL（7 份）。先溶解明胶于 35℃热水中，然后加其他药品，待其溶解趁热用粗滤纸过滤入培养皿中，冻结后划块保存备用。

22. 糖浆封片剂（适于不宜用乙醇、二甲苯处理的材料）

糊精 3.0g，麦芽糖 0.25g，0.1%石炭酸 1 滴。

附录三　微生物实验常用染料的性质、用途及配方

名称	性质	用途	常用配方
结晶紫（龙胆紫）cryetal violet	碱性	革兰氏染色	见附录二
番红（藏花红沙黄）safranin	碱性	革兰氏染色，核染色	见附录二
亚甲蓝（次甲基蓝） methylene blue	碱性	活体染色 氧化还原指示剂	见附录二
孔雀绿 malachite green	碱性	芽孢染色	见附录二
中性红 neutral red	碱性	活体染色 指示鉴别肠道细菌	10g/L 水溶液
苏丹III Sudan III	酸性	脂肪染色	95%乙醇溶液
苏丹黑 B Sudan black B	碱性	脂肪染色	5g/L 的 70%乙醇溶液
甲基蓝（又称油脂蓝、棉蓝、溶剂蓝 8B、酸性蓝 93、品蓝），是一种芳香杂环化合物，用于动物组织学中原生动物活体、细菌、神经细胞的染色 methyl blue，methyl cotton blue, bavarian blue, sodium triphenyl-p-rosaniline trisulfonate, ink blue, brilliant cotton blue	酸性	菌丝染色	见附录二
刚果红 Congo red	酸性	细菌负染色 酵母菌染色	95%乙醇溶液
苦味酸（2，4，6-三硝基苯酚），picric acid，2,4,6-trinitrophenol	酸性	染真菌细胞壁 海藻细胞壁	本品不好溶解，取适量在 95%乙醇中溶解，较长时间如果还有颗粒状未溶解的苦味酸存在，可以认为上边的就是饱和溶液，用时根据需要，取饱和溶液适量和适量溶剂（水、乙醇等）混合即可
伊红（曙红 Y） Eosin Y	酸性	细胞质染色， 细胞的嗜酸性颗粒	1%的 95%乙醇溶液
酸性品红 acid fuchsin	碱性	单染色	10g/L 水溶液
碱性品红 basic fuchsin	碱性	核染色	0.3g 碱性品红加 5g 石炭酸溶于 95%乙醇 10mL 中，加水至 100mL
黑色素 nigrosin	混合物	负染色	见附录二
金胺 O Auramin O	碱性	结核杆菌鞭毛	1∶1 000 水溶液，1∶500 乙醇溶液
吖啶橙 acridine orange	碱性	细胞核 细菌 黏液 空泡	1∶10 000 水溶液 1∶30 000 水溶液 1∶20 000 水溶液 1∶50 000 乙醇溶液
荧光素 fluorescein		细胞核 细菌	1∶1 000 水溶液

附录四　常用指示剂、试剂的配制

1. 酸性乙醇液：95%乙醇 97mL，HCl（密度 1.19g/mL）3mL。

2. 乙醇甲醛固定液：70%乙醇 90mL，40%甲醛 10mL。

3. 5%甘油溶液：甘油 5mL，蒸馏水 95mL。

4. FAA 固定液：50%乙醇 90mL，冰醋酸 5mL，甲醛 5mL。

5. 乙醇丙酮液：75%乙醇 70mL，丙酮 30mL。

6. Kovacis 试剂（吲哚测定）：对二甲氨基苯甲醛 5.0g，戊醇（或丁醇）75mL，浓盐酸 25mL。

7. 奈氏（Nessler）试剂：A 液为碘化钾（KI）10.0g，蒸馏水 100mL，碘化汞（HgI_2）20.0g。B 液：氢氧化钾 20.0g，蒸馏水 100mL。待 A、B 两液冷却后混合，贮于棕色瓶中。

8. 格里斯（Griess）试剂：A 液为对氨基苯磺酸（sulphanilic acid）0.5g，溶于 150mL 30%乙酸溶液，保存于棕色瓶。

B 液：称取 *α*-萘胺（α-naphthylamine）0.5g，溶于 50mL 蒸馏水，煮沸，缓缓加入 30%的乙酸溶液 150mL，保存于棕色瓶中。检测硝化细菌用。注意：这实际上是两种试剂。

9. 二苯胺试剂（格里斯试剂）：称取二苯胺（diphenylaminc）1.0g，溶于 200mL 蒸馏水中，缓缓加入 100mL 浓 H_2SO_4，保存于棕色瓶中。检测硝化细菌用。

10. 含氨硝酸银溶液（浸湿滤纸乙醇定性用）：1%硝酸银溶液 2mL，加入浓氨水至溶解即成，用该溶液浸湿滤纸条，干燥，备用。

11. 乙酸铅溶液（制乙酸铅试纸用）：乙酸铅 5.0g，蒸馏水 100mL，将 0.8cm×8cm 小滤纸条浸入溶液中，取出进行湿热灭菌，烘干保存备用。

12. 5%α-萘酚（测定 VP 反应）：*α*-萘酚 5.0g，无水乙醇 95mL。

13. 三苯基四氮唑盐酸溶液（TTC）：TTC 5.0g，蒸馏水 100mL。

14. 1.6%溴甲酚紫（BCP）：溴甲酚紫 1.6g，95%乙醇 50mL，蒸馏水 50mL。同法可配溴百里酚蓝（BTB）或溴甲酚绿指示剂。

15. 0.1%酚红指示剂：酚红 0.1g，1mol/L NaOH 1mL，蒸馏水 99mL。

16. 亚甲蓝氧化还原指示剂：A 为 0.1mol/L NaOH 6mL，加蒸馏水至 100mL。B 为 0.5%亚甲蓝水溶液 3mL。C 为 60g/L 葡萄糖水溶液。

上述三液在使用时等量混合，装入试管加热使亚甲蓝退色，立即放入厌氧培养装置中。溶液无色即示厌氧环境。

17. 常用酸碱指示剂的配制法（附表 4-1）。

附表 4-1　常用酸碱指示剂配制方法

指示剂名称	变色 pH 范围	颜色变化		最常使用浓度/%	0.1g 指示剂需加 0.2mol/L NaOH 的毫升数*
		酸	碱		
麝香草酚蓝（百里酚蓝，thymol blue）	1.2～2.8	红	黄	0.04	10.75
溴酚蓝（bromophenol blue）	3.0～4.6	黄	蓝紫	0.04	7.45
甲基红（methyl red）	4.4～6.2	红	黄	0.02	18.60

续表

指示剂名称	变色 pH 范围	颜色变化		最常使用浓度/%	0.1g 指示剂需加 0.2mol/L NaOH 的毫升数*
		酸	碱		
溴甲酚紫（bromocresol purple）	5.2～6.8	黄	红紫	0.04	9.25
溴麝香草酚蓝（bromocresol blue）	6.2～7.6	黄	红	0.04	8.00
酚红（phenol red）	6.8～8.4	黄	红	0.02	14.20
甲酚红（cresol red）	7.2～8.8	黄	红	0.02	13.10
麝香草酚蓝（thymol blue）	8.0～9.6	黄	蓝	0.04	10.75
酚酞（phenol phthalein）	8.2～10.0	无色	红	0.02	—

注：*再用蒸馏水稀释至 250mL；“—”表示酚酞指示剂配制时不需加 NaOH 溶液，需用 95%乙醇溶解并稀释成约 0.5%即可

18. 常用化学试剂规格标注

超纯	超纯试剂（ultra pure reagent，UP）	特别需要的情况下用
一级	保证试剂（guaranteed reagent，GR）	精密分析用
二级	分析试剂（analytical reagent，AR）	精密定性定量分析用
三级	化学纯（chemical pure，CP）	一般定量分析用
四级	实验试剂（laboratory reagent，LR）	一般试验用
	生物试剂（biological reagent，BR）	培养微生物用
	生物染液（biological staining，BS）	生物染色用

附录五　常用缓冲液配制方法

1. 0.2mol/L 磷酸缓冲液

A 液：0.2mol/L $NaH_2PO_4 \cdot 2H_2O$ 溶液，称取 $NaH_2PO_4 \cdot 2H_2O$ 31.21g，溶于蒸馏水补充体积到 1000mL。

B 液：0.2mol/L $Na_2HPO_4 \cdot 2H_2O$ 溶液，称取 $Na_2HPO_4 \cdot 2H_2O$ 35.6g，溶于蒸馏水补充体积到 1000mL。

根据所要求的 pH，按附表 5-1 所列吸取相应体积的两种液体混合即可。

附表 5-1　0.2mol/L 磷酸缓冲液根据所需 pH 需要吸取两种液体的体积

需要 pH	A 液（0.2mol/L NaH_2PO_4）/mL	B 液（0.2mol/L Na_2HPO_4）/mL	需要 pH	A 液（0.2mol/L NaH_2PO_4）/mL	A 液（0.2mol/L Na_2HPO_4）/mL
5.7	93.5	6.5	6.9	45.0	55.0
5.8	92.0	8.0	7.0	39.0	61.0
5.9	90.0	10.0	7.1	33.0	67.0
6.0	87.7	12.3	7.2	28.0	72.0
6.1	85.0	15.0	7.3	23.0	77.0
6.2	81.5	18.5	7.4	19.0	81.0
6.3	77.5	22.5	7.5	16.0	84.0
6.4	73.5	26.5	7.6	13.0	87.0
6.5	68.5	31.5	7.7	10.5	90.5
6.6	62.5	37.5	7.8	8.5	91.5
6.7	56.5	43.5	7.9	7.0	93.0
6.8	51.0	49.0	8.0	5.3	94.7

$NaH_2PO_4 \cdot 2H_2O$ 相对分子质量为 156.03；1 L 0.2mol/L 溶液含 $NaH_2PO_4 \cdot 2H_2O$ 31.21g；$Na_2HPO_4 \cdot 2H_2O$ 相对分子质量为 178.05；1L 0.2mol/L 溶液含 $Na_2HPO_4 \cdot 2H_2O$ 35.61g。下列缓冲液所需试剂的计算方法相同。

2. 0.2mol/L 乙酸缓冲液

A 液：0.2mol/L 乙酸，量取冰醋酸 12mL，加蒸馏水稀释至 1000mL。B 液：0.2mol/L 乙酸钠，称取乙酸钠 27.22g，溶于蒸馏水中补充体积到 1000mL。

根据所要求的 pH，按附表 5-2 所列吸取相应体积的 A 液和 B 液混匀即可。

附表 5-2　0.2mol/L 乙酸缓冲液根据所需 pH 吸取两种液体的体积

需要 pH	A 液（0.2mol/L Ac）/mL	B 液（0.2mol/L NaAc）/mL	需要 pH	A 液（0.2mol/L Ac）/mL	B 液（0.2mol/L NaAc）/mL
3.6	92.5	7.5	4.8	40.0	60.0
3.8	88.0	12.0	5.0	29.5	70.5
4.0	82.0	18.0	5.2	21.0	79.0

续表

需要 pH	A 液（0.2mol/L Ac）/mL	B 液（0.2mol/L NaAc）/mL	需要 pH	A 液（0.2mol/L Ac）/mL	B 液（0.2mol/L NaAc）/mL
4.2	73.0	27.0	5.4	14.5	85.5
4.4	63.0	37.0	5.6	9.5	90.5
4.6	51.0	49.0	5.8	6.0	94.0

3. 0.1mol/L 柠檬酸缓冲液

A 液：0.1mol/L 柠檬酸，称取柠檬酸 21g（相对分子质量为 210.14），溶于蒸馏水补充体积到 1000mL。

B 液：0.1mol/L 柠檬酸钠，称取柠檬酸钠 29.4g（相对分子质量为 294.12），溶于蒸馏水补充体积到 1000mL。

根据所要求的 pH，按附表 5-3 所列吸取相应体积的 A 液和 B 液混匀即可。

附表 5-3　0.1mol/L 柠檬酸缓冲液根据所需 pH 吸取两种液体的体积*

需要 pH	A 液（0.1mol/L 柠檬酸）/mL	B 液（0.1mol/L 柠檬酸钠）/mL	需要 pH	A 液（0.1mol/L 柠檬酸）/mL	B 液（0.1mol/L 柠檬酸钠）/mL
3.0	93	7	5.0	41	59
3.2	86	14	5.2	36.5	63.5
3.4	80	20	5.4	32	68
3.6	74.5	25.5	5.6	27.5	72.5
3.8	70	30	5.8	23.5	76.5
4.0	65.5	34.5	6.0	18.5	81.5
4.2	61.5	38.5	6.2	14	86
4.4	57	43	6.4	10	90
4.6	51.5	48.5	6.6	7	93
4.8	46	54			

*附表中有些 pH 没有列出来，根据 pH 变化规律，自己根据需要可以适当调整两液的体积，以满足需要为目的

附录六　常用消毒剂的配制方法

1. 升汞水：常用浓度 1g/L，升汞 1g，盐酸 2mL，混合后加水 1000mL。
2. 石炭酸：常用浓度 50g/L，石炭酸 5g 溶于 100mL 水中。
3. 乙醇：常用浓度 75%，95%乙醇 75mL 加水 20mL。
4. 来苏尔：常用浓度为 2%，量取 50%来苏尔 4mL 加水 96mL。
5. 新洁尔灭：常用浓度 0.25%，5%新洁尔灭 5mL 加水 95mL。
6. 甲醛：常用浓度 1∶250，10mL 甲醛加水 240mL。
7. 双氧水：常用浓度 1∶2，5mL 双氧水加水 10mL。
8. 高锰酸钾：常用浓度 1∶1000，1g 高锰酸钾溶于 1000mL 水中。
9. 漂白粉：常用浓度 100g/L，10g 漂白粉加水 100mL。
10. 碘酒：碘 7g，碘化钾 5g，溶于 100mL 95%乙醇中。
11. 甲醛熏蒸：甲醛 10 份，加高锰酸钾 1 份，任其挥发。每立方米有 5mL 就可以达到较好的效果。

附录七　筛目、筛号与筛孔内径的关系

筛号	筛孔内径/mm	筛号	筛孔内径/mm
10	2.00	1	3.52
16	1.19	2	2.09
20	0.84	3	1.22
40	0.42	4	0.96
60	0.250	5	0.58
80	0.177	6	0.48
100	0.149	7	0.31
120	0.125	8	0.23
140	0.105	9	0.17
200	0.074	10	0.11